Karl Marti, August Kayser

Geschichte der israelitischen Religion von Dr. Karl Marti

Karl Marti, August Kayser

Geschichte der israelitischen Religion von Dr. Karl Marti

ISBN/EAN: 9783743345140

Hergestellt in Europa, USA, Kanada, Australien, Japan

Cover: Foto ©Lupo / pixelio.de

Manufactured and distributed by brebook publishing software (www.brebook.com)

Karl Marti, August Kayser

Geschichte der israelitischen Religion von Dr. Karl Marti

Geschichte

der

Israelitischen Religion

von

D. KARL MARTI,

ord. Professor der Theologie an der Universität Bern.

Dritte verbesserte Auflage

von

August Kayser's Theologie des Alten Testaments.

STRASSBURG,

Friedrich Bull, Verlagsbuchhandlung.

1897.

Meinem verehrten Lehrer und lieben Freunde

Herrn Professor

Dr ALBERT SOCIN

in Leipzig

zugeeignet.

Vorwort.

Die neue Auflage unterscheidet sich viel weniger von der
früheren als diese von der ersten. Durch die in der zweiten Auflage
durchgeführte Neubearbeitung war aus August Kayser's Theologie des Alten Testaments ein Buch geworden, das einer veränderten Anschauung Ausdruck verlieh und daher auch nach
einem andern Plane aufgebaut war. Die Veränderung war so
durchgreifend, dass die Kritik das Buch freundlichst als ein neues
aufnahm, ja sogar fand, es segle dasselbe mit den alten Namen
an der Spitze eigentlich unter falscher Flagge. Darum wage ich
jetzt bei der neuen Auflage, wenn sie auch weniger verändert ist,
das Buch unter einem neuen Titel ausgehen zu lassen. Dass dasselbe
aus dem Kayser'schen Buche hervorgegangen ist, durfte dabei
auf dem Titel nicht unerwähnt bleiben. Denn ich bin mir dessen
wohl bewusst, dass auch jetzt dem Buche noch recht viele Eier-
schalen der ersten Auflage anhaften. Da es aber doch keinen Wert
hat, eine neue Form zu suchen, wo die alte kurz und gut ist, habe
ich auch jetzt namentlich in der Einleitung, die ich nur zu ver-
vollständigen und weiterzuführen brauchte, und in dem letzten
Abschnitte, für den August Kayser besonders eingehende Studien
gemacht hatte, den guten alten Wortlaut belassen können. Das
Recht zu dem veränderten Titel leite ich nicht aus der andern
Form, sondern aus dem Inhalt und der neuen Auffassung, die ich
dargestellt habe, ab. Uebrigens war es mein Bestreben, alles
dasjenige auszumerzen, was an die alte Anschauung erinnert, soweit sie mit der meinigen nicht in Einklang stand, und mit mög-
lichster Bestimmtheit meiner Auffassung Ausdruck zu verschaffen.
Dazu haben mir die freundlichen Recensionen der zweiten Auflage

grosse Dienste geleistet, vor allem aber habe ich Herrn Professor D. E. Kautzsch in Halle für seine grosse Freundlichkeit herzlich zu danken, mit welcher er mir sein Handexemplar der zweiten Auflage zur Verfügung stellte, das mit reichen Bemerkungen versehen war und mir die wertvollsten Winke erteilte.

Der neue Titel ist auch deshalb gerne gewählt worden, damit man von dem Buche nicht die Erfüllung von Ansprüchen erwarte, die man vielleicht mit Recht an eine Dogmatik, aber nicht an eine « alttestamentliche Theologie » oder « Religionsgeschichte » stellen darf. Um allen Missdeutungen, die sich so leicht einstellen, vorzubeugen, erkläre ich auch gerne, dass mir die Wirklichkeit einer Offenbarung nicht erst sicher ist, wenn ich eine einwandfreie Theorie über die Möglichkeit derselben gefunden habe.

Mit dem Dank für die freundliche Aufnahme, welche die zweite Auflage gefunden hat, verbinde ich zum Schluss noch den Wunsch, dass das Buch unter dem neuen Titel ebenso geeignet wie früher erachtet werde, die Kenntnis der Religion des Alten Testaments zu fördern, und dass es zu den alten Freunden recht viele neue gewinne.

Bern, den 6. Mai 1897.

KARL MARTI.

INHALT.

Einleitung.

        Seite

§ 1.   Methode . . . .   1—3

§ 2.   Umfang und Quellen . . . .   3—5

§ 3.   Beziehung der israelitischen Religionsgeschichte zu den übrigen alttestamentlichen Disciplinen . . . .   5—7

§ 4.   Geschichte unserer Disciplin . . . .   7—14

§ 5.   Plan . . . .   14—15

Erster Abschnitt.

Die altsemitische Religion.

§ 6.   Quellen . . . .   16—18

§ 7.   Die traditionelle Ansicht über die altsemitische Gottesvorstellung . . . .   18—21

§ 8.   Polydämonismus . . . .   22—26

§ 9.   Heilige Gegenstände und Stätten . . . .   27—31

§ 10. Heilige Gebräuche . . . .   31—44

§ 11. Heilige Personen . . . .   44—46

§ 12. Einfluss auf das gewöhnliche Leben . . . .   46—49

§ 13. Rückblick . . . .   49—50

Zweiter Abschnitt.

Der ursprüngliche Jahwismus.

§ 14. Quellen . . . .   51—53

§ 15. Mose, der Stifter des Jahwismus . . . .   54—57

§ 16. Mose, ein Prophet . . . .   58—59

§ 17. Jahwe, der Gott des Volkes Israel . . . .   59—65

§ 18. Jahwe auf dem Sinai und bei seinem Volk . . . . .   65—70

§ 19. Israel, das Volk Jahwes . . . .   70—73

Dritter Abschnitt.

Die Religion des in Kanaan ansässigen Volkes.

Seite

§ 20. Quellen . . . .   74—76
§ 21. Allgemeines über den Entwicklungsgang der Volks-
       religion . . . .   76—77
§ 22. Die Religionsmengerei in der Richterzeit . . . .   77—79
§ 23. Die Vereinigung von Jahwismus und Kanaanitismus .   79—82
§ 24. Die Ablehnung des tyrischen Baals . . . .   82—86
§ 25. Jahwe, der Gott Israels und der Herr Palästinas. . .   86—91
§ 26. Jahwe und die nationale und sociale Ordnung Israels .   91—98
§ 27. Die heiligen Stätten . . . .   98—103
§ 28. Die Cultusübung . . . .   103—111
§ 29. Die religiöse Stimmung und die Zukunftserwartung
       Israels . . . .   111—117

Vierter Abschnitt.

Die Religion der Propheten.

§ 30. Quellen . . . .   118—121
§ 31. Die Propheten . . . .   121—128

I. Jahwe und sein Verhältnis zu Israel.

§ 32. Jahwes Charakter, Gerechtigkeit und Heiligkeit . .   128—138
§ 33. Jahwe, der Gott der Macht . . . .   139—145
§ 34. Jahwe, der einzige wahre Gott . . . .   145—150
§ 35. Jahwes Verhältnis zu Israel . . . .   150—160

II. Die rechte Gottesverehrung.

§ 36. Die Stellung der Propheten zum Cultus . . . . .   160—164
§ 37. Die Stellung der Propheten zum geltenden Recht . .   164—168
§ 38. Die wahren Forderungen Jahwes . . . .   169—174
§ 39. Die Sünde . . . .   175—179

III. Die Zukunftserwartungen.

§ 40. Der Tag Jahwes . . . .   180—186
§ 41. Die Verwirklichung des Heils . . . .   186—191
§ 42. Die Hoffnung des Einzelnen . . . .   192—195

Fünfter Abschnitt.

Die Religion des Nomismus.

Seite

§ 43. Einleitung und Quellen. . . . . 196—199

A. Uebersicht über die religionsgeschichtliche Entwicklung im Nomismus.

§ 44. Die deuteronomische Reform. . . . . 199—202
§ 45. Das Exil: Ezechiel und das Heiligkeitsgesetz. . . . 203—207
§ 46. Die Verhältnisse der neuen Gemeinde zu Jerusalem. . 207—210
§ 47. Die Einführung des Priestercodex durch Esra und
       Nehemia . . . . 210—215
§ 48. Von der Einführung des Priestercodex bis zum Ab-
       schluss des Pentateuchs . . . . 215—219

B. Die religiösen Anschauungen.

I. Der Nomismus in Cultus und Moral.

§ 49. Die heilige Gemeinde; die heiligen Personen. . . . . 219—225
§ 50. Die heiligen Handlungen. . . . . 225—231
§ 51. Die heiligen Zeiten . . . . 231—236
§ 52. Die Moral . . . . 237—241

II. Gott und sein Walten.

§ 53. Die Lehre von Gott; die göttliche Weisheit . . . 241—247
§ 54. Die Engel . . . . 247—248
§ 55. Der Satan . . . . 248—250
§ 56. Die Vergeltung . . . . 250—254
§ 57. Die Eschatologie. . . . . 254—258

III. Lehre und Leben.

§ 58. Die Frömmigkeit des Einzelnen . . . . 258—262
§ 59. Dogma und Glaube . . . . 262—266
§ 60. Dogma und Wissen. . . . . 266—269

Sechster Abschnitt.

Die Religion unter hellenistischen Einflüssen

(bis zur Zerstörung des zweiten Tempels).

§ 61. Einleitung und Quellen. . . . . 270—272
§ 62. Ueberblick über die Geschichte des jüdischen Volkes
       bis zur Zerstörung des zweiten Tempels. . . . . . 272—278

I. Die Versteifung der palästinensischen Kreise gegen die griechische Bildung in schriftgelehrtem Formalismus.

                                                                                  Seite

§ 63. Der Charakter des palästinensischen Judentums . . . 278—281
§ 64. Kanon und Exegese . . . . 281—283
§ 65. Der gesetzliche Formalismus . . . . 283—286
§ 66. Gott und die Engel . . . . 286—289
§ 67. Die Messiashoffnung . . . . 289—293
§ 68. Die Auferstehung . . . . 293—295
§ 69. Systematische Uebersicht der jüdischen Eschatologie . 295—300

II Das hellenistische Judentum.

§ 70. Die jüdische Cultur im Ausland . . . . 300—301
§ 71. Das Buch der Weisheit . . . . 301—305
§ 72. Die messianische Hoffnung . . . . 305—306
§ 73. Philo . . . . 306—310
Register . . . . 311—330

Einleitung.

§ 1.

Methode.

Unter Geschichte der israelitischen Religion, wie unter Theologie des Alten Testaments versteht man diejenige Disciplin, welche sich mit der Darstellung des religiösen und ethischen Inhalts des Alten Testaments befasst. Korrelat ist die Darstellung des entsprechenden Inhalts des Neuen Testaments. Und beide Teile zusammen bilden die Geschichte der biblischen Religion oder die biblische Theologie. Die Wichtigkeit dieser Disciplin für den christlichen Prediger ist so selbstverständlich, dass sie kaum braucht hervorgehoben zu werden. Denn er ist darauf angewiesen, die christliche Religion zu verkündigen, deren älteste Schriftdenkmale in dem N. T. enthalten sind, und der christlich-evangelische Charakter seiner Verkündigung muss sich doch eben aus dem Einklang mit der urapostolischen erweisen. Aber auch das A. T., wenn es schon nicht Urkunde des Christentums ist, sondern die Kunde von der israelitischen Religion vermittelt, darf dem Theologen nicht fremd bleiben. Es soll nicht einmal betont werden, dass die Apostel die Beweise für die Wahrheit ihrer Darlegungen aus demselben entnahmen, oder dass die Reformatoren, nachdem sie am Anfang Jesus für den Schlüssel zum Verständnis des Unterschieds der einzelnen Teile der Bibel erklärt hatten, schliesslich dem A. T. gleichen Wert wie dem Neuen beimassen, und diese Ansicht in die Bekenntnisschriften unserer Kirche Eingang gefunden hat. Aber hervorzuheben ist, dass das Evangelium auf israelitischem Boden erwachsen und der vollendete Endpunkt der ganzen religiösen Entwicklung Israels ist. Eben darum ist die neutestamentliche Religion und Theologie nur dem verständlich, der sie als solche zu erkennen weiss, d. h. demjenigen, der die alttestamentliche verstanden hat.

Wie diese Disciplin als biblische im Allgemeinen, so ist sie als alttestamentliche eine rein historische Wissenschaft. Sie will als solche erkennen, was für Anschauungen in Sachen der Religion unter Israel vorhanden waren. Sie darf nicht mit der Voraussetzung ans Werk gehen, dass unter den Autoren des A. T. jeder Einzelne mit den übrigen und Alle zusammen mit dem N. T. oder gar mit der symbolischen Dogmatik übereinstimmen. Es ist dies der Standpunkt unserer alten Dogmatiker, welche deshalb für die einzelnen Sätze der offiziellen Kirchenlehre Beweisstellen aus allen Teilen der Bibel zu suchen pflegten (die sogenannten *dicta probantia*). Der Fortschritt der Exegese hat im Gegenteil gezeigt, dass die christliche Dogmatik in manchen Stücken von den Texten abweicht und die Bibellehre viel einfacher ist als die Kirchenlehre. Das alleinige Werkzeug zur Gewinnung der alttestamentlichen Theologie aber ist und bleibt auch die richtige historisch-grammatische Exegese. Mit ihrer Hilfe wollen wir wissen, welches die religiösen Anschauungen in den verschiedenen Zeiten des Alten Bundes gewesen sind. Es kann sich in abstracto eben so gut vollkommene Uebereinstimmung in der religiösen Anschauung herausstellen als weitgehende Differenz. Und wenn im Laufe der Jahrhunderte ein Wandel wahrzunehmen ist, kann die Entwicklung der Religion in geradem Fortschritte vor sich gegangen sein, oder es können sich eigentümliche Abzweigungen und Ansätze zu Neubildungen eingestellt haben. Zum voraus lässt sich hierüber nichts entscheiden, die Exegese allein kann hier Aufschluss geben. Welches aber auch das Ergebnis der Einzelforschung sei, die Religionsgeschichte hat es anzuerkennen und Einklang und Abweichungen, Stabilität oder Entwicklung, harmonische Weiterbildung oder eigentümliche Abzweigungen nachzuweisen.

Bei der Darstellung der religiösen Anschauungen des A. T. kann eine doppelte Methode befolgt werden. Man kann systematisch verfahren, fragen: was haben die Schriftsteller des A. T. über Gott, seine Vollkommenheit und seine Werke, über den Menschen und seinen Beruf, über Sünde und Erlösung gedacht, kurz, man kann den Stoff ordnen nach dem Schema einer Dogmatik. Diese früher allein befolgte Methode, welcher der Name alttestamentliche Theologie seinen Ursprung verdankt, hat den scheinbar unschätzbaren Vorteil, die alttestamentlichen religiösen Anschauungen übersichtlich darzustellen. Aber diese Uebersichtlichkeit wird nur auf Kosten der Richtigkeit der Darstellung gewonnen. Denn diese Methode hat den grossen Uebelstand, dass die Gedanken jedes Schriftstellers auseinander gerissen werden, dass ihr logischer Nexus entschwindet, und dass der Zeit nach von einander entfernt liegende Gedanken mit einander zusammengebracht werden, von denen vielleicht der eine nicht zur Erläuterung der andern dient. Sie wäre somit nur zu empfehlen, wenn völlige Uebereinstimmung stattfände und keine Entwicklung vorhanden wäre.

Man kann andererseits historisch verfahren, die religiösen Anschauungen der verschiedenen Zeitalter zur Darstellung bringen, ihre Umbildung und Entwicklung im Laufe der Zeiten nachweisen. Diese Methode bringt es freilich mit sich, dass in den verschiedenen Zeitaltern dieselben Ideen zur Sprache kommen müssen und Wiederholungen unvermeidlich sind. Dieser Nachteil wird aber mehr als aufgewogen, schon durch den Umstand, dass jede einzelne Idee in derjenigen Gedankenverbindung, in welcher sie gerade im beschriebenen Zeitalter erscheint, belassen und nach ihrer Bedeutung gewürdigt werden kann. Wichtiger aber ist, dass nur auf diesem Wege ein concretes, psychologisch wahres Bild der religiösen Vorstellungen der Israeliten zu gewinnen ist, nur so das Verständnis uns aufgeht, warum dieses kleine Völklein, das ohne seine Religion spurlos von der Erde verschwunden wäre, die Wiege der christlichen Weltreligion geworden ist. Da zudem die Religion Israels in einem Zeitraum von anderthalb Jahrtausenden, unter den verschiedensten Schicksalen und bei fortschreitender Cultur nicht stationär geblieben und auch in der Offenbarung ein Stufengang wahrzunehmen ist, so kann nur die geschichtliche Methode berechtigt sein; darum nennt sich die nachfolgende Darstellung genauer eine Geschichte der israelitischen Religion. Dass wirklich die Religion Israels eine Geschichte hatte und nicht von Anfang an fertig wie vom Himmel gefallen ist, so dass kein anderer Fortschritt stattgefunden hätte als in ihrer Aneignung, wird aus der Darstellung selbst hervorgehen.

§ 2.

Umfang und Quellen.

Die veränderte Methode führt auch eine Veränderung des Umfangs unserer Disciplin mit sich. Die Orthodoxie älterer und neuester Zeit, für welche unsere ganze Disciplin überwiegend als

Grundlage und Norm der Dogmatik, der alttestamentliche Teil der-
selben als Vorstufe der vollendeten Offenbarung in Christus ein
Interesse hat, beschränkt sich naturgemäss auf die Darstellung der
Religionsideen des hebräischen Kanons des A. T., da dieser allein,
nach ihrer Ansicht, von Männern geschrieben ist, die vom Geiste
Gottes erfüllt waren. Alle nicht im hebräischen Kanon befindlichen
Schriften, die Apokryphen namentlich, bleiben aus dem Kreis der
Quellen der alttestamentlichen Theologie als bloss menschliche,
irrtumsfähige ausgeschlossen. Diese Beschränkung wird auch von
solchen Bearbeitern unserer Disciplin gefordert, welche, wie
Oehler, historisch verfahren, und zwar aus dem Grunde, weil die
Offenbarung in ihrer Reinheit nur in den kanonischen Schriften
sich finde. Selbst H. Schultz und R. Smend verteidigen
dieselbe. Beide schliessen die nachmakkabäische Periode und
Literatur von ihrer Darstellung aus. Schultz (Alttest. Theol. [5] S. 43)
sieht nämlich bis zu diesem Zeitpunkt wenigstens in Einzelnen noch
«einen schöpferisch selbstbewussten einheitlich weiterführenden
Geist» sich regen, aber dann die bis dahin noch äusserlich fest-
gehaltene Einheit im Zeitalter der Hasmonäer zerfallen. Von da an
steht nach ihm die alttestamentliche Religion schlechthin abgeschlossen da; «was sich da noch entwickelt, ist nur eine Stufe
jüdisch-religiöser Entfaltung auf Grund der abgeschlossenen alttestamentlichen Religion». Aehnlich urteilt Smend (Lehrb. der
alttest. Rel.-Gesch. S. 7), wenn er sagt: «An echt religiösem Leben,
Empfinden und Denken weist die apokryphische und pseudepi-
graphische Literatur kaum etwas auf, was sich nicht auch schon im
Kanon nachweisen liesse. Wohl aber lässt sich hier manche Ver-
bildung nachweisen, zu der in der kanonischen Literatur erst die
Ansätze vorliegen, und sodann eine theologische Speculation, die
weit über die im Kanon sich findende hinausgeht.» Das Haltmachen
am Schluss der makkabäischen Periode beruht auf einem Urteil
über den Wert der weiteren Entwicklung, welches von dogma-
tischem Interesse beeinflusst ist. Aber nach der Brauchbarkeit der
einzelnen Ideen darf die Religionsgeschichte sich nicht richten, und
die jüdischen Schriftgelehrten, welche die Grenzen des alttestamentlichen Kanons abgesteckt haben, sind für die historische Wissenschaft keine ausreichende Autorität. Der Verfall unter verschiedenartigen Einflüssen muss so gut angegeben werden wie der Fortschritt. Damit ist gesagt, dass wir nicht bei den Büchern des Kanons

stehen bleiben dürfen, sondern in unserer Darstellung auch die ausserkanonischen Gedanken zu berücksichtigen haben. Ausser dem Kanon werden daher auch die Apokryphen und die übrigen Schriften des jüngeren Judentums sowie die ältesten Teile des Talmuds als Quellen für den letzten Zeitraum zu dienen haben. Ja es ist selbst heranzuziehen, was das Neue Testament in dieser Hinsicht an Stoff bietet (vgl. Stade, Zeitschrift für Theologie und Kirche, III, 1893, S. 31—51: Ueber die Aufgaben der biblischen Theologie des Alten Testamentes). Dass es aber dabei nur auf die Charakteristik der israelitischen Religion beim Eintritt des Christentums und nicht auf eine ausführliche und detaillierte Schilderung derselben, geschweige denn auf eine Darstellung ihrer Weiterbildung und auf eine Ausschöpfung des talmudischen Oceans ankommt, versteht sich von selbst.

§ 3.

Beziehung der israelitischen Religionsgeschichte zu den übrigen alttestamentlichen Disciplinen.

Für die systematische Behandlung unserer Disciplin nach den einzelnen locis der Dogmatik kann es gleichgiltig sein, in welchem Zeitalter jedes Buch, aus welchem Glaubenssätze angeführt werden, geschrieben ist, zumal wenn sie noch von der Voraussetzung der durchgängigen Identität der in allen Büchern enthaltenen religiösen Anschauung ausgeht. Anders verhält es sich bei der geschichtlichen Behandlung des Stoffes. Diese ist rein unmöglich, wenn nicht zum Voraus die Quellen, denen der Stoff entnommen ist, in die richtige chronologische Ordnung gebracht sind und jeder ihr bestimmtes Zeitalter angewiesen ist. Die Geschichte der israelitischen Religion hat demnach die Einleitung ins A. T. oder die Literaturgeschichte zu ihrer unerlässlichen Voraussetzung und muss überall auf den Resultaten der letzteren fussen. Nun ist es ja Thatsache, dass, wenn auch bei einzelnen Büchern das Zeitalter bekannt und unbestreitbar ist, wie bei der Mehrzahl der Propheten, die Meinungen noch sehr weit auseinander gehen in Betreff anderer; besonders wird noch immer über den für die Religionsgeschichte so hochwichtigen Pentateuch gestritten, und die Frage gilt noch nicht als entschieden, ob die darin enthaltenen

religiösen Anschauungen und vorgeschriebenen cultischen Formen
in die Anfänge der israelitischen Cultur gehören oder erst im
Verlaufe einer tausendjährigen Entwicklung sich allmählich aus-
gestaltet haben. Je nach den Resultaten der historisch-kritischen
Einleitung muss so die Religionsgeschichte eine andere Gestalt
gewinnen, und jede Darstellung derselben wird nur für denjenigen
überzeugend sein, welcher in der Hauptsache wenigstens mit dem
Darsteller hinsichtlich der literaturgeschichtlichen Ergebnisse über-
einstimmt, für alle übrigen aber den Schein willkürlicher Construction an sich tragen. Das ist unvermeidlich, und wollte man dieser
Gefahr ausweichen, so müsste die Behandlung unserer alttestamentlichen Disciplin in Gestalt einer Religionsgeschichte so lange
aufgegeben werden, bis über alle wichtigeren Probleme der Kritik
völlige Uebereinstimmung gewonnen wäre. Das darf aber nicht
geschehen; schon darum nicht, weil die Ergebnisse der alttestamentlichen Kritik, nach welchen der «Mosaismus» nicht von Anfang
an fertig war, sondern eine urkundlich nachweisbare Entwicklung
durchlaufen hat, diese Behandlung geradezu fordern. Sodann wird
die Religionsgeschichte, wenn sie eine fortwährende Entwicklung
auf Grund der Resultate der Einleitung nachzuweisen im Stande
ist, dieser selbst wieder zur Stütze dienen und in manchen
zweifelhaften Fällen die sichere Entscheidung bringen können.
Endlich kann man doch die Ergebnisse der Kritik nicht erst dann
für richtig halten, wenn niemand mehr eine abweichende Meinung
vertritt.

Die Religionsgeschichte berührt sich ferner vielfach mit der
Archäologie, der Beschreibung der gesamten Lebensverhält-
nisse des hebräischen Volkes, der häuslichen und öffentlichen, auf
allen Gebieten der Cultur. Zu diesen gehören namentlich auch die
Formen der Gottesverehrung, welche sie daher zu beschreiben hat,
Feste, Opfer und dergl. Die Formen des Cultus sind nun aber aus
dem religiösen Gedanken, dem sie Ausdruck verleihen sollen,
geboren, und werden sie recht verstanden, so hat der Forscher an
ihnen ein Mittel, den religiösen Geist in seiner concreten Lebendigkeit zu erfassen, und dadurch wird ihm erst auch das Verständnis
der ausgesprochenen religiösen Gedanken gefördert. Das heisst: die
Geschichte der israelitischen Religion wird so weit die in der
Archäologie beschriebenen Cultformen verwerten müssen, als dieselben, weil in die Augen fallende Aeusserungen des religiösen

Gefühls, zur Erläuterung des religiösen Gedankens dienlich sein können. Was dem Gebiete des Gewerbes und der Kunst angehört, überlässt sie der Archäologie; was die religiöse Idee ins Licht stellt, nimmt sie auf.

Endlich steht die Geschichte der israelitischen Religion in nächster inniger Beziehung zu der allgemeinen Geschichte Israels. Denn in ganz besonderem Masse findet sich bei dem israelitischen Volke zwischen Geschichte und Religion eine enge Wechselwirkung. Seine politischen Schicksale sind zu allen Zeiten von dem tiefgehendsten Einfluss auf die Entwicklung seiner Religion gewesen; aber ebenso ist die Religion von der höchsten Bedeutung für die Geschichte dieses Volkes. Die Geschichte der israelitischen Religion kann daher nur dargestellt werden in dem weiteren Rahmen der allgemeinen Geschichte, mit beständiger Rücksicht auf die politischen allgemeinen Verhältnisse; sie wird aus der Geschichte alles dasjenige aufnehmen müssen, was von Einfluss auf die religiöse Entwicklung gewesen ist, und andererseits hervorheben müssen, wie die Religion bestimmend auf die Geschichte eingewirkt hat. Eine Darstellung der Gesamtentwicklung des israelitischen Volks will demnach die Religionsgeschichte nicht bieten. Sie hat von allen Aeusserungen des Volksgeistes in dem socialen Leben, in Kunst, Literatur, Wissenschaft und Religion nur einen einzelnen Zweig ins Auge zu fassen, aber dieser einzelne Zweig ist nur dann richtig darzustellen, wenn der Blick immer auf alle gerichtet ist.

§ 4.

Geschichte unserer Disciplin.

Die alttestamentliche Theologie, wie früher unsere Disciplin gewöhnlich hiess, als selbständige historische Wissenschaft, ist wie die biblische Theologie überhaupt erst ein Product der neuern Zeit. Für die Kirche des Altertums und des Mittelalters war gar keine Veranlassung vorhanden diese Wissenschaft zu behandeln, da man des Glaubens lebte, die Kirchenlehre sei in allen ihren Lehrstücken in der Bibel A. und N. T. schon ausdrücklich vorgetragen, und da der Beweis, wo er nötig schien, bei der Willkür der Exegese nicht schwer fallen konnte. Die Reformatoren, welche den Katholicismus mit dem Grundsatz bekämpften, dass nicht Kirchenbeschlüsse, sondern Gottes Wort in der Schrift die Norm der Wahrheit bilde, fühlten sich zwar gedrungen, zum Erweis der Richtigkeit ihrer Lehre und der damals in der Kirche geltenden Irrtümer, auf die Schrift zurückzugehen, und das Schriftstudium nahm infolge davon einen neuen Aufschwung. Dieses Studium aber war beherrscht teils von praktisch erbaulichem, teils von polemischem und apologetischem Interesse, und liess es zu einer objectiven Darstellung der Schriftlehre nicht kommen, weil es nur auf die Rechtfertigung der protestantischen Prinzipien abgesehen war, und man von ferne nicht daran dachte, dass zwischen A. und N. T. Unterschiede sich vorfinden könnten, noch weniger dass innerhalb des einen und des andern die Offenbarung Gottes eine Entwicklung durchlaufen habe. *Externa variant, interna manent,* sagt Luther, und Calvin erklärt: *In eo elucet Dei constantia, quod eandem omnibus sæculis doctrinam tradidit; quem ab initio nominis sui præcepit cultum, in eo requirendo perseverat.* Im aufrichtigen Glauben, dass die Kirche nicht anders lehre als die Schrift, begnügten sich die Theologen, in letzterer die *dicta probantia* für die symbolische Dogmatik aufzusuchen. Es entstand auf diesem Wege nur eine neue Scholastik, deren Ruhm es war, aus jedem einzelnen Buche, kürzer oder länger, das gesamte lutherische System zu entwickeln. Im Gegensatz zu dieser Scholastik drang Spener auf das Bibelstudium zu erbaulichen Zwecken. Die Dogmatik sollte nicht angetastet werden, und sowohl er als seine Nachfolger hielten sich immer für orthodoxe Lutheraner; daher auch die Schule keinen Drang fühlte, die Bibellehre rein, ohne die kirchliche Deutung derselben, darzustellen, obschon noch unter dem Pietismus der Name biblische Theologie für die Zusammenstellung des Lehrgehaltes der Bibel aufkam (K. Haymann, Biblische Theologie, 4. Aufl., 1768). Ein Gewinn war es aber, dass man sich gewöhnte, Unterschiede in dem Werte der biblischen Bücher je nach dem Grade ihrer Erbaulichkeit zu machen. Unbewusst war durch diese subjective Bevorzugung einzelner Bücher das Prinzip der Gleichwertigkeit aller durchbrochen.

Der Anstoss zur besonderen Behandlung der biblischen Theologie kam aber zunächst von aussen. Als die englischen Deisten und ihre Nachtreter in Deutschland, gestützt auf die Grundsätze des gesunden Menschenverstandes, nicht bloss die orthodoxe Kirchenlehre bekämpften, sondern die Bibel selbst und das

Christentum zum Gegenstand ihrer Kritik und ihres Spottes machten, sahen sich viele gedrungen, mit Aufgeben der Kirchenlehre wenigstens Christentum und Bibel vor diesen Angriffen zu verteidigen; zudem war man, infolge des Fortschrittes der Exegese, zu der allgemeinen Forderung einer grammatisch-historischen Erklärung, und bald durch diese zu dem Bewusstsein gekommen, dass Bibellehre und ·Kirchenlehre nicht identisch seien, sondern die erstere viel einfacher und verständlicher sei als die letztere. Diese Erkenntnis, verbunden mit der Abneigung gegen die Dogmatik und mit dem religiösen Interesse an Bibel und Christentum, schuf die biblische Theologie als besondere Wissenschaft. Sie konnte in dieser Form je nach Neigung und exegetischer Virtuosität ebensowohl zur Apologie als zur Kritik des Kirchenglaubens dienen. Die ersten biblischen Theologien dieser Art von Zachariä 1772—1786, Hufnagel 1785, Ammon 1792, verraten insgesamt das dogmatische Interesse, welches sie eingegeben hat; die von Zachariä trägt es sogar in ihrem zweiten Titel zur Schau: « Untersuchung des biblischen Grundes der vornehmsten theologischen Lehren ».

Gabler hat in seiner akademischen Antrittsrede zu Altdorf 1787 (*De justo discrimine theologiæ biblicæ et dogmaticæ regundisque recte utriusque finibus*) zuerst auf vollständige Scheidung der biblischen Theologie von der Dogmatik gedrungen; erstere habe die in der heiligen Schrift enthaltenen religiösen Begriffe als ein geschichtliches Factum darzustellen mit Unterscheidung der verschiedenen Zeiten und Subjecte (*quid scriptores sacri de rebus divinis senserint*), sowie die verschiedenen Stufen in der Entwicklung jener Begriffe namhaft zu machen. Damit war die biblische Theologie als eine rein historische Wissenschaft gekennzeichnet und der richtige Weg ihrer Behandlung gewiesen, wenn schon die frühere Verquickung mit der Dogmatik noch die Nachwirkung hatte, dass man nur auf die Ideen und Lehren als solche das Augenmerk richtete. Die Sonderung der Zeiten, die Gabler fordert, hatte zunächst die Trennung der Theologie des Alten und des Neuen Testaments zur Folge. Nach Gablers Grundsätzen behandelte Georg Lorenz Bauer die Theologie des A. T. 1796 im Geiste des vulgären Rationalismus, den Inhalt vom Standpunkt des gesunden Menschenverstandes jener Zeit beurteilend und verurteilend.

Nachdem zu Anfang dieses Jahrhunderts der Rationalismus in der Wissenschaft den Sieg davon getragen hatte, gewann er

mehr und mehr eine ruhigere Haltung der Bibel und ihrem Inhalt
gegenüber; man lernte, wie das classische so auch das hebräische
Altertum begreifen und mitfühlen. Die Exegese, immer weniger
beengt durch das Bedürfnis, in der Bibel die eigenen Ansichten des
Exegeten wiederzufinden, vermochte besonders das A. T. rein aus
ihm selbst zu erklären. Die späteren Bearbeitungen der alttestamentlichen Theologie tragen daher einen viel objectiveren
Charakter, geben den religiösen Inhalt reiner und sind daher in dieser
Hinsicht eher noch zu gebrauchen: De Wette, Biblische Dogmatik
A. und N. T. 1813 u. ö.; Baumgarten-Crusius, Grundzüge der
bibl. Theol. 1828; Gramberg, Kritische Geschichte der Religionsideen des A. T. 1829—1830; D. von Cölln, Bibl. Theologie
herausgegeben von David Schulz 1836. Mit Ausnahme von
Gramberg verfahren Alle mehr oder weniger systematisch, wenn
auch Vor- und Nachexilisches, Hebraismus und Judentum unterschieden ist und Modificationen der einzelnen Lehren im Laufe der
Zeit nachgewiesen werden. Die Genannten gehen durchgängig von
den damals gewonnenen Resultaten biblischer Kritik aus.

Auf der entgegengesetzten Seite stehen die Lehrbücher von
Steudel (1840 herausgegeben von Oehler) und Hävernick (1848
herausgegeben von Hahn, in 2. Aufl. 1863 von H. Schultz); beides
sind nach dem Tode der Verfasser herausgegebene Vorlesungen über
unsere Disciplin. Dasjenige von Steudel ist voller Zugeständnisse an
die rationalistische Exegese und Kritik; aber der Verfasser, ein Apo-
loget von altem Schrot und Korn, entleert das A. T. seines specifischen Inhalts, um nur allgemeine Religionsideen darin zu finden,
welche das Neue vervollständigt und sanctioniert, und kommt
besonders mit den Weissagungen ins Gedränge, deren Inhalt aller
gesunden Exegese zum Trotz auf dasjenige reduciert werden soll,
was im Neuen Bunde in Erfüllung ging. Hävernick, welcher die
Einleitung ins A. T. vom streng conservativen Standpunkt bearbeitet
hat, liefert nur eine systematische Darstellung der Lehre des A. T.,
in welcher, soviel der Stand der Exegese es gestattete, die kirchliche
Lehre wenigstens angebahnt erscheint.

Indessen, selbst auf dieser Seite, konnte man auf die Dauer
bei der besonders von Hengstenberg (Christologie des A. T.,
1829 ff., 2. Ausg. 1854 ff.) erstrebten Vereinerleiung alt- und neutestamentlicher Offenbarung nicht verharren. J. Chr. K. Hofmann
wies einen Stufengang der Offenbarung in der Geschichte nach

(Weissagung und Erfüllung 1841—1844 und Der Schriftbeweis
1852 ff.); aber « die Erlanger Heilsgeschichte ist keine eigentliche
Geschichte ». Auf einem verwandten Standpunkte steht die alttestamentliche Theologie von Gustav Fr. Oehler (1873 f.,
3. Aufl. besorgt von Th. Oehler, Missionsinspektor in Basel, 1891).
Der Verfasser will die historisch-genetische Methode befolgen und
verteilt den Stoff unter eine mosaische und prophetische Periode
der Offenbarung, deren Fortschritt jedesmal in einleitenden Capiteln
dargelegt und deren Inhalt sodann in systematischer Ordnung mit weit
tieferem Eingehen in den eigentümlichen Gehalt des A. T. vorgetragen wird. Ein drittes Buch über die Chokma-Literatur berichtet
dann über die subjectiv menschliche Verarbeitung der geoffenbarten
Lehre.

Erst die neuesten Pentateuchstudien machten eine ganz neue
Behandlung der alttestamentlichen Theologie zum Bedürfnis.
Nachdem erkannt worden war, dass das Ritualgesetz in der pentateuchischen Form erst nachexilisch sei, und nachdem von da aus
auch in vielen andern Fragen über die übrigen Schriften des A. T.
eine sichere Einsicht erlangt war, konnte nun erst die Geschichte
der israelitischen Religion in ihrer der Wirklichkeit entsprechenden
Gestalt begriffen und dargestellt werden. Jetzt erst war auch die
Möglichkeit eröffnet zu einer eigentlichen Geschichte, die es nicht
mehr bloss mit religiösen Ideen und einzelnen Lehrsätzen zu thun
hat, sondern ein lebensvolles Bild von der Entwicklung der Religion
entwerfen kann.

Bereits 1833 hat Eduard Reuss in seinen berühmten zwölf
Thesen nicht nur die Grundsätze einer richtigen Methode für die
kritische Behandlung der alttestamentlichen Schriften aufgestellt,
sondern auch schon manche wichtige Ergebnisse der Kritik in
Bezug auf die Geschichte der israelitischen Religion vorweg-
genommen. Auf einen weiteren Kreis als den seiner Schüler konnten
diese Thesen keinen Einfluss ausüben, weil Reuss dieselben erst
1879 in *L'Histoire sainte et la Loi*, tome I, p. 23, nº 1, veröffent-
lichte (vgl. diese Thesen auch bei A. Westphal, *Les Sources du
Pentateuque* [Paris 1892] II, p. XVI s.). Fast gleichzeitig mit den
Reuss'schen Thesen hat Vatke 1835 in genialer Weise, wie ein
Prophet der neuesten Kritik, den ganzen Gang der Entwicklung der
israelitischen Religion gezeichnet. Weil hier zum ersten Mal eine
wirkliche Geschichte gegeben wird, so konnte Vatke neben den

ersten Titel seines Buches « Die biblische Theologie wissenschaftlich dargestellt » den andern setzen: « Die Religion des alten Testaments nach den kanonischen Büchern entwickelt ». Vatke war seiner Zeit zu viel voraus, sein Buch ist darum ohne Einfluss gewesen. Das Verständnis wurde erschwert durch die Hegel'sche Terminologie, welche zudem den Schein erweckte, als ob der Aufbau der Geschichte der israelitischen Religion nach philosophischen Gründen erfolgt sei, während sie historisch waren und der Verfasser seine Schlussfolgerungen in weitem Umfang ohne Hilfe seiner Philosophie hätte rechtfertigen können. Ferner war die Zustimmung auch dadurch gehindert, dass der scharfsichtige Kritiker es unterlassen hatte, durch kritische Analyse des Pentateuchs die Gründe darzulegen, die ihn zu seiner Auffassung der Geschichte der israelitischen Religion geführt hatten. Endlich kam noch dazu, dass Ewald, dessen grosse Verdienste um das Verständnis des A. T. nach einer andern Richtung hin liegen, mit seinem Einfluss der Auffassung Vatke's entgegentrat. Doch so klein der Erfolg beim Erscheinen des Buches war, um so grösser ist später, als die kritischen Untersuchungen über die einzelnen Quellen nun durchgeführt wurden, die Bewunderung vor dem Manne geworden, der das schwierige Problem, den Gang der Entwicklung der israelitischen Religion darzustellen, beim ersten Anfassen in den Hauptpunkten richtig gelöst hat.

Eine ähnliche Gesamtdarstellung der Geschichte der israelitischen Religion erfolgte erst 1869/70 durch Abraham Kuenen, Professor in Leyden, als die ersten Teile der Untersuchungen des Bischofs Colenso über den Pentateuch und das Buch Josua erschienen waren (Pentateuch and Book of Joshua critically examined, London 1862—1879) und besonders der Schüler von Reuss K. H. Graf in seinem wichtigen Buche « Die geschichtlichen Bücher des A. T. » (Leipzig, 1866) den Nachweis geliefert hatte, dass die Hauptmasse der Gesetze in den mittleren Büchern des Pentateuchs aus der Zeit nach der Wegführung der Judäer ins Exil herrühre. Kuenen betitelte seine Darstellung auch wieder, ähnlich wie Vatke, « Die Religion Israels » (De Godsdienst van Israel tot den ondergang van den Joodschen Staat) und führte in diesem grossartigen Werk die Geschichte der Religion fort bis zum Fall Jerusalems durch die Römer. Eine reiche Förderung verdankt die Kenntnis der Geschichte der israelitischen Religion der « Theologie der Propheten» von B. Duhm (1875), sowie den verschiedenen Arbeiten von J. Wellhausen (Die Pharisäer und Sadducäer, 1874; Geschichte Israels, I. Band, 1878, in den drei folgenden bis jetzt erschienenen Auflagen herausgegeben unter dem Titel: Prolegomena zur Geschichte Israels; Abriss der Geschichte Israels und Judas im 1. Heft (1884) und Reste arabischen Heidentums im 3. Heft (1887) seiner Skizzen und Vorarbeiten; Israelitische und jüdische Geschichte 1. und 2. Aufl. 1894 u. 1895) und von W. Robertson Smith (The Old Testament in the Jewish Church 1881, 2. Aufl. 1892, in deutscher Uebertragung von J. W. Rothstein 1894 erschienen unter dem Titel: Das Alte Testament, seine Entstehung und Ueberlieferung; The Prophets of Israel and their Place in History to the Close of the Eighth Century B. C. 1882, 2. Aufl. 1895; Lectures on the Religion of the Semites, first series, the fundamental institutions 1889, 2. Aufl. 1894), sowie der grossangelegten zweibändigen Geschichte des Volkes Israel von B. Stade (1887. 1888), in welcher die Religion Israels besonders wertvolle Berücksichtigung erfahren hat.

Auch Hermann Schultz (zuerst 1868) hat von der zweiten Auflage (1878) an in seiner Alttestamentlichen Theologie diese neue Betrachtungsweise wenigstens in der Hauptsache zur Geltung kommen lassen; aber er sucht doch auch in der fünften Auflage (1896) noch die reinhistorische Methode mit der systematischen so zu verbinden, dass er in einem ersten Hauptteil die Entwicklung der Religion und Sitte Israels bis zur Aufrichtung des Hasmonäerstaates und in einem zweiten Hauptteil als Ergebnis der Religionsgeschichte Israels das Heilsbewusstsein Israels und seine religiöse Weltanschauung darzustellen sucht. Durch diese Combination werden beide Teile beeinträchtigt, namentlich der zweite giebt ein Bild der religiösen Ueberzeugung in Israel, in dem gewiss nie ein Israelit die seinige wiedergefunden hätte, weil darin die Elemente der verschiedensten Perioden zusammengetragen sind. Ganz auf dem Boden der neuen kritischen Einsicht steht das Lehrbuch der alttestamentlichen Religionsgeschichte von Rudolf Smend (1893). Leider bricht es auch seine Darstellung bei den Makkabäern ab und vergisst über der feinen Analyse, die es von den wichtigsten Denkmalen der alttestamentlichen Religionsgeschichte giebt, ebenso klar und deutlich den geschichtlichen Verlauf hervortreten, über den Einzelbildern das Gesamtbild der Entwicklung der israelitischen Religion recht anschaulich werden zu lassen. Dagegen vertritt das Handbuch der alttestamentlichen Theologie von August Dillmann (1895 herausgegeben von Rudolf Kittel) wieder die von H. Schultz inaugurierte Combination eines geschichtlichen und eines dogmatischen Teiles, ja schickt diesen beiden noch einen prinzipiellen vorbereitenden Teil voraus, der « Allgemeines über Wesen und Charakter der Alttestl. Religion » bietet. Dadurch werden die schon geäusserten Bedenken gegen die Zweiteilung nicht gehoben, und oben darein ist der Wert des geschichtlichen Teiles ganz bedeutend dadurch verringert, dass Dillmann auch hier in Bezug auf die Quellen des Pentateuchs seinen unhaltbaren Standpunkt einnimmt.

§ 5.

Plan.

Obschon die Geschichte der israelitischen Religion in enger Beziehung zu den politischen Schicksalen Israels steht, so fallen die Perioden, in welche man die Entwicklung der Religion zerteilen kann, nicht einfach mit den Perioden der israelitischen Geschichte zusammen. Namentlich muss das gelten für diejenige Stufe, auf welcher die israelitische Religion frei wird von der Gebundenheit an den israelitischen Staat. Ferner aber ist nicht mit einem Mal die frühere Stufe völlig abgethan und verschwunden, wenn eine neue sich erhebt. In der Religion vererben sich gar oft die Rudimente einer eigentlich überwundenen Stufe in die folgenden hinein, ja es kann selbst geschehen, dass die ältere Stufe noch fortlebt, während die jüngere schon aufgekommen ist. Diese Thatsache ermöglicht auch allein, wenn schon nur Denkmale einer späteren Zeit erhalten sind, aus den gebliebenen Resten vergangener Stufen Rückschlüsse auf die frühere religiöse Anschauungsweise zu machen. Somit kann die Einteilung der Religionsgeschichte nicht eine rein chronologische sein, d. h. mit Angabe von Jahr und Tag die Grenzlinie zwischen zwei Perioden ziehen; höchstens könnte der Zeitpunkt des ersten Auftretens einer neuen Phase fixiert werden, aber ehe diese zu Ende ist, kann eine neue ihren Anfang nehmen. Wir haben daher die Gesichtspunkte zur Einteilung nicht bei der politischen Geschichte zu entlehnen, sondern dem Charakter der verschiedenen Stufen der religiösen Entwicklung zu entnehmen. Damit ist gesagt, dass wir selbst chronologisch spätere Erscheinungen im Anschluss an diejenige Richtung, als deren Fortsetzung sie sich erweisen, betrachten müssen, ehe wir zur Behandlung einer vor denselben aufgekommenen neuen Richtung gehen können. Wo die auf diesem Wege gewonnenen Abschnitte mit Perioden der politischen Geschichte zusammenfallen, zeigt sich dann von selber, in wie enger Verbindung Religion und Geschichte standen; wo aber diese Uebereinstimmung nicht herrscht, erhellt dann auch, wie die Religion von der Geschichte mehr oder weniger unabhängig geworden ist. Jedenfalls wird auf diese Weise die Uebersichtlichkeit über die Geschichte der israelitischen Religion nicht beeinträchtigt, sondern im Gegenteil müssen sich um so deutlicher die verschiedenen Phasen und ihr Verhältnis zu einander herausstellen.

Nach diesen Gesichtspunkten haben wir folgende Abschnitte in unserer Darstellung zu unterscheiden:

    I. Die altsemitische Religion.

    II. Der ursprüngliche Jahwismus.

    III. Die Religion des in Kanaan ansässigen Volkes.

    IV. Die Religion der Propheten.

    V. Die Religion des Nomismus.

    VI. Die Religion unter hellenistischen Einflüssen.

Die Unterabteilungen dieser einzelnen Abschnitte sind aus dem Inhaltsverzeichnis zu ersehen. Hier sei nur noch kurz bemerkt, dass es jeweilen zu Anfang jedes Abschnittes notwendig sein wird, die Quellen zu besprechen, beziehungsweise aufzuführen, welche für denselben in Betracht kommen.

Erster Abschnitt.

Die altsemitische Religion.

§ 6.

Quellen.

Das Recht und die Pflicht, in der Geschichte der israelitischen
Religion einen Abschnitt über die altsemitische Religion voranzu-
stellen, giebt uns ausser den mannigfaltigen und unverkennbaren im
israelitischen Volke fortlebenden Resten einer früheren Religionsstufe das A. T. selber. Im Buche Josua und zwar in der älteren
jehovistischen, vielleicht hier auf die Quelle E zurückgehenden
Schicht desselben (24,14 ff.) lesen wir: «Schafft die Götter weg,
welchen eure Vorfahren jenseits des Euphrats und in Misrajim
gedient haben, und dient Jahwe! Gefällt es euch aber nicht, Jahwe
zu dienen, so trefft heute eure Wahl, wem ihr sonst dienen wollt,
ob den Göttern, welchen eure Vorfahren, die jenseits des Stromes
wohnten, gedient haben, oder den Göttern der Emoriter, in deren
Lande ihr euren Wohnsitz habt; ich aber und mein Haus wollen
Jahwe dienen!» Dieselbe Ansicht hat auch der Prophet Ezechiel.
Er lässt Jahwe sagen (20,5 ff.): «Ich offenbarte mich ihnen im
Lande Misrajim und sprach damals zu ihnen: Werft ein jeder die
Greuel weg, auf die er seine Augen richtet, und verunreinigt euch
nicht an den Götzen der Aegypter! Ich bin Jahwe, euer Gott!» und
dieselbe Anschauung, dass einst Jahwe nicht verehrt wurde, vertritt
er noch an anderen Stellen (20,23 ff.; 23,8 und 16,3) [1]. Im Lichte
dieser ausdrücklichen Angaben ist nun auch die Bedeutung zweier

---

[1] Dagegen kann die Stelle Amos 5,26 nicht als weiterer Beleg hiefür
in Anspruch genommen werden; denn der fragliche Vers kann nur in Analogie mit dem folgenden (V. 27) auf die Zukunft bezogen werden, und es
kann sich somit höchstens um gegenwärtigen Götzendienst handeln. Uebrigens gehört wohl nicht nur כוכב אלהיכם (*W. Robertson Smith*), sondern der
ganze Vers (*Wellhausen*) nicht zum ursprünglichen Text.

anderer wichtiger Stellen ersichtlich. Es sind die beiden Stellen Exod. 3,13 ff. aus E und Exod. 6,2 ff. aus PC; die erste giebt zu verstehen und die zweite sagt bestimmt, dass vor Mose Gott noch nicht nach seinem Namen Jahwe bekannt war. Wäre man auch geneigt, der Stelle 6,2 ff. jegliche Bedeutung abzusprechen, wenn sie allein wäre, weil der späte nachexilische Priestercodex, dem sie angehört, über die Vergangenheit theoretische Construction bietet, so ist doch die auf dasselbe hinauskommende Angabe in dem viel älteren Elohisten ein neues Zeugnis für das Vorhandensein der Ansicht, dass vor Mose nicht nur der Name Jahwe unbekannt war, sondern dass der Zeit Moses eine Stufe der Religion voranging, die sich von derjenigen deutlich unterschied, auf welcher Jahwe verehrt wurde.

Die durch alle diese Stellen vertretene Ansicht verdient um so mehr Beachtung, als sie gerade der allgemeinen Anschauung widerspricht, welche den Ursprung des Jahwismus bis in die Anfänge des Menschengeschlechts zurückverlegt. Nichts lag näher, als die späteren Religionszustände zurückzudatieren, wie dies überall in den historischen Büchern des A. T. der Fall ist. Wenn trotz diesem Hange sich die gegenteilige Ansicht geltend macht, so ist darin kaum eine blosse Theorie, sondern eine richtige, durch das System nicht beeinflusste, oder doch nur teilweise verschobene Erinnerung zu sehen.

Ist demnach das Recht, ja die Pflicht, eine vorjahwistische Religionsstufe zu unterscheiden, selbst noch durch mehr oder weniger bestimmte Angaben des A. T. erwiesen, so scheint es nun doch an den Quellen für die Darstellung der religiösen Zustände jener Zeit zu gebrechen. Soeben ist ja gesagt, wie leicht man dazu kam, die religiösen Gebräuche der Gegenwart als von alters her bestehend anzusehen und darum auch in die Schilderung der Vergangenheit unwillkürlich zu übertragen. Dies ist der Fall in der Genesis, welche uns von der vormosaischen Zeit Kunde giebt. Die drei Quellen (J, E und PC), welche darin fliessen, sind durch einen grossen Zeitraum, in welchen die Entstehung der israelitischen Religion fällt, von den Zeiten getrennt, von denen sie erzählen. Ihre Berichte können daher auf geschichtlichen Wert nicht Anspruch erheben, sondern sind als die Wiedergabe des Bildes zu betrachten, das man sich zur Zeit der Entstehung der Quellen, also im 9. (J) und im 8. Jahrhundert (E) und um 500 v. Chr. (PC), von der vor-

mosaischen Zeit machte. In verschiedenem Grade hat dabei die
spätere Art der Religion dieses Bild beeinflusst. Ist bei der ältesten
Quelle J kein wesentlicher Unterschied zwischen vormosaischer
und nachmosaischer Art zu bemerken, und schimmert bei E noch
das Bewusstsein einer Stufenfolge durch, so haben wir bei PC nur
eine gemachte Unterscheidung von Offenbarungsstufen in der Vergangenheit. Sichere directe Kunde über die älteste Periode haben
wir demnach nicht.

Gleichwohl fehlt es uns nicht an Mitteln, einigermassen uns
ein Bild von der damaligen Religionsstufe zu machen. Es sind
darunter zu rechnen beiläufige Bemerkungen im A. T. über die
früheste Zeit; dann aber sind Rückschlüsse zu ziehen aus dem,
was wir von den späteren Zeiten wissen. Namentlich sind hiefür von
Wert die Reste der alten Religion, Gebräuche in Cultus und Sitte, die
sich bis in eine spätere Zeit hinein erhielten, deren Sinn umgedeutet
oder deren religiöser Ursprung nicht mehr empfunden wurde. Wir
nennen hier nur die Gebräuche bei einem Todesfall, die Unterscheidung von reinen und unreinen Tieren. In dieser Hinsicht sind
alle hierauf bezüglichen Angaben des A. T. von hoher Wichtigkeit.
Zum richtigen Verständnis dieser Gebräuche liefert aber die Vergleichung der religiösen Zustände verwandter und benachbarter
Völker unschätzbare Dienste. In allererster Linie kommt hiebei die
altarabische Religion in Betracht, weil die Beduinen, um die es
sich handelt, am allerwenigsten von fremdem Einfluss berührt
worden sind und als Nomaden einmal die alten religiösen Anschauungen bewahrt haben, dann aber auch den nomadisierenden
Israeliten vor Mose am nächsten stehen. Die Reste arabischen
Heidentums hat Wellhausen zusammengestellt in seinen Skizzen
und Vorarbeiten III (1887).

§ 7.

Die traditionelle Ansicht über die altsemitische Gottesvorstellung.

Gesetz und Propheten, das ganze A. T., führen Israels Religion
in ihrer ausgeprägten Form auf Mose zurück, auch wenn die
jahwistische Quelle Jahwe schon vorher von den Erzvätern verehrt
sein lässt. Aber ebenso sehr beginnt Israel erst ein Volk zu sein

seitdem Mose die Israeliten aus Aegypten geführt und ihnen in der Wüste Gesetze und Ordnungen gegeben hat. Vorher bildeten die Israeliten nur einzelne Stämme, die sich wohl ihrer Verwandtschaft bewusst sein mochten, aber durch keine eigentliche gemeinsame Ordnung zusammengehalten waren. Vorher auch schon besassen die Israeliten religiöse Anschauungen; denn die Religion überhaupt beginnt nicht erst bei der Bildung politischer Gemeinwesen. Diesen religiösen Zustand der Vorfahren der späteren Angehörigen des israelitischen Volkes zu kennen ist wichtig genug, um den Fortschritt beurteilen zu können, den Mose für die vereinigten israelitischen Stämme auch in religiöser Hinsicht bedeutete.

Lange hielt man dafür, es müsse unter den Vorfahren des späteren Volkes Israel der Monotheismus geherrscht haben. Dieser traditionellen Annahme kommt gewissermassen Renan zu Hilfe. Nur ist nach ihm der Monotheismus nicht als ein Vorzug anzusehen, der allein die Israeliten auszeichnete, sondern es gehörte die hohe monotheistische Idee [1] überhaupt zur Naturanlage aller semitischen Völker. Unter ihnen ausschliesslich seien ja die monotheistischen Religionen, Mosaismus, Christentum und Islam, entstanden. Schon die Gegenden, in welchen sie zelteten, sollen dem religiösen Gefühl die monotheistische Richtung gegeben haben. In der einförmigen Wüste, wo die Natur in regelmässiger Abwechslung, bald belebend, bald tötend wirkt, stehe immer die menschliche Ohnmacht einer unendlichen Macht gegenüber, diese Macht aber werde nicht in ihren mannigfaltigen Aeusserungen empfunden, sondern nur in ihrer erdrückenden Einheit. Diese Vorstellung Renan's könnte, psychologisch betrachtet, das Richtige getroffen haben, sofern die den Menschen umringende Natur von der höchsten Bedeutung ist für seine geistige Entwicklung überhaupt und auch die religiöse Anlage unter verschiedenen Eindrücken der Natur sich in verschiedener Richtung ausbilden wird, und somit die Gestalt, die die Religion eines Volkes annimmt, mitbedingt sein kann durch seine Wohnsitze. Aber die Geschichte ist der Behauptung Renan's vom angestammten

[1] Allerdings versteht Renan nach seiner *Histoire du peuple d'Israël*, Tome I (1887), darunter nicht den absoluten Monotheismus. Es giebt nämlich unzählig viele unpersönliche Elohim, die aber handeln, wie ein einziges Wesen, und dieses eine Wesen ist doch der Alleinherr, der im Himmel und auf Erden gebietet. Vgl. hiezu Kuenen-Budde, Gesammelte Abhandlungen zur Bibl. Wissenschaft, 1894, S. 431-440.

Monotheismus der Semiten nicht günstig. Nicht allein die Cultur-völker am untern Euphrat und Tigris, Assyrer und Chaldäer, oder an der syrischen Küste, die Phönizier, waren Polytheisten, sondern auch die nächsten Nachbarn Israels am Saume der Wüste, Moab und Ammon, und die arabischen Stämme bis zum Aufkommen des Islams. Ja, auch unter Israel war der Hang zum Polytheismus nach Mose noch lange Jahrhunderte so stark, dass die Propheten ihn bis zum Exil immer und immer wieder bekämpfen mussten, und dass erst seit der Restauration nach der Heimkehr aus dem Exil der Monotheismus in der jüdischen Gemeinde zur unbestrittenen und ausschliesslichen Herrschaft gelangte. Ferner aber ist noch zu bemerken, dass die Erklärung einer Religion aus dem blossen Instinkt gerade das Wichtigste übersieht, was zur Entstehung einer Religion gehört, die Kundgebung der göttlichen Macht.

Das alles nötigt uns, der Annahme eines angebornen Mono-theismus der Semiten überhaupt zu widersprechen, und es bleibt nur noch die Frage, ob die Israeliten etwa doch in ihrem bessern Teile unter den Semiten von Anfang an eine Ausnahme machten und die Spuren von Polytheismus unter dem Volke nach Mose als ein Abfall von besserer Erkenntnis zu betrachten seien, die schon vor Mose vorhanden war. Die spätere alttestamentliche Ueberliefer-ung beantwortet diese Frage bejahend. Das Bild, das der Priester-kodex von der alten Zeit entwirft, lässt deutlich erkennen, dass nach seiner Ansicht von Uranfang an die rechte, wenn auch nicht die vollkommene Gotteserkenntnis vorhanden war. Von Adam bis auf Mose erstreckt sich eine ununterbrochene Kette von Trägern der Offenbarung, die sich deutlich von ihrer götzendienerischen Umgebung abheben und die eine unverkennbar aufsteigende Linie bis auf Mose bezeichnen, welchem der früher nur als Elohim und Elschaddaj kundgewordene eine Gott sich als Jahwe offenbart und in den Forderungen des Gesetzes seinen Willen in vollkommenster Weise mitteilt. Dass aber in dieser Conception des Priesterkodex nur eine theoretische Construction vorliegt, ist anerkannt. Die älteren Quellen (J und E) haben davon auch noch keine Ahnung. Gewiss ist zwar nach ihnen der Gott Israels von Anfang verehrt worden, gerade so, wie es zur Zeit geschah, da das Volk sich in Kanaan niedergelassen hatte. Aber gleichwohl galt er nicht als der einzige Gott; erst in Kanaan angekommen, im Lande Jahwes, schafft Jakob die ausländischen Götter weg (Gen. 35,2). Es spiegelt sich eben in den Erzählungen des Jahwisten und des Elohisten über die vormosaische Zeit der religiöse Zustand des israelitischen Volkes im 9. und 8. Jahrhundert; damals galt Jahwe als der Gott des Volkes Israel, wie Kemosch als der Gott der Moabiter. Anders dachte man sich die Väter des Volkes nicht, als wie man selber war oder sein sollte, wenn man als ächter Israelite lebte. So sind in dem Charakterbilde Abrahams die Ideale der Israeliten der Königszeit dargestellt und in den Erzählungen von Jakob mehr die Züge ihres wirklichen Charakters gezeichnet. Die Gegenwart hat diesen Schilderungen die Anschaulichkeit und Lebendigkeit geliehen, im Gegensatz zu dem theoretischen Schattenrisse des späteren Priesterkodex; darum spielen in denselben auch die näheren und ferneren Beziehungen der Israeliten zu den übrigen semitischen Stämmen, mit denen sie in der Königszeit in Berührung kamen, eine wichtige Rolle. Wir haben, in einem Worte, auch in diesen älteren Quellen nicht historische Berichte über die vormosaischen Zeiten vor uns, sondern Erzählungen, in denen die Verhältnisse, in welchen die Völker zu einander standen, auf Individuen übertragen sind, und die Israeliten selbst mit ihren Bestrebungen, ihrer Liebe, wie ihrem Hasse, symbolisiert werden, oder vielmehr unbewusst sich selbst zeichnen, wie sie in politischer, wie in religiöser und sittlicher Hinsicht in der ersten Königszeit geworden sind.

Auch wenn wir annehmen wollten, dass in religiöser Hinsicht die Königszeit der Zeit vor Mose geglichen habe, so würde daraus noch nicht ein Monotheismus für die Israeliten vor Mose erwiesen sein, da die ältesten Quellen der Genesis von einem solchen nichts wissen. Aber auch diese Annahme ist hinfällig. Wie in § 6 gezeigt wurde, hat sich selbst unter den Israeliten noch eine andere richtigere Vorstellung über die Vergangenheit erhalten und beweisen viele später noch erhaltene Elemente eine ganz andere Art der altsemitischen Religion auch unter den Vorfahren des Volkes der Israeliten. Auf keinen Fall dürfen somit die Erzählungen der Genesis für die Religionsgeschichte der Urzeit als Zeugnisse gebraucht werden, sondern für ein viel späteres Stadium der Entwicklung. Wie daher die traditionelle Annahme eines ursprünglichen Monotheismus dahinfällt, ist es auch ein ganz vergebliches Unternehmen, eine patriarchalische Religion unterscheiden und beschreiben zu wollen. Um die vormosaische d. h. die altsemitische Religion kennen zu lernen, müssen andere Wege eingeschlagen werden.

§ 8.

Polydämonismus.

Mit einem andern Worte als Polydämonismus kann man kaum
auf einfache Weise die altsemitische Religion kennzeichnen. Man
kann den Ausdruck Polytheismus nicht gut anwenden, weil die
Art und das Wesen der verschiedenen göttlichen Mächte nicht
genau von einander abgegrenzt erscheinen, und muss sich unter den
Dämonen nur nicht schon die späteren Dschinnen vorstellen,
sondern wirkliche göttliche Kräfte, die auf verschiedene Weise sich
kundgeben. Dieser Ausdruck wird auch deshalb am angemessen-
sten sein, weil er am besten die verschiedenen Erscheinungen
umfasst, welche auf dieser Stufe sich zeigen, und das, was denselben allen eigentümlich ist, hervorhebt. So mannigfaltig nämlich
die Objecte sind, auf welche der Cultus sich bezieht, ob es die
Ahnen sind, denen die cultische Verehrung gilt, oder irgend ein
Gegenstand oder ein Wesen, das droben am Himmel, unten auf
Erden oder im Meere unter dem Wasserspiegel sich findet, trotz
der Mannigfaltigkeit der Objecte liegt immer die gemeinsame Anschauung zu Grunde, dass in denselben eine göttliche Macht,
sagen wir, ein Dämon, sich kundgebe, dass in diesen verschiedenen
Erscheinungen eine übermenschliche Macht wahrzunehmen sei.
Dabei ist wohl zu beachten, dass nicht der Gegenstand selber als
die verehrte Gottheit angesehen, dass auch nicht die einzelne
Erscheinung als Gottheit personificiert wird. Es handelt sich also
nicht um Naturvergötterung im gewöhnlichen Sinn, auch nicht um
eigentliche Naturreligion; sondern die auffallenden Erscheinungen,
die man in der Natur beobachtet, enthüllen überall das Dasein eines
Dämons, und die Objecte, an welche der Cultus sich hält, sind der
Sitz der göttlichen Macht, welcher die Verehrung gilt. Sie sind
daher ein ביח־אל, eine « Gottesbehausung », ein Ausdruck, der durch
das phönizische *bétyl* auch zu den Griechen (βαίτυλος, βαιτύλιον) und
Römern (*bœtulus*) gekommen ist. Ein ביח־אל will aber das Numen
als præsens bezeichnen und nicht nur ein Erinnerungszeichen an
das Numen oder ein Symbol desselben sein. Diese ursprüngliche
Bedeutung von *bêtêl* ist auch noch nicht völlig verwischt in der

Erzählung von der Offenbarung Gottes an Jakob zu Bethel (Gen. 28, 10 ff.); denn noch nach der jüngeren elohistischen Quelle ist es der Stein, der den Traum Jakobs veranlasst, aus welchem er erkennt, dass dort wahrhaftig der Sitz Elohims (בית אלהים) ist, und die ältere jahwistische Erzählung, obschon sie offenbar nicht mehr in ursprünglicher Gestalt und Vollständigkeit vorliegt, scheint ·noch bestimmter Jahwe mit dem Stein in enge Verbindung gebracht zu haben, da Jakob nach der Erfahrung, die er an dem Steine gemacht hat, dem Ort den Namen Bethel (בית־אל) gibt [1].

Hat sich der Name *bêtyl* (*bêtêl*) auch nur für « beseelte Steine » erhalten, ursprünglich konnte er gar wohl jedes Object bezeichnen, das man als « Gottesbehausung » kennen lernte. In der That sind noch mancherlei Spuren auch in späterer Zeit vorhanden, welche darauf hinweisen, dass man einst solche göttliche Mächte verehrte, die in Bäumen und Quellen, ja selbst in Tieren oder in Menschen hausten. Für das Vorhandensein des Glaubens, dass in Bäumen eine Gottheit wohnen könne, genügt die Erinnerung an die Orakelbäume z. B. Gen. 12, 6 die *Orakel-Terebinthe* (אֵלוֹן מוֹרֶה vgl. Deut. 11,30) und Jud. 9, 37 die *Zauberer-Terebinthe* (אֵלוֹן מְעוֹנְנִים) [2]. Leicht verständlich ist es, dass man Quellen und Wasser überhaupt mit göttlichen Kräften in Verbindung brachte; daran erinnern Namen wie עֵין מִשְׁפָּט *Quelle des (göttlichen) Gerichts (Orakels)* Gen. 14, 7 (= קָדֵשׁ Kades [heilig]), בְּאֵר שֶׁבַע, erkläre man diese Bezeichnung als *Brunnen der Sieben* (Gen. 21, 28—30), oder als *Brunnen des Eid-schwurs* (Gen. 21,31), sowie die Thatsache, dass viele Quellen nach-weislich noch lange Zeit Cultstätten waren (man vergleiche nur für

[1] Zu vergleichen ist besonders für diese Anschauung der Schlussvers des Capitels (Gen. 28, 22): « Dieser Stein, den ich als Massebe aufgerichtet habe, soll ein Gotteshaus (*bêt elohîm*) sein ». Ferner erscheinen heilige Steine und Felsen Jos. 24, 26 ff.; Jud. 6, 20 ff.; 1 Sam. 6, 14.

[2] Erwähnung verdient, dass der Name dieser heiligen Bäume (neben אֵלוֹן noch אֵלָה, אַלָּה, אֵיל) mit אֵל, Gott, zusammenzuhangen scheint (vgl. Stade, Gesch. des Volkes Israel, I. S. 455), und dass in der Genesis der Name Abrahams mit solchen Bäumen verbunden ist, wie derjenige Jakobs mit den heiligen Steinen (vgl. Duhm, Jesaja, S. 15). Mit dem Baumcult mag auch die Rhabdomantie zusammenhangen Hos. 4, 12. W. Robertson Smith (Religion of the Semites, I², S. 196 f.) vergleicht selbst den Stab Aarons in Num. 17. Ob nicht auch Exod. 15, 25 die Kraft des Baumzweiges, das bittere Wasser süss zu machen, irgendwie auf diese alte Anschauung zurückgeht? Vgl. W. R. Smith a. a. O.², S. 178.

Beer Scheba Am. 8, 14 und für Ên Rogel 1 Kg. 1, 9)[1]. Auf die einst
vorhandene Verehrung gewisser T i e r e weist noch die Unterscheidung von reinen und unreinen Tieren zurück. Denn diese findet
ihren ausreichenden Grund nicht in dem natürlichen Ekel, sondern
allein in der religiösen Scheu, wie denn für viele unter den Israeliten als unrein verbotene Tiere nachgewiesen ist, dass sie bei
andern Stämmen für heilig galten. So war, um nur ein Beispiel zu
nennen, das Schwein den Harraniern heilig. Was aber auf einer
abolierten Religionsstufe für heilig angesehen wurde, also eine
Teilnahme an der damals geübten Verehrung mit sich brachte,
konnte die neue Religion nur als fremden Cult ansehen, den sie
nicht dulden durfte, und musste daher etwas Unreines darin
erkennen, das von der Teilnahme am neuen Cult ausschliesse.
טָמֵא bedeutet demgemäss ursprünglich nicht « physisch unrein »,
sondern « rituell unrein », « ausgeschlossen vom Cultus ». Wie wenig
aber « unrein » und « heilig » Gegensätze sind, zeigt sich noch daran,
dass gerade zu den mystischen Culten nach dem Exil unreine Tiere
verwendet wurden (Jes. 65, 4 f.; 66, 3. 17). Wenn somit einmal in der
altsemitischen Religion das Vorhandensein einer dämonischen Macht
in gewissen Tieren angenommen wurde, so ist doch damit nicht
gesagt, dass man sich damals mit dem heiligen Tiere, das man
verehrte, verwandt oder gar von gleicher Rasse, wie dasselbe,
dachte. Der Totemismus, wie man diesen Glauben nennt, ist also
deshalb noch nicht für die Vorfahren der Israeliten erwiesen. Dass
schliesslich auch M e n s c h e n, namentlich die Ahnen, einst eine Art
cultischer Verehrung erfuhren, zeigen die Trauergebräuche, von
denen die meisten auch sonst nachweisbaren cultischen Handlungen
entsprechen, zeigt aber ferner auch die Heiligkeit der Gräber, die
mit einem heiligen Baum (Gen. 35, 8) oder einem heiligen Stein
(Gen. 35, 20) versehen sind, sowie endlich der Gebrauch der Bezeichnung אלהים von dem heraufgerufenen Toten 1 Sam. 28, 13.
Gleicherweise führt wohl der Umstand, dass noch zu Davids Zeit
der Clan (die *mischpacha*) eine Sacralgemeinschaft bildete

---

[1] Höchst wahrscheinlich erklärte man sich auch die Heilkraft des
Wassers auf diese Weise (vgl. Ezech. 47, 9 u. Joh. 5, 4). Mit den Quellen
sind die Namen Isaak und Ismael vornehmlich verbunden (Gen. 16, 7 ff.;
21, 19; 24, 62; 26, 33). Vgl. ferner W. R o b. S m i t h, Rel. of Sem. I[2],
S. 168 ff.

(1 Sam. 20, 29), auf frühere Verehrung des gemeinsamen Ahnen
zurück [1].

Die göttlichen Mächte, welche nach dem Glauben der altsemitischen Religion in lebenden Wesen oder auch in toten
Gegenständen hausen konnten, wurden mit dem Namen אֵל *Gott*
bezeichnet. Das hohe Alter dieser Bezeichnung erhellt auch daraus,
dass sie bei allen semitischen Völkern sich findet (assyr. *ilu*, arab.
ilâh). So schwer bei einem so uralten Worte die etymologische
Erklärung ist, und obschon man vielleicht es aufzugeben hat, bei
solchen primitiven Nomina eine Ableitung zu versuchen, am wahrscheinlichsten ist es immerhin, dass Gott als der S t a r k e
bezeichnet, also die göttliche Macht hervorgehoben werden sollte [2].
Die Herrschaft und M a c h t der Gottheit heben auch andere alte
Bezeichnungen hervor, welche unter den semitischen Völkern
gebräuchlich sind. Gott ist der *Herr* אָדוֹן, und der *Herrscher* מֶלֶךְ;
in altertümlicher Weise wird er auch Gen. 31, 42 und 53 der

---

[1] Vgl. Fr. Schwally, Das Leben nach dem Tode nach den Vorstellungen des Alten Israel und des Judentums einschliesslich des Volks-
glaubens im Zeitalter Christi, Giessen, 1892.

[2] Folgendes sind die wichtigsten Etymologien, die versucht worden
sind. G e s e n i u s vergleicht die Wurzel אוּל = *stark sein*. Anderer Art sind
die Annahmen N ö l d e k e's und de L a g a r d e's. Ersterer denkt ebenfalls
an eine Wurzel אוּל, aber vergleicht dieselbe lieber mit arabischem
awwal « der erste » und gelangt so für אֵל zu der Bedeutung « Führer ».
Letzterer sieht אֵל als verwandt mit der Präposition אֶל־ an und hält demgemäss dafür, אֵל könne die Gottheit bezeichnen als « das Ziel aller Men-
schensehnsucht und alles Menschenstrebens ». Bei allen diesen drei Erklä-
rungsarten gilt die Anschauung, dass אֱלֹהִים auf keinen andern Singular
zurückzuführen sei als auf אֵל (für die Pluralbildung mit Einfügung eines
ה macht N e s t l e auf andere alte Wörter aufmerksam, wie hebr. אָמָה
« Magd » pl. אֲמָהוֹת, aram. אָב « Vater » pl. אֲבָהָן und ebenso aram.
שֵׁם « Name » pl. שְׁמָהָן. Der neben אֵל gebrauchte Singular אֱלֹהַּ ist dann
als eine ungenaue Singularbildung anzusehen, welche entstehen konnte,
als man sich des Ursprungs der Pluralform אֱלֹהִים nicht mehr bewusst
war. Demgegenüber halten E w a l d und F l e i s c h e r אלה für die
ursprüngliche Wurzel; Ewald giebt ihr aber die gleiche Bedeutung, wie
sie Gesenius für אוּל annimmt, so dass auch Ewald für אֵל die Bedeutung
« Macht » erhält. Fleischer dagegen vergleicht das arabische *aliha*, « scheu
ängstlich sein », und leitet daraus die Bedeutung « Gegenstand der Furcht »
für אֱלֹהַּ ab, während K a u t z s c h wohl mit Recht in *aliha* erst ein deno-
minatives Verbum erblickt.

Schrecken Isaaks (פַּחַד יִצְחָק) genannt. Damit steht es auch im allerbesten Einklang, dass überall der Verehrer der Gottheit deren
Knecht, Sclave (עבד, *abd*) genannt wird.

Diese göttlichen Mächte haben sich bei den Israeliten nicht zu
Gottheiten mit besonderen Namen erhoben; wenigstens sind keine
solche Namen von einzelnen Göttern bekannt, wie sie bei den
Nachbarvölkern Israels, besonders bei den heidnischen Arabern
sich finden. Wenn nicht etwa diese Erscheinung nur darin ihren
Grund hat, dass die spätere Ueberlieferung diese Namen eben als
heidnische nicht der Nachwelt aufbehalten wollte, so haben sich die
Vorfahren der Israeliten damit begnügt, die in Felsen und Quellen
und sonst sich kundgebenden Mächte einfach den *êl* (אֵל) oder auch
den *ba' al* (« *Eigentümer* » בַּעַל) der betreffenden Localität oder des
betreffenden Gegenstandes zu nennen (man vergleiche den Ortsnamen בעל תמר, der eigentlich *Besitzer der Palme* bedeutet
Jud. 20, 33). Ob eine solche Stätte, an der man eine göttliche Macht-
wirkung wahrnahm, nur e i n e n אֵל hatte, wenn schon verschiedene
heilige Bäume oder heilige Steine sich daselbst fanden, oder ob
mehrere *elôhîm* daselbst wohnten, darüber machte man sich keine
Gedanken. Die göttlichen Mächte waren nicht von einander zu
unterscheiden und *elôhîm* bezeichnete wohl die Summe der göttlichen Wesen, die an einem Orte hausten. Wer da anbetete, hatte
diese göttlichen Mächte im Auge, leugnete aber durchaus nicht das
Dasein anderer אלהים, die an anderer Stätte hausten und irgendwo
sonst sich ihm kundgeben konnten. Es ist sogar möglich, dass dieser
Glaube an viele an ein und derselben Stätte wohnende אלהים den
Anlass zu dem späteren singularischen Gebrauch von אלהים gegeben hat[1].

---

[1] Ob es eine Bedeutung für das Alter der verschiedenen אלהים und
damit für die Entwicklung der religiösen Anschauung auf dieser Stufe hat,
dass Abraham mit den heiligen Bäumen, Isaak und Ismael mit den
Quellen und Jakob mit den heiligen Steinen in Verbindung gebracht wird,
ist hier für uns nicht von Wichtigkeit; es ändert an dem dämonistischen
Glauben dieser Zeit nichts, ob die Steine oder die Bäume die ältesten
heiligen Gegenstände sind.

§ 9.

Heilige Gegenstände und Stätten.

קָדוֹשׁ «heilig» ist ursprünglich ein cultischer Begriff. קָדוֹשׁ ist daher besser durch «gottgeweiht», «gottzugehörig» wiederzugeben. In allererster Linie sind die Dinge «heilig», welche vom profanen Gebrauche ausgeschieden sind und irgendwie mit der Gottheit und deren Cultus in Beziehung stehen. In diesem Sinne konnte schon von den heiligen Bäumen, Quellen, Steinen und Tieren die Rede sein, die als die Erscheinungsformen und Offenbarungsstätten der Gottheit erkannt waren und daher als dem profanen Gebrauche entzogen und gottgeweiht betrachtet wurden. Aber neben diesen genannten heiligen Bäumen, als welche besonders die «immergrünen» galten, sowie den heiligen Quellen, für welche die spätere Zeit noch lange Zeugnis ablegt, gab es manche andere heilige Gegenstände, die jetzt anzuführen sind, weil sie ein Erbteil der altsemitischen Religion waren.

Neben den von der Natur dargebotenen heiligen Gegenständen finden sich nämlich schon mehr oder weniger künstliche, die aber gewiss jene zu ihrer Voraussetzung haben und daher jedenfalls nicht so frühen Ursprungs sind, wie jene. Wir nennen zuerst die Maṣṣeba (מַצֵּבָה), den *Malstein*, weil hier der Uebergang vom natürlichen aufgerichteten Stein zu dem irgendwie bearbeiteten am nächsten liegt, obschon es andererseits fraglich bleibt, ob schon für diese alte Zeit wirklich an künstlich behauene Malsteine gedacht werden darf. Für die altsemitische Religion ist dies unwahrscheinlich, weil noch in späterer Zeit das Behauen der Steine, welche zu einem cultischen Zwecke gebraucht werden sollten, verboten war (Exod. 20, 25). Diese Maṣṣeben (arab. *nuṣb* oder *manṣab*, phön. *neṣib*) waren heilig, weil sie als *bêtêl* «Gottesbehausung» galten (Gen. 28, 18; vgl. noch Jer. 2, 27); es waren ursprünglich aufgerichtete Steinblöcke, später dann einigermassen zu Säulen bearbeitete Steine (Hos. 10, 1). Die Meinung war nicht, dass sie selber die Gottheit seien; das zeigt schon der Umstand, dass eine Mehrzahl von Masseben an derselben heiligen Stätte errichtet werden konnte (z. B. zwölf Ex. 24, 4; Jos. 4, 20; vgl. auch die beiden

Säulen am Tempel Šalomos 1 Kg. 7, 21). Die Maṣṣebe galt so sehr als das Kennzeichen einer Stätte, da die Gottheit sich kundthut, dass sie später für jeden heiligen Ort als notwendig angesehen wurde (Hos. 3, 4). Als eine Zusammenstellung mehrerer Maṣṣeben, welche dann einen Kreis bildeten, oder doch als eine mit Steinen umfriedigte Stätte, in welcher irgend ein anderer heiliger Gegenstand, etwa eine Maṣṣebe sich befand, ist der Jos. 4, 20 erwähnte Gilgâl (גִּלְגָּל), *Steinkreis* (*Kromlech*), zu betrachten, wie er sich noch heute bei den Arabern findet, die ihn um ein Grab errichten und damit zugleich an die alte Totenverehrung erinnern [1].

Wie aus den heiligen Felsen und Steinen die Maṣṣeben sich entwickelt haben, so sind aus den heiligen Bäumen die A s c h e r e n entstanden. אֲשֵׁרָה ist der *heilige Pfahl*, welcher den Ersatz bildete für den heiligen Baum, den man an der heiligen Stätte nicht entbehren wollte. Die Ascheren haben sich wie die Maṣṣeben, auch im Jahwismus noch lange erhalten (z. B. in Schomron 2 Kg. 13, 6 und im Tempel zu Jerusalem 2 Kg. 18, 4; 21, 7; 23, 6), so dass das Deuteronomium noch nötig hatte, gegen dieselben aufzutreten (Deut. 12, 3; 16, 21).

Waren Maṣṣeben und Ascheren (*Malsteine* und *heilige Pfähle*) sozusagen die Gegenstände, welche bezeichnen sollten, dass die göttliche Macht an der heiligen Stätte hause, so gab es schon in alter Zeit auch eigentliche Gottesbilder. Das ist doch höchst wahrscheinlich, trotzdem sich bei den Arabern zeigt, dass die eigentlichen Bilder erst spät importiert sind und infolge davon auch erst spät dann Gotteshäuser entstehen [2]. Als altsemitisch sind die Gottesbilder, welche תרפים Teraphim geheissen werden, anzusehen, weil sich in Gen. 35, 4 (E) noch die Anschauung verrät, dass sie mit dem Jahwedienst unverträglich sind. Dort wird nämlich berichtet, dass Jakob die ausländischen Götter bei Sichem vergrub, wozu doch wohl der von Rahel aus Mesopotamien mitgenommene Teraphim (Gen. 31, 19. 30-35) zu rechnen ist. Auch hier zeigt sich noch sein heiliger Charakter darin, dass die Erzählung nicht zu erwähnen vergisst, die fremden Götter seien unter der Terebinthe zu Sichem verscharrt worden. Höchst wahrscheinlich waren die Teraphim ursprünglich die Bilder der Hausgötter; später aber galten sie als

[1] Vgl. auch Jos. 22, 10. f. גְּלִילָה.
[2] Vgl. W e l l h a u s e n , Skizzen und Vorarbeiten, III, 99 f.

Jahwebilder (Jud. 17, 5; 18, 17 ff.; Hos. 3, 4). So finden wir den Teraphim im Hause Davids (1 Sam. 19, 13 ff.). Noch von anderer Seite ist es zu empfehlen, an das frühere Vorhandensein solcher Hausgötter zu denken; nach Exod. 21, 2-6 gab es nämlich in der Nähe der Türe in Privathäusern einen אלהים Elohim, zu dem der in die Familie aufzunehmende Sklave gebracht werden muss. Das hat ursprünglich nichts anderes zu bedeuten, als dass nun der aufgenommene Sklave derselben *mischpacha*, derselben Sacralgenossenschaft angehöre, wie sein Meister. Später sah man in dem Elohim ein Bild Jahwes, und das Deuteronomium entkleidet schliesslich diese ursprünglich heidnische Ceremonie jeder religiösen Bedeutung, indem es bei der Wiederholung dieser Verordnung den Elohim weglässt, weil es von keinem Gottesbild mehr etwas wissen will (Dt. 15, 17)[1].

Nicht mit derselben Sicherheit ist der Ursprung des êphôd (אֵפוֹד) zu bestimmen. Sicher zwar ist es, dass es auch ein Gottesbild bezeichnet; aber wo wir es jetzt in diesem Sinne im A. T. finden, muss es schon als ein Jahwebild gefasst werden (in Ophra, wo Gideon es aufstellt, Jud. 8, 26. 27, in Dan Jud. 18, 18 ff., auch schon 17, 5 ff. und in Nob 1 Sam. 21, 10; 23, 6 ff.). Es könnte darum erst einer späteren Zeit seinen Ursprung verdanken. Doch ist das nicht gerade wahrscheinlich zu nennen; viel leichter ist auch hier die Uebertragung einer alten Sitte, Gottesbilder herzustellen, wie der Teraphim sie jedenfalls bezeugt, auf die Abbildung Jahwe's anzunehmen. Deshalb haben wir den Ephod genannten heiligen Gegenstand hier zu besprechen. Etymologisch ist אפוד = Ueberzug, Kleid, wie es denn mit der Beifügung בַּד das «linnene Kleid» bezeichnet, welches der Priester trug (z. B. 1 Sam. 2, 18; vgl. auch 2 Sam. 6, 14). Demnach wird das Gottesbild den Namen אפוד davon erhalten haben, dass es einen Ueberzug trug. Der mochte allerdings auch in einem umgehängten Mantel bestanden haben (1 Sam. 21, 10); später aber bestand der Ueberzug aus Gold oder Silber (Jud. 17; vgl. Jes. 30, 22 und Jer. 10, 9). Somit war Ephod ein Gottesbild, das einen Kern aus einfacherem Stoff, wohl aus Holz oder Thon oder auch aus geringerem Metalle, besass und mit Silber oder Gold plakiert war, und entsprach den griechischen *perichrysa* und *peri-*

---

[1] Damit sind noch die späte Stelle Jes. 57,8 und die Bedeutung der Mezûza bei den spätern Juden zu vergleichen.

argyra. Im Uebrigen deutet die merkwürdige Erscheinung, dass sowohl Priester, wie das Gottesbild mit einem אֵפוֹד umkleidet erscheinen, auf ein hohes Alter dieses Gottesbildes; denn es ist gewiss hiezu zu vergleichen, dass in antiken Riten die Haut des Opfertieres sowohl als Kleid des Gottes wie als Kleid seiner Verehrer gebraucht wird (vgl. W. Rob. Smith, Rel. of Sem. I², S. 435)[1].

Als allgemeiner Name für Gottesbilder ist schliesslich noch פֶּסֶל zu erwähnen. Zwar erst in einer späteren Periode konnte dieser Ausdruck auch für Gottesbilder aus Metall gebraucht werden (vgl. Jes. 40, 19); denn ursprünglich waren dieselben aus viel einfacherem Stoffe, und noch lange waren unter Israel die gegossenen Bilder als eine sträfliche Neuerung, welche die höhere Cultur verschulden mochte, verpönt (Ex. 34, 17: Du sollst dir keine Gottesbilder aus Metall אֱלֹהֵי מַסֵּכָה giessen).

Wo aber Gott sich offenbarte und demgemäss ein heiliger Gegenstand sich fand, da war eine heilige Stätte (vgl. Exod. 3, 5 אַדְמַת קֹדֶשׁ heiliger Boden; bei den Arabern hiess ein solches τέμενος *ḥimâ* oder auch etwa *ḥaram*, dessen Alter durch das hebr. חֵרֶם, der Bann, das der Gottheit Verfallene, bezeugt ist). Der bereits besprochene Gilgâl ist hier nochmals zu erwähnen; denn auf alle Fälle galt der ganze Fleck Erde, der von den Masseben resp. dem Steinkreis eingehegt war, als heilig. Das führt uns zu den Gräbern, die oftmals heute noch bei den Beduinen mit einem Steinkreis versehen sind (vgl. nur ZDPV. 1886 IX, S. 271). Dass sie auch bei den Vorfahren der Israeliten heilige Stätten bedeuteten, zeigt die Erwähnung der Massebe auf Rahels Grab (Gen. 35, 19. 20) und des heiligen Baumes אַלּוֹן über dem Grabe Deboras (Gen. 35, 8), ferner die Lage der Gräber an Orten, die als heilig bekannt sind (die drei Patriarchen sind in Hebron, Joseph ist in Sichem und Mirjam in Kades Barnea begraben). Das Grab Aarons auf dem Gipfel des Berges Hor (Num. 20, 22 ff.) weist weiter darauf hin, dass auch hohe

---

[1] Damit will der Annahme von Smend (Alttest. Religionsgesch. S. 41) u. Benzinger (Hebräische Archäologie S. 382) nicht widersprochen sein, dass נָשָׂא אֵפוֹד 1 Sam. 14, 3 u. 18 LXX das Tragen des Gottesbildes bedeute, da mir נָשָׂא vom Tragen eines Kleides sehr unwahrscheinlich vorkommt und ich die für 1 Sam. 14, 3 u. 18 angenommene Bedeutung vielmehr auch für 1 Sam. 2, 28 u. 22, 18 (wo in LXX mit Recht an der ersten Stelle לִפְנַי und an der zweiten כַּד fehlt) als notwendig ansehe.

Berge als heilige Stätten galten. Das erlauchteste Beispiel hiefür ist der Gottesberg הַר הָאֱלֹהִים (Sinai oder Horeb), und alle die Weihen, welche Exod. 19 für die dort sich befindenden Israeliten vorgeschrieben, und die Bestimmungen, welche in Betreff seiner Unnahbarkeit ebendort gegeben werden, zeigen die Heiligkeit eines solchen Bezirks.

<h2 style="text-align:center">§ 10.</h2>

<h3 style="text-align:center">Heilige Gebräuche.</h3>

Es ist nicht leicht, ein vollständiges Bild der cultischen Gebräuche, welche auf dieser Stufe der Religion geübt wurden, zu entwerfen. Man ist auf Rückschlüsse und einzelne Andeutungen angewiesen, welche eben darum nur Einzelheiten betreffen. Aber auch so fehlt es unter Vergleichung fremder, besonders arabischer Sitte nicht an sprechenden Zügen.

Alt ist gewiss der Gebrauch, vor dem Betreten des τέμενος, des heiligen Bezirkes, die Sandalen auszuziehen (Exod. 3, 5; Jos. 5, 15), ein Gebrauch, der sich auch sonst im Altertum findet. Der zu Grunde liegende Sinn ist wohl kaum der, dass man nur gegen den unreinen Boden seine Füsse mit Sandalen schützt oder dass man den heiligen Boden nicht mit dem Schmutz der Sandalen verunreinigen will, sondern wie in der Kleidung überhaupt sich die alte Sitte als das heilige erhalten hat, so wird auch das Barfussgehen, weil alter Brauch, als ein heiliger Ritus angesehen worden sein und darum für die heiligen Stätten gefordert. Wer ungeweiht einem solchen Bezirke zu nahe tritt, verfällt dem Bann, darum fordert Ex. 19, 12 ff., dass Mensch oder Tier, falls sie dem Gottesberge sich nahen, nicht am Leben bleiben dürfen. Gleicherweise hielten die Araber den heiligen Bezirk, der um ein Grab abgesteckt war, für unnahbar; das Vieh durfte nicht darin weiden und kein Wanderer zu Fuss oder auf einem Reittier die geweihte Stätte betreten.

Nicht verschieden von dieser Sitte nach Sinn und Bedeutung ist das Wechseln oder Reinigen (Waschen) der Kleider (Gen. 35, 2; Ex. 19, 10) zur Vorbereitung auf eine cultische Handlung d. h. auf einen Hinzutritt zu der Gottheit. Denn auch hier ist das Ursprüngliche in nichts anderm zu sehen, als in dem Ausziehen

der üblichen alltäglichen Kleidung, wie es noch durch « Saul unter
den Propheten » und für die Totenklage bezeugt ist (1 Sam. 19, 24;
Jes. 32, 11; Mich. 1, 8) [1]. Das Wechseln oder Waschen der Kleidung
ist nur als eine spätere Abschwächung der ursprünglichen Sitte zu
betrachten. Mitgewirkt zu dieser Abschwächung hat vielleicht der
Umstand, dass die Kleidung überhaupt ursprünglich eine cultische
Bedeutung hat. Der Ephod ist bekleidet, und die Genesis berichtet,
dass Jahwe dem Menschen und dessen Weibe Röcke aus Fell
machte und sie ihnen anzog (Gen. 3, 21). Man hatte demnach wohl
vor der Gottheit in dem heiligen Gewande zu erscheinen, war dies
nun die alte einfache Kleidung des blossen Lendentuches oder ein
besonderes Feierkleid oder denn in Ermangelung eines solchen das
gewaschene Alltagsgewand. Den Kleidern, die an heiliger Stätte
und von heiligen Männern getragen werden, teilt sich eben etwas
mit von den Kräften des verehrten Numens, darum haben nach
Ez. 44, 19 die Priester sich wohl zu hüten, durch Berührung mit
ihren heiligen Kleidern die Laien zu heiligen (vgl. Jes. 65, 5), und
darum hat auch der Mantel Elias eine solche Bedeutung und Kraft
(2 Kg. 2, 8—14 vgl. Mark. 5, 28—30). So ist beides erklärt, sowohl
dass man zum Feste sich schmückt, wie dass man nach der Feier
den Schmuck wieder ablegt [2], mochte es auch daneben gebräuchlich
sein, dass man einige Schmuckgegenstände als Amulette immerhin
trug [3]. So verstehen wir die verschiedenen Angaben des Alten
Testaments, einmal dass sich die Israeliten Kleider und silberne
und goldene Kleinodien von den Aegyptern vor ihrem Abzug
ausbaten (Ex. 11, 2 f.; 12, 35 f. vgl. Hosea 2, 15), dann dass
die Israeliten beim Verlassen des Gottesberges ihren Schmuck
ablegten (Exod. 33, 6), und endlich dass Jakob nicht nur die fremden
Götter, sondern auch die Ohrenringe unter der Terebinthe bei Sichem

---

[1] Vgl. auch Sur. 7, 29, woraus erhellt, dass es bei den alten Arabern
Brauch war, den heiligen Umlauf (Hagg) nackt zu verrichten.

[2] Vgl. bei Albert Socin, Arabische Sprichwörter und Redensarten,
Tübingen 1878, Nr. 382: « Wenn das Fest mit seinem Lärm vorüber ist,
so schlüpft Jedermann wieder in seine alten Lumpen.» Ferner siehe
2 Kön. 10, 22 und W. Robertson Smith, Rel. of the Sem. I[2], S. 437
u. 451.

[3] Vgl. die syrische Bezeichnung des Ohrenringes *kedâschâ* = «der
heilige Gegenstand» und Matth. 7, 6: τὸ ἅγιον «das Heilige» parallel
mit τοὺς μαργαρίτας.

verscharrte, als er sich anschickte, Elohim eine Opferstätte in
Bethel zu errichten (Gen. 35, 2 ff.). Dabei zeigen die Stellen
Hos. 2, 15 und Gen. 35, 2 ff. deutlich, dass es sich um einen Brauch
handelt, der im Heidentum seine Wurzeln hat.

Weniger durchsichtig in ihrer Bedeutung ist die weitere
Forderung, welche zur Vorbereitung auf die Teilnahme an einer
cultischen Handlung gestellt wird, dass keiner einem Weibe nahen
dürfe (Ex. 19, 15; 1 Sam. 21, 5 f.). Die Enthaltung von
Weibern gilt als notwendig für die Zeit der heiligen Feier bei den
Arabern, die die Pilgerreise nach Mekka unternehmen, und ist auch
unter den Israeliten, weil der Krieg als etwas Heiliges galt (vgl.
Deut. 23, 10—15), während des Feldzuges geboten, so dass Uria
mindestens einen guten Vorwand hatte, um sich in Jerusalem fern
von seiner Wohnung zu halten (2 Sam. 11, 11).

Die Zeit, während welcher diese Vorbereitung getroffen werden
sollte, wird Ex. 19, 15, womit auch 1 Sam. 21, 5 f. zusammentrifft,
auf drei Tage bestimmt. Doch ist wohl dieser Termin nicht überall
geboten gewesen. So wird z. B. Ex. 34, 2 Mose befohlen, sich auf
den andern Tag bereit (נָכוֹן) zu halten, und man konnte jedenfalls,
wie aus Ex. 3, 1 ff. erhellt, auch noch rascher die nötige Bereit-
schaft erlangen. Waren aber diese Weihen richtig vollzogen, so
folgten nun andere Gebräuche, die an der heiligen Stätte selber, also
so zu sagen in der Gegenwart der Gottheit, inne zu halten waren. Als
erstes ist hier zu nennen das Verhüllen des Hauptes. War es
lebensgefährlich, mit der Gottheit zusammenzutreffen ohne den
Willen derselben (Gen. 19, 17; 32, 31; Ex. 19, 21; 33, 20; Jud. 13,
22; 1 Sam. 6, 19; vgl. auch Ex. 20, 19 und 1 Kor. 11, 10), so konnte
auch dann, wenn man durch die Weihen bereit und von der Gottheit angerufen war, das Sehen der Gottheit noch verderblich werden.
Darum verhüllte man sein Haupt (so Mose Ex. 3, 6, so auch Elia
1 Kg. 19, 13); freilich könnte dieser Gebrauch auch noch einen
andern Ursprung haben. Es ist möglich, dass, wie die Priester später
sich mit dem Ephod «Ueberzug» kleideten, der auch dem Gottesbilde zukam, sich ursprünglich jeder Anbetende nahe an die Gottheit hinzudrängte und sich mit deren Gewand umhüllte. Davon wäre
dann blos das Umhüllen des Hauptes geblieben.

Wie dem aber nun sei, die letztere Erklärung passte entschieden
besser zu dem Streicheln und Küssen, womit man der Gottheit
seine Verehrung bezeugen wollte. Vom Streicheln des Gottes-

bildes ist der so oft gebrauchte Ausdruck חִלָּה אֶת־פְּנֵי יהוה (z. B.
1 Sam. 13, 12) = « Jahwe freundlich stimmen », herzuleiten. und
von diesem Gebrauche her verblieb noch das Ausbreiten und
Ausstrecken der Hände mit der Gottheit zugewandten Handflächen
als Gestus des Gebetes[1]. Das K ü s s e n als alter cultischer Brauch
ist im Alten Testament bezeugt Hosea 13, 2 und 1 Kg. 19. 18. Will
man die Hauptverhüllung nur als ein Schutzmittel gegen den
Anblick der Gottheit erklären, so sind notwendig Streicheln, Umfassen und Küssen als vorangegangen zu denken, und es ist
anzunehmen, dass die Gottheit als erst hierauf erscheinend gedacht
wurde.

Andere Gebräuche erinnern mehr an Opfer, die der Gottheit
dargebracht werden. Dahin ist schon zu rechnen das S a l b e n der
Massebe zu Bethel durch Jakob (Gen. 31, 13). Das Fett, das man
dem heiligen Steine applicierte, verflüchtigte sich nach und nach
und konnte so am leichtesten als von der Gottheit entgegenge-
nommen angesehen werden. Noch Jes. 57, 9 ist erwähnt, wie Oel
und Arome als Gaben für eine fremde Gottheit verwendet wurden.
Unzweifelhaft war das Salben der Massebe sehr alter Brauch,
daneben aber ist noch anderes derart zu nennen. Zu erwähnen ist
zuerst die im A. T. zwar nicht belegbare, aber noch heute in
Arabien und Palästina geübte Sitte, an die heiligen Bäume L a p p e n
von Kleidern zu hängen[2]. Ferner fehlt es nicht am Darbringen von
w i r k l i c h e r S p e i s e. Interessant ist besonders die Stelle Jud. 6,
19—21, weil hier nebeneinander von einem heiligen Baum und Fels
die Rede ist und Gideon befohlen wird, Fleisch und Mazzen auf den
Fels zu legen und die Brühe darüber auszugiessen, ferner weil dann
von der eigentümlichen Weise berichtet ist, wie diese Gabe entge-

---

[1] Die Erklärung als Gestus der Abwehr ist höchst unwahrscheinlich.
Vgl. W e l l h a u s e n, Skizzen und Vorarbeiten III, S. 105 : « Man erzeigt
den Göttern seine Verehrung dadurch, dass man sie küsst; in Arabien
wird diese Sitte, so viel ich weiss, nur vom schwarzen Steine bezeugt.
Weit allgemeiner wurde der verwandte Gebrauch geübt, die Idole zu
streicheln, mit der Hand über sie hinzufahren. Das war die gewöhnliche
Weise, wie man die Hausgötter beim Eingang und Ausgang zu begrüssen
pflegte. »
[2] Vgl. J. G o l d z i h e r, Muhammedanische Studien II, S. 350;
D o u g h t y, Travels in Arabia Deserta I, S. 280 und W. R o b e r t s o n
S m i t h, Rel. of the Sem. I[2], S. 336.

gengenommen wurde, nämlich dass Feuer aus dem Felsen hervor-schlug.

Nach diesen Gebräuchen könnte man auf den Gedanken kommen, die Opfer wollten von Anfang, wie es später die herr-schende Anschauung geworden ist, als der verehrten Gottheit dargebrachte Gaben verstanden sein, um so mehr als auch für die Araber zu belegen ist, dass man über ein Götterbild in Mekka Milch ausgoss (Wellhausen, Skizzen und Vorarbeiten III, S. 44). Ein anderer Ursprung ist es jedoch, der dem Opfer zu Grunde liegt; man erkennt ihn, wenn man beachtet, welche hervorragende Rolle das Blut schon in den alten Riten spielt. Wohl bekannt ist es, dass 1 Sam. 14, 32—35 berichtet, wie Saul einen Stein herbei-wälzen lässt, damit darauf geschlachtet und auch das Blut der Tiere auf denselben gegossen werden könne. Das ist gewiss die alte Sitte; der heilige Stein war die Schlachtstätte, der מִזְבֵּחַ, und es ist eine spätere Aenderung, die sich allmählich vollzog, wenn trotz dem Namen « Schlachtstätte » die Schlachtung anderswo als auf oder bei dem « Altar » verrichtet wurde. Die alte Sitte zeigt sich deutlich noch in Gen. 22, 9. Das Wichtigste bei dem Opfer war die Appli-cation des Blutes, das in späterer Zeit noch an die « Hörner » des Altars gestrichen wurde, und zu dessen Aufnahme sich auch beim Brandopferaltar in Jerusalem eine Grube fand. Ebenso wird Ex. 24, 6 f. die Hälfte des Blutes auf den « Altar » gesprengt, während mit der anderen Hälfte das Volk besprengt wird. Schon diese letzte Stelle nötigt dazu, eine andre Erklärung für den Ursprung der Opfer zu suchen. Die bietet sich dar, wenn wir an andere Angaben des Alten Testaments und des Altertums denken. Was die letzteren, d. h. die Angaben des ausserbiblischen Altertums [1] betrifft, so ist es die Sitte gewesen, bei gewissen Opfern dem heiligen Stein die Haut des Opfertieres anzuziehen, wie das andererseits auch der Opferer that. Ferner befestigte man etwa auch an dem Altare das Haupt des Opfertieres samt den Hörnern, woraus sich z. B. die Widderköpfe als die Eckenverzierungen an den Altären der Griechen und Römer, wie die Hörner an den israelitischen Altären (Amos 3, 14) erklären. Ebenso lassen den Gedanken an eine Gabe und an ein Geschenk, das der Gottheit dargebracht würde, die Stellen des Alten Testaments zurücktreten, wo von einer Ver-

[1] Siehe W. Robertson Smith, Rel. of. the Sem. I², S. 436-438.

wendung des Blutes bei heiligen Gebräuchen, die nicht mit dem Dienste Jahwes zusammenhängen und darum den Stempel des Alters an sich tragen, die Rede ist. In dieser Hinsicht ist zu erwähnen, dass nach 1 Kg. 18, 28 die Baalspriester auf dem Berge Karmel, als ihr Gott nicht hören wollte und sie also zu verleugnen schien, schliesslich mit spitzigen Instrumenten die Haut ritzten, bis das Blut aus den Wunden floss, ferner dass Sach. 13, 4—6 den Ursprung der Narben, welche die Propheten noch in so später Zeit aufzuweisen haben, in cultischen Handlungen sieht, und endlich, dass die alten Trauergebräuche, welche das Gesetz (Dt. 14, 1 f.; Lev. 19, 27 f.; 21, 5) verbietet und welche auch solche Hautritzungen umfassten, darum abgewiesen und verpönt werden, weil dieselben mit dem Charakter des Jahwe geweihten Volkes nicht übereinstimmen, d. h. weil es eben cultische Handlungen seien, die einer überwundenen Religionsstufe angehören. Aus allen diesen Angaben leuchtet ein, dass es sich bei der Application des Blutes nicht um ein Geschenk an die verehrte Gottheit handeln kann; vielmehr tritt deutlich zu Tage, dass es dabei den « Opfernden » d. h. den dem Cult sich unterziehenden Personen um die Herstellung der engsten Verbindung, um eine sacramentale Communion mit der Gottheit zu thun ist[1]. Dazu war das Blut das geeignetste Mittel, weil in ihm das Leben seinen Sitz hatte; und durch die Application des einen Teiles desselben an die Gottheit, des andern an die Verehrer (Ex. 24, 6. 8), oder auch durch die Uebergabe alles Blutes, so weit es bei der Schlachtung auslief, an die Gottheit und durch den Genuss des Fleisches durch die Diener derselben, oder schliesslich durch das blosse Hindurchgehen der eine Vereinbarung treffenden Parteien zwischen den Stücken des entzwei geschnittenen Opfertiers (Gen. 15, 9 ff.; Jer. 34, 18) erschien das lebendigste Band zwischen beiden geknüpft.

Wie das Schlachten nicht häufig war, so war auch das Blutopfer nicht das gewöhnliche, aber es musste eben darum als das wichtigste

---

[1] Vgl. W. Robertson Smith, Religion of the Semites I[2], S. 427 ff. Angeführt sei noch die interessante Stelle aus Tibull, wo der Dichter (I, 6, 47—50) von einer Priesterin sagt:

Ipsa bipenne suos cædit violenta lacertos
Sanguine et effuso spargit inulta deam
Statque latus præfixa veru, stat saucia pectus,
Et canit eventus, quos dea magna monet.

gelten. An die Stelle des die Gemeinschaft aufrecht erhaltenden Ge-
niessens von demselben Blut und Fleisch konnten auch andere
Bindemittel treten, z. B. jegliche andere Speise, gerade wie sie die
Menschen assen, weshalb auch das Salz gefordert ist (Lev. 2, 13).

Wie durch den Genuss von derselben Speise die Vereinigung
zwischen Gottheit und Diener bewirkt wurde, so konnte diese Verbindung auch erreicht werden durch das Aufhängen von Kleidern
und Waffen (vgl. S. 34 und 1 Sam. 21, 10), sowie durch das Haaropfer. Besonders das Haar konnte hiezu geeignet erscheinen, weil
es, so lange der Mensch lebt, in seinem Wachstum nicht nachzulassen
pflegt. Die Erinnerung an das Haaropfer ist in Israel lange wach
geblieben, wenn auch das Volk bei den den Haarwuchs in Mitleidenschaft ziehenden Trauergebräuchen davon kein Bewusstsein mehr
haben mochte. Das ist aus dem Verbot dieser Bräuche ersichtlich
(Dt. 14, 1; Lev. 19, 27; 21, 5 vgl. auch Ezech. 44, 20). Uebrigens
nennt Jer. 9, 25; 25, 23; 49, 32 einen Nomadenstamm der syrischen
Wüste קְצוּצֵי פֵאָה «die an den Schläfen Gestutzten», und Herodot
(III, 8) weiss zu berichten, dass gewisse Araber in dieser Weise
sich zu Ehren des Gottes Orotal schoren. Aus alldem ergiebt sich,
dass der ursprüngliche Sinn der genannten cultischen Gebräuche
nichts anderes ist, als die Herstellung der Vereinigung mit der
verehrten Gottheit. Streicheln, Umfassen und Küssen des heiligen
Steines, sowie Darbietung von Speisen, Einreiben von Fett und
Spenden von Haarlocken sind die einfacheren Arten dieser Vereinigung, eine kräftigere Art stellt das Blutopfer dar.

Bei dieser Bedeutung des Opfers wird es verständlich, dass in
gewissen Zeiten, vornehmlich der Not, da man sich des Schutzes
und der Hilfe der Gottheit nicht sicher fühlte, selbst Menschenopfer vorkommen konnten. Nicht nur der gemeinsame Genuss
eines tierischen Lebens sollte die Gottheit und ihre Verehrer verbinden, sondern ein Stammgenosse selbst sollte das gelockerte
Band wieder festknüpfen und die Brücke zwischen dem Stamm und
der Gottheit herstellen. Dass es später oft auch Kriegsgefangene
waren, die man der Gottheit opferte, hebt die gegebene Erklärung
nicht auf; denn das Gefühl blieb wach, dass mit einer solchen
Substitution die Gottheit hintergangen werde [1], und in der alten Zeit
hielten die Semiten an der Dahingabe eines eigenen Angehörigen

[1] Siehe W. Robertson Smith, Religion of the Semites I², S. 362 f.

fest, wie auch das A. T. noch genügend beweist. Das Gesetz verbietet die Menschenopfer ausdrücklich (Lev. 18, 21; 20, 2), an beiden Stellen als der Verehrung des Melekh zugehörig, und erklärt sie als heidnische Greuel (Dt. 12, 31; 18,10). Ob aber die Menschenopfer erst in einer späteren Zeit oder schon von Anfang an für unvereinbar mit dem Jahwismus galten, ist aus diesen Stellen nicht zu ersehen. In dieser Hinsicht ist die Erzählung von der Opferung Isaaks lehrreich (Gen. 22). Jahwe fordert darin von Abraham blos eine solche Gesinnung, die auch das Teuerste an ihn abzutreten bereit ist, und wie sie erprobt ist, lässt er ein Tieropfer an die Stelle des Menschenopfers treten. Aus dieser Erzählung ist doch gewiss zu entnehmen, dass Jahwe nicht Menschenopfer verlangt, auch wenn Bereitwilligkeit sie darzubringen vorhanden ist. Zugleich ist aber mit dem Gefühl von der Unverträglichkeit dieses Opfers mit dem Jahwismus auch das Bedürfnis gegen dasselbe zu reagieren bewiesen. Ein Einschreiten gegen die unmenschliche Sitte scheint in der That notwendig gewesen zu sein, wenn wir hören, dass das jährlich zur Erinnerung an die Tochter Jephthas gefeierte Fest mit der in Folge eines Gelübdes zu Ehren Jahwes erfolgten Opferung der einzigen Tochter durch ihren eigenen Vater erklärt wird (Jud. 11· 30 ff.), dass seit Ahas die Kinderopfer wieder stärker in Uebung kamen und auch Ahas selber wie Manasse einen Sohn opferte (2 Kg. 16, 3; 17, 17; 21, 6; 23, 10; vgl. Jer. 7, 31; 19, 5; 32, 35 und Ezech. 16, 20. 21). Es lässt sich auch nicht bestreiten, dass die Menschenopfer thatsächlich Jahwe zu Ehren dargebracht werden. Einerseits muss ja Jeremia dieser Auffassung des Volkes mit der Erklärung entgegentreten, dass Jahwe niemals solche Opfer gefordert habe (Jer. 7, 31; 19, 5; 32, 35), und andererseits führt Ezechiel die Weihung der Erstgeburt durchs Feuer sogar auf ein Gebot Jahwes zurück, aber allerdings mit der unmissverständlichen Beifügung, Jahwe habe mit einem solchen schlimmen Gebote das abtrünnige Volk zur Besinnung bringen wollen (Ezech. 20, 25. 26 vgl. 16, 20. 21; 23, 36 ff.). Auch der Prophet (Micha 6, 7)[1] setzt bei den Jahwedienern die Erwägung voraus: «Soll ich meinen Erstgeborenen für meine Uebertretung dahingeben, meines Leibes Frucht zur

---

[1] Ob es Micha ist, kann nicht sicher gesagt werden; die Stelle gehört zu den Nachträgen des Buches. Unsere Frage in v. 6 u. 7 ist einigermassen parallel Jes. 40, 16: Alle Opfer können Jahwe nicht völlig befriedigen.

Entsündigung meiner Seele?» Nach diesen Stellen ist am Anfang
das Gefühl der Unvereinbarkeit des Menschenopfers mit der israelitischen Religion noch lebendig; später aber ist dasselbe viel schwächer
geworden. Demnach hat der ursprüngliche Jahwismus das Menschenopfer verpönt, in Kanaan dagegen ist namentlich beim Herannahen
des Zusammenbruches des Staates, also in der Verzweiflung an der
Wirksamkeit des gewöhnlichen Cultus die altsemitische heilige
Sitte, die immer noch von den Nachbarn Israels (Moabitern vgl.
2 Kg. 3, 27 u. Phöniziern) geübt wurde, wie so mancher andere alte
Ritus, wieder aufgelebt. Ein Fingerzeig, dass auch damals das
Gefühl der Unverträglichkeit von Menschenopfern und Jahwekult
nicht völlig entschwunden war, ist aber darin zu sehen, dass die
Menschenopfer nicht im Tempel Jahwes, sondern im Thale Hinnom
gebracht wurden[1]. Auch dieses Aufkommen des ursprünglich ver-
pönten Menschenopfers in Israel ist ein Beweis davon, dass dasselbe
als vorzüglich wirksam gegolten hat.

Anders sind die Berichte, die man hier noch herbeiziehen
möchte, 1 Sam. 15, 33 und 2 Sam. 21, 1 ff. zu beurteilen; denn
sowohl darin, dass Samuel den Amalekiterkönig vor Jahwe in
Stücke zerhaut, als auch darin, dass David, um den Zorn Jahwes
zu beschwichtigen, sieben Nachkommen Saüls vor Jahwe pfählen[2]
lässt, liegt vielmehr ein Beispiel der Vollstreckung einer heiligen
Execution (חרם) vor, die in beiden Fällen war unterlassen worden
und nun nachgeholt wird. Dasselbe ist der Fall in 1 Sam. 14, 24—45,
wo die Fürsprache des Volkes den dem Bann verfallenen Jonathan
rettet[3]. Um ein Menschenopfer handelt es sich hier nirgends.

Wurde demnach dem Blute eine so hohe Wichtigkeit beigelegt,
dass es als der Träger des Lebens und der eigentlich sacramentale
Stoff galt, so begreift man einerseits, wie gar leicht eine spätere
Stufe der Religion dazu kam, das Blut allein der Gottheit vorzube-
halten und nur das Fleisch der Opfertiere den Menschen zu überlassen und das Enthalten vom Erstickten (ἀπέχεσθαι ἀπὸ τοῦ πνικτοῦ

---

[1] Vgl. A d o l f K a m p h a u s e n. Das Verhältnis des Menschenopfers
zur israelitischen Religion. 1896.

[2] Oder über einen Felsen hinabstürzen. So fasst W. R o b e r t s o n
Smith, Rel. of the Semites 1², S. 419, nach arab. 'auka'a das hebr. הוֹקַיעַ

[3] Hos. 13, 2 ist trotz der Unsicherheit des Textes an «Menschen-
opferer» jedenfalls gar nicht zu denken.

Acta 15, 2?) zu fordern; andererseits aber versteht man auch wieder, dass in späterer Zeit bei den mystischen Riten die alte Sitte wieder aufleben konnte, die eben das Blut als besonders geeignet erachtete, um mit der Gottheit in Verbindung zu bringen vgl. Ezech. 18, 6. 15 (lies עַל־הֶדָם statt על־ההרים); 33, 25; Lev. 19, 26; Jes. 65, 3 f. (פרק פגלים = eine Art Blutbrühe); 66, 3. 17; Ps. 16, 4[1].

Nach der Besprechung aller der bisher genannten gottesdienstlichen Gebräuche kann einem nicht entgehen, dass die Riten des Pesach (Passa) uralten Ursprungs sind und andererseits dass auch die verschiedenen Gebräuche bei einem Todesfall bei ihrer Entstehung als heilige Riten gemeint waren. Sie müssen daher hier erwähnt werden, und es muss nach ihrem ursprünglichen Sinn gefragt werden. Beide, Pesachfeier und Trauergebräuche, haben auch das noch gemein, dass sie die Familie als eine Sacralgenossenschaft fassen. Denn so verschieden im Uebrigen sie von einander sind, das Pesach weist noch mit verschiedenen Zügen darauf hin. Es ist doch kaum ohne Bedeutung, dass gerade die Pfosten und die Oberschwelle der Wohnungen mit Blut bestrichen werden sollen, und dass dadurch die Familien vor der Heimsuchung durch die Pest bewahrt werden, da der Würgengel an ihnen vorübergeht (Ex. 12, 21—23. 27[b] J). Sonst aber sind Ursprung und Bedeutung der Pesachfeier ausserordentlich dunkel. Jedenfalls ist es ganz unbegründet, dass sie lunaren oder solaren Ursprung habe. Ersteres hat man daraus schliessen wollen, dass sie am Abend beginnt, und letzteres aus ihrem Namen. Man fasste nämlich Pesach als « Uebergang » und sah darin einen Hinweis auf den Uebergang der Sonne in das Zeichen des Widders im Frühling, welcher auch bei Aegyptern und Babyloniern festlich begangen wurde. Eher scheinen sich in der Erzählung Exod. 12 f. Momente zu finden, welche für die Annahme sprechen, dass es ursprünglich das Opfer der Erstgeburt von der Herde war (Wellhausen, Prolegomena III, 1, 1; Smend, Alttest. Religionsgeschichte S. 127)[2]. Es mag später mit einem solchen Feste combinirt worden sein, aber damit sind die oben erwähnten Riten nicht erklärt. Von Haus aus hat der Ex. 12,

---

[1] Für ausserisraelitische Uebung des Blutgenusses vgl. Sach. 9, 7.

[2] W. Robertson Smith, Rel. of the Semites I[2], S. 465, erinnert daran, dass in Arabien das Weidvieh im Frühling wirft, um es verständlich zu machen, warum die Feier in den Frühling falle.

21—23 beschriebene Ritus weder mit dem Frühling noch mit der Erstgeburt etwas zu thun, und «Pesach» erscheint vielmehr als eine Feier, durch die man sein Haus in Zeiten der Pest vor jedem Schaden sichern wollte. Durch diesen Blutritus brachte man sich in die engste Verbindung und Gemeinschaft mit seiner Gottheit und glaubte sich dadurch nun sicher vor jeder Gefahr. Für diese Auffassung darf daran erinnert werden, dass sich in Arabien die Sitte nachweisen lässt, nach der man die Zelte eines in den Krieg ziehenden Heeres mit Blut bestreicht, ferner dass man sich noch heute unter den Drawiden (Dravida) in Indien dadurch gegen die Cholera zu feien meint, dass man sich vor dem Bilde der Choleragöttin im Blute der Opfertiere wälzt und beim Herannahen der Cholera ausserdem noch einen weiten Blutkreis um das zu sichernde Dorf zieht[1]. Somit zeigt sich auch im Pesach wieder, wie die Anwendung des Blutes bei cultischen Feiern eine kräftigere Art der Communion mit der Gottheit bedeutet; eine solche Communion war besonders in Pestzeiten von nöten. Wenn nun aber das Blut an Oberschwelle und Thürpfosten gestrichen wird, so liegt vielleicht darin ein Hinweis, dass dort die Hausgötter ihre Stelle hatten und man sich ihren Schutz verschaffen resp. erhalten wollte gegen die wütende Krankheit.

Auf ursprünglichen Ahnencult führen vielfach die Trauergebräuche zurück. Bei den meisten ist der cultische Ursprung ohne weiteres noch deutlich ersichtlich, und es kann genügen, diese Gebräuche einfach anzuführen. Kein Gewicht soll darauf gelegt werden, dass Joseph das Angesicht seines verstorbenen Vaters küsste (Gen. 50, 1), dass es Sitte war, wie aus dem Neuen Testament erhellt, die Verstorbenen zu salben (Mark. 16, 1 vgl. auch Matth. 26, 12), auch nicht einmal darauf, dass der Trauernde sein Haupt verhüllt (2 Sam. 15, 30; Jer. 14, 3; Esth. 6. 12). Aber auffallend ist es zu nennen, dass sich der Trauernde Hauteinritzungen zufügt und eine Glatze scheert (vgl. Dt. 14, 1 f.; Lev. 19, 27 f.; 21, 5; Jer. 7, 29; 16, 6; 41, 5; 47, 5), dass er den שק, das Lendentuch aus grobem Stoff, sich umgürtet (z. B.

---

[1] Vgl. auch den beduinischen Gebrauch, in Zeiten von Viehseuchen die Kamele an Nacken und Seite mit dem Blute eines Schlachtopfers zum Schutze der Herde zu bestreichen (Doughty, Travels in Arabia Deserta I, S. 499).

Jer. 48, 37) und dass er barfuss geht (Ezech. 24, 17). Hier sind,
so sonderbar es uns vorkommt, Blut und Haare ursprünglich als die
Mittel gedacht, welche die Verbindung der Hinterbliebenen mit den
Verstorbenen aufrecht erhalten sollen, und der *sak*, das Lendentuch,
ist die alte Tracht, welche in der Folgezeit cultische Bedeutung
bekommen hat. Aber auch die anderen Gebräuche, deren Deutung
nicht so nahe liegt, haben wohl diesen Ursprung. Beim Zerreissen
der Kleider sind die Kleider vielleicht als Aequivalent für Blut
und Haar gemeint, wie die Kleiderfetzen an den heiligen Bäumen
und Heiligengräbern. Nicht der Schmerz und die Trauer, die das
Herz zerreissen, sind die Ursache dieser Sitte, sondern das Verlangen, sich die Gemeinschaft mit dem Toten zu garantieren [1]. Dies
aber ist auch der Sinn, der dem Bestreuen des Hauptes mit
Staub und Asche (z. B. Micha 1, 10; Jer. 6, 26) und dem Einhergehen in dunkelm schmutzigem Gewande (vgl. Ps. 38, 7;
Hiob 30, 28; Jes. 50, 3; Mal. 3, 14) zu Grunde liegt. Es handelt
sich dabei ursprünglich um den Staub, der vom Grabe, und um die
Asche, die von den Totenbränden, d. h. von den für die Toten
verbrannten Opfern (vgl. Jer. 34, 5; 2 Chr. 16, 14) genommen
wurde; und was in der Sitte geblieben ist, das sind eben die
Residuen und Ermässigungen einer früheren Stufe, wie denn auch
das Sitzen in Staub und Asche und das noch heute bei den Juden
übliche Sichniedersetzen auf den Boden nicht anders zu erklären
ist (vgl. Jes. 3, 23 ff. bes. v. 26; 47, 1). Als eine solche Ermässigung der Verhüllung des Hauptes und des Scheerens der Haare
ist es schliesslich aller Wahrscheinlichkeit nach anzusehen, wenn der
Trauernde die Hand auf das Haupt legt (2 Sam. 13, 19; Jer.
2, 37), oder wenn er den Bart verhüllt (Micha 3, 7; Ezech.
24, 17), wie das an die Brust und an die Lenden schlagen (Nah.
2, 8; Jer. 31, 19; vgl. auch Luk. 18, 13) nichts anderes sein wird
als ein Rest der Hautritzungen. Endlich darf nicht unerwähnt
bleiben, dass noch in späterer Zeit Totenopfer vorkamen (Dt.
26, 14; Jer. 34, 5; Ezech. 24, 17. 22; 2 Chr. 16, 14; Sirach 30, 18 ff.;
Tobias 4, 18) [2].

[1] Siehe W. Robertson Smith, The Rel. of the Sem. I², S. 323-336.
[2] An die vielen Parallelen, die sich bis auf den heutigen Tag in den
Trauergebräuchen nachweisen lassen und daher ungesucht jedem sich
selber darbieten, sei hier nur erinnert. Zu dem obigen Abschnitte über
die Trauergebräuche ist zu vergleichen Schwally a. a. O. S. 8—18.

So dunkel auch der Ursprung der Beschneidung ist, sicher ist sie jedoch eine Institution, welche weit über Mose zurückreicht. Nicht nur führt noch der Priestercodex sie auf Abraham zurück (Gen. 17), — dies wäre zwar an sich kein Hindernis, sie als mosaische Verordnung anzusehen; — sondern was wichtiger ist, sie ist durchaus keine nur in Israel giltige Institution; denn auch Phönizier, Edomiter, Moabiter und Ammoniter übten sie, wie die Araber und manche andere Völker. Nur die Philister konnte man die Unbeschnittenen heissen. Ohne Zweifel aber liegt ihr auch eine cultische Bedeutung zu Grunde. Sie ist wahrscheinlich ursprünglich die heilige Ceremonie, wodurch man als vollberechtigtes Glied in die Sacralgemeinschaft, und damit auch in die Volks- oder Stammgemeinschaft aufgenommen wurde. Das geschah anfangs eben im Alter der Mannbarkeit, und daraus erklärt sich wohl diese eigentümliche Sitte, die auch wieder in so seltsamer Weise durch Blut eine Vereinigung mit der Gottheit und dem Stamm, welcher sie verehrt, herstellt. Wenn später schon die Kinder und nicht erst die herangewachsenen Männer beschnitten wurden, so ist das wiederum als eine Milderung des früheren Brauches anzusehen. Leider ist die alte Erzählung (Ex. 4, 24—26), nach welcher Şippora an ihrem Kinde die Beschneidung vollzogen hat, um Mose vor Jahwe zu retten, der über ihn hergefallen war, so kurz, dass man nur wenig daraus entnehmen kann; aber allerdings scheint hier noch die Erinnerung durchzuschimmern, dass die Beschneidung resp. das vergossene Blut die Verbindung mit der Gottheit herstelle und so vor ihrem Zorn bewahre. Zwar sollte man erwarten, dass an dem Ueberfallenen selbst diese Ceremonie müsste vorgenommen werden, und es liegt vielleicht daher zugleich die Absicht vor, die Ersetzung der Beschneidung der Erwachsenen durch die Kinderbeschneidung zu rechtfertigen. Sacramentale Bedeutung besass somit die Beschneidung von Anfang; aber sie hat nicht Jahwe gegolten. Ja, man darf sagen, dass sie, obschon sie von jedem Israeliten gefordert war (Jos. 5, 2), die besondere Beziehung auf Jahwe erst kurz vor dem Exil zu erhalten begann (vgl. Jer. 4, 4), und dass der Priestercodex die beim Zusammenbruch der Nation wieder auftauchende alte Bedeutung dann für das Judentum sanctioniert hat.

Gewöhnlich wird auch die Feier des siebenten Wochentages, des Sabbats, als ein Erbe der vormosaischen Zeit betrachtet; viel wahrscheinlicher aber ist, dass sie unter einem Ackerbau treibenden Volke entstanden, also den Israeliten erst in Kanaan bekannt geworden ist. Dagegen ist die Feier der Neumonde wohl älter, sie hat deutlich astronomischen Ursprung. Ob man aber deshalb an eine Verehrung der Gestirne zu denken hat, kann man bezweifeln; vielmehr ist es bemerkenswert, dass nach 1 Sam. 20, 5 ff. gerade auf die Tage des Neumonds die Abhaltung eines Opferfestes der einzelnen Geschlechter und Familien scheint verlegt worden zu sein. Uebrigens erweisen auch jetzt noch die Beduinen dem Monde eine fast abergläubische Verehrung.

§ 11.

Heilige Personen.

Viel weniger als über heilige Gebräuche lässt sich über heilige Personen sagen. Geweiht mussten zwar alle diejenigen sein, die am Cultus teilnehmen wollten; aber in der ältesten Zeit gab es keine Personen, die den Beruf besessen hätten, für die andern den Cultus der Gottheit zu besorgen[1]. Derselbe wurde ja nur bei besonderen Anlässen geübt; zudem konnten alle ohne Ausnahme am Cultus teilnehmen, wenn es schon natürlich ist, dass bei dem Familienopfer der Hausvater die Opferung leitete und bei grösseren Festlichkeiten einzelne als Vertreter der Gesamtheit fungierten (so die Jünglinge Ex. 24, 5). Berufspriester gab es in alter Zeit nicht; ja noch in der Königszeit durfte jedermann opfern (vgl. das an Alle gerichtete Gebot Ex. 20, 26).

Gleichwohl ist es wahrscheinlich, dass es schon vor Mose heilige Personen gegeben hat, die nicht nur in den Festzeiten wie alle Mitfeiernden als gottgeweiht betrachtet wurden, sondern als in besonderem Sinne heilig und im Dienste der Gottheit und zu ihr in Beziehung stehend gelten mussten. Allerdings waren dies nicht Priester im späteren Sinne des Wortes, und ihr Dasein hat seinen Ursprung nicht im Opferdienst. Dass dem so ist, beweist die einfache Thatsache, dass schon « Priester » im Volke vorhanden waren, als noch lange jeder das Recht hatte zu opfern und dies Recht auch nach seinem Belieben übte. Aber es gab noch eine andere Seite im

[1] Von den Kedeschen haben wir hier noch nicht zu sprechen, da dieselben kanaanitischen Ursprungs sind.

Cultus und in dieser liegt der Grund, der zu ständigen heiligen Personen führte. Man wollte Vereinigung mit der Gottheit zu dem Zwecke, dass man ihres Schutzes und ihrer Hilfe sicher sein könne; aber andrerseits war damit eingeschlossen, dass man hoffte, in wichtigen Angelegenheiten den Rat der Gottheit erfahren zu dürfen. Dass dies in alter Zeit der Fall war, können Namen beweisen, wie עֵין מִשְׁפָּט « Quelle des (göttlichen) Rechtsprechens », Gen. 14, 7 und אֵלוֹן מוֹרֶה « Terebinthe des Orakelgebers », Gen. 12, 6; Dt. 11, 30 oder אֵלוֹן מְעוֹנְנִים, « Terebinthe der Wahrsager », wie sie Jud. 9, 37 heisst. Schon die letztern Namen weisen darauf hin, dass besondere Personen den Willen der Gottheit, die an der heiligen Stätte hauste, den Fragenden mitteilten, da diese nicht selber immer im Stande gewesen wären, die Antwort der Gottheit zu verstehen, und auch die Gottheit sich nicht immer so deutlich mochte vernehmbar machen, wie es 2 Sam. 5, 24 von Jahwe und seinem Einherschreiten in den Wipfeln der Bakabäume erzählt. Auf welche Weise diese Personen dazu gelangten, den Willen der Gottheit verkündigen zu können, ist nicht mehr sicher zu sagen. Die Bezeichnung מעוננים « Wahrsager » führt auf irgend einen Zauber zurück, aber man hat gar gerne später Zauber genannt, was einer früheren Zeit ganz unanstössig vorkam. Eher dürfte in der andern Bezeichnung desselben heiligen Baumes, in מוֹרֶה « Orakelgeber », ein Fingerzeig liegen. Denn es ist wahrscheinlich, dass der « Orakelgeber » den Namen vom « Zeichengeben », « Hinweisen durch irgend ein Mittel, wie z. B. den Gebrauch von Losen » (ירה vgl. Jos. 18, 6) bekommen hat, um so mehr, als man noch in späterer Zeit vor dem Gottesbild Ephod den Willen der Gottheit durch das Losen erfuhr (1 Sam. 14, 18 f. 41). Uebrigens war ursprünglich die Gottheit selber der *môrè* (vgl. Jud. 7, 1; Hab. 2, 18).

Wichtiger aber als die Art und Weise, auf welche die Entscheidung der Gottheit in Erfahrung gebracht wurde, ist es, dass die spätere Zeit gerade dem Priester כֹּהֵן die Aufgabe der Erteilung von solchen Weisungen zuschreibt. Der *kôhēn* ist nicht in erster Linie der Opferer gewesen, sondern der Gottesmann, welcher vor der Gottheit stehend deren Willen und Weisung kundgiebt. Darum gehören auch später noch die heiligen Lose *Urim* und *Tummim* (אוּרִים וְתֻמִּים) dem Priesterstand (Dt. 33, 8; vgl. ferner 1 Sam. 14, 41 [LXX]; Ex. 28, 30; Esr. 2, 63 etc.) und sagt Micha (Jud. 17, 10) zu dem Bethlehemiten, den er für sein Privatheiligtum

anstellen will: Bleibe bei mir und sei mir Vater und Priester! Er
konnte ihn Vater (אב vgl. auch Jud. 18, 19) nennen, als den Ratgeber, durch den er den Rat der Gottheit erfahren wollte. Weiter ist
nun auffallend, dass im Arabischen *kâhin*, das dem hebr. *kôhēn*
vollständig entspricht, nicht den Priester, sondern den Seher
bezeichnet, also wiederum den, der den Willen der Gottheit kennt
und ihn mitteilen kann. Nach alledem werden wir schon für die
vorjahwistische Stufe, wenn auch nicht für jede heilige Stätte,
solche heilige Personen annehmen dürfen, welche vor der Gottheit
stehend deren Willen zu offenbaren im Stande waren. Ebenso darf
es als sicher gelten, dass der Name *kôhēn* in diese Periode zurückreicht. Fraglich ist es dagegen, ob sich die Verbindung, in welcher
der *kôhēn* von Haus aus mit der heiligen Stätte steht, bei einzelnen
schon gelöst und es daher neben den «Priestern» auch von der
heiligen Stätte unabhängige Gottesmänner (איש אלהים) gegeben
habe, wie dies später der Fall war, so dass es dann schliesslich als
die eigentliche Aufgabe der Priester erscheinen konnte, nur den
Opferdienst zu versehen.[1]

§ 12.

Einfluss auf das gewöhnliche Leben.

Es kann sich, wenn wir von dem Einfluss der religiösen Anschauung auf das Leben auf dieser Stufe reden wollen, nur um ein
sehr unvollständiges Bild handeln. Wir haben nichts im A. T., was
aus jener Zeit stammte und die Verhältnisse des Lebens und das
Verhalten der Angehörigen jener Zeit schilderte. Wir können nur
Bräuche, die wir nicht speciell cultische nennen können, aus einer
späteren Zeit erwähnen, wenn wir überzeugt sein dürfen, dass sie
ihre Entstehung dem Einflusse der altsemitischen Religion auf das
Leben verdanken.

Auf alle Fälle übte die Religion einen gewaltigen Einfluss auf
das Leben jener Zeit. Die Gottheit sollte ja den Verehrern und
ihren Leuten Segen bringen, d. h. ihren Bestand garantieren und
sie daher vor jeder Gefahr bewahren oder daraus erretten. Das war
der ursprüngliche Sinn des Pesach, und anders kann man sich

---

[1] Vgl. **Wellhausen**, Skizzen und Vorarbeiten III, S. 128 ff.; **Benzinger**, Hebräische Archäologie S. 405 ff.

auch die Aufgabe eines *môrè* oder *kohēn* nicht vorstellen, als dass er in den vielen schwierigen Lagen und Verhältnissen des Lebens den Rat der Gottheit erteilen musste. Doch lässt sich in dieser Hinsicht nichts Sicheres aussagen und kein besonderes Beispiel anführen, wenn man auch die Ansicht hat, dass man damals in den gleichen Angelegenheiten an die Gottheit resp. den vor ihr stehenden *kôhēn* sich wandte, wie später an Jahwe (vgl. die Erzählung des Jahwisten über Rebeka Gen. 25, 22) resp. den Seher (Saul wegen der verlorenen Eselinnen seines Vaters 1 Sam. 9) oder an den Propheten (das Weib Jerobeams wegen ihres kranken Sohnes 1 Kg. 14). Auch werden zweifellos vor der Gottheit alle Streitigkeiten geschlichtet worden sein; darauf weist nicht nur der bereits öfters erwähnte Name der heiligen Quelle des Rechtsprechens in Kades Barnea (Gen. 14, 7), sondern auch der spätere Gebrauch des abgekürzten Ausdrucks האלהים «Gott» für das an dem Wohnsitz der Gottheit bestellte und in ihrem Namen fungierende Gericht (z. B. Exod. 22, 7. 8. 27; 1 Sam. 2, 25). Besonders aber wird eine solche Entscheidung der Gottheit eine wichtige Bedeutung zur Erklärung von Träumen und vornehmlich da gehabt haben, wo irgendwie ein Bann, ein Cherem (חרם), auszusprechen war und eine heilige Execution zu erfolgen hatte. Schon der Name חֵרֶם, der dem arab. *ḥaram* «unnahbar sein» in der Bedeutung so nahe kommt, spricht dafür, dann aber weist auch in eine alte Zeit, dass nach Jos. 7, 13 ff. zur Ausmittlung des Schuldigen der Hintritt vor Gott gefordert und offenbar das Werfen des Loses gebraucht wird. Wird auch später dieser Usus noch bestanden haben, sein Ursprung geht sicher auf die alte Zeit zurück.

Sicherer lässt sich aber für die **Blutrache** alter Ursprung behaupten; einmal hängt sie mit der Auffassung des Geschlechts oder des Stammes als einer Sacralgenossenschaft zusammen, und dann erklärt schon nach Gen. 4 Jahwe dieselbe nicht mehr als eine unter allen Umständen notwendige Bestrafung, es hat also der Jahwismus dagegen reagiert. Die Blutrache kann aber deshalb als eine im Zusammenhang mit der Geschlechterreligion stehende religiöse Pflicht erklärt werden, weil dieselbe zu üben nicht nur ein nächster Verwandter, sondern jeder Stammgenosse die Pflicht hat (vgl. hiefür Jud. 8, 18 ff.; 2 Sam. 3, 27, sowie die Forderung der Gibeoniten an David und die Auslieferung von sieben Sauliden 2 Sam. 21, 1 ff.). Ist der Mörder ein Stammesangehöriger, so ist das erst recht die Pflicht der ganzen Sippe, und dann kann diese Verletzung nur durch die Ausrottung des Mörders gutgemacht werden; denn der Mörder ist ein חרם, der aus der Gemeinschaft ausgeschlossen werden muss (2 Sam. 14, 4 ff.; Gen. 27, 45). Es ist eben jeder Mord gewissermassen eine Verletzung der Gottheit, mit der der Getötete durch den Cultus in enger Gemeinschaft stand; darum schreit das vergossene Blut um Rache zur Gottheit und somit auch zu jedem Clangenossen des Ermordeten (Gen. 4, 10; Hos. 6, 8; Ez. 24, 7. 8; Hiob 16, 18). Ein unbewusster Nachhall dieser alten Anschauung von der Verwandtschaft der Menschen mit Gott ist auch im Priestercodex (Gen. 9, 6) zu finden, wenn es zur Begründung, dass jedes Mörders Blut wieder vergossen werden muss, heisst: denn als sein Abbild hat Elohim den Menschen geschaffen.

Ein anderer Brauch, worin sich die alte Religion wirksam erweist, ist schon früher (s. S. 29) erwähnt worden. Die Aufnahme eines Sclaven in die Familie (Exod. 21, 2—6) konnte nicht ohne weiteres geschehen; er musste auch in die religiöse Genossenschaft eintreten. Darum wurde er aufgenommen, indem sein Herr ihm das Ohr mit einem Pfriemen durchbohrte, nachdem er ihn zu der Thüre oder zu den Pfosten hatte herantreten lassen. Es ist schon oben (S. 29) gesagt, dass dort der Elohim der Familie seinen Ort hatte, und danach ist anzunehmen, dass von nun an der Sclave auch den gleichen Elohim wie sein Herr zu verehren hatte. Ob auch hier das Blut, das bei der Durchbohrung des Ohres fliessen musste, seine Bedeutung hat, lässt sich jedenfalls fragen.

Endlich hängt mit der altsemitischen Religion die Leviratsehe zusammen. Es musste, wo Ahnenverehrung herrschte, als ein grosses Unglück erscheinen, keinen Sohn zu haben, der den Cult üben konnte. Darum galt es als Pflicht für die überlebenden Brüder, die kinderlose Wittwe ihres verstorbenen Bruders zu heiraten. Diese Pflicht hatte, falls kein Bruder da war, der nächste männliche Verwandte des verstorbenen Mannes. Dadurch sollte der Verstorbene davor bewahrt werden, der schuldigen Verehrung verlustig zu gehen; denn die Kinder einer solchen Levirats- oder Schwagerehe wurden als die Kinder des verstorbenen Mannes angesehen. Noch das Deuteronomium (25, 5—10), das doch von der alten religiösen Bedeutung dieser Institution nichts mehr weiss, sieht in der Verweigerung der Schwagerehe ein Verhalten, das auf den unwilligen Schwager Schande bringt, wie denn auch Juda (Gen. 38, 26) von seiner

Schwiegertochter Tamar anerkennt: Sie ist in ihrem Rechte gegen mich; warum habe ich sie auch meinem Sohne Schela nicht zum Weibe gegeben! Im Uebrigen weist das deuteronomische Gesetz bereits eine Abschwächung der Forderung auf, da es eine Verweigerung der Pflichterfüllung offen lässt, welche Gen. 38 noch nicht anerkennt. Die Begründung dieses Brauches lag eben nicht mehr vor, darum wurde nicht mehr die strenge Innehaltung desselben gefordert (vgl. auch Ruth 4) [1].

Weiteres lässt sich nicht mehr mit der gleichen Bestimmtheit für die altsemitische Religion beanspruchen. Aber vermutlich hängt es ebenso mit der Religion jener Zeit zusammen, dass einerseits den Eltern von Seite der Kinder grosse Verehrung entgegengebracht und andererseits ihnen, namentlich dem Vater als dem Familienhaupt, auch eine hohe Autorität über die Angehörigen seiner Familie zugestanden wurde, also, dass wir überhaupt in Israel später den Familiensinn sehr ausgeprägt finden. Verständlich ist es auch, dass der Fremde nicht so ohne weiteres unter einer fremden Sippe sich wohl und sicher fühlen konnte, und dass er erst als ein Schutzbefohlener (*gēr* גֵּר) galt, wenn er Speise zu geniessen erhalten hatte.

§ 13.

Rückblick.

Es ist nicht zu verwundern, dass sich bei der Besprechung der altsemitischen Religion, soweit sich deren Spuren in Israel erhalten haben, kein durchaus einheitlicher Charakter aufweisen liess. Es konnte das nicht anders sein, weil uns hier die verschiedensten Elemente aus urältester Zeit bis kurz vor dem Aufkommen des Jahwismus zusammengeschoben erscheinen mussten. Auch da den Gang der Entwicklung aufzuweisen, die nach sicheren Anzeichen, welche sich uns noch darbieten, sich vollzogen haben muss, kann für das Ganze nicht gelingen, weil wir im A. T. nur Zeugnisse aus späterer Zeit haben, die das Product des Verlaufes, und zwar oft

[1] Vgl. S c h w a l l y, a. a. O. S. 28; W e l l h a u s e n, die Ehe bei den Arabern in « Nachrichten von der Königlichen Gesellschaft der Wissenschaft und der Georg-Augusts-Universität zu Göttingen », 1893, S. 431-481; B e n z i n g e r, Hebräische Archäologie, S. 345 f.

das des ursprünglich religiösen Charakters schon ganz entkleidete
Product, darstellen, aber die einzelnen Stufen desselben nicht
mehr oder doch lange nicht vollständig erkennen lassen. Im
Einzelnen sind uns wohl hie und da noch Momente entgegengetreten, welche die verschiedenen Factoren des Productes durch-
schimmern lassen. So glaubten wir bei der Beschneidung darauf
aufmerksam machen zu können, dass dieselbe ursprünglich die
heilige Ceremonie für den Eintritt des Erwachsenen als eines voll-
berechtigten Gliedes in die religiöse Gemeinschaft und damit auch
in die Stammgenossenschaft bedeutete, dass aber dann die sozusagen
politische Bedeutung zurücktrat und darum die Kinderbeschneidung
aufkommen konnte [1]. Aehnliches schien uns auch möglich bei der
Besprechung der Pesachfeier, über die wir der Meinung sind,
dass die Verbindung mit der Opferung der Erstlinge des Viehs einer
späteren Stufe angehören müsse, wenn sich überhaupt diese Verbindung noch in der altsemitischen Religion vollzogen hat. Ebenso
sind die Gottesbilder, und unter ihnen jedenfalls der Ephod,
sowie die Kôhanîm nicht als der Anfangspunkt der alten religiösen
Entwicklung zu verstehen, sondern als das Ergebnis eines längeren
Processes.

Das einzige, aber wichtige die ganze Periode kennzeichnende
Charakteristicum bleibt der Polydämonismus und die Auffassung der
verehrten Gottheit, die in Steinen, Bäumen, Quellen u. s. f. haust,
als einer starken Macht, deren Kräfte von höchster Bedeutung sind
für das Ergehen ihrer Verehrer. Es ist leicht ersichtlich, wie von
da aus sich für die einzelnen Sippen oder Stämme, wenn sie sich
etwa um eine Quelle concentrierten, die Verehrung einer Gottheit,
der sog. Henotheismus, fast von selber ergeben konnte, aber auch,
wie auf dieser Stufe bei der nicht bestimmt und genau definierten
Macht der Gottheit es schwerhielt, die eine göttliche Macht gegen
eine andere abzugrenzen. Die Art dieser Stufe, wenn sie schon
Polydämonismus ist, neigt also nicht zu einem bestimmt ausgeprägten Polytheismus hin, der die Gebiete der einzelnen Götter ab-
grenzt und denselben besondere Funktionen zuteilt; viel weniger
setzt sie sich einem Monotheismus entgegen, da die einzelnen göttlichen Mächte in eine Einheit zusammengefasst erscheinen konnten.

[1] Vgl W. Robertson Smith, Religion of the Semites I², S. 328.

Zweiter Abschnitt.

Der ursprüngliche Jahwismus.

§ 14.

Quellen.

Nach der herkömmlichen Ansicht fliessen die Quellen für die Darstellung der Entstehung und des Wesens des Jahwismus sehr reichlich. Die vier letzten Bücher des Pentateuchs handeln ja von nichts Anderem als von Mose, dem Stifter der Jahwereligion, seiner Führung Israels und den Gesetzen, die er dem Volke im Auftrage Jahwes gegeben hat. Aber der Pentateuch und Josua, den man literarisch nicht davon abtrennen kann, sind erwiesener Massen nicht von Mose oder Josua geschrieben, sondern ein Sammelwerk aus Schriften der verschiedensten Zeiten, in welchem alle historischen und sagenhaften Erinnerungen über die Anfänge des Volks bis einschliesslich zu seiner Niederlassung in Kanaan und alle auf Mose zurückgeführten Gesetze zusammengetragen sind. Es lassen sich darin unterscheiden :

1. Das jehovistische Buch (JE), ein Geschichtswerk, das eine Zusammenarbeitung zweier älterer, noch wohl von einander zu trennender Quellen ist, welche man je nach den darin üblichen Gottesnamen die jahwistische (J) und die elohistische (E) nennt. Es beginnt mit der Schöpfung des Menschen und führt bis zum Tode Josuas. Für die Religionsgeschichte ist zu bemerken, dass dasselbe gemäss der Anschauung des Jahwisten die Jahweverehrung bis auf die ersten Menschengeschlechter zurückdatiert, aber auch die Angaben des Elohisten aufgenommen hat, welcher den Jahwenamen erst bei der Berufung Mose's zum Retter des Volkes nennt (Exod. 3, 11 ff.), und dass es das älteste Gesetzbuch Ex. 21—23, das sogenannte Bundesbuch, enthält. Der Jahwist ist wahrscheinlich noch vor 800 in Juda (unter Benutzung auch von ephraimitischer Ueberlieferung) entstanden, der Elohist,

dem das Bundesbuch angehört, dagegen etwas später um 750 in
Ephraim; der letztere zeigt sich schon von prophetischen Anschauungen berührt, während der erstere noch ungebrochen die
alte Volksüberlieferung bietet. Die Zusammenarbeitung von J und E
zu dem Werke des Jehovisten (JE) ist höchst wahrscheinlich erst
in der zweiten Hälfte des 7. Jahrhunderts, zwischen 650 und 600
v. Chr. erfolgt.

2. Das Deuteronomium, ein Gesetzbuch (Dt. 5—26 und
28), dessen Kern die Gesetze in Kap. 12—26 bilden. Die Anfangs-
und Schlusskapitel stammen teils von späteren Ausgaben, teils von
der Einschaltung in das jehovistische Geschichtswerk her. Dieses
Gesetz ist angeblich schon im Lande Moab durch Mose dem Volke
Israel zur einstigen Befolgung im Lande Kanaan gegeben, in Wirklichkeit datiert es aus der Zeit Josias und ist nicht lange vor dem
Jahre 621 entstanden, in welchem der König Josia ihm Gesetzes-
kraft verlieh [1]. Es stellt einen Compromiss dar, den die prophetischen
Forderungen mit den priesterlichen Anschauungen geschlossen
haben. Die Vereinigung des Deuteronomiums mit dem jehovistischen
Geschichtswerk ist im Exil um 550 erfolgt.

3. Das Heiligkeitsgesetz (Lev. 17—26), das sprachlich und
sachlich mit dem Buche Ezechiels so nahe verwandt ist, dass man
dasselbe schon diesem Propheten hat zuschreiben wollen. Wahrscheinlich ist es selber aus mehreren Schichten zusammengefügt,
deren erste noch vorezechielisch ist, deren übrige aber Abhängigkeit
von Ezechiel aufweisen, jedoch auch nicht von ihm herstammen.
Der Inhalt berührt sich mit dem Deuteronomium, legt aber auf das
cultische Element ein viel grösseres Gewicht. Entstanden ist die
Sammlung am Ende des Exils oder kurz nach demselben (c. 540—
520).

4. Der sogenannte Priestercodex (PC), früher die Grund-
schrift geheissen und bis in die neueste Zeit in das Zeitalter

---

[1] Die von Steuernagel (Die Entstehung des deuteronomischen
Gesetzes 1896) neuerdings wieder verteidigte Ansicht, dass «das Deute-
ronomium bereits unter Manasse in der Form hergestellt wurde, in der
es unter Josia aufgefunden und publiciert worden ist», ist mir trotz
der wertvollen und eingehenden Analyse, in der Steuernagel manches
Richtige bietet, nicht annehmbarer geworden. Vgl. ferner Steuernagel,
Der Rahmen des Deuteronomiums, 1894, und Stærk, Das Deut., sein
Inhalt und seine literarische Form, 1894.

Davids versetzt. Diese Schrift verwebt eine sehr ausführliche Gottesdienstgesetzgebung in den Rahmen einer kurzen Geschichte, die von der Schöpfung der Welt bis zu der Verteilung Kanaans unter die israelitischen Stämme reicht, und hat dann ihrerseits auch den Rahmen abgegeben, in welchen die gesamte ältere Ueberlieferung über jene Zeit eingetragen wurde, indem zum Teil die früheren Bücher einfach so, wie sie waren, übernommen, zum Teil aber auch durch eine eingreifendere Bearbeitung mit der jüngsten Erzählung und Gesetzgebung combiniert wurden. Unsere Datierung der Priesterschrift aus der ersten Hälfte des 5. Jahrhunderts gründet sich auf die Beobachtung, dass sowohl die darin erzählte Geschichte als auch ihre Gesetzgebung vor Esra gänzlich unbekannt war und letztere erst durch Esra und Nehemia eingeführt wurde. Die Vereinigung dieser Priesterschrift mit dem Heiligkeitsgesetz erfolgte schon vor 450 v. Chr., die Vereinigung des so entstandenen Gesetzbuches Esras mit den übrigen Schichten zum Hexateuch geschah durch die Nachfolger Esras, die Schriftgelehrten, und kam auch schwerlich schon um 400 zu ihrem völligen Abschluss.

Es versteht sich hiernach von selbst, dass der Hexateuch auch in seinen ältesten Teilen des Jahwisten und Elohisten, geschweige denn des Priestercodex, nicht ohne Kritik als Quelle für die Darstellung des ursprünglichen Jahwismus gebraucht werden kann. Jahwist und Elohist sind von Mose noch durch Jahrhunderte getrennt und teilen uns nur mit, was man zu ihrer Zeit über Mose erzählte und dachte. Immerhin werden sich von da aus Rückschlüsse machen lassen, besonders wenn wir auf die gelegentlichen Bemerkungen in den Propheten achten. Ausserisraelitische Quellen giebt es aber nicht, die uns besseren Aufschluss erteilten. Die aegyptischen Denkmäler lassen uns bis jetzt völlig im Stich; denn auch die im Winter 1895/96 von Flinders Petrie gefundene altaegyptische Inschrift Merneptah's (c. 1300 v. Chr.) nennt uns nur den Namen *Y-si-r-'l* (= Israel), ohne dass wir genau erkennen könnten, ob der Sieg über *Y si-r-'l*, von dem Merneptah berichtet, im Süden von Palästina oder in Palästina selber gewonnen wurde (cf. ZATW, 1896 S. 330—333). Und der von Josephus (*contra Apionem* I, 27 u. 28) überlieferte Bericht aus den «Aegyptischen Denkwürdigkeiten» des im 3. Jahrhundert v. Chr. schreibenden aegyptischen Priesters Manetho über Osarsiph-Mose kann auf Glaubwürdigkeit keinen Anspruch erheben.

§ 15.

Mose, der Stifter des Jahwismus.

Die Religion der Israeliten war in der Zeit, da sie noch kein
Volk bildeten, derjenigen ihrer semitischen Stammgenossen, wenn
auch gewiss nicht ganz gleich, so doch sehr ähnlich. Als aber
Israel in Kanaan einzog, war seine Religion in ganz eigentümlicher
Weise von der kanaanitischen verschieden, so dass sie mit derselben
nicht mehr zu verwechseln war. Israel hatte eine ganz eigenartige
Auffassung von seinem Gott, die ihn hoch über die kanaanitischen
Baale emporhob, und die Religion hatte eine höhere geistige
Richtung bekommen, welche einen qualitativen Unterschied gegenüber der gemeinsemitischen Religion bedeutete. Es muss also in
der Zwischenzeit ein gewaltiger Umschwung in der religiösen Anschauung des Volkes stattgefunden haben. Diese Umwandlung wird
nun von den ältesten historischen Urkunden an die glücklich zu
Ende geführte Befreiung aus Aegypten und den Aufenthalt des Volkes
am Berge Sinai geknüpft und als Urheber derselben wird auch von
Propheten Mose genannt: der erste unvergleichliche Prophet (Hos.
12, 14), ein Gesandter Jahwes (Micha 6, 4), welchem schon vorher
gleichfalls am Sinai Jahwe sich geoffenbart hatte. Da diese Zeugnisse immerhin verhältnissmässig jungen Datums[1] sind, so könnte
man versucht sein, diese Ueberlieferung in Zweifel zu ziehen. Indes ist es Thatsache, dass, wie bereits bemerkt, schon am Anfang
der Niederlassung Israels im Lande Kanaan die Ueberlegenheit der
israelitischen Religion zweifellos hervortritt (vgl. nur Jud. 5). Erst
bei der Eroberung des Landes, die eine vielfache Zersplitterung mit
sich brachte, kann ein Umschwung der religiösen Ansicht nicht
geschehen sein. Es ist kein anderer Zeitpunkt denkbar, als eben
derjenige, welchen die Tradition angiebt, der Moment, wo die in
Gosen angesessenen Israeliten aus der aegyptischen Knechtschaft
befreit werden und sich mit den übrigen Israeliten zu einem Volke
verbinden. Mit der politischen Geburt des Volkes ist aber auch die
Entstehung der nationalen Religion so gewiss verbunden gewesen,
als sich Jahwe und Israel von da an auf Jahrhunderte hinaus in

[1] Vgl. über die Entstehungszeit von Micha 6, 1—8 Anm. 1 S. 38.

der engsten Verbindung finden und der Jahwismus die nationale Religion Israels ist. Wir halten es daher für eine geschichtlich unanfechtbare Thatsache, dass Mose, der Befreier Israels, auch der Stifter seiner Religion ist. Um so grösser ist das Verdienst des Mannes.

Nirgends, wie bei der Entstehung des Jahwismus, steht Geschichte und Religion in so innigem Verbande; darum verlohnt es sich, kurz die Ereignisse der Befreiung aus Aegypten und der Bildung des Volkes zu skizzieren, wie sie sich aus den Erzählungen von J und E erschliessen lassen. Vom Sinai herkommend erscheint Mose unter den in Gosen auf aegyptischen Boden übergetretenen israelitischen Stämmen, fordert sie auf, sich von der Fremdherrschaft frei zu machen, und verbürgt zu diesem Unternehmen vor allem die Hilfe des Gottes Jahwe, in dessen Auftrag er kommt. Die Rettung gelingt; Jahwes Beistand schenkt sicheren Abzug aus Aegypten und es folgt dann in der Wüste die Vereinigung mit den übrigen Israeliten zu einem einheitlichen Volke, das seine Bildung nur Jahwe und seinem Gesandten Mose zu danken weiss.

Es ist natürlich, dass wir fragen, wie Mose dazu gekommen ist, diesen Auftrag in sich zu spüren und diese Erkenntnis von dem höheren Wesen und Willen Jahwes, wie er Gott nennt, zu besitzen. Man hat zur Beantwortung dieser Frage nach einer besonderen Vorbereitung Moses zu seinem Werke gesucht und an fremde Einflüsse gedacht.

Viele, besonders in früherer Zeit, haben die Ueberlegenheit Moses über sein Volk auf seine aegyptische Bildung zurückgeführt. Die hebräische Ueberlieferung scheint diese Ansicht zu unterstützen. Ex. 2 lesen wir ja, dass er von der aegyptischen Königstochter erzogen wurde und bis in sein reiferes Alter am aegyptischen Hofe blieb. Die spätere Zeit weiss noch mehr: er soll nach Philo (*De vita Mos.* I, 15) und Act. 7, 22 in aller aegyptischen Weisheit unterrichtet worden sein. Auch trägt er einen Namen, den man, weil die hebräische Volksetymologie (Ex. 2, 10) jedenfalls unrichtig ist, aus dem Aegyptischen erklären will (= *mes* oder *messu*, d. h. Sohn, Kind, wozu Namen wie Thut-mosis und A-mosis verglichen werden), und nach dem aegyptischen Geschichtsschreiber Manetho soll er Priester zu Heliopolis gewesen sein und später seinen früheren Namen Osarsiph mit Mose vertauscht haben. Darnach schien es angezeigt, die mosaische Lehre und die mosaischen Institutionen aus der Priesterweisheit Aegyptens abzuleiten. Man hob hervor, dass die aegyptische Geheimlehre monotheistisch ist, und behauptete, der Eine Gott trage den Namen: «Ich bin der ich bin» (= *nuk pu nuk*), gerade wie der Gott Moses (Ex. 3, 14). Man legte Nachdruck auf allerlei Aehnlichkeiten in Religionsgebräuchen, Priesterkleidung, Orakel (Urim und Tummim) und Anderem mehr, um den aegyptischen Einfluss auf den Jahwismus darzuthun. Was Letzteres betrifft, so ist eine solche Aehnlichkeit in einzelnen Gebräuchen durchaus kein Beweis von Abhängigkeit; und wäre sie es, so könnte der Einfluss aegyptischer Art auch in weit späterer Zeit sich geltend gemacht haben, da durch die ganze Königszeit hindurch Verbindungen mit Aegypten bestanden. Die Gleichheit des Gottesnamens hat sich aber als blossen Schein erwiesen[1] und der aegyptische Monotheismus, der in pantheistischer Weise den Einen Gott als die allgemeine verborgene Kraft ansah, welche das Volk unter verschiedenen Namen je nach ihren besonderen Wirkungen verehrte, ist gänzlich vom Jahwismus verschieden. Zudem erscheint denn doch die Ableitung des Jahwismus aus der Geheimlehre Aegyptens durchaus unannehmbar, weil es undenkbar ist, dass Israel eben in dem Augenblick, wo es sich von den Aegyptern losriss, die Befreiung sollte einem aegyptischen Gotte zugeschrieben haben. Später hat man dieselbe Ex. 12, 12 (PC); 18, 11 (redactionell?) in Israel vielmehr als einen Sieg und ein Gericht des eigenen Gottes über die Götter der Aegypter angesehen. Also hat Mose gewiss nicht aegyptische Weisheit zur Religion Israels gemacht.

Neuerdings hat man mehr die Neigung, irgendwie von Midian aus einen Einfluss auf Mose anzunehmen. Man weist darauf hin, dass Mose als der Schwiegersohn Jethros erscheint und dass die Midianiter in der Nähe des Berges Sinai wohnten, von wo ja offenbar Mose herkam. Man hat darum sogar vermutet, dass der Name Jahwe von den Midianitern entlehnt sei. Doch man ist über Vermutungen

[1] Nach Le Page Renouf, Vorlesungen über Ursprung und Entwickelung der Religion, erläutert an der Religion der alten Aegypter, 1882, S. 227, zeigt sich, dass die Worte *nuk pu nuk* keinerlei geheimnissvolle Lehre über das Wesen Gottes enthalten, ja überhaupt keine selbständige Aussage bilden, sondern nur in Verbindungen vorkommen wie: «Ich bin's, der Osiris ist...». Derselbe Gelehrte erklärt: «Man darf mit aller Bestimmtheit versichern, dass weder die Hebräer, noch die Griechen nur eine einzige von ihren Ideen aus Aegypten entlehnt haben».

nicht hinausgekommen und hat auch nicht angenommen, dass schon die Midianiter die Anschauung von Jahwe besassen, welche Mose den Israeliten brachte.

Somit sind wir gezwungen, von fremden Einflüssen abzusehen und uns zu fragen, ob durch eigene Ueberlegung etwa Mose zu seiner hohen Erkenntnis gekommen sei. Wenn man sich aber auch denken könnte, dass er zu der Einsicht gekommen sei, die verschiedenen Gottheiten seien die Aeusserungen einer einzigen Macht, damit wäre noch lange nicht erklärt, wie er zu dem Bewusstsein gelangt wäre, nun im Auftrage dieser Macht eine solche Mission unter den israelitischen Stämmen zu haben, und die Ueberzeugung gewonnen hätte, dass diese Macht der Gott Israels sei. Es liesse sich am Ende noch verstehen, dass ein Stamm vor allen die Rettung aus Aegypten betrieben und dann nach dem Gelingen die übrigen Israeliten zur Anerkennung der von diesem Stamme verehrten Gottheit gewonnen hätte; aber auch so hätte die Geschichte als eine Offenbarung des Gottes verstanden werden müssen und hätte es für den Mann, der an der Spitze stand, der festen Ueberzeugung bedurft, dass die Gottheit auch in Zukunft dem geretteten Volk ihren Schutz nicht versagen werde. Die ältesten Quellen J und E in Ex. 3 geben eine andere Erklärung für die Entstehung des Jahwismus: Gott hat sich Mose geoffenbart und ihm seinen Willen mit den Israeliten kund gethan. Dort am alten Gottesberge Sinai ist Mose Jahwes Willen, Israel zu retten, kund geworden und ihm die Gewissheit gegeben, zum Werkzeuge der Durchführung dieses Willens berufen zu sein. Das aber bedeutet nichts anderes, als dass mit Mose eine neue Stufe in der Geschichte der Religion beginne, und dem müssen wir nach allem, was wir von der altsemitischen Religion wissen, vollständig zustimmen und mehr können auch wir zur Erklärung nicht sagen, als dass wir bestätigen: Der Jahwismus ist nicht einfach das Erzeugnis menschlicher Ueberlegung, sondern göttlicher Offenbarung. Mose ist Gott in höherer Weise offenbar geworden, als seinen Vorfahren, und Mose hat den Antrieb und die Ausrüstung zu seinem Werke von Gott erhalten.

§ 16.

Mose, ein Prophet.

Welches war nun das Werk Moses? Nach der Ueberlieferung ist er freilich der Verfasser der Bücher, die nach seinem Namen benannt sind. Aber wenn etwas sicher ist in der Kritik des A. T., so ist es dies, dass der Pentateuch nicht von seiner Hand ist. Als Schriftsteller ist Mose überhaupt nicht anzusehen; nicht durch Bücherschreiben, wie eine weit spätere schreibselige Zeit es sich einbildet, hat er wirken können in einer Zeit, da die Israeliten gewiss nicht lesen konnten. War er, wenn nicht der Aufzeichner seiner Gesetze, doch Gesetzgeber? Der Pentateuch führt die ganze Gesetzgebung auf ihn zurück. Und in gewissem Sinne müssen wir ihn als den Gesetzgeber seines Volkes gelten lassen, wenn nur die Meinung aufgegeben wird, dass er der Urheber aller pentateuchischen Gesetze war. Zu Vieles davon kann erst in späterer, teilweise viel späterer Zeit, unter ganz anderen Culturzuständen, als derjenige in der Wüste, zum Bedürfnis geworden sein. Eine Sichtung ist hier notwendig; wir gehen daher die einzelnen Teile des Gesetzes durch.

Die Gesetze des Pentateuchs betreffen selten den Staat, öfter die bürgerliche Ordnung, zumeist Religion und Cultus. Eine Staatsverfassung hat Mose nicht gegeben; denn ein Staat war zu seiner Zeit nicht vorhanden. Mose behielt die Gliederung in die verschiedenen Stämme bei, aus denen Israel zusammengewachsen war, und liess ihnen die alten Einrichtungen, wie sie sie vordem besassen. Wurde er der Führer der Gesamtheit und folgte sie ihm, so ist es nicht einem Gesetz, sondern der Macht seiner Persönlichkeit zuzuschreiben. Das Civilgesetz, welches überall ein sesshaftes ackerbautreibendes Volk im Auge hat, kann ebenso nicht von ihm herrühren. Aber voraussetzen dürfen wir, dass er die Grundsätze sittlicher Gesellschaftsordnung einführte und die Rücksichten, die man nur gegen Familien- oder Stammesangehörige zu nehmen gewohnt war, auf die Gesamtheit des Volkes auszudehnen strebte, wie das später geschriebene Gesetz solche Verordnungen auf ihn zurückführt (schon im Bundesbuch), und wie die ebenfalls einer viel spätern Zeit angehörige kürzeste Zusammenstellung der Forderungen Jahwes an sein Volk im Dekalog (Ex. 20 und Dt. 5) solche enthält. Jedenfalls aber standen die bürgerlichen Vorschriften unter religiösem Gesichtspunkte. Im Namen Jahwes, der durch Mose Israel befreit und zu einem Volke gemacht hatte, erteilte er Bescheid und gab er Weisung (tòrā הּוֹרָה) in allen Angelegenheiten der Gesamtheit, wie der einzelnen Glieder derselben (vgl. Ex. 18). Jahwes Willen zu verkünden und nach demselben auch nach der Befreiung aus Aegypten das Volk zu leiten, blieb die Hauptsache und war das Werk Moses (vgl. Num. 11, 12). Das Volk ganz zu Jahwes Volk zu machen, das es geworden war, darauf musste sein Absehen gehen. Mose ist Prophet, der Mittelsmann zwischen dem Volke und seinem Gotte Jahwe gewesen (Ex. 18, 19 E; Hos. 12, 14). Und wenn wir ihn einen Propheten nennen, so ist er das nicht blos, weil er Deut. 18, 18 so genannt ist, sondern weil sein Wirken, was Ursprung, Zweck und Mittel betrifft, demjenigen der anderen Propheten ähnlich war: Gottes Offenbarung ist der Ursprung, Gottes Herrschaft der Zweck, Verkündigung des göttlichen Willens das Mittel desselben. Unterschieden ist er von den übrigen dadurch allein, dass er der Schöpfer einer Richtung war, in welcher die anderen nach ihm von Gott berufen wurden eine noch höhere Stufe der Erkenntnis Gottes zu bringen, dass er der Begründer des Jahwismus war, den seine prophetischen Nachfolger zum wahren Monotheismus erheben sollten. Mose legt den Grund zu der folgenreichsten Entwicklung, die, weil ihr eine Richtung auf das Ethische innewohnt, bis zur vollkommenen Offenbarung im Christentum führt. Darum ist das Lob, das Deut. 34, 10 ff. ihm spendet, dass kein Prophet mehr wie er in Israel aufgestanden, für die Zeit des A. T. berechtigt; denn nur auf der Grundlage seines Werkes sind die anderen Propheten zu verstehen.

§ 17.

Jahwe, der Gott des Volkes Israel.

Soeben ist gesagt worden, die Anerkennung Jahwes als des Gottes des Volkes Israel sei der Kern des ursprünglichen Jahwismus. Aber es ist nötig, dies nach seinem ganzen Sinn zu verstehen und darum die zu Grunde liegende Vorstellung von Jahwe noch näher ins Auge zu fassen. Denn «Jahwe der Gott Israels» klingt

ganz ähnlich wie «Kĕmôsch der Gott Moabs» (1 Kön. 11. 33 vgl.
Num. 21, 29 und die Inschrift des Königs Môscha' bes. Z. 5 f. u. 12),
und doch lagen nur im Jahwismus die Keime zu einer solchen
Weiterbildung verborgen, dass der Untergang der Nation die Religion
nicht mit sich ziehen musste. Dieser entscheidende Unterschied
muss schon von Anfang an zwischen beiden Religionen bestanden
haben und demgemäss auch in der Auffassung von Gott zum
Ausdruck gekommen sein, wenn es auch nicht leicht ist, dies für
die erste Zeit schon sicher nachzuweisen.

Zur Gewinnung des Gottesbegriffes im Jahwismus müsste es
nun von höchstem Werte sein, wenn wir den Gottesnamen Jahwe
sicher deuten könnten. Es kann ja keinem Zweifel unterliegen, dass
Mose diesen Namen als den Namen des Gottes Israels zur Geltung
gebracht und, wenn er ihn schon sollte vorgefunden haben, doch in
einer specifischen Bedeutung gefasst hat. Wir können darum auch
die Vermutungen auf sich beruhen lassen, Jahwe sei als Name eines
Stammgottes von dem Stamme Joseph oder von den Midianitern
gebraucht worden, und müssen nur fragen, ob wir die Entstehung
des Namens erklären oder denn seine Bedeutung im ursprünglichen
Jahwismus feststellen können.

Das Wort יהוה ist im masoretischen Texte nicht mit den
Vocalzeichen versehen, welche die Vocale dieser vier Buchstaben
(des sogenannten *Tetragrammatons*) andeuten sollten, sondern mit
denen desjenigen Wortes, das man an seiner Stelle gelesen haben
wollte, also entweder mit denen von אֲדֹנָי (dem sog. *Ķĕrê perpetuum*
für יהוה) oder, falls dieses Wort gerade unmittelbar vorher schon
vorkam, mit denen von אֱלֹהִים (z. B. Gen. 15, 2). Das hat seinen
Grund darin, dass die späteren Juden aus Furcht, sich gegen das
Verbot des Missbrauchs des Gottesnamens zu verfehlen (Ex. 20, 7,
vgl. auch Lev. 24, 16), sich scheuten, den Eigennamen Gottes auszusprechen, und dafür immer אדני, beziehungsweise אלהים, lasen.
Daher stammt in LXX und im N. T. die Uebersetzung ὁ κύριος. Aus
Unkenntnis dieses Sachverhaltes erklärt sich die zu Anfang des
16. Jahrhunderts durch Petrus Galatinus[1] aufgebrachte falsche
Aussprache Jehova. Die richtige Aussprache ist Jahwe יַהְוֶה,
wofür auch die Angaben von Clemens Alexandrinus ('Ιαουέ)
und Theodoret ('Ιαβέ) eintreten und der Reim auf יָהּ in samari-

---

[1] *De arcanis catholicæ veritatis.* Ortonæ 1518. Bl. XLVIII.

tanischen Gedichten spricht. Ebensowenig kann es in Zweifel
gezogen werden, dass יָהּ (z. B. Ex. 15, 2) und יהו (nur als Bestand-
teil von Eigennamen vorkommend) Verkürzungen der ursprünglichen
Form יהוה sind, da diese auf der Mêschaʻ-Inschrift (Z. 18), also
bereits c. 850 Jahre v. Chr., sich findet und auch von der Ex. 3, 14
gegebenen Erklärung vorausgesetzt wird.

Eine ältere Erklärung des Namens יהוה als die in Ex. 3, 14
vorliegende giebt es nicht. Nach dieser Stelle erteilt Elohim dem
nach dem Namen des sich ihm offenbarenden Gottes fragenden
Mose die Antwort: אהיה אשר אהיה, was, wenn man den zweiten
Teil des Verses beachtet, wo אהיה allein den Gottesnamen ausmacht,
nicht anders zu übersetzen ist als mit: «Ehjè, das heisst: ich
bin». Also ist der Sinn, den der Erzähler darin ausgedrückt findet:
der Seiende[1]. Aber in welcher Hinsicht Gott gerade der Name
des «Seienden» zukommt, wird nicht gesagt, und ohnehin kann
diese Etymologie Ex. 3, 14 so wenig massgebend sein, wie so viele
andere Volksetymologien im A. T. über andere Namen. Man hat
daher andere Deutungen versucht, ist dabei aber zu keiner Einigung
gelangt, so dass die verschiedensten Ansichten einander gegenüber-
stehen[2].

[1] Demnach ist die seltsame Fassung dieser Stelle von W. Robertson Smith, welche Smend (Lehrbuch der alttest. Religionsgeschichte
S. 21) billigt, unrichtig. אהיה אשר אהיה soll nach den vorangehenden
Versen (11. 12) bedeuten wollen: «Ich werde mit dir (oder mit euch)
sein, der ich mit dir (mit euch) sein werde, d. h. ihr sollt erfahren, dass
ich euer Helfer bin».

[2] Die wichtigsten Annahmen sind folgende: Auf der einen Seite
wird יהוה als eine Ableitung vom einfachen Stamme (Kal) angesehen
und entweder wie in Ex. 3, 14 [Dillmann] oder nach der im Arabischen
nachweisbaren Bedeutung von הוה = «wehen», «hauchen» als «der
Haucher» oder «Wettergott» gefasst [Duhm; Wellhausen: «er fährt
durch die Lüfte, er weht»]. Nach letzterer Erklärung wäre Jahwe
ursprünglich der «Gott des Windes», aber dabei ist zu beachten, dass
im Hebräischen רוּחַ nicht nur den «Wind», sondern auch den «Geist»
bezeichnet (vgl. Hiob 4, 12-16; Acta 2, 2—4). Auf der anderen Seite hält
man יהוה für eine Ableitung des Causativstammes (Hiphʻîl). So sieht man
in יהוה «den ins Dasein Rufenden» (= יָכִין, τὸν τοῦ εἶναι αἴτιον)
[de Lagarde] oder unter der Annahme, dass die Bedeutung «Sein»
erst aus der stärkeren «Leben» abgeschwächt sei, «den Lebenspender»
[H. Schultz] oder unter Zugrundlegen der ursprünglichen Bedeutung
von הוה (= «fallen») «den Fällenden», «den Donnergott»
[de Lagarde, Stade] oder mit Erinnerung an die hebräischen Nomina

Ueber Vermutungen kommt man in Bezug auf die ursprüngliche Bedeutung des Namens יהוה nicht hinaus; darum ist es auch unmöglich, in ihr mit Sicherheit schon Anknüpfungspunkte für die Ueberlegenheit des Jahwismus z. B. über die Religion Moabs ausfindig zu machen. Wir müssen zu diesem Zwecke vielmehr darauf achten, was Jahwe für sein Volk von Anfang bedeutete. Einmal ist gewiss, dass Jahwe in Israel als der Gott galt, der in engster Verbindung mit dem Volke Israel stand, also Israels Gott ist. Die andern Gottesnamen konnten auch von den Göttern der andern Völker gebraucht werden, Jahwe bezeichnete nur den Gott Israels. Diese Zugehörigkeit Jahwes zu Israel und Israels zu Jahwe erwies sich in der Rettung des Volkes aus Aegypten (Hos. 11, 1; 12, 10; 13, 4), welche auch die Bildung der Nation zur Folge hatte. Jahwe ist es darum, der die Angelegenheiten der Nation führt; wo das gesamte Volk in Frage kommt, da ist Jahwe lebendig. Er ist der Kriegsherr: die Kriege, die Israel führt, sind heilige Kriege, und Jahwe ist das Panier für das ganze Volk (Ex. 17, 15. 16 E). Damit ist auch gegeben, dass Jahwe den Zusammenhang der israelitischen Stämme ausmacht und das Gefühl der Zusammengehörigkeit derselben erhält.

Damit ist aber nicht die Einzigkeit Jahwes behauptet; im Gegenteil ist es unzweifelhaft, dass fremde Götter durchaus auch als existierend gedacht wurden. Jahwe ist der Gott Israels, andre Völker haben ebenso gut ihre Götter, und die Götter sind einander

---

הֹוָה, הַוָּה («das Verderben») «den Zerstörer» [Holzinger, Einleitung in den Hexateuch S. 204]. Ob eine von diesen Etymologien die richtige ist, lässt sich bei einem so uralten Worte nicht ausmachen; am meisten stimmen zu dem Charakter der Offenbarungsweise Jahwes die beiden Ableitungen, welche ihn entweder als «den Haucher» oder als «den Donnergott» fassen; denn unzählige Mal schildert das A. T. das Erscheinen Jahwes in Sturm und Gewitter (vgl. nur Ex. 19 u. Jud. 5). Aber immerhin lässt sich fragen, ob Mose nur eine von diesen beiden Bedeutungen mit dem Namen יהוה verbunden habe, als er ihn als den Gott Israels verkündete. Es möchte doch vielleicht ihm wichtig gewesen sein, dass יהוה «den das Geschehen, die Geschichte bewirkenden», «den die Ereignisse herbeiführenden» bezeichnen konnte. Jahwe hat sich ja kundgethan in dem Ereignis des Sterbens der Erstgeborenen in Aegypten, sowie der Rettung Israels aus Aegypten, ferner noch so oft in den grossen Ereignissen der Kriege, welche Israel führte, und in den kleineren, da er Strafen verhängte und vollzog an Einzelnen oder an dem ganzen Volke.

ebenso entgegengesetzt wie die Völker. Haben wir auch für die älteste
Zeit keine sicheren Belege, so fehlen solche für die folgenden Jahrhunderte nicht; denn wenn z. B. Jephtha nach Jud. 11, 24 den
Ammonitern sagen lässt: «Nicht wahr, was dir dein Gott Kemôsch [1]
in Besitz giebt, das nimmst du ein? Ebenso was unser Gott Jahwe
uns in Besitz gegeben hat, das nehmen wir ein», so ist der Autor
dieser Stelle offenbar der Ansicht, Jephtha habe den Gott der
Ammoniter für einen wirklichen Gott gehalten (vgl. auch
2 Kön. 3, 27). Wie aber somit für den Jahwismus kein Monotheismus
anzunehmen ist, so ist andrerseits von da aus auch noch kein
Vorzug der israelitischen Religion über die moabitische genannt.
Denn nach dem Glauben der Moabiter führte ihr Gott Kemôsch
ebenso die Angelegenheiten seines Volkes: Er errettete den König
Mêscha von allen seinen Feinden und gab Moab die verloren
gegangenen Gebiete seines Landes wieder zurück (Mêscha-Inschrift
Z. 4. 9 ff). Auch das bedingt noch keinen sicheren Vorzug, wenn
es von Alters her in Israel heissen mochte, wie im späteren
Liede noch gesungen wird (Ex. 15, 11): «Wer ist dir gleich unter
allen Göttern, Jahwe! Wer ist dir gleich, du herrlich Erhabener!
Der du zu fürchten bist wegen deiner ruhmreichen Thaten, der du
Wunder verrichtest!» Denn so lange die Götter der übrigen Völker
als wirklich vorhanden und existierend galten, kam es lediglich auf
den Machtbeweis an. Da die Moabiter z. B. auch die Macht ihres
Gottes Kemôsch der Macht Jahwes überlegen dachten (vgl. Mêscha-
Inschrift Z. 18), so musste der äussere Gang der Geschichte entscheiden, ob der Gott Israels oder derjenige eines andern Volkes
die Oberhand behalte. Die blosse äussere Macht konnte nicht den
prinzipiellen Unterschied zwischen Jahwe und den Göttern von
vornherein sicherstellen; wenn darin sein einziger Vorzug gesucht
werden müsste, so wäre Jahwe ja schliesslich beim Zusammenbruch
des Staates unterlegen.

Nicht in der Weite seiner Machtsphäre, sondern in der Tiefe
seines Wesens liegt von Anfang an der Grund seiner Ueberlegenheit.
In dieser Hinsicht ist es schon bedeutsam, dass Jahwe nicht als
Naturkraft, sondern nach Analogie des Menschen als geistige
Persönlichkeit gefasst wurde. Das beweisen schon die alten Anthro-
pomorphismen, die von Gottes Mund, Auge, Ohr, Nase, Hand sprechen,

---

[1] Sonst heisst überall der Nationalgott der M o a b i t e r Kemôsch.

und die so häufigen Anthropopathieen, da von Gottes Liebe, seinem Hass, Zorn, seiner Eifersucht oder Reue die Rede ist. Allerdings kann diese Vorstellung allein nicht genügen, auch Mêscha redet von einem Zürnen des Gottes Kemôsch (a. a. O. Z. 5); es muss dieses menschenähnlich vorgestellte, der Natur überlegene geistige Wesen in einer ganz besonderen Richtung sich lebendig erweisen und sich offenbaren. Nun ist es gerade die Kehrseite der Machtentwicklung Jahwes gegen Aussen, wo er die Schicksale der Nation leitet, dass er im Innern des Volkes ebenso wirksam sich erweist. Jahwe hat das Volk nicht nur entstehen lassen, auch nicht nur einige Gebräuche und Sitten von ihm als Zeichen seiner Angehörigkeit gefordert; als dem Vater desselben liegen ihm auch die inneren Angelegenheiten am Herzen und erteilt er in Bezug auf dieselben seine Weisungen. Das geschieht durch seinen Gesandten Mose, der überall, vor allem an der heiligen Quelle zu Kades, im Namen des Gottes Israels Recht spricht und Rat schafft. Es mochte zunächst nur um die neuen Verhältnisse sich handeln, welche durch den Zusammenschluss der verschiedenen Stämme, die im übrigen ihre alte Stammverfassung behielten, zu einem Volke geschaffen waren; damit hieng aber die Aufrechterhaltung der Ordnung, sowie die Entscheidung in den verschiedensten Fragen über das Verhalten der Volksgenossen zu einander zusammen. Wie diese Wirksamkeit Jahwes nicht als eine nebensächliche betrachtet wurde, so galt sie auch nie als eine abgeschlossene. Aehnliches mögen die Moabiter von ihrem Gotte hergeleitet haben; aber die Intensivität, mit welcher diese Wirksamkeit unter den Israeliten geübt wurde, ist daraus ersichtlich, dass die Tradition immer und immer wieder alle Verordnungen und Gesetze auf Mose zurückführte, also dorther die Grundsätze ableitete, welche sie befolgte; und die Reinheit, welche dieser Verwendung der Religion zur Ordnung der Verhältnisse des Lebens innewohnte, wird dadurch bezeugt, dass die Propheten mit ihren Forderungen der Sittlichkeit sich in Uebereinstimmung mit dem ursprünglichen Jahwedienst wissen. In Beidem, in der Intensivität und in der Reinheit, unterscheidet sich Israels Religion nicht nur von den früheren Stufen der Religion, sondern auch von allen übrigen Religionen, und gerade darin, dass solcher Nachdruck auf Recht und Gerechtigkeit gelegt wird, offenbaren sich Jahwes Eigenart und Hoheit. Dieser kräftige Zug auf das Ethische, der Jahwe eigen ist, begründet seine bleibende Erhabenheit über die Götter der Heiden, giebt der

Aussage « Jahwe der Gott des Volkes Israel » erst den vollen Inhalt und verleiht Israels Zusammengehörigkeit eine innere Festigkeit, ist andrerseits auch der Punkt, von dem aus sich eine Verbindung ergiebt mit der späteren höheren Offenbarung Jahwes an die Propheten.

Jahwe ist für den ursprünglichen Jahwismus der Gott des Volkes Israel; nichts mehr, denn neben ihm existieren die Götter der Heiden; nichts weniger, denn er ordnet auch die öffentlichen Angelegenheiten des Volkes im Innern. Er ist der Gott der äussern und der inneren Geschichte des Volkes Israel; aber erst nachmals, als er sich als den Gott des Rechtes und der Gerechtigkeit in tiefstem Sinne offenbarte, ist er als der höchste und endlich als der einzige Gott erkannt worden [1].

§ 18.

Jahwe auf dem Sinai und bei seinem Volk.

In der altsemitischen Religion galten die heiligen Gegenstände Stein und Baum, Quelle und Berg als die Wohnsitze der dabei verehrten Gottheiten. Als Anschauung des Jahwismus ist es nun auch zu betrachten, dass Jahwe seinen Sitz auf dem Berg Sinai [2] hatte. Dort ist Jahwe Mose erschienen (vgl. bei J und E Ex. 3) und hat sich ihm nicht nur als Jahwe offenbart, sondern ihn auch zum Führer und Retter der Israeliten in Aegypten berufen. Darum fordert auch Mose den Pharao auf, die Israeliten in die Wüste d. h. in das Gebiet des Berges Sinai zur Feier eines Festes zu Ehren Jahwes ziehen zu lassen (Ex. 5, 1 ff.). Dort treffen dann nach dem Auszug Jahwe und das Volk zusammen (Ex. 19) und erfolgt in grossartiger Theophanie der Beginn der Gesetzgebung. Vom Sinai her zieht Jahwe nach Jud. 5 den Israeliten in Palästina zu Hilfe, und andrerseits begiebt sich noch Elia dorthin, um eine Theophanie zu erhalten (1 Kön. 19, 8 ff.). Auch nach dem Segen Moses Deut. 33, 2 kommt Jahwe vom Sinai her und heisst er (vgl. v. 16) שֹׁכְנִי סְנֶה, sei es, dass er « der im Dornbusch Wohnende » genannt wird, weil er Mose auf dem Gottesberge im Dornbusch

---

[1] Vgl. Wellhausen, Skizzen und Vorarbeiten, I. S. 14.

[2] So nennen J u. PC den alten Gottesberg, und kein anderer Berg ist gemeint mit dem Namen Horeb, den E und D gebrauchen.

erschien (Ex. 3), oder dass in סְנֶה eine directere Verbindung mit סִינַי zu sehen ist.

Doch Jahwe ist an seinem Wohnsitz nicht so festgehalten, wie die Gottheiten der heiligen Stätten in der altsemitischen Religion. Er will mit Mose in Aegypten sein (Ex. 3, 12 E), legt den Aegyptern Plagen auf (Ex. 7, 25—27; 8, 16 ff.; 9, 1 ff. 17 f.; 10, 1 ff. J) und lässt ihre Erstgeborenen hinsterben (Ex. 11, 4 ff. J). Ebenso rettet er selber die Israeliten vor dem verfolgenden Pharao (Ex. 14 vgl. bes. v. 21 b. 27 b J) und hilft ihnen aus allen Verlegenheiten während der Wanderung in der Wüste (vgl. nur Ex. 15, 25; 17, 5 und 6). Auch später, als Israel vom Sinai sich getrennt hatte und es galt, die Schlachten Jahwes zu schlagen, war Jahwe selber seinem Volke gegenwärtig (Jud. 5; vgl. auch 2 Sam. 5, 24). Aber immerhin, wenn so Jahwe bei ausserordentlichen Ereignissen im Sturme von seinem Wohnsitz auf dem Sinai her unter seinem Volke erschien, sein eigentlicher Wohnsitz ist der Sinai geblieben. Doch ganz von Jahwe verlassen war das Volk auch nicht in gewöhnlichen Zeiten. Nach Ex. 33, 12—15 (J) war Mose in grosser Unruhe, weil Jahwe auf dem Sinai bleiben und Israel allein nach Palästina ziehen lassen wollte[1]. Darum versichert ihn Jahwe, dass seine פָּנִים («Angesicht») Israel an seinen Bestimmungsort begleiten sollen. Ganz identisch mit Jahwe sind Jahwes פָּנִים kaum, wenn man auch später darunter Jahwe in eigener Person verstand (vgl. Jes. 63, 9: «Nicht Bote noch Engel, sein Angesicht errettete sie, in seiner Liebe und Erbarmung erlöste er sie» [Oort und Du lim] und LXX zu Ex. 33, 14: αὐτὸς προπορεύσομαί σου). Jahwes Angesicht (פְּנֵי יהוה) bedeutet die Offenbarungsform, in welcher Jahwe in die Erscheinung tritt. Es ist Jahwe nicht eigentlich selber, sondern seine Vertretung bei dem Volke. So haben wir Jahwes «Angesicht» zu verstehen, weil derselbe Gebrauch von פָּנִים sich nicht nur in dem Eigennamen פְּנוּאֵל (Gen. 32, 31 f. J), sondern auch in der häufigen Beifügung *penê baal* (פֶּן בַּעַל) findet, welche die phönizische Göttin Tanit auszeichnet (vgl. Pietschmann, Gesch. der Phönizier 1889, S. 208 ff.)[2].

---

[1] Vgl. auch Ex. 33, 1 ff. die Betrübnis des Volkes über den Abzug vom Sinai und die damit verursachte Entfernung von Jahwe.

[2] Vgl. auch Deut. 4, 37 und ferner die beiden Namen θεοῦ πρόσωπον (für ein Vorgebirg in Phönizien) und *Rosch Melkart* «Melkarts Haupt» (für ein solches in Sicilien).

Dieselbe Bedeutung wie «Jahwes Angesicht» hat ursprünglich der מַלְאַךְ יַהְוֶה «der Engel Jahwes» d. h. der Bote, in welchem Jahwe erscheint, die Erscheinungsform Jahwes. Darum können andre Stellen, als die oben erwähnten, den מלאך יהוה als den Begleiter der Israeliten nach Palästina bezeichnen (Ex. 23, 20; vgl. 33, 2) oder ihn sonst die Werke Jahwes verrichten lassen (z. B. Ex. 14, 19). Wie daher פנים einfach mit Jahwe wechseln kann (vgl. Ex. 33, 14: «Mein Angesicht wird mitziehen und ich werde dich an deinen Bestimmungsort bringen»), so ist das Gleiche mit Mal'ak Jahwe resp. Mal'ak Elohim der Fall (vgl. Gen. 31, 11 ff.; 48, 15. 16 etc.), und nach alle dem ist es begreiflich, wie es Ex. 23, 21 heissen kann von dem Mal'ak: שְׁמִי בְּקִרְבּוֹ = «in ihm offenbare ich mich».

Mit dem שֵׁם יַהְוֶה steht weiter die Jahwelade אֲרוֹן יַהְוֶה oder אֲרוֹן הָאֱלֹהִים in engster Beziehung. In 2 Sam. 6, 2 ist geradezu gesagt, dass sie שֵׁם יהוה genannt wurde. Wie nach Ex. 33, 14 Jahwes פנים und nach Ex. 23, 20 ff.; 32, 34 (vgl. Dt. 1, 33) der Mal'ak den Israeliten voranzieht, um ihnen den Weg zu weisen und sie an den Bestimmungsort zu bringen, so erfüllt nach Num. 10, 33 ff. die Jahwelade diese Aufgabe eines Führers des Volkes. Ja, wie im Mal'ak und in den פנים Jahwes das *numen præsens* ist, so wird die Jahwelade auch mit Jahwe selber identificiert. Mose spricht, wenn sich die Lade in Bewegung setzt: «Mache dich auf, Jahwe, damit deine Feinde zerstieben und deine Widersacher vor dir fliehen!» Wenn sie aber am Lagerplatz anlangt, so spricht er: «Kehre wieder, Jahwe, zu den Myriaden Israels» (Num. 10, 35. 36)! Ebenso spricht noch David zu Zadok (2 Sam. 15, 25): «Bring die Gotteslade in die Stadt zurück; ist Jahwe mir gnädig gesinnt, so wird er es fügen, dass ich ihn und seine Wohnung wiedersehe». So unterliegt es keinem Zweifel: die Jahwelade war mehr als ein Sinnbild der Gegenwart Jahwes, sie war selber oder enthielt eine Erscheinungsform Jahwes, schloss also das *numen præsens* ein. Daraus erklärt sich, was in späterer Zeit von ihr berichtet wird: Bei dem Durchgang durch den Jordan und bei der Eroberung Jerichos ist es die Jahwelade, von der die wunderbaren Machtthaten Jahwes ausgehen. Sie begleitete das Volk in den Krieg als Bürgschaft des Sieges, ein Jubel für Israel, ein Schrecken für die Philister (1 Sam. 4, 3 ff.). Es gilt als ein Nationalunglück, wenn sie verloren geht (ib. 13—18. 22). Sie wirkt Wunder unter den Philistern und in Bethschemesch (cap. 5. 6), und auch auf dem Wege nach Jerusalem (2 Sam. 6, 6), und es war ein Freudenfest in dieser Stadt, als sie von David dahingebracht wurde (2 Sam. 6, 1 ff. 12 ff.). Kurz, Freund und Feind achten sie für die Wohnung Jahwes.

Sie wird somit auch nicht leer gewesen sein. Aber die zwei Gesetzestafeln, welche nach der Tradition darin sollen gelegen haben (Dt. 10, 1—3; Ex. 25, 10—22), hat sie kaum jemals geborgen [1]. Die Zwiespältigkeit der Tradition über den Inhalt dieser Worte zeigt, dass man die zehn Worte, die Gott geschrieben haben sollte, nicht mehr genau kannte, hatte ja Mose nach Ex. 32, 15—19 die von Gott gefertigten Tafeln zerschmettert, ferner aber auch, dass die Lade überhaupt keine Gesetzestafeln in sich barg. Wenn sie Steine oder doch einen einzigen Stein enthielt, so war darauf kein Dekalog geschrieben, der ja auch an keinem unpassenderen Orte hätte aufbewahrt werden können; sondern der Stein war wohl nur ein *bêtêl*, eine « Gottesbehausung » (S 22). Dann aber haben wir in der Jahwelade mit ihrem *bêtêl* einen Rest der altsemitischen Religion zu sehen, der vom Jahwismus dahin ist umgedeutet worden, dass man jetzt darin eine Erscheinungsform Jahwes erblickte. Was früher als das Heiligtum eines einzelnen Stammes und seines Gottes galt, war jetzt mit Jahwe in engste Verbindung gebracht und wohl für das ganze Volk von Bedeutung geworden [2]. Dann aber ist es auch wahr-

---

[1] Wenn dies der Fall gewesen wäre und die Tafeln je den Priestern zu Gesichte gekommen wären, warum besässen wir dann von ihrer Aufschrift zwei Texte (Ex. 20 u. Deut. 5), welche in der Motivierung der Sabbatruhe von einander abweichen, und besonders im letzten Gebot den Unterschied bieten, dass in Exodus die Frau samt Knechten und Tieren zum Hause gehört, im Deuteronom'um dagegen dieselbe als höheren Wertes vorangestellt ist und der übrige Besitz: Feld, Haus, Sclaven, Tiere erst nachfolgt, und mit einem besonderen Verbum? Auch damit kommt man nicht aus, wenn man daher auf den Tafeln nur ganz kurze Sätze verzeichnet sehen will, wie ja die erforderlichen Dimensionen für den ganzen Wortlaut einen viel zu grossen Stein voraussetzen. Denn wir haben Ex. 34, 11 ff. noch andere Gebote, welche nur Weniges mit den sonst bekannten gemein haben und gleichfalls nach dem jetzigen Texte auf den Tafeln gestanden haben sollen (v. 27 ff.) und zwar von Moses Hand. Das alles widerrät auch die Annahme, man habe in späterer, etwa nachsalomonischer Zeit die alte, anstössig gewordene Bedeutung der «Steintafeln» irgendwie durch die Aufschrift von Geboten oder gar durch die Substitution von «Gesetzestafeln» maskiert.

[2] Jedenfalls lässt sich als Analogie hiezu die Hinübernahme des heiligen Steines der Kaaba durch Muhammed in den Islam anführen. Ob aber daraus, dass nachmals die Jahwelade im Gebiete Josephs, in Silo, stand

scheinlich, dass die Jahwelade in dem **h e i l i g e n Z e l t** אֹהֶל מוֹעֵד
« Offenbarungszelt » sich befand, das Mose draussen vor dem Lager
aufschlägt (Ex. 33, 7), dessen Hüter Josua ist (v. 11 ; Num. 11, 28),
und in dem Mose von Jahwe Offenbarung empfängt (z. B. Num. 11,
23 ff.; Ex. 33, 7 ff.), umsomehr, als die Lade ebenfalls ihren
Standort vor dem Lager hat (Num. 10, 33 vgl. Jos. 3, 3 f.) [1]

Es sind verschiedene Elemente, die zu der Anschauung von
Jahwes Wohnsitz auf dem Sinai und von seiner Gegenwart unter
dem Volk in der Ferne zusammentreten. Einerseits der aus der
früheren Stufe übernommene *bêtêl* in der Jahwelade, der, zur
Vergegenwärtigung Jahwes umgedeutet, den Gott des Volkes an
einem besondern Orte localisiert; andrerseits die gewiss leichter sich
bewegende Vertretung Jahwes im Mal'ak oder in den פנים. Beide
sind aber die Ueberleitungsstufen zu der späteren Anschauung
geworden, nach welcher Jahwe in Palästina selber seinen Wohnsitz
genommen hat. Aber die entscheidende Ablösung vom Sinai, wo
noch in später Zeit die poetische Darstellung Jahwe heimisch sein
lässt (Dt. 33; Ps. 68, 8; Hab. 3, 3), erfolgte erst, als man Jahwes
Wohnung nicht mehr an einem bestimmten Punkt auf Erden
localisierte, sondern noch genauer sein überweltliches Wesen
erkannt hatte. Natürlich ist es, dass auch die Lade dadurch an
Bedeutung verlieren musste ; sie ist schon von der Zeit Salomos an,
der sie im Hinterraum seines Tempels aufstellte, nie mehr zum
Kriege ausgezogen und auch von keinem Propheten erwähnt. Denn
die Stelle im Buche Jeremia (3, 16), welche von ihr sagt, in der
glücklichen Zukunft werde man ihrer nicht gedenken, noch sie

(1 Sam. 3, 3; 4, 4), und dass die Berufung des Hauses Elis zu Priestern
derselben in den Aufenthalt in Aegypten verlegt wird (1 Sam. 2, 27), der
Schluss zu ziehen sei, dass die Jahwelade ursprünglich das Palladium
des Stammes Joseph oder der Rahelstämme überhaupt war, mag dahingestellt bleiben. Wollten wir aber trotz der Ueberlieferung, welche die
Jahwelade für den Wüstenzug ganz in Analogie mit Jahwes פנים und
Mal'ak setzt, doch annehmen, sie habe auch damals noch nur für einen
einzelnen Stamm eine Bedeutung besessen, so wäre damit jedenfalls gegeben, dass sie nicht das einzige Heiligtum dieser Art unter den israelitischen Stämmen war. Ein anderer Stamm möchte dann etwa ein Êphôd
mitgeführt haben.

[1] Vgl. Benzinger, a. a. O. S. 364-371. Für Parallelen auf ausserisraelitischem Gebiet vgl. W. Robertson Smith, Rel. of the Sem. I²,
S. 37.

vermissen, noch eine andere herstellen, ist ein späterer Zusatz aus einer Zeit, die über die Frage der Erneuerung der Lade diskutierte, und ob in der von Ezechiel (8, 12; 9, 9) erwähnten volkstümlichen Rede: «Jahwe hat das Land verlassen», eine Anspielung auf das Verschwinden der Lade zu sehen sei, ist nicht sicher.

<h2 style="text-align:center">§ 19.</h2>

<h3 style="text-align:center">Israel, das Volk Jahwes.</h3>

Wie Jahwe der Gott Israels ist, der auch, wo sich das Volk fern von seinem eigentlichen Wohnsitz auf Sinai befindet, für seine Vertretung in Israel Sorge trägt, damit er ihm den Weg weise und ihm Offenbarung erteile, so ist Israel das Volk Jahwes, das die Verpflichtung hat, diesen jeweilen gegebenen Weisungen seines Gottes zu folgen. Schon damit ist es ausgesprochen, dass wir nicht dafür halten, die religiöse Aufgabe Israels habe sich in der sich regelmässig wiederholenden Erfüllung statutarischer Verordnungen erschöpft, sondern vielmehr im Gehorsam gegen den Willen Jahwes in den veränderlichen Verhältnissen der Geschichte und des Lebens bestanden.

Es ist nicht zu bezweifeln, dass Mose in letzterer Hinsicht oftmals in den Fall kam, die gleichen Grundsätze anzuwenden und sie denen einzuschärfen, welche vor Jahwe traten, um die göttliche Entscheidung zu erfahren. Aber so sehr auch gerade die sittlichen Ordnungen, welche Mose in sein Volk einzupflanzen hat suchen müssen, nach und nach bekannt und anerkannt wurden, Mose hat sich nie dazu berufen gefühlt, auch noch als religiöser Schriftsteller aufzutreten. Es ist darum überhaupt schwer, irgend etwas Bestimmtes von dem, was die folgenden Jahrhunderte auf Mose zurückgeführt haben, als mosaisch namhaft zu machen, so sehr man davon überzeugt ist, dass von Mose mächtige Anregungen ausgegangen sind. Man wird weit mehr dem Einfluss der Persönlichkeit Moses zuzuschreiben haben, der das Volk in dieser wichtigen Periode seiner Entstehung und Bildung im Namen Jahwes leitete, als einzelnen formulierten und aufgezeichneten Gesetzen und Lehren. Gerade in Bezug auf den Cultus kann nichts mit Bestimmtheit auf Mose zurückgeführt werden. Die Uebung, welche wir nachher beim Volke in Palästina antreffen, hat nichts Eigentümliches an sich, das sich von den altsemitischen Bräuchen oder von denen der Kanaaniter unterschiede. Zudem erklären die beiden Propheten Amos (5, 25) und Jeremia (7,21) ausdrücklich, dass Jahwe in der Wüste keinen Cultus gefordert habe. Endlich sind bei Nomadenstämmen die cultischen Feiern recht selten. So kann nicht mehr unterschieden werden zwischen dem, was Mose sanctioniert oder eingeführt hat, und dem, was sich ohne seine Zustimmung oder wider seinen Willen aus älterer Zeit erhielt.

Zwar ist es höchst wahrscheinlich, dass auch in der Wüste geopfert wurde; aber es bleibt die Frage, ob diese Opfer zu gelten hatten als eine Neuknüpfung oder Verstärkung des Bandes zwischen Jahwe und dem Volke, oder ob es nur Familien- und Geschlechteropfer waren, die nicht dem Gott der Gesamtheit galten. Es ist ja doch auffallend, dass auch in Palästina die Opfer den Charakter von Privatopfern und nicht von solchen der Gesamtheit haben. Die einzelnen Stämme und Geschlechter könnten daher ihre Stamm- und Hausgötter beibehalten haben, ohne dass sie darin einen Widerspruch gegen Jahwe erblickt hätten. Aber ebensowohl konnten solche Privatopfer dem nationalen Gott gelten, dessen Schutzes und Hilfe die einzelnen Familien sich, sofern sie Glieder der Nation waren, zu freuen hatten. Wir wissen daher nicht, welche Gattungen von Opfern als mosaisch gelten können; und wie sie dargebracht wurden, ist uns ebenso unbekannt, war auch damals Nebensache. Am ehesten könnte man sich Opfer in der Art von Ex. 24 als in Beziehung auf Jahwe veranstaltet denken, sei es nun, dass der eine Teil des Blutes der Schlachttiere über das Volk gesprengt wurde, oder dass alles Blut an der Opferstätte vergossen und dagegen das Fleisch von dem opfernden Volke genossen wurde (vgl. Gen. 31, 53. 54). Den Anlass zu einem solchen Opfer mochte etwa ein Kriegszug bieten, den man unternehmen wollte; es sollte die Verbindung mit Jahwe ausser allen Zweifel setzen und den göttlichen Beistand im Kriege sichern (vgl. Jud. 20, 26; 1 Sam. 7, 9; 13, 10)[1]. Ist dieser Gebrauch sicher schon ein altsemitischer, sobald Jahwe der Gott der Nation war, konnte er nur auf Jahwe bezogen werden; die Kriege, welche Israel führte, waren ja heilige Kriege (vgl. den Ausdruck קַדְּשׁוּ מִלְחָמָה und die deuteronomische Ersetzung des

---

[1] Auch die Zerstückung und die Verteilung an die Krieger hat wohl diesen Sinn 1 Sam. 11, 7 vergl. Jud. 19, 29 (W. Robertson Smith).

Opfers durch eine Ansprache des Priesters Dt. 20, 1 ff. und die andere Auffassung des Krieges in Num. 31, 19 ff. PC).

Aehnliche Bedeutung hatte auch das Pesach (s. o. S. 40 f.); seine Weiterbildung zur Darbringung der Erstlinge der Herde wird es aber erst später erfahren haben. Auch die andern Feste stehen, soweit die Quellen reichen, in Beziehung zum Ackerbau (Ex. 23, 14 ff.; Dt. 16). Das Maßotfest bezeichnet den Anfang, Pfingsten das Ende der Getreideernte, Laubhütten ist Dankfest für Obst- und Weinlese. Diese Bedeutung konnten sie aber erst in Kanaan erhalten, und die beigefügten historischen Motive sind insgesamt jüngeren Ursprungs. Was sie zu Moses Zeit, wenn sie schon existierten, für eine Bedeutung hatten, bleibt ein unlösbares Rätsel. Ueber Neumond und Sabbat vgl. oben S. 43 f.

Schwerlich ist die Anordnung eines Priesterstandes auf Mose zurückzuführen. Mose ist zwar nach Ex. 2, 1 ein Levit, und nach dem Priestercodex hatte der Stamm Levi das ausschliessliche Recht, Cultübungen vorzunehmen. Aber dieser Priesterstamm ist nicht ein Stamm, wie die andern, und nach Gen. 49, 5 hatte der wirkliche Stamm Levi sehr wenig Priesterliches an sich. Der Priesterstand ist in alter Zeit nicht das Prærogative eines Stammes gewesen, und dass man später von einem priesterlichen Stamme reden konnte, hat andere Ursachen, als eine Anordnung Moses. Zudem gab es «Priester» schon vor Mose und war es gar nicht ihre erste Aufgabe zu opfern (s. oben S. 44 ff.). Sie waren entweder Hüter eines Gottesbildes, etwa wie Josua der Hüter der Jahwelade, oder Personen, die den Bescheid der Gottheit den Befragern vermittelten, ähnlich wie Mose vor Jahwe stand. Nicht durch Anordnung Moses, sondern durch die Fortsetzung seines Werkes sind «Priester» Jahwes entstanden, die eben, wie Mose, *Tôra* d. h. Weisung erteilten. So verschieden sind also am Anfang die Priester nicht von den Propheten, wenn sie auch gewiss mehr die Tradition d. h. die von ihren Vorgängern erteilte Thora vertraten, als die Propheten, dia an keinen festen Standort gebunden waren. Dass sich von Vater auf Sohn das Priesteramt leicht vererben konnte, liegt im Orient, wo noch jetzt der Sohn in der Regel das Handwerk seines Vaters ergreift, besonders nahe, und das hat nachher zu der Bildung von Priestergeschlechtern geführt.

Es lässt sich somit nicht viel Einzelnes aufführen, das Israel als dem Volke Jahwes von Mose vorgeschrieben worden wäre.

Aber das ist kein Mangel. Was wir wissen, ist weit mehr, als solche Einzelheiten ausmachen könnten. Israels Aufgabe, die Jahwe ihm auferlegte, war nicht zunächst eine cultische, sondern eine nationale und damit, soweit es die inneren Verhältnisse des nationalen Lebens betraf, eine ethische. Diese Aufgaben konnte man nicht in feste Statuten ein für allemal festlegen; Mose konnte dieselben nur zeigen und die Richtung einschlagen, nach welcher hin sie immer nach Jahwes Willen gelöst werden mussten. So ist im Jahwismus der Grund gelegt, auf dem die spätere Gesetzgebung weiter baute, auf dem aber auch die grossen Propheten zu stehen sich bewusst waren. Moses Ruhm wird dadurch nicht geringer, dass wir ihm selber die Gesetzgebung absprechen müssen, die spätere Jahrhunderte ihm zuschreiben. Er hat viel Umfassenderes und Grösseres geleistet, als es die Darbietung schriftlich fixierter Gesetze gewesen wäre. Er hat seinem Volke die auf das Ethische tendierende Religion gegeben, durch welche es, wie klein es auch war, für die spätere Zeit unendlich wichtiger geworden ist, als die mächtigen Nationen, denen es unterlag, auch die letzten, die Griechen und Römer, nicht ausgenommen. Er hat den Boden zu bereiten angefangen, auf welchem das Christentum entstehen konnte.

———

Dritter Abschnitt.

Die Religion des in Kanaan ansässigen Volkes.

§ 20.

Quellen.

Es handelt sich in diesem Abschnitt um die Darstellung derjenigen Form der israelitischen Religion, die sich unter dem Volke im Lande Kanaan bildete und im Grunde forterhielt bis zum Untergang des judäischen Staates; denn die im 8. Jahrhundert aufgetretenen Propheten sind bis zum Gesetz Josias (621 v. Chr.) ohne entscheidenden Einfluss auf die Volksanschauung geblieben, und auch dieses Gesetz hatte vorerst keine durchschlagende Veränderung zur Folge. Darum sind wir mit Quellen für diese Periode reichlich versehen. Denn es müssen zur Kenntnis der volkstümlichen Religion auch die Schriften als wichtig angesehen und herangezogen werden, welche dieselbe bekämpfen, wie die Schriften der Propheten. Nach der gewöhnlichen Ansicht wäre somit fast das gesamte A. T. mit Ausnahme des Pentateuchs und einiger weniger allgemein für exilisch und nachexilisch gehaltener Schriften, wie Ezechiel, Jes. 40—66, Haggai, Sacharja 1—8, Maleachi, Esra, Nehemia, Chronik, Daniel, Esther, für diesen Abschnitt zu verwerten. Jedoch ist zunächst noch eine ganze Reihe von Büchern in Abzug zu bringen.

So ist von den Psalmen abzusehen: wenn auch einige vor dem Exil entstanden sein sollten, so sind dieselben doch nicht sicher zu erkennen, und das Psalmbuch überhaupt kann nur Zeugnis ablegen für die religiösen Gefühle und die Glaubensgedanken desjenigen Zeitalters, in welchem die Sammlung veranstaltet wurde, d. h. der nachexilischen Periode.

Aehnliches ist von den Sprüchen zu sagen. Von denjenigen, die im Volke lebten, sind die Autoren nicht ausfindig zu machen,

und wenn auch vorexilische darunter sein sollten, so sind sie nicht
erkennbar. Die Sammlung im Ganzen verfolgt Zwecke aus der Zeit
ihrer Zusammenstellung; nichts ist mehr von den Kämpfen der
prophetischen Periode zu bemerken, « Prophetie und Gesetz liegen
abgeschlossen hinter dem Spruchbuche ». Es ist daher jedenfalls erst
lange nach dem Exile entstanden.

Das Buch Hiob endlich stammt aus einer Zeit, wo schon Einzelne an der namentlich von Ezechiel aufgestellten Vergeltungslehre irre geworden sind, und zeigt das Ringen eines Frommen, der
trotz dem Widerspruch der Erfahrung gegen dieses Dogma an dem
Glauben an Jahwe festzuhalten sucht.

Unter den prophetischen Schriften ist neben Stücken, die
an vorexilisches Gut angereiht worden sind (so namentlich im
Buche Jesaja) Jona ganz auszuscheiden, dann aber auch Joel.
Die Glätte der Schreibart, die man lange für besonders sicheres
Zeichen des Alters hat ansehen wollen, sticht ja im Grunde seltsam
ab gegen die Art der unzweifelhaft vorexilischen Propheten, wie
Amos, Hosea und Jesaja. Zudem existiert für Joel nicht bloss das
Nordreich nicht mehr, sondern auch Juda ist zerstückt und
verschwunden; was von ihm übrig geblieben ist, ist die Gemeinde
des zweiten Tempels mit den Priestern an der Spitze.

In dieselbe Periode, wie Joel, haben wir auch Deuterosacharja (Sach. 9—14) zu verweisen, da es sich bei ihm um ganz
ähnliche Gedankenkreise handelt, wie bei Joel, nämlich um eine
Schilderung des letzten Ansturms der Heidenwelt gegen Jerusalem
und des Sieges und der Verherrlichung der heiligen Stadt.

Müssen wir alle die genannten Schriften in Abzug bringen,
es bleiben immer der Quellen noch viele, die direct oder indirect
uns über die volkstümliche Religion Israels Kunde geben können.

Was die historischen Bücher (Judices, Samuel und Könige)
betrifft, so haben wir hier genau zwischen den Quellen, die in
denselben verarbeitet sind, und der Redactionsarbeit zu unterscheiden, welche schon über den Rahmen unserer Periode hinaus-
fällt und von den Anschauungen des Deuteronomiums beeinflusst
ist. Von hohem Werte aber sind grosse Stücke dieser Bücher,
welche einen genauen Einblick in die Verhältnisse der alten Zeit
gewähren. Genannt seien nur Jud. 5. 17 und 18, vielleicht auch 19,
ferner 2 Sam. 9 bis 1 Kön. 2 und 1 Sam. 16 bis 2 Sam. 8.

Von ausserordentlicher Wichtigkeit sind ferner die beiden

ältesten Quellen des Hexateuchs, der Jahwist und der Elohist, deren Entstehung um 850 resp. 750 v. Chr. fällt, und mit denen das überaus wichtige Bundesbuch, die älteste Sammlung der Rechte und Gebräuche, verbunden ist (s. o. S. 51), sowie die Propheten Amos, Hosea, Jesaja und Micha, namentlich die beiden ersten, die uns über die religiösen und sittlichen Verhältnisse im nördlichen Israel die beste Auskunft erteilen. Nur müssen wir dabei natürlich im Auge behalten, dass wir in diesen beiden Schriften das prophetische Urteil über die Zustände haben, das mit seinem durchdringenden Scharfblick Abfall von Jahwe sieht, wo die volkstümliche Anschauung noch treuen Jahwedienst zu üben meint. Gelegentlich werden auch die andern vorexilischen Propheten Nahum, Zephanja, Habakkuk und Jeremia, sowie selbst das Deuteronomium uns zur Kenntnis der Volksreligion dienen können.

§ 21.

Allgemeines über den Entwicklungsgang der Volksreligion.

Dadurch, dass wir die Religion Israels, wie sie sich in Kanaan gestaltete, vom ursprünglichen Jahwismus unterscheiden, erklären wir, dass die israelitische Religion nicht stationär geblieben ist. Die Entwicklung zu der neuen Stufe ist aber nicht mit einem Male abgeschlossen, sondern hat verschiedene Stadien durchlaufen, die sich im Allgemeinen noch wohl unterscheiden lassen. Es muss uns aber hauptsächlich auf das Resultat ankommen, zu welchem die Entwicklung führte, und auf die Factoren, welche zu demselben mitwirkten. Zudem dürfen wir die Religion des Volkes während dieser langen Entwicklung deshalb sehr wohl als eine im Allgemeinen einheitliche Grösse zusammenfassen, weil während der ganzen Periode immer die gleichen Elemente von Einfluss gewesen sind und nirgends in derselben ein Punkt aufzuweisen ist, der den Typus der Religion in so erheblichem Masse verändert hätte, wie der Eintritt des Volkes in das Land Kanaan.

Die Entstehung der Religion Israels fällt zusammen mit der Entstehung der israelitischen Nation; ebenso besteht weiterhin die engste Verbindung zwischen der Entwicklung der Religion und dem Gang der politischen Geschichte. Das wichtigste Ereignis aber für

die israelitische Geschichte von den Tagen Moses bis zum Eintritt
des Exils war die Eroberung und Besitznahme von Kanaan und
damit der Uebergang vom Leben der Nomaden in das eines
sesshaften Bauernvolkes. Es ist von vornherein anzunehmen, dass
es für die Religion von wichtigen Folgen begleitet war, als das
junge Volk mit der entwickelten Cultur[1] und dem Cultus der Kanaaniter in Berührung kam, und dass, wie die Kanaaniter nicht ausgerottet wurden, sondern mit Israel sich vermischten, so auch ihre
Religion nicht spurlos vom Erdboden verschwand, sondern vielfach
in die israelitische eindrang. Dies ist in der That in hohem Masse
geschehen, sehen doch die Propheten des achten Jahrhunderts die
Religionsübung ihrer Volksgenossen als eigentlich kanaanitisch an.
Nach dem Grade dieser Vermischung des Jahwismus mit der kanaanitischen Religion haben wir wenigstens drei Perioden zu unterscheiden. Die erste Periode zeigt uns das Gegen- und Nebeneinander
von Jahwismus und kanaanitischer Religion, die zweite Periode das
Zusammenwachsen derselben und die dritte Periode die bereits in
dem Masse erstarkte Volksreligion, dass der nochmals von aussen
eindringende Baaldienst von ihr abgelehnt wird. Ehe wir den
Charakter der Volksreligion und die Anschauungen derselben ins
Auge fassen können, haben wir kurz diese drei Perioden zu
kennzeichnen.

<h2 style="text-align:center">§ 22.</h2>

Die Religionsmengerei in der Richterzeit.

Der nachdeuteronomische Redaktor, der das ursprüngliche
Richterbuch überarbeitet hat, klagt über zeitweiliges Ueberhandnehmen des Baaldienstes (Jud. 2, 11. ff.; 3, 7; 6, 1; 10, 6). Er stellt die
Sache so dar, dass nach dem Tode Josuas und seiner Generation
das Volk Israel in einzelnen Perioden insgesamt zum Baaldienst
abgefallen, dafür von Jahwe mit Unterjochung bestraft, wieder in sich
gegangen und nach seiner Rettung durch gottgesandte Helden eine
Zeit lang Jahwe treu geblieben wäre, um später wieder ebenso dem

---

[1] Diese Cultur ist hauptsächlich auf alten babylonischen Einfluss
zurückzuführen. Das ist bewiesen durch den Thontafelfund von Tell-
Amarna und viele Reste altbabylonischer Mythen, die auf dem Boden
Kanaans sich erhalten haben. Vgl. auch G u n k e l, Schöpfung und Chaos
in Urzeit und Endzeit (1895), bes. S. 140 ff.

Baaldienst zu fröhnen. Diese Darstellung beruht sichtlich nicht auf historischem Interesse, sondern geht von religiösen Gesichtspunkten aus. Der theokratische Pragmatismus des Verfassers, nach welchem auf Abfall immer Unterliegen, auf Busse Rettung folgen muss, oder Siegeszeiten durch Treue, Zeiten der Ohnmacht durch Abfall bedingt sind, dieser Pragmatismus zusammen mit der Verallgemeinerung von Localzuständen und ihrer Uebertragung auf das ganze Volk hat hier das Thatsächliche verdunkelt. Dieses aber ist, dass die Jahwe-verehrung und der Baalcultus in Israel nebeneinander bestanden. Und dies lässt das Buch der Richter in solchen Abschnitten erkennen, welche unmittelbar aus seinen Quellen herübergenommen und nicht vom theokratischen Pragmatismus afficiert sind. Das schlagendste Zeugnis wäre Jud. 5, 8, jene Stelle im alten Deboraliede, welche besagt: « Sie [die Israeliten] erwählten neue Götter »; aber es liegt leider hier entweder blosse Textverderbnis vor, oder auch wieder ein Eingriff späterer Redaction, so dass wir auf Anrufung dieses direkten Zeugen zu verzichten haben und auf indirecte Zeugnisse angewiesen sind. Wie haben wir uns daher die Sache vorzustellen ?

Mit dem allgemeinen Religionswechsel müssen wir auch für die ersten Jahrhunderte nach Mose die Allgemeinheit im Wechsel von Sieges- und Unterjochungszeiten aufgeben. Kanaan wurde von Israel nicht, wie es die Hauptberichte in Josua darstellen, mit einem Male erobert, die Einwohner ausgerottet und ihr Land durchs Loos unter die Stämme verteilt. Die Eroberung dauerte Jahrhunderte lang, die Israeliten konnten sich zuerst nur im Gebirge festsetzen. Der erste Vorstoss, den Juda und Simeon unternahmen, endigte mit der Aufreibung von Simeon und der blossen Festsetzung Judas in dem westlich vom Toten Meer gelegenen Bergland. Besser gelang der zweite Vorstoss der übrigen Stämme mit Ausnahme von Ruben und Gad, die im Ostjordanland blieben. Der Stamm Joseph hatte die Führung übernommen, die Jahwelade, die diese Stämme mit sich führten, konnte in Silo sich niederlassen und das mittelpalästinische Gebirge besetzt werden, von wo aus sich bald auch der Norden des Landes den Israeliten öffnete. Aber die Niederungen blieben meistenteils den Kanaanitern. Die neue und die alte Bevölkerung waren untereinander zersprengt, und je nachdem die Mehrheit bei der einen oder der andern war, wohnten die Israeliten hier als Herren, dort als dienstbare Knechte. Bald fanden auch unter den beiden Völkern Verschwägerungen statt, um so leichter, als sie dieselbe Sprache redeten. Die Kanaaniter, an Cultur den Israeliten überlegen, wurden ihre Lehrer im Ackerbau und in den verschiedenen Künsten. Es ist daher kaum zu verwundern, dass bald auch Religionsmengerei vorkam. Dabei ist nicht zu vergessen, dass Jahwe der Gott Israels, der Nationalgott, war, und dass die Israeliten Baal als denjenigen der Kanaaniter und des Landes Kanaan ansahen. Noch lange hielt man die Verehrung eines Gottes für an das Land der Gottheit gebunden (vgl. 1 Sam. 26, 19 u. 2 Sam. 15, 8); so war Baal der Gott des Landes Kanaan und die Früchte des Landes waren Baalsgaben. Da musste die Neigung entstehen, als die Israeliten sein Land betreten und erobert hatten, auch ihn durch Verehrung günstig zu stimmen. Der Religionscharakter der Richterzeit ist also nicht ein periodischer Wechsel von Abfall und Bekehrung, sondern ein buntes Durch- und Nebeneinander von Jahwe- und Baaldienst. Ersterer ging nicht unter; Jahwe hatte die Israeliten in das Land gebracht und sich dadurch schon dem Gott des Landes überlegen erwiesen, Jahwe hielt auch jetzt die Israeliten zusammen und in den Kämpfen Israels zur Behauptung und Erweiterung seiner Eroberungen musste das Bewusstsein noch erstarken, dass es seine Eigenart zu bewahren habe. Die Erfolge aber, welche das durch Jahwe aufrecht erhaltene Nationalbewusstsein davontrug, konnten wiederum nur als die Kraftbeweise Jahwes angesehen werden.

§ 23.

Die Vereinigung von Jahwismus und Kanaanitismus.

Jahwedienst und Baalcult konnten auf die Dauer nicht neben einander bestehen. Jedes Erstarken des Nationalbewusstseins, d. h. des mit diesem so innig verbundenen Jahwedienstes, musste das Ansehen und die Macht Baals beeinträchtigen und schwächen. Ja schliesslich musste sich zeigen, dass Jahwe eigentlich der Baal des Landes, der Herr Kanaans sei, der, wie er Israel im Kriege beisteht und den Sieg verleiht, auch die Gaben des Landes spendet, den Regen schickt und fruchtbare Zeiten kommen lässt. Die Funktionen Baals mussten somit auf Jahwe übertragen werden; daher konnte Jahwe auch Baal genannt werden, um so eher, als בעל ursprünglich kein Eigenname ist, sondern die appellative Bedeutung «Herr» oder

« Eigentümer » hat. Aus dieser Uebertragung von Funktionen und
Namen ergab sich aber zugleich die Uebernahme der alten Cultusstätten der Kanaaniter, sowie ihrer cultischen Gebräuche. Davon
wird später noch vielfach die Rede sein müssen, hier gilt es nur,
einmal festzustellen, dass diese Vereinigung von Jahwismus und
Baalcultus am Ende der Richterzeit und zu Anfang der Königszeit
bereits sich soweit vollzogen hatte, dass in Israel Eigennamen gebräuchlich wurden, die בַּעַל als Bezeichnung Jahwes enthalten. In
dieser Hinsicht sind die Namen aus der Familie Sauls und Davids
besonders wichtig: אֶשְׁבַּעַל (= Mann Baals), Sauls Sohn 1 Chron. 8,
33; 9, 39, מְרִיבַּעַל (= Held Baals, vgl. arab. Imrau-l-Kais), Jonatans
Sohn 1 Chron. 9, 40 [b], wofür auch die Form מְרִיבבַּעַל (vgl. ferner
1 Chr. 8, 34) vorkommt, und בְּעֶלְיָדָע Davids Sohn 1 Chron. 14, 7 [1].
Wahrscheinlich ist auch der Name יְרֻבַּעַל für Gideon in diese Linie
zu stellen, da die Etymologie Jud. 6, 32 sprachlich wohl richtig sein
wird und nur die Anwendung verfehlt ist.

Die Uebertragung des Namens Baal auf Jahwe beweist, wie kräftig und lebendig doch immer das Bewusstsein, Jahwes Volk zu sein,
unter den Israeliten blieb, und wie stark das Gefühl der Ueberlegenheit
Jahwes über Baal sich geltend machte, so dass ihm die Funktionen
Baals zugeteilt wurden. Dafür legt auch das Deboralied (Jud. 5),
vielleicht das älteste Denkmal in hebräischer Sprache, auch wenn
es nicht von Debora selber herrührt, ein gewichtiges Zeugnis ab.
Von dem hohen poetischen Werte dieser Dichtung haben wir nicht
zu reden. Was uns hier angeht, ist die innige Verbindung zwischen
Religion und Patriotismus, das mächtige Gefühl, dass die Israeliten
das Volk Jahwes sind. Als Debora auftrat im Namen Jahwes, da
zeigte das Volk sich willig und « vom Himmel stritten die Sterne mit

---

[1] Die Chronik hat hier die ursprünglichen Namen überliefert, während
sie in den Büchern Samuels verändert und verunstaltet sind, um den
Namen בעל auszumerzen, den man ja nach Hos. 2, 18 in späterer Zeit
gar nicht mehr in den Mund nehmen sollte. Aus בְּעֶלְיָדָע ist 2 Sam. 5, 16
אֶלְיָדָע gemacht; dagegen in אישבשה und מפיבשת ist בעל durch בשת
(Schmach, Schande, αἰσχύνη) ersetzt (2 Sam. 2, 8 ff; 4, 4; vgl. auch
2 Sam. 11, 21: יְרֻבֶּשֶׁת für ירבעל) und so aus dem « Mann » oder « Helden
Baals » ein « Mann der Schande » gemacht. Weil die LXX αἰσχύνη für βαάλ
gelesen haben wollten, konnten sie ἡ βαάλ setzen; siehe auch Röm. 11, 4.
Aehnlichen Gründen verdankt der Name des ammonitischen Gottes *Molekh*
(מֶלֶךְ LXX Μολόχ) für *Mèlekh* (מֶלֶךְ) seinen Ursprung.

Sisera» (v. 20). Das Volk erkämpfte den Sieg an den Wassern Megid-
dos, und dieser Sieg ist ein Sieg Jahwes über seine Feinde. «So
müssen zu Grunde gehen alle deine Feinde, Jahwe! Aber die ihn
lieb haben, sind wie der Aufgang der Sonne in ihrer Pracht» (31).
Diejenigen, die am Nationalkampf sich nicht beteiligten, trifft der
Fluch: «Fluchet Meros, ja fluchet ihren Bewohnern! denn sie kamen
Jahwe nicht zu Hilfe, Jahwe zu Hilfe unter den Helden!» (23).

Auch sonst fehlt es uns nicht an Andeutungen, wie lebhaft das
Gefühl, Jahwes Volk zu sein, unter den Israeliten blieb. Wir erfahren von Nasiräern, wie Simson (Jud. 13, 3 ff.) und Samuel
(1 Sam. 1, 11. 28), Jahwe geweihten Männern. Wenn Amos (2, 12)
sie mit den Propheten zusammenstellt, so liegt hierin jedenfalls so
viel, dass sie derselben Richtung angehörten. Enthaltung von Wein,
dem Product des Baalslandes, und Wachsenlassen des Haupthaares,
ein Zeichen unter einem Gelübde zu stehen, müssen als Zeugnis der
Abneigung gegen kanaanitische Cultur und Ueberfeinerung und des
Festhaltens an der alten Einfachheit des Wüstenlebens angesehen
werden, also als Zeugniss für echt israelitisches Wesen. In gleichem
Sinne haben die «Propheten» gewirkt, die Amos 2, 12 im Auge
hat. Darunter sind die alten Seher und Gottesmänner zu verstehen
(vgl. § 11), zu denen die «Prophetin» Debora, welche unter der heiligen Palme zwischen Rama und Bethel wohnte (Jud. 4, 4. 5), und
der Seher (רֹאֶה) oder Gottesmann (אִישׁ אֱלֹהִים) Samuel in Rama
gehörten (1 Sam. 9, 6 ff. vgl. bes. v. 9).

Die Lebhaftigkeit des Nationalgefühls äusserte sich aber nicht
bloss in den Nasiräern, die eher in Opposition standen gegen alles,
was von Baal kam, und in den Sehern vom alten Schlage, deren
Ursprung in die vorjahwistische Periode zurückreicht, sondern
namentlich auch in den Helden, die als unmittelbar (z. B. Gideon
Jud. 6, 11 ff.) oder mittelbar (so Barak durch Debora Jud. 4, 6 ff. und
Saul durch Samuel 1 Sam. 9, 6 ff.) von Gott berufen erscheinen und
unter dem Panier Jahwes die Israeliten von den Feinden befreien.
Gerade in diesen Gestalten der Richter und Könige offenbart die
Religion ihren eigentlichen Charakter, ihre enge Verbindung mit der
Geschichte, die eben Jahwe leitet. Ein weiteres Zeugnis hiefür, wie
für das Zusammenwachsen beider Religionen ist es, dass am Ende
der Richterzeit auch unter Israel jene Schaaren von Nebiim auf-
tauchen, die von Haus aus etwas Kanaanitisches waren und am
besten mit den Derwischbanden des Orients zu vergleichen sind.

Jetzt standen diese Nebiim «Propheten» im Dienste Jahwes, wie ehemals ähnliche Schaaren als die Nebiim Baals im Lande sich fanden. Sie versetzten sich durch Musik und Tanz in ekstatische Erregung (1 Sam. 10, 5; 2 Kg. 3, 15) und durchzogen truppenweise das Land, um das Volk für Jahwe zu begeistern und den Patriotismus zu entflammen (vgl. 1 Sam. 10, 5 ff.; 19, 19 ff.). Gewöhnlich scheint zwar ihr Ansehen nicht gross gewesen zu sein, da man sich wunderte, als auch Saul unter den Propheten zu finden war (1 Sam. 10, 11); aber in Zeiten der Erregung konnten sie von grosser Bedeutung werden, um weite Kreise des Volkes zur patriotischen That anzufeuern, und in der Hand einer hervorragenden Persönlichkeit, die sich unter ihnen erhob, konnten sie zu einer politischen Action ein wertvolles Mittel sein, wie letzteres noch der Fall war, als an die Stelle der fliegenden Vereine die ruhigeren Prophetengenossenschaften oder Prophetenzünfte, weniger gut Prophetenschulen genannt, mit festem Wohnsitze getreten waren, die wir in den Tagen Elias kennen lernen (vgl. 2 Kön. 2 u. 9)[1]. Genug, auch in dieser merkwürdigen Erscheinung, die sich vom Boden Kanaans auf die Religion Israels verpflanzt hat, tritt beides zu Tage, die Ueberlegenheit Jahwes und die im Bewusstsein derselben vollzogene Uebernahme kanaanitischer Eigentümlichkeiten. Weitere Illustrationen zu dieser auffallenden Thatsache, dass schon am Anfang der Königszeit aus dem Nebeneinander von Jahwismus und Baalcult ein Ineinander, eine Vereinigung von beiden geworden ist, werden spätere Paragraphen in Menge beibringen.

<h2 align="center">§ 24.</h2>

<h3 align="center">Die Ablehnung des tyrischen Baals.</h3>

Noch einmal sollte auf dem Boden des volkstümlichen Jahwismus eine Entscheidung zwischen Jahwedienst und Baalcult erfolgen, ehe die Propheten des 8. Jahrhunderts gegen die kanaanitischen Elemente im Jahwecult selber ihre Opposition erhoben. Den Anlass dazu bot nicht die Uebertragung der Funktionen Baals auf Jahwe oder die Verehrung des Nationalgottes nach kanaanitischem Muster. Daran nahmen damals das Volk und die Könige, die Priester und

[1] בני הנביאים (sing. בן נביא) bedeutet nicht Prophetenschüler oder Prophetensöhne, sondern Angehörige der Prophetenzunft.

Propheten, noch keinen Anstoss, nur in kleinen Kreisen, wie in denen der Nasiräer und der Rekabiten, mag ein Gefühl von der Unverträglichkeit Jahwes mit Kanaanitischem vorhanden gewesen sein. Salomo hat bei der Errichtung des Tempels ohne Bedenken die Baaltempel zum Vorbild genommen. Die beiden Säulen am Eingang des Tempels entsprechen deutlich dem Säulenpaar vor phönizischen Heiligtümern. Salomo besorgte dadurch sowenig dem Nationalgott Jahwe irgend welchen Eintrag zu thun, wie durch die Verwendung der Kerubbilder im Debir seines Tempels. Auch glaubte er ihn nicht einmal zu erzürnen, wenn er für seine ausländischen Frauen und ihre in Jerusalem weilenden Landsleute Kapellen des moabitischen Kemosch, des ammonitischen Mèlekh u. s. w. errichtete (1 Kg. 11, 7 ff.). Jahwe galt eben noch nicht als der einzige Gott, und Salomo hatte noch die Vorstellung, jedes Volk habe seine besondere Gottheit. Das Vorhandensein dieser Anschauung ist um so wichtiger, als doch gerade vorher Jahwe durch die siegreichen Kriegszüge Davids seine Macht weithin bezeugt hatte.

Wir dürfen uns eben, wenn wir uns die Religionsstufe dieser Zeit vergegenwärtigen wollen, nicht durch das Bild verleiten lassen, das die Späteren von David und Salomo sich gemacht haben. Diesen gilt die Zeit dieser Könige als der Glanzpunkt und die Blütezeit der israelitischen Religion überhaupt und nicht nur für deren volkstümliche Stufe. Von David erzählen die Geschichtsbücher die Ueberbringung der Jahwelade nach Jerusalem (2·Sam. 6) und sein Vorhaben, Jahwe einen Tempel zu bauen (c. 7). Nach der Chronik (1 Chron. 22 ff.) hat er ausserdem alle Anstalten zu diesem Bau getroffen, seinem Sohne nur die Ausführung des Werkes überlassend, ferner den Cultus geregelt, Priester und Leviten zu ihren verschiedenen Diensten angeordnet, die Tempelmusik eingeführt. An Salomo wird besondere Weisheit und Frömmigkeit gerühmt (1 Kön. 3, 4 ff.), letztere besonders durch den Tempelbau kundgethan (c. 5). Beide beten im reinsten Stile der Propheten (2 Sam. 7; 1 Kön. 8) und haben ihrem gottesfürchtigen Sinn, der eine in zahlreichen Psalmen, der andere in einer Menge von Sittensprüchen, Ausdruck gegeben. Die schöne Zukunft, welche in den Schriften der Propheten erwartet wird, wird unter dem Bilde dieses Zeitalters geschildert: David ist das Ideal des theokratischen Königs; der Messias ist nicht allein sein Sprössling, sondern ein König in seiner Art.

Von diesem Idealbilde ist nun aber sehr Vieles abzuziehen. Die Psalmen und Proverbien, — obschon David ein Dichter (2 Sam. 1, 17—27; 3, 33 f.) und Musiker (Amos 6, 5) war, und es nicht ausgeschlossen ist, dass Salomo einzelne Sprüche verfasst haben kann kommen im Ganzen, da sie Erzeugnisse eines jüngeren Zeitalters sind, gar nicht in Betracht, und in den Geschichtsbüchern ist wohl zu unterscheiden zwischen demjenigen, was die alten Quellen bieten, und den theokratischen Zusätzen späterer Quellen und der Redactoren, welche ihre religiösen Ansichten und frommen Wünsche, ihre Ideale, in die frühere Zeit zurücktragen. Ein historisch treues Bild ist nur aus den ältern Quellen zu gewinnen.

Aus diesen sehen wir, dass David den Jahwedienst begünstigte. Schon die Ueberbringung der Lade nach Jerusalem (2 Sam. 6) zeigt es. Wichtiger ist, dass er zuerst als Günstling, dann als Gönner der Priester Jahwes erscheint (1 Sam. 19; 22, 5 ff.). Als König blieb er ein Freund der Propheten und Priester (2 Sam. 8, 17; 20, 25; 15, 24 ff.; 17, 15 ff.; 1 Kön. 1, 22 ff.), und er liess sich auch Nathans Strafworte gefallen (2 Sam. 12, 1 ff.). Dies Alles beweist aber nicht, dass er die religiösen Anschauungen hatte, welche uns in den Psalmen entgegentreten. Er hatte einen Teraphim in seinem Hause (1 Sam. 19, 13), achtete den Dienst Jahwes an das Land Kanaan gebunden (ib. 26, 19) und die Lade für die Wohnung Jahwes. Dies beweist, dass er Jahwe nicht als den einen Gott auffasste und von ihm nicht eine höhere Stufe als die der volkstümlichen Jahwereligion erreicht war.

Dasselbe ist uns auch bei Salomo und seinem Tempelbau entgegengetreten. Dass der Tempel nachher für die weitere Entwicklung der Religion Israels so bedeutende Folgen haben sollte, davon hatte Salomo noch keine Ahnung; für ihn hatte er nur die Bedeutung eines Hoftempels und nicht der einzigen Cultusstätte für die Verehrung Jahwes. Die Trennung des Reiches bedeutet darum für das nördliche Reich durchaus nicht einen Abfall von Jahwe. Man konnte in Dan und Bethel und überall, wo eine Cultstätte sich fand, Jahwe ebenso gut nahen wie in Jerusalem. Und wie es damals nicht nur eine legitime Cultstätte Jahwes gab, so war Jahwe auch nicht der einzige Gott; wie es andre Völker neben Israel gab, so nahm man andere Götter neben dem Gott Israels an. Die Kapellen, die Salomo bei Jerusalem im Angesicht des Tempels errichtete, blieben bis auf Josia bestehen.

Nicht gegen die Duldung solcher Altäre für die auswärtigen Götter überhaupt hat sich einmal vor den Propheten des 8. Jahrhunderts Opposition erhoben, sondern gegen die durch Ahab und sein Weib Isebel in der ersten Hälfte des 9. Jahrhunderts aufgekommene Mode der Verehrung des tyrischen Baals. Es handelte sich dabei nicht blos um die Duldung eines Tempels Baals in Israel für die tyrische Königstochter Isebel, sondern offenbar um ein Ueberhandnehmen dieses Dienstes in weiteren Kreisen des Volkes Israel selbst. Wenn Ahab für Baal einen Tempel erbaute (1 Kön. 16, 32) und zu seinem Dienste eine zahlreiche Priesterschaft unterhielt (18, 19), so hatte er dabei keine andere Anschauung als Salomo. Denn er verehrte Jahwe, dessen Namen seine Söhne Ahasja und Joram, so wie seine Tochter Athalja tragen, und die Prophetengenossenschaften in Bethel, Jericho und Gilgal bleiben unbehelligt, wie denn auch Ahab von Jahwepropheten umgeben ist, die er in Staatsangelegenheiten zu Rate zieht (1 Kön. 22), und selbst Elia ihm ungestraft das Verderben seines Hauses ankündigen und die Baalspriester abschlachten konnte (1 Kön. 18, 16 f. 40; 21, 20 f.). Anders war es auch in Juda nicht gemeint, wenn dort Athalja (842—837) einen Baaltempel errichtet hatte (vgl. 2 Kön. 11, 18). In beiden Reichen scheint aber damals die Verehrung des ausländischen Baals auch unter den Israeliten um sich gegriffen und darum die Opposition sich geltend gemacht zu haben. In Israel ging sie von den Propheten aus, in Juda dagegen von den Priestern (2 Kön. 11, 4 ff.); an beiden Orten wollte man aber nicht den tyrischen Baal als Gottheit überhaupt bekämpfen, sondern nur ihre Geltung in Israel nicht anerkennen, darf doch im Ausland Elia ganz unbefangen mit den Baalsverehrern verkehren (1 Kön. 17, 9). Es war nicht Elia, der die Ausrottung Baals aus Israel zu Stande brachte (vgl. 1 Kön. 19), sondern erst Jehu, den Elisa gesalbt hatte (2 Kön. 9, 1 ff.) und der sich offenbar gern die reactionäre Stimmung unter den Prophetengenossenschaften und Rekabiten, wie wohl auch unter dem Volke, gegen diese neue Mode zu Nutzen machte, um das Haus Omris in Samaria zu stürzen. Jehu empörte sich gegen Joram, rottete sein ganzes Haus aus und tötete auch den König von Juda Ahasja, welcher zufällig gegenwärtig war. Dem Baaldienst wurde sofort ein Ende gemacht (2 Kön. 10, 18 ff.). Das geschah um 842 in Israel. Sechs Jahre darauf erfolgte in Jerusalem der Sturz Athaljas, der Tochter Ahabs, welche die Zügel der Regierung in

die Hand genommen hatte. Der Oberpriester Jojada, mit den
Befehlshabern der Leibwache verschworen, stürzte sie und erhob
den Sohn Ahasjas, Joas, der dem von Athalja unter den Königs-
söhnen angerichteten Blutbade entronnen war, auf den Thron. Die
Revolution war auch hier mit Zerstörung des Baaltempels und
Tötung seiner Priester verbunden (2 Kön. 11, 17 ff.).

Diese beiden Ereignisse sind darum so wichtig, weil sie
zeigen, wie völlig die Verbindung Jahwes und Baals vollzogen war.
Baal war in seiner Vereinigung mit Jahwe für das Bewusstsein der
Israeliten verschwunden. Wenn er jetzt ihnen wieder entgegentrat,
so war er für sie ein fremder Gott, der mit Israel und mit Jahwe in
keiner Beziehung stand. Jahwe, auf den früher fremde Elemente
übertragen wurden, ist jetzt so erstarkt, dass er dagegen reagiert;
sein Wesen ist ein so festes geworden, dass es keine Alteration
durch auswärtige Einflüsse mehr verträgt. Das ist um so bemerkens-
werter, als das Volk bis zum Exil die Opposition der Propheten des
8. Jahrhunderts nicht verstand, die sich nicht nur gegen die neu von
aussen eindringenden Elemente, sondern hauptsächlich gegen den
früher schon aufgenommenen kanaanitischen Sauerteig wandte. Das
Volk hielt die hier eingenommene Position bis zum Untergange
ein: Jahwe ist der Gott Israels und Israel sein Volk; von Israeliten
haben die Götter der Völker, wiewohl ihre Existenz nicht geleugnet
wird, keine Verehrung zu erhalten. Wer ihnen unter Israel diese
doch zu teil werden lässt, fällt nicht nur nach dem Urteil der
Propheten von Jahwe ab, sondern auch nach dem der Volksreligion.

§ 25.

Jahwe, der Gott Israels und der Herr Palästinas.

Mit den Worten «Jahwe der Gott Israels und der Herr
Palästinas» ist kurz die Veränderung ausgedrückt, welche der alte
Glaube an Jahwe den Gott des Volkes Israel erfahren hat. Jahwe
der Gott des Berges Sinai stand ja ursprünglich dem Lande
Palästina als ein fremder gegenüber, aber er hat sich durch die
Eroberung und Besetzung desselben auch als den Herrn desselben
erwiesen. Wer ausserhalb des «Landes Jahwes» sich begiebt, kann
nicht mehr mit Jahwe die Verbindung aufrecht erhalten (1 Sam. 26,

19; vgl. Gen. 4, 14). Jede cultische Gemeinschaft mit Jahwe ist abgeschnitten, man kann höchstens ein Opfer geloben, wie Absalom in Geschur (2 Sam. 15, 8), oder durch die Mitnahme palästinischer Erde die Verehrung Jahwes in der Fremde sich ermöglichen (2 Kön. 5, 17); von Jahwefesten ist keine Rede (Hos. 9, 3—6).

Das bedeutet aber nicht geringe Aenderungen in der religiösen Anschauung über Jahwe. Zunächst gilt dies in Bezug auf den Wohnsitz Jahwes. Anfangs galt auch in Kanaan noch der Gottesberg Sinai als die eigentliche Wohnung Jahwes. Von dort aus kam er in Sturm und Wetter seinem Volke im Lande Palästina zu Hilfe (Jud. 5). Aber wenn auch diese Erinnerung blieb und in späteren Poesien noch Ausdruck fand, die Anschauung wurde bald eine andere. Wenn Elia dorthin sich aufmacht, um eine Theophanie zu erhalten, so verleiht er seinem Widerspruch gegen die Anschauung des Volkes Ausdruck und beweist daher durch seine Reise gerade, dass Palästina als die Wohnung Jahwes angesehen wurde (1 Kön. 19, 8 ff.). In der That heisst darum Palästina nicht nur «Jahwes Land» (Hos. 9, 3) oder «Eigentum» (1 Sam. 26, 19), sondern geradezu «sein Haus» (Hos. 9, 15 vgl. 8, 1 und Jer. 12, 7). Und wenn auch das sogenannte Meerlied (Ex. 15) aus späterer Zeit stammt und bereits die Wohnstätte Jahwes auf den Berg Zion concentriert, so ist es doch ein wichtiges Zeugnis für den Wandel der Anschauung, das v. 17 ablegt: «Du brachtest sie hin und pflanztest sie an auf dem Berge, der dir von jeher gehört, wo du, Jahwe, dir eine Stätte zum Wohnen bereitet hast, wo du, Herr, selbst dir ein Heiligtum gegründet hast».

Einen bestimmten einzelnen Ort im Lande, wo allein Jahwe gewohnt hätte, gab es nicht. Jahwe wohnte, wo immer seine Lade sich fand, oder wo der Mal'ak Jahwe sich offenbarte, und überall wo er einmal sich kundgegeben hatte, konnte man vor ihn treten und seine Kraft erfahren (Ex. 20, 24). Dazu wurden die alten heiligen Stätten der Kanaaniter übernommen, aber ihre Legitimität für den Jahwecult wurde, wie bei den neuen, durch eine Offenbarung Jahwes daselbst nachgewiesen, die man aus der eigenen Geschichte, besonders aus dem Leben der Ahnen, zu erzählen wusste. Uebrigens glaubte man an den einzelnen Stätten die Gottheit nach einer besonderen Seite hin wirksam, wohl je nach der Richtung und in der Weise, in welcher man daselbst bei der ersten Erscheinung ihre Kraft verspürt hatte, zum Heil oder zum Verderben. Anders ist es doch kaum zu verstehen, warum Absalom dem zu Hebron verehrten Jahwe sein Gelübde gelobt hat (2 Sam. 15, 8). warum man aus der Ferne zu dieser oder jener heiligen Stätte wallfahrtet. nach Bethel, Gilgal, Dan und Beerseba (Am. 4, 4; 5, 5; 8, 14; Hos. 4, 15). Damit wird es auch zusammenhängen, dass Balak Bileam seinen Standort wechseln lässt, weil er davon eine Aenderung in den Aussprüchen des Sehers erwartet (Num. 22, 41; 23, 13. 14. 27 ff.)[1]. In dieser Hinsicht ist es ferner zu bemerken. wie Jahwe in Penüel in einer nächtlichen Erscheinung sich kundthut (Gen. 32. 25 ff. J) und wie er auch des Nachts Mose in der Herberge überfällt (Ex. 4, 24 ff.), besonders wenn man an die nächtliche Feier zu Ehren Jahwes sich erinnert, die noch in so späten Stellen, wie Ex. 12. 42 und Jes. 30, 29[2], erwähnt wird. Endlich kann es auch nicht ohne Bedeutung sein, dass für verschiedene Opferstätten noch besondere Namen überliefert sind. welche Jahwe besondere Beifügungen geben. « Jahwe ist mein Panier « (יהוה נסי Ex. 17, 15) ist gewiss irgendwie verschieden gedacht von «Jahwe ist Heil» (יהוה שלום Jud. 6. 24), Jahwe, « der Gott des Schauens» (אל ראי Gen. 16, 13) verschieden von Jahwe «dem ewigen Gott» (אל עולם Gen. 21, 33) zu Beerseba. Diese Verschiedenheit ist zugleich der Grund. warum ein Heiligtum die andern an Ansehen und Bedeutung überragte und sich besonderer Berühmtheit und des Besuches aus weiten Kreisen erfreute. So entstanden die bekannten Wallfahrtsorte in Israel: Bethel und Dan, Gilgal und Beerseba.

Wir haben uns demnach die Anschauung in Israel ähnlich vorzustellen, wie sie uns in der Madonnenverehrung der katholischen Kirche entgegentritt. Jede Madonna will zwar nichts anderes sein als die Darstellung der einen Jungfrau, aber für die Anschauung des römisch-katholischen Volkes ist jede einzelne von den anderen unterschieden und hat ihre besondern Eigenschaften und Verdienste, darum auch ihre besondern Verehrer, ja je nach dem Bedürfnis wird bald diese. bald jene um Beistand angefleht[3].

---

[1] Vgl. auch die Verteilung von Segen und Fluch auf die beiden Berge Gerizzim und Ebal Dt. 11, 29; 27, 12 f.; Jos. 8, 33.

[2] Vgl. zu dem Abschnitt Jes. 30, 27—30 Hackmann, Die Zukunftserwartung des Jesaia. 1893. S. 41 f.

[3] Vgl. W. Robertson Smith, *The Old Test.* [2], S. 243; deutsche Uebersetzung S. 227.

Wie man sieht, lag für Israel die Gefahr sehr nahe, Jahwe in eine Mehrheit von Gottheiten aufzulösen und ihn obendarein in die Sphäre des kanaanitischen Baals hinabzuziehen, ihn also als die Naturmacht zu verstehen, die in den verschiedenen Erscheinungen zu Tage trete. Dieser Gefahr ist Israel nicht erlegen. Davor haben das Volk gewiss die gemeinsamen Aufgaben, besonders die Kriege, die ja Jahwe vor allem führte, bewahrt, und andererseits galt die Erscheinungsform Jahwes nicht an eine Stelle gebunden; der Mal'ak Jahwe behielt seine Beweglichkeit, die er beim Auszug aus Aegypten und beim Wegzug vom Sinai besessen hatte, auch im Lande Kanaan, wie die Erzählung von Davids Volkszählung 2 Sam. 24 vgl. v. 15 ff. beweist. Ja, obschon er ursprünglich recht eigentlich die Erscheinungsform Jahwes auf Erden bedeutete, bewährt er seine Unabhängigkeit von der Erde darin, dass er bei E Gen. 21, 17 und 22, 11 vom Himmel her ruft. Ebenso ist es nicht zu verkennen, dass, so sehr man an den heiligen Stätten mit Jahwe in Verbindung zu treten glaubte, doch Jahwes wahre Wohnung nicht auf Erden gesucht wurde. Schon in der Erzählung des Jahwisten fährt Jahwe auf den Berg Sinai hinab (Ex. 19, 11 [b] und 20 [a]); und wie bei dem Elohisten der Mal'ak Elohim an den zwei angeführten Stellen vom Himmel her redet, so sieht Jakob merkwürdigerweise in seinem Traume zu Bethel eine Leiter auf die Erde gestellt, deren oberes Ende bis zum Himmel reichte und auf der die Engel Elohims hinauf- und herabstiegen, und nennt er die Stätte demgemäss nicht bloss den Sitz Elohims, sondern auch « die Pforte des Himmels » (Gen. 28, 12. 17). Auch das ist bemerkenswert für die Anschauung von Gott, welche sich hier bei E findet, dass neben den Mal'ak bereits eine Mehrheit von Engeln tritt, die viel deutlicher und leichter von Gott als seine Boten und Diener sich ablösen können (vgl. auch Gen. 32, 2 die מלאכי אלהים in Machanajim). So ist Jahwe nach dem Glauben der Israeliten einerseits wohl gemäss seinen verschiedenen Aeusserungen an den heiligen Stätten im Lande gegenwärtig, aber andrerseits weder zur blossen Localgottheit, noch zur allgemeinen Naturmacht geworden, sondern er behält sein höheres geistiges Wesen, das über die Erde hinausweist.

Das hat er auch nicht verloren, trotzdem aus dem nomadisierenden Volke in Kanaan ein ackerbautreibendes geworden ist, das nun weit mehr als früher von dem Boden abhängig war, auf welchem es weilte. Der Charakter Jahwes als des Gottes der Nation, der die

Geschichte seines Volkes in der Hand hatte, ihm den Sieg über die
Bewohner des Landes verlieh und seine Existenz all den Gefahren
gegenüber aufrecht erhielt, welche die entwickelte Cultur Kanaans
mit sich brachte, bildete ein solches Gegengewicht gegen die Versuchungen, welche die Erzeugnisse des Ackerbaues, die Gaben Baals
im Lande, boten, dass der Gott Israels nicht auf eine Linie mit dem
Gott des Landes gestellt werden konnte. Der hohe Wert der nationalen von Jahwe geschaffenen Zusammengehörigkeit konnte nicht
verkannt werden, sodass der Nationalgott nicht auf die Stufe Baals
hinabsinken, noch viel weniger in ihm verschwinden konnte. Im
Gegenteil musste vor Jahwe, dem Führer und Versorger der Nation,
Baal, dessen Volk besiegt wurde und entweder untergieng oder in
Israel aufgieng, erbleichen, und die Gaben, die man früher von Baal
hergeleitet hatte, mussten auf Jahwe, den wirklichen Herrn des Landes, zurückgeführt werden [1]. So hat die Eroberung Kanaans die Sphäre
der Wirksamkeit Jahwes erweitert: die Gaben des Landes sind
Jahwes Geschenk; bleiben sie aus, so ist es Jahwes Zorn, der sie
seinem Volke vorenthält. So wird schon 2 Sam. 21, 1 ff. die drei-
jährige Hungersnot zur Zeit Davids auf Jahwe zurückgeführt, und
seine Propheten sind im Stande, eine Teuerung voraus anzukünden
(Elia 1 Kön. 17, 1 vgl. 18, 1 und Elisa 2 Kön. 8). Jahwe muss helfen,
dass Tenne und Kelter nicht leer bleiben, nicht nur dadurch, dass
er eine feindliche Belagerung aufhebt (2 Kön. 6, 26. 27), sondern
gewiss auch dadurch, dass er dem Lande Tau und Regen spendet.
Es galt nicht erst zu Ezechiels Zeit als eine Schmach Israels, wenn
eine Hungersnot das Land bedrückte (Ez. 36, 30), und gewiss ist
es nicht erst prophetische Anschauung, welcher das Deuteronomium
in den Worten Ausdruck verleiht: « Das Land, in das ihr einzieht und
das ihr in Besitz nehmen werdet, ist ein Land mit Bergen und Thä-
lern, das, wenn der Regen vom Himmel fällt, Wasser trinkt, ein
Land, für das dein Gott Jahwe Sorge trägt ; beständig sind die Augen
deines Gottes Jahwe darauf gerichtet, vom Anfang bis zum Ende
des Jahres » (Deut. 11, 11. 12 vgl. auch die folgenden Verse 13—17).
Es ist schon ein altes Gebot, das auf dieser Anschauung ruht: « Das
Beste der ersten Früchte eurer Felder sollt ihr in das Haus Jahwes

---

[1] Daran, dass dies die volkstümliche Auffassung war, kann Hosea
cap. 2 nichts ändern. Hosea sieht ja den ganzen Jahwekult des Volkes
für kanaanitisch an.

bringen » (Ex. 34, 26 und 23, 19 vgl. auch Deut. 26, 1—11), und nicht bloss der Segen Moses verheisst Joseph einen von Jahwe gesegneten Landstrich (Deut. 33, 13 ff.), sondern ebenso segnet Jakob seinen Sohn Joseph (Gen. 49, 25) und zeichnet Isaak den jüngern Zwillingssohn Jakob vor dessen Bruder Esau aus (Gen. 27, 27 f. vgl. mit v. 39 JE).

§ 26.

Jahwe und die nationale und sociale Ordnung Israels.

Jahwe hatte die Nation Israels entstehen lassen, er war auch der Führer des jungen Volkes gewesen. Der Mal'ak Jahwes hatte es auf dem Wege vom Sinai nach Kanaan geleitet und Mose im Namen Jahwes ihm Recht gesprochen. Die enge Verbindung zwischen Jahwe und dem Volke blieb im Lande Kanaan bestehen, Jahwe liess ihm auch dort seine Fürsorge und Hilfe zuteil werden.

Das war einmal so in den grossen nationalen Angelegenheiten. Zu diesen gehören in allererster Linie die Kriege. Da zogen nicht nur der Mal'ak und die Lade mit in den Krieg, sondern Jahwe selber kämpfte an der Seite seines Volkes[1]. Jahwe war Israels Hilfe in der grossen Schlacht bei Gibeon, in welcher er die Feinde in Verwirrung brachte und auf der Flucht mit einem gewaltigen Steinhagel aus der Luft verfolgte (Jos. 10, 10 f.). Aehnliches geschah in der Schlacht gegen Sisera (Jud. 4, 15), ja nach dem Deboraliede kämpften damals die Sterne von ihren Bahnen aus mit den Kanaanitern (Jud. 5, 20), wie nach dem Dichter Sonne und Mond wenigstens durch Stillestehen Josua zu einem vollständigen Siege verhalfen (Jos. 10, 12 f. in einem Bruchstück aus dem ‏ספר הישר‎). David hörte es an dem Rauschen in den Wipfeln der Bakasträucher, dass Jahwe ihm voranschritt, um im

---

[1] Jos. 5, 13—15, wo «der Anführer des Kriegsheeres Jahwes » (‏שׂר צבא יהוה‎) Josua mit gezücktem Schwerte erscheint und ihm erklärt, weder zu den Israeliten noch zu den Feinden zu gehören, ist nach Ausdruck und Anschauung so eigentümlich, dass die Verse uns schwerlich über die früheren Vorstellungen Israels Auskunft geben. Der Abschnitt ist trotz Albers (die Quellenberichte in Josua I-XII, 1891, S. 84 ff.) mit Kuenen (Einleitung I, 1 S. 236) «zu den jüngeren Perikopen» zu rechnen; vgl. auch Cornill (Einleitung ³· ⁴ S 82).

Lager der Philister eine Niederlage anzurichten (2 Sam. 5, 24).
Noch das Deuteronomium (23, 15) besagt: « Dein Lager soll heilig
sein, weil Jahwe inmitten desselben einherzieht, um dich zu
schützen und dir deine Feinde preiszugeben. » So stand Israel nicht
allein im Felde, Jahwe und Israel waren im Kriege in lebendigem
Verkehr und enger Gemeinschaft: Jahwe an der Spitze Israels ist
ein Kriegsheld, wie keiner mehr (Ex. 15, 3), und als wahrer Gottes-
streiter führt Israel die Kriege Jahwes (vgl. 1 Sam. 18, 17; 25, 28).
Das Buch, in dem die Kriegsthaten Israels besungen werden, kann
daher das «Buch der Kriege Jahwes» (ספר מלחמות יהוה Num. 21,
14) heissen, und wie die Riten, welche die Krieger sowie die Waffen
für den Feldzug weihen (siehe oben S. 33 und 71 f. und vgl.
Micha 3, 5; Jer. 6, 4; 22, 7; 51, 27 f.; 1 Sam. 21, 6), und der heilige
Bann (הֵרֶם), der am Feinde vollzogen werden muss, deutlich genug
zeigen, sind die Kriege heilige Kriege, in denen Jahwe sich offenbart
und Israel eine religiöse Handlung vollzieht.

So unmittelbar und lebendig, wie im Kriege, war allerdings
der Verkehr Jahwes mit seinem Volke nicht immer; es gab neben
diesen Höhepunkten des religiösen Lebens gewöhnliche Zeiten, da
die nationalen Kriege ruhten. Schon Mose war aber nicht bloss der
Führer des Volkes gewesen, wenn es galt, die Nation zu retten und
sich der Feinde zu erwehren, er war es auch im gewöhnlichen
Leben gewesen, und hatte dem Volk in der Wüste Recht gesprochen
und seine Ordnungen geschaffen. War Mose jetzt nicht mehr vorhanden, so kam doch in der von Jahwe durch Mose geschaffenen
Organisation des Volkes das Verhältnis Jahwes zu seinem
Volke zum Ausdruck, und weil es keine für alle Zeiten in feste
Formen gegossene Organisation war, so bedeutete die im Lande
Kanaan durch den Uebergang zum Ackerbau notwendig gewordene
Weiterbildung und Umgestaltung derselben keinen Bruch mit der
Vergangenheit. Am besten zeigt sich diese Zurückführung der
staatlichen Ordnung auf Jahwe darin, dass auch die Spitze, in
welche diese Weiterentwicklung schliesslich auslief, nämlich das
Königtum, als eine Gabe Jahwes angesehen wurde. Es ist erst die
Anschauung einer andern Zeit, welche in der Errichtung des
Königtums einen Abfall von Jahwe findet (1 Sam. 8, 7). Die
ältere Auffassung des Volkes Israel sah im Königtum keinen Widerspruch gegen Jahwe. Thora und Königtum stehen ihm als gleich-
wichtig in Parallele (Deut. 33, 4 und 5), König und Cultus gelten

ihm für so notwendig, dass es ohne dieselben nicht leben zu können meint (vgl. Hos. 3, 4). Weil mit Israel sein Gott Jahwe ist und unter ihm Königsjubel erschallt, kann man bei ihm kein Unheil erblicken und in ihm kein Elend entdecken (Num. 23, 21). Elohim darf man nicht lästern und einen Fürsten des Volkes nicht verwünschen (Ex. 22, 27); beides sind todeswürdige Verbrechen (Lev. 24, 11—15; 2 Sam. 16, 9; 19, 22; 1 Kön. 2, 8 f.; 21, 10). Der König ist mit dem Mal'ak zu vergleichen (2 Sam. 14, 17. 20), steht demnach zu Jahwe in naher Beziehung und gilt als sein Vertreter unter dem Volke. Er ist der Geweihte (נזיר Gen. 49, 26) und der Gesalbte Jahwes (משיח יהוה 1 Sam. 24, 7. 11), was wiederum seine enge Verbindung mit Jahwe ausdrückt. Die Israeliten sahen demnach im Königtum und in der staatlichen Ordnung, die es repräsentiert und gewährleistet, eine der grössten Segnungen Jahwes und führten die Entstehung desselben auf Jahwe zurück, der ihnen durch Samuel den ersten König Saul gab (1 Sam. 9, 27; 10, 1).

Wie der König, so waren auch seine Vorläufer von Jahwe seinem Volke gesandt, welche in den ersten Zeiten von der Eroberung des Landes an bis zur Gründung des Königtums in Israel aufstanden und ihm in den vielen Gefahren zur Erhaltung der Existenz und Ordnung verhalfen. Die Helden und Richter bewiesen, dass Jahwe mit Israel sei, ob sie nun zu Führern des Volkes durch einen Seher berufen wurden, oder ob erst der Erfolg zeigte, dass sie von Jahwe geschickt waren. Letzteres war, wie nachher bei David, bei Gideon der Fall, der darum auch nach seiner That auf weite Kreise des Volkes einen bedeutenden Einfluss ausübte und ein fast königliches Ansehen genoss. Dagegen hatte die Seherin Debora den Helden Barak zum Kampf gegen Sisera aufgerufen und in ihm, wie Samuel in Saul, den Mann entdeckt, der Israel aus der Not helfen sollte (Jud. 4). Es war nur natürlich, dass solche Helden auch nach vollendeter That in friedlichen Zeiten grosse Autorität besassen und so für die Ordnung im Innern von hoher Wichtigkeit waren.

Immerhin darf man sich nicht vorstellen, dass die Israeliten ein nach modernen Begriffen geordnetes Staatswesen bildeten. Auch das Königtum hatte kein in die Einzelheiten des gewöhnlichen Lebens tief eingreifendes Recht. Was dem König die Macht verlieh, war aber, dass in ihm der von Gott bestellte Führer gesehen wurde und dass er als solcher Gehorsam fand. Zu ihm konnte man

kommen, dass er die Streitfragen entscheide und Recht spreche
(2 Sam. 14 und 15). Im Uebrigen herrschte daneben grosse Freiheit.
Doch konnte nicht jeder thun, was ihn gut dünkte. Denn neben
diesen Helden, Richtern und Königen, die mit dem Schwert
und der That bewiesen, dass Jahwe in Verkehr mit dem Volke
stehe, gab es noch andere Personen, welche durch das Wort den
Beweis hiefür (selbst auch Königen gegenüber, vgl. Nathan)
leisteten. Und was an Organisation, sei es durch die Macht und das
Ansehen jener Führer der Nation, sei es durch das Wort derer,
die Jahwes Willen verkündeten, für die Ordnung des Staates und
für die socialen Verhältnisse zu Stande kam, galt als eine Gabe
Jahwes und war darum ein Zeugnis seiner Fürsorge und seiner
Gegenwart.

Wie wichtig gerade die Kundgebung Jahwes durch das Wort
ist, sahen wir bereits bei der Betrachtung des ursprünglichen Jahwismus (vgl. oben S. 59). Diese Seite der Thätigkeit Moses ist nicht
ohne Fortsetzung geblieben. Ist es nicht ein Einzelner, welchem die
gleiche Bedeutung, wie Mose, zugeschrieben werden dürfte, es ist
eine ganze Reihe von Personen, die sein Werk weiter führen. Es
sind alle diejenigen, die uns als Seher, Propheten oder Priester genannt werden und in verschiedener Weise Moses Aufgabe
übernahmen, wenn sie sie auch nicht mit derselben Reinheit lösten.
Schon ihre Namen weisen auf die Einmischung anderer Elemente
hin, denn sie verdanken alle nicht dem Jahwismus ihren Ursprung.
«Seher und Priester» gab es bereits in der altsemitischen Religion,
«Prophet» aber ist sicher kanaanitischen Ursprungs, wie auch die
Prophetenschaaren dem eigentlichen Israel fremd waren und erst
von den Kanaanitern auf Israel übergegangen sind (vgl. oben S. 81 f.).
Diese Propheten kanaanitischen Schlags können hier nicht als Ver-
kündiger des Willens Jahwes in Betracht kommen; erst wo sich
einer unter ihnen über diese kanaanitische Stufe emporhob, dürfen
wir ihn zu den hier zu besprechenden Männern zählen. Weiter ist
zu berücksichtigen, dass auf der Stufe der Volksreligion den Propheten noch manches von den Sehern anhaftet, was dann erst
die Propheten des 8. Jahrhunderts ganz abgestreift haben, deren
erster (Amos 7, 14) aber auch den Prophetennamen ablehnt. Dieses
Gemisch von alter Seherart und ächtem Prophetentum tritt uns bei
Debora und Samuel deutlich entgegen. Debora wohnt unter einer
heiligen Palme, wo sie also offenbar in allen möglichen Angelegen-

heiten Rat erteilte, aber ihr Wort schlägt auch in ganz Israel ein, wenn sie als eine Mutter in Israel sich erhebt (Jud. 5, 7). Samuel, der Seher zu Rama, wird angegangen, wenn Eselinnen sich verlaufen haben, aber sein Wort giebt Israel auch den ersten König (1 Sam. 9). Nicht anders erscheint Elisa in den Prophetenerzählungen (vgl. 2 Kön. 4 u. 6 mit 2 Kön. 9) und Ahia noch in den deuteronomistischen Abschnitten der Königsbücher (1 Kön. 11, 29 ff. u. 14, 1 ff.).

So hilfreich die Propheten und Seher in den Verlegenheiten des Lebens mögen gewesen sein und so folgenreich ihr Eingreifen in die Geschichte war, den Priestern kam eine ebenso grosse Bedeutung zu. Nur dürfen wir uns darunter nicht solche vorstellen, welche den Opferdienst zu versehen hatten. Das war nicht ihre ursprüngliche Aufgabe, war auch jetzt noch lange nicht ihr Hauptgeschäft. Sie hatten die Thora (Weisung) im Namen Jahwes zu erteilen, an dessen Heiligtum sie standen. Das bringt sie vielmehr in enge Beziehung zu Mose, der am Anfang das Volk Israel leitete, und zeigt, dass sie ursprünglich von den Sehern und Propheten nicht so gar verschieden waren (siehe S. 44 ff. u. 72). Der ganze Unterschied bestand wohl darin, dass letztere unabhängig waren von dem Heiligtum Jahwes, während die «Priester» an die heilige Stätte als Hüter derselben gebunden waren. Wie fliessend die Grenzen in der alten Zeit waren, kann die Gestalt Samuels zeigen, der nicht nur Seher und Prophet genannt (1 Sam. 3, 20; 9, 9. 11), sondern auch als Diener im Heiligtum unter den Augen Elis dargestellt wird (1 Sam. 2, 11. 18). Gerade die feste Stellung, welche die Priester einnahmen, verhalf diesen Priestergeschlechtern zu Ansehen und Einfluss, besonders wenn sie an grösseren Heiligtümern standen, die durch das Alter irgend eines heiligen Gegenstandes berühmt waren, wie das Geschlecht Elis in Silo bei der Jahwelade, dessen Ursprung sogar in die ägyptische Zeit zurückreichen soll (1 Sam. 2, 27 f.). Dass die Priester nachmals auf einen Stamm, auf Levi, zurückgeführt werden, hat in der Geschichte keinen sicheren Halt; denn dieser Priesterstamm tritt uns nirgends in den alten Quellen entgegen. Der Priestercodex hat erst, was das Resultat einer langen geschichtlichen Entwicklung war, in die mosaische Zeit zurückverlegt, aus welcher uns aber nur Josua als Hüter im Zelte der Jahwelade bekannt ist (Ex. 33, 11). Möglich war aber diese Projection in die Tage Moses nur deshalb, weil man schon in alter Zeit den Priester לוי « Leviten » nannte (Jud. 17, 7; Ex. 4, 14)[1] und sonst der Stamm Levi aus der Geschichte verschwunden war, dem im übrigen keine besonders priesterlichen Eigenschaften nachgerühmt werden (Gen. 34, 25 ff.; 49, 5—7). Ob man gerade gerne die versprengten Reste des Stammes Levi zu Hütern in den Heiligtümern anstellte und dies die Bezeichnung des Priesters als eines Leviten erklären kann, oder ob irgend auf anderem Wege diese Uebereinstimmung im Namen zwischen Leviten und dem untergegangenen Stamm Levi entstanden ist, ist nicht mehr auszumachen; aber die Uebereinstimmung hat jedenfalls dem Priestercodex seine Darstellung der alten Geschichte erleichtert.

Wichtiger aber als die Verfolgung der Geschichte des Priestertums ist es für unsern Zweck, zu zeigen, wie noch lange das Erteilen der Thora als die Hauptaufgabe der Priester galt und wie viel in dieser Hinsicht Israel diesen Männern verdankte. Im Segen Moses (Deut. 33, 9 und 10) wird es noch von den Priestern gerühmt, dass sie sich an Jahwes Gebot hielten und sein Gesetz bewahrten, und als ihre Aufgabe bezeichnet, Jakob seine Rechte und Israel seine Weisung zu lehren. Ja, noch viel später kennt das Buch Maleachi die frühere Uebung des Priesters: « Wahrhaftige Weisung war in seinem Munde, und kein Falsch war auf seinen Lippen zu finden ; in Unsträflichkeit und Geradheit wandelte er nach Gottes Willen und hielt viele von Ungerechtigkeit ab. Denn eines Priesters Lippen sollen sich an die rechte Lehre halten, und Unterweisung erwartet man aus seinem Munde, da er ein Bote Jahwes der Heerschaaren ist » (Mal. 2, 6. 7). Die Thora, welche die Priester erteilten, war nicht die Mitteilung eines geschriebenen codificierten Gesetzes, ein solches hatten sie von Mose nicht erhalten; aber sie sollten, wie er und im Anschluss an die von ihm gegebenen Rechtssprüche, überall den Entscheid Jahwes erteilen und Moses Werk fortführen. Wie darum Mose der Vertreter Gottes genannt wird (Ex. 18, 19), so entscheiden die Priester in strittigen Fällen im Namen des hinter ihnen stehenden Gottes (Ex. 22, 7. 8 vgl. 1 Sam. 2, 25).

Das Gebiet, in welchem ihre Entscheidung eingeholt wurde,

---

[1] Auch Mose stammt aus dem Geschlechte Levi nach Ex. 2, 1 und von ihm leiten sich später die Priester von Dan ab (Jud. 18, 30). Nicht so sicher ist der Sinn von Deut. 33, 8 zu bestimmen, obschon auch hier Mose direct oder indirect durch Aaron (vgl. Ex. 32) mit Levi in enge Beziehung gesetzt wird.

kann nicht als ein enges angesehen werden. Es hat gewiss alles umfasst, was das Leben der Israeliten mit sich brachte, und manches,
was wir Wahrsagung nennen und auch in Israel später so genannt
wurde, war nicht ausgeschlossen, wie auch die Art und Weise, auf
welche der Wille Jahwes ermittelt wurde, an diese Künste erinnert
(vgl. das Loswerfen). Der Priester stand als ein väterlicher Ratgeber
den Israeliten gegenüber; er wird darum wohl auch « Vater » geheissen (Jud. 17, 10; 18, 19), wie die Seherin Debora « eine Mutter in
Israel » heisst (Jud. 5, 7). Bedeutsam aber ist, dass die Entscheidung
über Recht oder Unrecht als das wichtigste Gebiet der Bethätigung
der israelitischen Priester in der alten Zeit angesehen wurde, und
nicht die Entscheidung über Fragen des Cultus. Gerade darin erweist
sich einerseits die ethische Kraft, welche dem Jahwismus innewohnte, wie andererseits der enge Zusammenhang, welcher zwischen
den Priestern und Mose besteht. Als einen Ausfluss dieser priesterlichen Thätigkeit, die anfangs nur mündlich die Weisungen Jahwes
überlieferte und weiterbildete, haben wir die Ordnung der socialen
Verhältnisse, die Rechte und Bestimmungen, anzusehen, welche das
sogenannte Bundesbuch Ex. 21, 1—23, 13 aufzeichnet. Diese Ordnung ist möglichst einfach, lässt aber sehr wohl den Geist erkennen, in welchem die Priester ihre Entscheidungen trafen, und
gestattet so eine Beurteilung der Richtung, die sie verfolgten. Diese
geht auf das Humane, wie sich besonders bei der Einschränkung
des Rechtes der Blutrache auf den eigentlichen Mörder (Ex. 21, 12.
13) und in den Bestimmungen über das Verhalten gegen Arme und
Fremde (22, 20—26; 23, 6—9), namentlich auch in der Verordnung,
den Ertrag des Landes im siebenten Jahr den Armen zu überlassen
(23, 11 vgl. auch 23, 12), kundgiebt. Das Bundesbuch erhebt aber
nicht den Anspruch, nun das Ende der Ordnungen und Weisungen
Gottes zu sein; es war auch offenbar nicht zu diesem Zwecke verfasst, und der Zug auf das Humane, sowie die weitere Entwicklung
des Volkes bewahrten die Israeliten davor, auf diesem Punkte
stehen zu bleiben. Es war noch nicht vergessen, dass Jahwe ein
lebendiger Gott sei, der sich in der Geschichte kundthut. Ihm verdankte man, wie die Aufrechthaltung der nationalen Existenz, so die
Ausgestaltung der socialen Ordnung, aber man sah die letztere nicht
für unverbesserlich an. Dieses Bewusstsein hielt Jahwe selber lebendig, wenn er irgend seinen Zorn über das Böse durch Unglück
oder Plagen kundgab, die er über das Land verhängte und die nun

7

neue Weisungen Gottes erforderlich machten. Ueberhaupt ist zu
sagen, dass man über Jahwes Wesen und seinen Willen keine abge-
rundete Vorstellung besass und sich keine bestimmte Anschauung,
abgesehen davon, dass er der Gott des Volkes Israels sei, gebildet
hatte. Man schrieb ihm darum auch noch unbedenklich zu, was eine
spätere Zeit auf eine andere Ursache zurückführen zu müssen
meinte (2 Sam. 24, 1 vgl. mit 1 Chron. 21, 1).

§ 27.

Die heiligen Stätten.

Konnte der Krieg nur zu Zeiten und die nationale und sociale
Ordnung nur mittelbar den Verkehr Jahwes mit dem Volke darstellen, so war es begreiflich, dass noch eine andere Verbindung
gesucht wurde. Zudem war es von Alters her der Cultus gewesen,
durch den man die Vereinigung mit der Gottheit zu erreichen
glaubte, und jetzt stand man in einem Lande, wo sich die zahl-
reichsten heiligen Stätten befanden. Mochte darum auch Mose keine
Opfer gefordert haben, die Israeliten waren sich im gewöhnlichen
Leben lange nicht durch die Zugehörigkeit zu dem Volke Jahwes
und durch die Innehaltung seiner socialen Ordnungen des Verkehres
mit Jahwe so bewusst, dass sie den Cultus hätten entbehren können ;
von einer Anbetung im Geist und in der Wahrheit hatten sie noch
keinen Begriff.

Wir finden darum in Israel eine grosse Menge von heiligen
Stätten. Das alte Gesetz (Ex. 20, 24) bestimmt in dieser Hinsicht :
An jeder Stätte, wo ich mich einmal offenbaren werde, will ich zu
dir kommen und dir Segen verleihen. Damit ist am besten charac-
terisiert, wie es in dieser Hinsicht in Israel aussah. Der Cultus war
nicht an ein bestimmtes einziges Heiligtum gebunden. Die Vorstellung von der Stiftshütte als beständiger und alleiniger Wohnung
der Bundeslade ist erst aus späterer Zeit, als man nur von einem
einzigen Tempel als Wohnsitz Gottes wusste, aus der Zeit des
Serubbabelschen Tempels in die Urzeit zurückgetragen, gerade wie
die damals herrschende Vorstellung von dem alleinigen Priestertum
Levis. Die historischen Bücher geben uns ein ganz anderes Bild von
den gottesdienstlichen Zuständen. Es gab Verehrungsstätten, Höhen

(במה vgl. βωμός) genannt[1], gewöhnlich auf Anhöhen gelegen, wo
man sich der Gottheit näher dachte, in allen Teilen des Landes,
viele nach den späteren Erzählungen durch göttliche Offenbarungen
an die Erzväter im Sinne von Ex. 20, 24 legitimiert. Solche Cultstätten sind im Ostjordanlande Mizpa Gilead (Jud. 11, 11), im Norden
Lajisch oder Dan (18, 29 ff.), im mittleren Lande Mizpa (Jud. 20, 1;
1 Sam. 7, 6. 11; 10, 17), Bethel (Jud. 20, 26. 27; 21, 2; 1 Sam. 10,
3; 2 Kön. 23, 15), Gibeon (1 Kön. 3, 4), Rama (1 Sam. 7, 17; 9,
12 ff.), Gilgal (1 Sam. 10, 8; 11, 15; 13, 8 ff.; 15, 21), Nob (1 Sam.
21, 2), im südlichen Teile Bethlehem (1 Sam. 20, 6. 29), Hebron
(2 Sam. 5, 1 ff.; 15, 7), Beerseba (Gen. 21, 33). Früh schon ist wohl
an dem einen oder andern Orte ein fester Bau gegründet worden,
wie das von Silo nicht zu bezweifeln ist (1 Sam. 1, 9; 3, 15; 4, 18).
Dieser Zustand blieb, so lange Israel und Juda bestanden. Der
Tempel zu Jerusalem änderte nichts an dieser Lage; es waren ganz
andere Umstände, als der blosse Bau desselben, welche schliesslich
dazu führten, ihm die alleinige Heiligkeit zu verschaffen. Lange
Zeit galt er als ein Heiligtum neben andern; in Israel und in Juda
blieben die Cultstätten unangefochten. Wie Amos und Hosea die
israelitischen Cultstätten erwähnen (Am. 7, 9; Hosea 19, 1 f.; 12,
12), so kennt Micha (1, 5) die judäischen und berichtet noch Jeremia,
wie jede Gasse in Jerusalem ihren Altar hatte (11, 13)[2], und es ist
der stereotype Vorwurf, den die deuteronomische Redaction der
Königsbücher gegen alle Könige erhebt, dass sie die Höhen nicht
wegthaten bis auf Josia, der eben erst von ihrer Illegitimität wissen
konnte, weil erst das zu seiner Zeit entstandene Deuteronomium
dieselben verwarf. Auch hat in alter Zeit der Tempel zu Jerusalem
nicht einmal die erste Stelle unter den gleichberechtigten Cultstätten
eingenommen; denn während aus den entferntesten Teilen des
Landes nach Beerseba, Dan und Gilgal gewallfahrtet wird, ist uns
nichts dergleichen über den salomonischen Tempel berichtet.

Diese Pluralität der Opferstätten erklärt sich nicht etwa nur aus
der Zersplitterung der Nation oder der Zerrüttung in der Richterzeit;

---

[1] Nach der Inschrift des Königs Mêscha ist es wahrscheinlich, dass במה
einfach «Heiligtum», «Tempel» bedeutet vgl. Z. 3 (Smend und Socin,
Die Inschrift des Königs Mesa von Moab, 1886).

[2] Ebenso gab es nach Mêschainschrift Z. 17. 18 in Nebo einige
אראלים, also mehr als eine Cultstätte Jahwes.

sondern jede kleinere oder grössere Ortschaft (vgl. z. B. Rama
1 Sam. 9) hatte ihr eigenes Heiligtum, bei dem die öffentlichen
Angelegenheiten beraten, Feste gefeiert und jedes gemeinschaft-
liche Unternehmen mit Opfern geweiht wurde. Wir haben uns
diese Cultstätten ursprünglich möglichst einfach zu denken. Oben
auf dem Hügel, an dessen Abhang auf halber Höhe das Dorf sich
befand, war die Bâmâ, die Opferstätte, wie sich aus der Schilderung 1 Sam. 9, 11 ff. ergiebt. Zu einer solchen Opferstätte genügte
ein natürlicher Stein (Jud. 6, 20 ff.; vgl. 1 Sam. 14, 33) oder
auch wohl einzeln oder in einer Gruppe beisammen stehende
Bäume (vgl. noch Hos. 4, 13: «Auf den Berggipfeln schlachten sie
und auf den Hügeln räuchern sie, unter Eichen, Pappeln und
Terebinthen; — ihr Schatten ist ja so lieblich»). War auch dies
nicht vorhanden, so konnte man sich eine Opferstätte durch Auf-
schichtung von Erde oder von Steinen herstellen, aber durfte dazu
weder behauene Steine verwenden, noch irgendwo Stufen anbringen,
musste also alles vermeiden, was menschliche Kunst und Cultur
verraten konnte (Ex. 20, 24 f.).

Bei dieser natürlichen Einfachheit ist es nicht lange geblieben.
Bald vergass man, dass die Opferstätte der eigentliche Wohnsitz
des Numens war, das man verehrte, und dass man gerade aus
diesem Grunde die Steine nicht behauen sollte, um das Numen nicht
zu vertreiben. Opferstätte und Wohnsitz der Gottheit wurden unterschieden. Als solcher wurde zum Ersatz des heiligen Baumes ein
Baumstamm (אֲשֵׁרָה, heiliger Pfahl) aufgepflanzt, oder eine Stein-
säule (מצבה) errichtet. Es war das eine alte Sitte (vgl. oben S. 27 ff.),
die die Israeliten bei den Kanaanitern wiederfanden. Oft waren
Masseben[1] und Ascheren neben einander (z. B. 1 Kön. 14, 23); auch
wurden die Masseben nun einigermassen kunstvoll bearbeitet (vgl.
Hos. 10, 1: «Je besser es ihnen im Lande erging, desto schönere

---

[1] חַמָּנִים, wie solche Säulen auch heissen (Jes. 17, 8; 27, 9; Ez. 6, 4. 6;
Lev. 26, 30; 2 Chron. 14, 4 und 34, 4. 7), scheinen eine spätere Species
der Malsteine zu bezeichnen (denn auch die Stellen in Jesaja sind späteren
Datums). Sie möchten wohl am ehesten mit dem phönizischen בעל חמן
(*Baal Hammon*) zusammenhängen und in späterer Zeit von den Phöniziern
übernommen sein vor dem Ende des Zusammenbruchs des judäischen
Staates. Es waren wohl Spitzsäulen, die dem Baal Hammon, resp. dem
Sonnencult geweiht waren. Vgl. Pietschmann, Geschichte der Phöni-
zier, 1889, S. 213 f.

Maṣṣeben stellten sie her»), wie denn auch bald aus der Schlachtstätte (מזבח) der Altar wurde, auf dem nicht mehr geschlachtet,
sondern nur die Gott dargebrachten Teile des Opfers niedergelegt
wurden, und der auch bald nicht mehr so einfach aussah, wurde
doch das Blut an seine Hörner gesprengt (vgl. Am. 3, 14).

An manchen Cultstätten genügten heilige Bäume oder Ascheren
und Maṣṣeben nicht, es kamen dazu noch andere Darstellungen des
Numens der heiligen Stätte; man hatte auch eigentliche Jahwebilder. Die ältere Sitte war auch hier, dass man möglichst einfache
Bilder hatte, und die aus Metall, Silber und Gold, gegossenen Bilder
galten als verboten (Ex. 34, 17; vgl. 20, 23), während man solche
aus Holz nicht beanstandete. Doch deutet der Namen אפור (vgl. oben
S. 29) darauf, dass schon früher diese Bilder einen Ueberzug
erhielten, war es nun ein kostbares Kleid oder ein Ueberzug aus
Silber oder Gold (vgl. Jud. 8, 27; 17, 4 f.), ja dass eigentlich
gegossene Bilder sich fanden (vgl. Ex. 32; 1 Kön. 12, 28). Ueber
die Gestalt dieser Bilder lässt sich nur sagen, dass darunter die
Stierbilder einen hervorragenden Platz einnahmen (vgl. 1 Kön. 12,
28; Hosea 8, 5 f.; 10, 5; 13, 2). Diese Form ist höchst wahrscheinlich kanaanitischen Ursprungs, da sicher der Stier das Symbol
Baals war. Ob man die eherne Schlange hier anreihen darf, bleibt
zweifelhaft; Mose soll sie zwar in der Wüste gegossen haben
(Num. 21), damit der Aufblick zu ihr den Israeliten Heilung bringe,
und bis auf die Tage Hiskias, der sie in Stücke schlagen liess, wurde
ihr geräuchert (2 Kön. 18, 4)[1]. Wahrscheinlicher ist, dass Bilder in
menschenähnlicher Gestalt vorkamen, wie dies von dem Teraphim in
Davids Hause anzunehmen ist (1 Sam. 19, 13 ff.). Auffallend aber
ist, dass an einer heiligen Stätte nicht bloss ein einziges Bild sich
fand (Jud. 18, 14 ff.), wie auch Hosea (3, 4) Ephod und Teraphim
nebeneinander erwähnt. Das wird sich am besten daraus erklären,
dass der Teraphim als altehrwürdiges Jahwebild erhalten blieb und
in besonderen Fällen beim Befragen der Gottheit neben dem
neueren Ephod gebraucht wurde.

Wo an einer heiligen Stätte kein Gottesbild war, wo sich bloss

---

[1] Auch hier ist wohl an kanaanitischen Einfluss zu denken, wenn
nicht am Ende die Schlange im Tempel noch älteren Ursprung hat. Denn
nach Pietschmann a. a. O. S. 227 galt die Schlange den Phöniziern als
ein besonders heiliges Geschöpf, dem weder Krankheit noch Alter etwas
anzuhaben vermöge.

ein heiliger Baum, oder eine Opferstätte mit Maṣṣebe oder Aschere
daneben (Deut. 12, 2; 16, 21 f.) befand, da war ein Gotteshaus
unnötig, es genügte zur Aufnahme der Opfernden eine לִשְׁכָּה Halle,
wie wir sie auf der Bama zu Rama finden (1 Sam. 9, 22). Wo jedoch
ein Gottesbild vorhanden war, so konnte es schwerlich ohne ein Haus
bleiben; das primitivste war wohl die Lade, die aber kaum genügte.
Anfangs wird man ein Zelt aufgespannt haben (אהל מועד), wie auch
David ein solches zu Jerusalem für die Jahwelade errichtete (2 Sam.
7, 2). Aber wenn es auch ein festeres Haus war, so blieb es nur
bestimmt zur Aufnahme des Bildes, sowie des Hüters desselben
(Ex. 33, 11 vgl. 1 Sam. 3, 3). Ferner mochten darin auch die
Weihgeschenke untergebracht werden, wie das Schwert Goljats
(1 Sam. 21, 10). Wie Salomo beim Bau des Heiligtums auf Zion
fremde Tempel zum Vorbild nahm, ist bereits oben (S. 83) erwähnt
worden.

Viel gefährlicher und anstössiger als die Uebernahme dieses
mehr oder weniger ursprünglich kanaanitischen Cultusapparates
musste es für den Jahwismus sein, dass auch in Israel als Zubehör
der Heiligtümer männliche und weibliche Kedeschen d. i. «Geweihte» (קָדֵשׁ, auch כֶּלֶב Deut. 23, 19, und קְדֵשָׁה) vorkamen, welche
sich zu Ehren der Gottheit preisgaben. Sie fanden sich nicht nur
im Nordreiche (Hos. 4, 14), sondern hatten selbst beim Tempel
zu Jerusalem ihre Wohnungen (2 Kön. 23, 7 vgl. 1 Kön. 14, 24;
15, 12; 22, 47 und Gen. 38, 21 f.). Das Deuteronomium sieht es
noch für nötig an zu erklären, dass solches Treiben in den Augen
Jahwes ein Greuel ist (Deut. 23, 18). In der That schlug dieses
Hierodulenwesen dem ächten Jahwismus geradezu ins Gesicht.

Heilige Stätten waren überall im Lande Palästina möglich, und
zwar nicht nur auf Höhen; sondern, wie für die altsemitische Religion
bereits die heiligen Quellen erwähnt wurden, fanden sich auch
im Lande Kanaan Cultusstätten am Wasser. Bekannt sind die beiden
heiligen Quellen bei Jerusalem: die Rogelquelle mit dem Schlangen-
stein (1 Kön. 1, 9), welche vielleicht mit der Drachenquelle (Neh.
2, 13) identisch ist, auf alle Fälle aber merkwürdig an die eherne
Schlange im Tempel erinnert, ferner die Gichonquelle (1 Kön. 1,
38); ob mit dem in der Nähe sich befindenden «Zelt» das Zelt über
der Jahwelade oder ein besonderes in unmittelbarer Nähe der Quelle
zu suchendes gemeint sei, mag dahingestellt bleiben. Ferner sind
die Wallfahrtsorte Dan und Beerseba berühmt (vgl. Amos 8, 14),

von denen der erste an der dortigen Jordanquelle liegt, während
der andere wohl seinen Namen hat von den sieben dort befindlichen
Quellen.

<h2 style="text-align:center">§ 28.</h2>

<h3 style="text-align:center">Die Cultusübung.</h3>

Mannigfache Einwirkungen der kanaanitischen Religion auf die
Anschauung der Israeliten in Bezug auf die Cultusstätten und ihren
Apparat sind uns im vorigen Paragraph entgegengetreten; noch
deutlicher zeigt sich diese Einwirkung in Bezug auf die Cultusübung.
Im ursprünglichen Jahwismus spielte das Opfer keine grosse Rolle;
aber das israelitische Volk kam in Kanaan dazu, in der Cultusübung
die wichtigsten Pflichten des Gottesdienstes erfüllt zu sehen. Auch
die Anschauung von der Bedeutung des Opfers hat eine
Wandlung durchgemacht. Was Israel aus dem semitischen Heidentum übernommen hatte, war die Anschauung, dass das Opfer eine
sacramentale Communion des Opfernden mit der Gottheit bedeute,
dass es das lebendige Band zwischen beiden feststelle oder bekräftige.
Dieser ursprüngliche Sinn erfährt eine nicht unwichtige Verschiebung,
die erst eine häufige Wiederholung des Opferns angezeigt erscheinen
lässt. Nach wie vor soll durch das Opfer die Verbindung zwischen
Gott und den Verehrern aufrecht erhalten werden; aber der Gedanke, dass dies durch den gemeinsamen Genuss von derselben
Speise geschehe, tritt vor dem andern zurück, dass das Opfer eine
Gabe sei, die man Gott darbringe, um seine wohlwollende Stimmung
sich zu verschaffen oder zu erhalten. Darum lautet auch das Gebot:
« Nie soll man mit leeren Händen vor Gottes Angesicht treten »
(Ex. 34, 20 vgl. 23, 15; Deut. 16, 16). Δῶρα θεοὺς πείθει, δῶρ' αἰδοίους
βασιλῆας. Man wollte mit der Gabe seinen Gott erfreuen, sei's ihn zu
besänftigen, wenn man seinen Zorn vermutete, sei's ihm zu danken,
wo man seine Wohlthaten erfahren hatte, sei's ihn günstig zu stimmen für die Erhörung einer Bitte, wie man in gleicher Absicht dem
König seine Gabe darbringt (1 Sam. 10, 27; 1 Kön. 5, 1). Das Opfer
heisst darum auch, wie das Huldigungsgeschenk und der Tribut an
den König, ganz allgemein מִנְחָה Mincha und das Darbringen desselben הִגִּישׁ oder הִקְרִיב (vgl. Jud. 3, 17 f.). Diese Auffassung, welche
Jahwe den Namen « König » einbringt, hat Israel erst in Kanaan
gelernt; dies zeigt sich auch darin noch, dass später Mincha nur

Bezeichnung des unblutigen Opfers, also hauptsächlich der cerealen Opfergaben, war, welche die Israeliten, als sie Ackerbau trieben, darbringen konnten.

Das Material des Opfers bildete das Essbare. Die Gottheit geniesst das Dargebrachte, und die Darbringer sind die Gäste, welche zur Mahlzeit eingeladen sind und essen, trinken und sich freuen vor Jahwe. Die alte Sitte der Communion wirkte soweit nach, dass man der Gottheit die Gabe nicht allein überliess; und das erforderte, dass man Essbares opferte und zwar in der Zubereitung, wie sie die Menschen gewohnt waren. Darum giebt man dem Mehl Oel bei und darf niemals das Salz vergessen (Lev. 2, 1. 13). Man opfert Brot als die gewöhnlichste Speise (vgl. לחם פנים und Amos 4, 5), und ebenso Wein, der Gott und Menschen erfreut (1 Sam. 10, 3; Jud. 9,13 vgl. Num. 15, 5). Das Fleisch war in der alten Zeit gekocht, erst später wurde es gebraten. Dagegen ist auffallender Weise Honig ausgeschlossen (Lev. 2, 11) und auch von Milch als Gott dargebracht ist niemals die Rede. Es wird das letztere den gleichen Grund haben, wie die Sitte, dass Gazelle und Hirsch, obwohl sie nicht als unreine Tiere galten (Deut. 14, 4. 5), nicht geopfert wurden (vgl. Deut. 12, 15. 22). Die Nomaden leben von Milch und dem wenigen Wildpret, das sie sich zu verschaffen wissen[1]; das war die gewöhnliche Nahrung der Israeliten, bevor sie zum Ackerbau übergingen. Diese gewöhnlichste Speise konnte in Kanaan nicht als Opfer dienen, weil sie auch vorher nicht dazu diente. Bei Beduinen giebt es wenig religiöse Gebräuche; das Schlachten eines Haustieres war für sie etwas Seltenes und darum ein Fest und dies allein hatte gottesdienstlichen Charakter (vgl. W. Robertson Smith, The Old Test.² S. 250; deutsche Ausgabe S. 233). Ueber den Grund der «Unreinheit» gewisser Tiere ist schon früher (S. 24) die Rede gewesen; wenn sie aber den Israeliten verboten waren, so waren sie naturgemäss auch vom Altar Jahwes ausgeschlossen (Deut. 14; Lev. 11).

Ueber die Art und Weise wie über die Zeit der Darbringung der Opfer bestanden keine Vorschriften. Man konnte opfern, wann man wollte, bei Ankunft eines Gastes u. s. f., wenn man schon für gewöhnlich sich an die üblichen Mahlzeiten wird gehalten haben

---

[1] Schon Plinius (H. N. 6, 161) sagt, *nomadas lacte et ferina carne vesci* (W. Robertson Smith, Rel. of the Sem. 1², S. 223).

(vgl. 2 Kön. 16, 15). Auch die Opfergebräuche waren sehr mannigfaltig und bei vielen im A. T. aus alter Zeit erzählten Opfern äusserst einfach und naturwüchsig. Darunter stammen gewiss manche aus ältester Zeit her, so das Salben resp. Einreiben des Steines (Massebe) mit Fett und das Ausfliessenlassen des Blutes auf den heiligen Stein (vgl. oben S. 35). Auch von den Vorbereitungen auf eine heilige Feier, wie Ausziehen der Sandalen, Anlegen frischer Kleider u. s. w., war schon früher die Rede (s. S. 31 ff.). Sehr lehrreich ist die Erzählung von dem Opfer, das Gideon dem Mal'ak Jahwes darbringt (Jud. 6, 18 ff.); sie zeigt, wie primitiv es dabei zugehen konnte, und wie man sich wirklich das Opfer als Speise der Gottheit dachte. Das Opfer heisst darum auch noch Lev. 3, 11 «Feueropferspeise für Jahwe». Aehnlich hat man zu denken vom לחם הפנים «Schaubrot», das vor Jahwe aufgelegt und nach einiger Zeit durch frisches ersetzt wurde (1 Sam. 21, 5 ff.). An Stelle Jahwes, der wenigstens den Duft von dem frischgebackenen Brote geniessen konnte, wurde es dann von geheiligten Personen gegessen. Wahrscheinlich eine etwas spätere Stufe stellt es dar, wenn die Gabe auf dem Altar vom Feuer verzehrt wurde. Jud. 6, 21 schlägt die Flamme aus dem Fels hervor, auf welchen Gideon sein Opfer hingelegt hat (vgl. 1 Kön. 18, 38 und Lev. 9, 24); sonst müssen natürlich die Menschen das Feuer selber anfachen, um das Opfer in Rauch und Duft aufgehen zu lassen (קַטֵּר z. B. Am. 4, 5; Hos. 4, 13). Auf diesem Wege wird das Opfer zu einem «lieblichen Geruch» (רֵיחַ הַנִּיחֹחַ Gen. 8, 21) für Jahwe. Später hat man noch eigens Weihrauch beigemischt, um den Wohlgeruch zu verstärken (Jer. 6, 20; 17, 26; 41, 5).

Der Charakter der Opferfeste war gewiss von Alters her, wenn nicht ganz besondere Anlässe vorlagen, ein fröhlicher. Noch das Deuteronomium will denselben nicht zerstören, und mehr denn eine Stelle lässt uns erkennen, dass man bei den Opfern sich einem recht frohen Treiben hingab. Das kann uns schon (1 Sam. 1, 14) der Verdacht Elis gegen Hanna zeigen; auch später war es nicht anders, nicht einmal beim Tempel zu Jerusalem (Jes. 28, 8), geschweige denn bei den nordisraelitischen Heiligtümern (Am. 2, 8; Hos. 9, 1 ff.).

Von einem besonderen Stand, der zur Darbringung der Opfer allein berechtigt gewesen wäre, hören wir nichts. Der Familienvater, der Dorf- oder Gauälteste konnte den Opfern vorstehen; die Priester hatten, wie wir gesehen, andere Aufgaben, wenn sie auch ein Recht hatten, einen Teil von den dargebrachten

Gaben zu beanspruchen (1 Sam. 2, 12 ff.; 21, 5 ff.). Immerhin
werden an den grösseren Heiligtümern oder an dem des Königs
besondere Beamte damit beauftragt gewesen sein, die dort im Namen
des Königs darzubringenden Opfer für gewöhnlich zu besorgen. Nach
Ezechiel 44, 6 ff. waren es sogar unbeschnittene Fremde, die am
Tempel zu Jerusalem beim Schlachten der Opfer mithalfen; und
wenn der Chef der königlichen Leibgarde den Titel רב טבחים « Ober-
schlächter » trägt (2 Kön. 25, 8), so ist es doch möglich, dass er eher
vom Schlachten der Tiere für den königlichen Tisch, als vom
Schlachten der Menschen den Namen bekommen hatte (vgl. 1 Sam.
9, 23 f.). Am königlichen Heiligtum waren am allerehesten solche
Diener notwendig, weil hier regelmässig geopfert wurde, vgl. עֹלָה
הַבֹּקֶר das Vormittagsbrandopfer und מנחה הערב die Nachmittags-
mincha (2 Kön. 16, 15 vgl. 1 Kön. 18, 29 und Amos 4, 4).

Während מִנְחָה ursprünglich ganz allgemein jedes Opfer unter
dem Gesichtspunkt, dass es eine Gabe sei, bezeichnen konnte, bekam
es später die Bedeutung des cerealen oder vegetabilischen Opfers,
des sogenannten Speisopfers; es bestand dann besonders aus
Mehl oder ungesäuerten Kuchen, und war begleitet mit einem
Gussopfer נסך, das gewöhnlich aus Oel und Wein bestand. War
das Opfer animalischer Natur, so hiess es einfach זבח eigentlich
Schlachtung. Das war die ältere Form des Opfers (vgl. den
Namen מזבח « Schlachtstätte » für Altar); zuerst kamen wohl
nur das Blut und das Fett, dann auch die Eingeweide auf den
Altar, während das Fleisch von den Darbringern verzehrt (1 Sam.
9, 23 f. u. 16, 2 ff.) und auch der Priester mit einem Anteil bedacht
wurde. Wenn man dem Altar auch Fleisch übergab, so wirkte hier
gewiss schon die neue Auffassung eines Tributes an Jahwe mit, um
so mehr, als das Fleisch gekocht der Flamme übergeben wurde
(Jud. 6, 19 vgl. 1 Sam. 2, 12 ff.). Derjenige Teil, der auf den
Altar gebracht wurde, hiess in solchem Fall עֹלָה, dies ist aber der
terminus technicus geworden für ein Opfer, bei welchem das ganze
Tier auf den Altar kommt, resp. verbrannt wird (1 Sam. 7, 9). Solche
Ganzopfer oder Brandopfer (wie man ungenau sagt), *holocaus-
tum* (עולה oder כָּלִיל genannt), kamen vor, wo mehrere Tiere mit-
einander geschlachtet wurden, waren also nur ein Stück der ganzen
Opferung. Man konnte dann wohl von עולה וזבחים reden; aber der
Sinn war derselbe; das verbrannte Opfer bildete die eigentliche
Gabe an Jahwe, die übrigen wurden als von Jahwe an seine Gäste

abgetreten angesehen. Für ein cereales Opfer kommt ausser מנחה der Ausdruck תּוֹדָה Dankopfer (Am. 4, 5) vor; ebenso wird für זבח der Ausdruck שֶׁלֶם (Amos 5, 22) gebraucht oder zur näheren Bezeichnung dem זבח beigefügt (זבח שלמים oder זבחים שלמים Ex. 24, 5). Ob dadurch das Schlachtopfer auch als Dankopfer, in dem man Jahwe gewissermassen erstattet, was er gegeben hat, resp. ein Gelübde bezahlt (vgl. *schillēm*), oder als Friedopfer bezeichnet werden soll, durch das das rechte Verhältnis zwischen Jahwe und seinen Verehrern hergestellt wird, ist nicht auszumachen. In letzterem Falle würde die alte Auffassung der Opfer noch unmittelbar zum Ausdruck kommen.

Bisweilen wurde die עולה allein dargebracht, ohne dass andere Opfertiere von den Darbringenden wären verzehrt worden. Das muss die Bedeutung haben, dass bei solchen Fällen ein Grund vorlag, der die Menschen am Mitgeniessen verhinderte[1]. Man war offenbar der Gunst Jahwes nicht sicher und wagte nicht, selber mitzuessen und Jahwe unter die Augen zu treten, schickte nur eine Gabe voraus, wie Jakob an seinen Bruder Esau (Gen. 32, 14 ff. bes. v. 21); das dargebrachte Ganzopfer sollte aber seinen Zorn stillen. Das verlieh der עולה eine ganz besondere Bedeutung, so dass sie als das grösste Opfer galt[2]. Ueber die Menschenopfer, die in solchen verzweifelten Lagen noch vorkommen konnten, ist schon oben (S. 37-39) gesprochen.

Diese Opfer konnten zu jeder Zeit im Jahre dargebracht werden, wenn irgend ein Anlass dazu sich bot. Doch ergaben sich bald bestimmte **Festtage** und **Festzeiten** als besonders zu Opfern geeignet, weil regelmässig für Alle wichtige Ereignisse wiederkehrten. Zu diesen gehörte der Wechsel des Mondes und der Jahreszeiten. An den ersten knüpfen **Neumond** und **Sabbat** an. Nur die Neumondfeier kann älter sein als die Besitznahme des Landes Kanaan (siehe S. 44). Am Neumond hielt die Familie Isai ihr Opfermahl in Bethlehem ab (1 Sam. 20, 5 f.) und zur Zeit Jesajas

---

[1] Einer ähnlichen Empfindung scheint der Ritus des « Wasserausgiessens vor Jahwe » (1 Sam. 7, 6) Ausdruck zu verleihen.

[2] Vgl. die phönizische Inschrift von Marseille (Corp. Inscr. Semit. I, 1, Nr. 165), nach der ebenso das Bittopfer immer כליל (= עולה Voll- oder Ganzopfer) sein muss, während das שלם (Dankopfer) Mitgenuss des Opfernden zulässt.

war er durch festliche Versammlung ausgezeichnet (Jes. 1, 13 f.).
Daneben pflegte man am Neumond von der alltäglichen Arbeit zu
ruhen, wie am Sabbat, und etwa einen Ausflug zu unternehmen
(vgl. 2 Kön. 4, 23; Amos 8, 5; Hos. 2, 13 und beachte die Gegenüberstellung von חֹדֶשׁ « Neumond » und יוֹם הַמַּעֲשֶׂה « Werktag » 1 Sam. 20,
18 u. 19). Ueberall erscheint in diesen Stellen ausser 1 Sam. 20, 5
der Sabbat neben dem Neumond; es hatten also beide denselben
Charakter und bedeuteten ein fröhliches Feiern von der gewöhnlichen Arbeit, aber noch nicht eine völlige Enthaltung von jeglicher
Thätigkeit, wie im späteren Judentum. Das alte Gebot (Ex. 34, 21)
fordert darum: «Ihr sollt am siebenten Tage ruhen» und enthält
die Beifügung, dass dies auch zur Zeit des Pflügens und der Ernte
zu geschehen habe. Offenbar hat es vornehmlich den Zweck, den
Sclaven und Arbeitstieren Ruhe zu gewähren (Ex. 23, 12). Die
Feier des siebenten Tages hat sich im Lande Kanaan, wo man
beim Ackerbau der Erholung bedurfte, die das Leben des Nomaden
nicht nötig macht, wohl aus der alten Neumondfeier entwickelt,
indem man in dem Mondenlauf die vier Phasen von je sieben
Tagen unterschied und den siebenten Tag durch fröhliches Feiern
beging [1].

Mit dem Wechsel der Jahreszeiten bei einem Ackerbau treibenden Volke hängen aufs engste die drei Feste zusammen, an denen
nach Ex. 34, 23 alle Männer in Israel vor Jahwe zu erscheinen die
Pflicht hatten. Ihr Charakter von Dankfesten für die Gaben des
Ackerbaus beweist den kanaanitischen Ursprung; sie sind von den
Kanaanitern entlehnt. Ihre gemeinsame Bezeichnung ist חָג d. h. ein
mit Umzügen und Tanz gefeiertes Fest (vgl. Ex. 23, 14). Nach der
Reihenfolge im Jahre sind es folgende: 1. das Fest der Massôt
חַג הַמַּצּוֹת; 2. das Fest der Ernte חַג הַקָּצִיר und 3. das Fest der Lese
חַג הָאָסִיף (vgl. Ex. 23, 14—17). Das Deuteronomium (c. 16) kennt

---

[1] Immerhin ist auch fremder Ursprung möglich. Ferner ist es nicht
auszumachen, wie dieser siebente Tag gerechnet wurde; ob der Neumond als erster Tag gezählt, somit am 7., 14., 21. und 28. geruht
wurde und der Neumond immer nach einem «Sabbat» zu stehen kam,
oder ob erst der Tag nach dem Neumond als erster gerechnet wurde,
ist ebenfalls ungewiss. Der Sabbat ist aber bald seine eigenen Wege
gegangen, ohne sich um den Neumond zu kümmern. Nach 1 Sam. 20, 27
(vgl. auch Judith 8, 6: Vorneumond und Neumond) hat übrigens die
Neumondfeier auch zwei Tage dauern können.

auch nur diese drei Hauptfeste, aber nennt die beiden letzten mit anderen Namen (חַג הַשָּׁבֻעוֹת das Wochenfest und חַג הַסֻּכּוֹת das Laubhüttenfest) und verbindet mit dem ersten die Feier des Pesach.

Das Massôtfest ist sieben Tage lang im Monat Abib zu begehen (Ex. 34, 18), während welcher man Massôt zu essen hat, und nach Dt. 16, 9 hat es stattzufinden, wenn man zum ersten Mal die Sichel an die Halme legte. Sind nun die Massôt ungesäuerte Brote, die man ohne Sauerteig, der noch von der alten Ernte herstammte, rasch bereitete, so weist alles darauf hin, dass das Massôtfest ursprünglich ein Erntefest ist und erst das Deuteronomium eine geschichtliche Veranlassung und Erklärung beibringt. Um so mehr ist das Massôt-fest das Fest der Erstlinge der Ernte, als das fünfzig Tage nachher gefeierte Erntefest (Fest der Kornernte oder der Wochen), welches das Ende der Ernte durch eine Freudenfeier auszeichnet (vgl. Jes. 9, 2), unverkennbar das Gegenbild dazu ist. Das Weinlese- oder Laubhüttenfest am Ausgang des Jahres (Ex. 23, 16) bildete den Abschluss der Feste. Wie die Namen besagen, hängt es aufs Engste mit der Bebauung des Landes zusammen, und die alten Berichte über die Festlichkeiten bei der Weinlese (Jud. 9, 27; 21, 19) lassen erkennen, wie es mit Reigen und Tanz begangen wurde. Ueberhaupt scheint es von allen dreien das beliebteste gewesen zu sein (1 Sam. 1, 3 ff.). In frühester Zeit feierte man dasselbe wahrscheinlich in jeder Ortschaft besonders, bald aber kam die Sitte auf, dass man zur Feier desselben mit der ganzen Familie zu einem grösseren Heiligtum zog (1 Sam. 1, 3 ff.). Auch haben sich die Feste nach den localen Verhältnissen gerichtet, so dass sie nicht überall zu gleicher Zeit begangen wurden (vgl. Jud. 21, 19 ff. und 1 Kön. 12, 32). Ferner waren dies nicht die einzigen Feste, wenn sie sich auch als die Hauptfeste allein erhalten haben. So spricht 1 Sam. 25 von einem Feste bei der Schafschur (vgl. auch 2 Sam. 13, 23 ff.), und Jud. 11, 39 f. erzählt von der viertägigen Feier zur Erinnerung an die Tochter Jephtas.

Ein Fest aber muss eine allgemeinere Bedeutung besessen haben, sonst wäre es nicht im Deuteronomium mit dem Massôtfeste verbunden worden. Das Pesach (vgl. oben S. 40 f.) hat in Kanaan die Bedeutung der Darbringung der Erstlinge von Rindern und Schmalvieh angenommen (vgl. Ex. 34, 19), konnte aber dieser Bedeutung gemäss nicht zu bestimmter Zeit gefeiert werden; auch war eine feste Fixierung nicht notwendig, da man überall feiern konnte. Das Deuteronomium jedoch, das den Cultus centralisierte, musste schon wegen der weiten Entfernung vieler vom Heiligtum gestatten, dass die cultischen Pflichten an den Hauptfesten abgemacht werden konnten. Dann aber bot die Bedeutung der Massôtfeier als der Darbringung der Erstlinge der Ernte die beste Analogie zu der Darbringung der Erstlinge der Tiere; so ergab sich die Zusammenlegung von beiden fast von selber. Das Deuteronomium gestattet ja zugleich, statt der Gaben in natura den entsprechenden Betrag in Geld nach Jerusalem mitzunehmen, um ihn dann dort wieder in Opfergaben umzusetzen (vgl. Deut. 14, 22 ff.; 16, 1 ff.). Demnach zeigt auch das Pesach die Umwandlung, welche die Anschauung von der Bedeutung des Opfers durchmachte. Wie die Opfer überhaupt, wird es als Gabe gefasst, die man der Gottheit darbringt, um ihre Gunst zu erhalten. Nur auf diesem Umweg können die Opfer zu dem rechten Verhältnis zwischen Gott und den Opfernden verhelfen, während sie nach der altsemitischen Anschauung, die Israel noch nach Kanaan mitgebracht hatte, eine viel unmittelbarere Gemeinschaft mit der Gottheit bedeuteten. Jetzt konnte man sich um so sicherer fühlen, je mehr und je kostbarere Gaben man brachte.

Die hohe Bedeutung, welche der Cultus für die Israeliten in Kanaan gewann, thut sich auch darin kund, dass die älteste Zusammenstellung der Pflichten, die Israel gegen Jahwe zu erfüllen hat, nur cultische Gebote kennt. Sie findet sich Ex. 34, 14—26 (J); wir führen die Hauptsätze hier auf, weil sie eine Uebersicht über die im Paragraphen besprochenen Punkte geben und trefflich den Gottesdienst nach der Anschauung des Volkes charakterisieren:

Ihr sollt keinem fremden Gott Anbetung erweisen (v. 14).

Ihr sollt euch keine Gottesbilder aus Metall giessen (v. 17).

Ihr sollt das Massôtfest feiern (v. 18).

Alle Erstgeburt ist mein (v. 19).

Mit leeren Händen darf man mir nicht unter die Augen treten (v. 20).

Am siebenten Tage sollt ihr ruhen (v. 21).

Ihr sollt das Wochenfest halten und bei der Jahreswende das Weinlesefest (v. 22).

Dreimal im Jahr soll alles, was Männer heisst unter euch, vor meinem Angesicht erscheinen (v. 23).

Beim Schlachten sollt ihr das Blut meiner Opfer nicht mit Saurem in Verbindung bringen (v. 25).

Das Fett von mir bestimmten Festopfern soll nicht bis zum folgenden Morgen aufbehalten bleiben (v. 25 vgl. 23, 18).

Das Beste der ersten Früchte eures Landes sollt ihr in das Haus Jahwes bringen (v. 26 a).

Ihr sollt nie ein Böcklein in der Milch seiner Mutter kochen (v. 26 b)[1].

<h2 style="text-align:center">§ 29.</h2>

<h2 style="text-align:center">Die religiöse Stimmung und die Zukunftserwartung
Israels.</h2>

Von einem eigentlichen religiösen Leben kann auf dieser Stufe bei Israel nicht die Rede sein, so sehr die Religion in das Leben eingriff und die religiösen Pflichten mit Eifer und Freude erfüllt wurden. Denn die Letzteren bestanden hauptsächlich in cultischen Verrichtungen, die zu bestimmten Zeiten abgemacht wurden. Jahwe hatte seinen Willen noch nicht in der Weise kund gethan, dass dieser für alle Angelegenheiten des Alltagslebens bestimmend sein konnte. Die von Jahwe hergeleitete sociale Organisation war zu sehr noch blosse

---

[1] Die Zahl dieser Gebote steht nicht fest. Jedenfalls ist das עשרת הדברים (Ex. 34, 28), das man meinte auf das Vorhergehende beziehen zu müssen, eine Glosse. Man darf also darin keinen Grund für ursprüngliche Zehnzahl sehen. Wenn sich nicht mit völliger Sicherheit gerade zehn Gebote herausheben lassen, so ist die Bemühung, den älteren « Dekalog » darin zu finden, aufzugeben. Nun sind auch die verschiedensten Versuche gemacht worden, um zehn Gebote zu erhalten, aber eine Einheit der Ansicht ist nicht erreicht. Göthe (Zwo wichtige bisher unerörterte biblische Fragen zum ersten mal gründlich beantwortet [1773] Erste Frage: Was stund auf den Tafeln des Bundes?) hatte also der Sache nach, wenn auch nicht in Bezug auf die Zahl, Recht, wenn er in Ex. 34, 14—28 viel ältere Gebote sah als im Dekalog Ex. 20. Vgl. Oskar Meisner, Der Dekalog, eine kritische Studie. I. Der Dekalog im Hexateuch. Leipziger Inaugural-Dissertation 1893, bes. S. 26 ff. Möglich ist es, dass Carl Steuernagel (Die Entstehung des deuteronomischen Gesetzes 1896, S. 92) mit Recht die Gebote über das Massôtfest (v. 18) und über den Sabbat (v. 21) ausscheidet und an dem Texte von v. 25 (« das Opferfleisch des Pesachfestes soll nicht bis zum folgenden Morgen aufbehalten bleiben ») festhält. Dann kennen diese jahwistischen Gebote nur die drei Feste des Pesach, der Wochen und der Weinlese, und das Massôtfest ist vielleicht das nordpalästinensische Gegenstück zum Pesach gewesen.

Rechtsordnung, die zudem das Hauptaugenmerk auf den Schutz des Eigentums richtete und von da aus die gleichen Grundsätze auch auf andere Gebiete des bürgerlichen Lebens übertrug. Es blieben aber noch weite Gebiete, wo diese Grundsätze unanwendbar waren und darum grosse Freiheit herrschte. Diesen Gebieten gegenüber erschien Jahwe noch indifferent. So erklärt sich das Fortleben der Totenbefragung und der Spendung von Totenopfern (Deut. 26, 14), da gerade der einzelne Israelit Jahwe, der sich in erster Linie um das ganze Volk kümmerte, noch ferner gerückt war.

Immerhin konnte Jahwe so gut, wie der König, überall eingreifen, und die Macht, wie das Recht dazu wurden ihm nicht abgesprochen. Die thatsächliche Ausübung dieses Rechtes erfolgte aber nur in besondern Ereignissen, an denen man dann den Unwillen der Gottheit über eine begangene That erkennen konnte, welcher aber nicht vorauszusehen war (vgl. Ex. 4, 24 f.). So normierte einerseits, was in Israel Brauch und Sitte war, das Verhalten des rechten Israeliten, und wer diese verletzte, that, « was man nie und nimmermehr thun sollte », und beging eine « unerhörte Thorheit » (Gen. 20, 9; 34, 7; 2 Sam. 13, 12 ff.). Andrerseits aber führten die Unsicherheit, in der man über Gottes verborgenen Willen lebte, und das Bewusstsein, dass man leicht durch eine Jahwe missfällige That seinen Unwillen unabsichtlich hervorrufen könne, doch dazu, dass man die Furcht vor Gott als die Eigenschaft eines ächten Israeliten ansah, die man bei Fremden nicht voraussetzen zu dürfen meinte (Gen. 20, 11; 22, 12). Diese Stimmung war um so angebrachter, weil Jahwe nicht nur unberechenbar, sondern auch ein eifernder Gott war, der jede Beleidigung zornig rächte (Ex. 34, 14). Trotzdem kann man von einer religiösen Gesinnung nicht gut reden; denn es gab im Grunde nur Thatsünden. Doch zeigen die Erzählungen der Genesis, welchen segensvollen Einfluss diese Gottesfurcht auf den Wandel haben konnte und zu welchen schönen Charakterzügen sie führte, wenn sie auch schlimme Thaten nicht unmöglich machte (vgl. bes. die Friedfertigkeit Gen. 13, 1 ff., die Ergebenheit in Gottes Willen bei Abraham und Joseph, sowie des Letztern Benehmen gegen seine Brüder nach des Vaters Tod Gen. 50, 15 ff. u. s. w.).

Es ist begreiflich, dass die religiöse Stimmung weder immer dieselbe, noch stets gleich lebendig blieb; namentlich im gewöhnlichen Alltagsleben konnte sie leicht verblassen, und je nach den

Erlebnissen und Verhältnissen musste sie eine gehobene oder eine
gedrückte sein. Recht lebendig und gehoben war die religiöse Stimmung im Kriege, wenn Jahwe sich zu seinem Volke bekannte und
wie in den Siegen gegen die Kanaaniter, so in den Kriegen Davids
seine Schlachten schlug. Ebenso war es gewiss bei den Festen und
den Wallfahrten zu den berühmten Heiligtümern; sie verliehen dem
Gefühle, Jahwes Volk zu sein, eine neue Festigkeit und liessen die
Israeliten voll Zuversicht in die Zukunft blicken.

Dagegen lag eine düstere Stimmung über dem Volk, wenn
Jahwes Zorn sich geltend machte und in Unfruchtbarkeit des Landes, in Pest und dergleichen sich kundgab. In solchen Zeiten wagte
man nicht, Jahwe zu nahen und als seine Gäste einen Teil des
Opfers zu geniessen. Man suchte wohl etwa durch ein Opfer in
gelinderen Fällen Jahwe zu beschwichtigen (1 Sam. 26, 19 vgl.
Gen. 32, 14 ff. und oben S. 107). Auch war man froh, wenn Jahwe
durch das Orakel die Ursache seiner Missstimmung offenbarte und
man durch Entfernung der Schuld sich wieder in Gunst setzen
konnte (2 Sam. 21, 1 ff.). Am schlimmsten aber war es, wenn Jahwe
nicht mehr Antwort gab und sein Wort teuer war in Israel. Dann
wagte man Jahwe gar nicht mehr zu opfern, ja fürchtete sich, auch
nur seinen Namen auszusprechen (Am. 6, 10) ; erst wenn die Strafe
ergangen war, oder sonst irgendwie ein Nachlassen des Zornes sich
andeutete, durfte man mit einem Opfer hoffen, Jahwe völlig zu
begütigen (2 Sam. 24, 17 f.). Welch düstere Stimmung in solcher
Zeit sich der Gemüter bemächtigte, zeigt Sauls Verhalten in der
letzten Schlacht gegen die Philister ; er weiss sich nicht zu helfen,
und darum greift er zu dem verzweifelten Mittel, die Totenbeschwörerin in Endor zu befragen. Es gab also noch keine besonderen
Opfer und keine besonderen Riten, mit denen man eine Sünde oder
Schuld gut machen zu können meinte. Es galt die Strafe zu erleiden, die Jahwe verhängt hatte, wie man im bürgerlichen Leben
ebenso zu thun hatte, wo nicht Schadenersatz in Geld geleistet
werden konnte. כֹּפֶר bedeutet darum in alter Zeit das Lösegeld,
womit man den Schaden deckt (Ex. 21, 30), vgl. auch כִּפֶּר in Gen.
32, 21 = mit Gaben jemanden überhäufen, dass sein Blick den
zugefügten Schaden nicht mehr sieht. Gleicherweise sind אָשָׁם und
הַטָּאָת noch nicht besondere Schuld- oder Sündopfer, sondern irgend
welche Compensation, die man für seine Schuld und Verfehlung
leistet (vgl. 1 Sam. 6, 3 ff.; 2 Kön. 12, 17). Immerhin scheint es,

dass bei Verfehlungen auch Entschädigungen oder Strafgelder an die Priester, die als Richter fungierten, zu leisten waren (Am. 2, 8 und bes. Hos. 4, 8: Von der Sünde meines Volkes leben sie und nach seinen Vergehungen sehnen sie sich).

Die Stimmung des Volkes war somit von dem Ergehen, hauptsächlich von den grossen Ereignissen der Geschichte, abhängig. In Zeiten des nationalen Glückes und Wohlstandes war die Zuversicht zu Jahwe eine gehobene und mit hoher Freude wurden die Feste zu seinen Ehren gefeiert. Kamen aber schwere Tage, so war es die bange Frage, wie lange der Zorn Jahwes sich geltend mache; aber gleichwohl das eine blieb fest, dass man glaubte, gänzlich und für immer könne Jahwe seinen Schutz und seine Hilfe Israel nicht versagen. In schönster Weise kommt dieser Glaube in der Erzählung von Josephs Ergehen zum Ausdruck: Jahwe hat Joseph nicht vergessen und er hat schliesslich doch dazu geholfen, ihn herrlich zu erhöhen und die ganze Familie Jakobs zu retten (vgl. Gen. 50, 19 f.). So kann der Heilige in Israel wohl über sein Volk zürnen, aber soweit kann es nicht kommen, dass er es ganz im Stiche lässt; ein noch so erzürnter Vater wird seinen Sohn nicht zu Grunde richten (vgl. Hos. 11, 9). Es muss ein Tag kommen, wo Jahwe, wie in den grossen Schlachten der Vorzeit, seine Hilfe glänzend erweist und sein Volk Israel rettet. Nach diesem herrlichen Tag Jahwes (יום יהוה) geht daher das Sehnen des Volkes in Zeiten der Not und Gefahr, auf ihn hofft man (Am. 5, 18 f.). Jahwe ist doch mit den Israeliten (Am. 3, 2; 5, 14), die ihm ja die Opfer darbringen und ihn verehren. Das war stets die Zukunftserwartung in Israel, dass er sein Volk nicht werde untergehen lassen. Jahwe stand nach der Meinung des Volkes in einem unlöslichen Verhältnis zu Israel; mit dem Glauben, Israel könne untergehen, hätte man seinen Unglauben an Jahwe bewiesen, da Jahwe ohne Israel nicht zu denken war.

Bis zum Untergang Israels lebte diese Hoffnung fort. War der Staat auch nach der Regierung Salomos getrennt, jedes der beiden Reiche hoffte auf den Gewinn des andern, hoffte darauf, dass Jahwe zu ihm sich bekennen werde. So lange das Nordreich bestand, lag dort der Schwerpunkt des israelitischen Volkes (vgl. Deut. 33, 7), und selbst als der Untergang nahe bevorstand und er von Amos und Hosea verkündet wurde, wollte man nicht von ferne daran glauben. Die kleinsten und wertlosesten Erfolge wurden als die Morgenröte des Tages Jahwes gedacht, an dessen Kommen und

Hilfe die Israeliten nicht zweifelten (Am. 6, 13). Juda aber nahm sich keine Lehre daran, als Israel unterging. Juda war ja von Jahwe gerettet, es musste sein wahres Volk sein und Jerusalem konnte nicht fallen. Mit welcher Hartnäckigkeit dieser Glaube in Juda sich behauptete, ist bekannt. Die falschen Propheten verkündigten, als Nebukadnezar seine Macht bereits fühlbar genug gemacht hatte, den Zusammenbruch des chaldäischen Reiches und weissagten die Rettung Judas in der kürzesten Frist. Hatte sich wohl auch jetzt mancher Kreise eine bange Stimmung bemächtigt, so dass sie zu den seltsamsten Culten griffen und alte, längst veraltete Gebräuche wieder auftauchten, eine mächtige Strömung im Volke glaubte steif und fest an die sichere Hilfe und fühlte sich berechtigt und gestärkt durch das Werk Josias, der dem deuteronomischen Gesetze Nachachtung verschaffte; man hoffte selbst darauf, das ganze Land Palästina, das ja das Land Jahwes war, wieder in Besitz zu nehmen. Sogar unter den bereits (597) weggeführten Judäern war diese Hoffnung auf Jahwes Hilfe nicht aufgegeben (vgl. Jer. 29), und als doch Jerusalem Nebukadnezar in die Hände fiel (586), war unter den Exulanten die letzte Hoffnung noch nicht erloschen, sagten sie sich doch, solange Gedalja als Statthalter im Lande war, Jahwe werde auch jetzt noch den Wenigen das Land zum Besitze geben, wie er es einst dem einen Abraham verliehen hatte (vgl. Ezech. 33, 23 ff.). So wird im Allgemeinen die Stimmung und der Glaube in Israel als eine Art Fatalismus zu bezeichnen sein, der einerseits mit Ergebenheit sich in die Schickungen Jahwes fügte (vgl. 1 Sam. 3, 18; 2 Sam. 15, 25 f.; 16, 11 f.), andererseits aber für das ganze Volk und das Staatswesen die Hoffnung niemals aufgab, dass Jahwe dasselbe erhalten, ja am Tage Jahwes glänzend aus jeder Gefahr befreien werde. Diese Erwartung von der Zukunft glich das Unberechenbare und Unverständliche des Waltens Jahwes in der Gegenwart aus, in welcher man oftmals die erwartete Vergeltung nicht finden konnte.

Hatte der Einzelne von der Zukunft nur als Glied des Volkes etwas zu erwarten, weil Jahwe nur den Fortbestand des Staatswesens verbürgte, so ist es begreiflich, dass diese Lücke Anlass zum Fortbestehen der alten Anschauungen über den Zustand nach dem Tode gab. Dass aber neben dem Glauben an Jahwe, den Gott des Volkes Israel, wirklich im Volke dieser alte Glaube noch fortlebte, können uns manche Einzelheiten beweisen. Die schmerzlichste Klage ist immerfort noch die «Klage um den einzigen Sohn»

(אֵבֶל יָחִיד oder מִסְפֵּד עַל-הַיָּחִיד Am. 8, 10; Jer. 6, 26 vgl. noch Sach. 12, 10). Saul wendet sich an die Totenbeschwörerin von Endor (1 Sam. 28, 4 ff.), und Manasse richtet die Totenbeschwörung gleichsam von Staatswegen wieder im Lande ein (2 Kön. 21, 6), und noch Jeremia (31, 15) hört Rahel aus ihrem Grabe bei Rama untröstlich über den Tod ihrer Kinder klagen. Alle die oben (S. 41 f.) angeführten Totengebräuche leben in Israel fort bis zum Deuteronomium und Exil, ohne dass sie bis dahin energisch bekämpft worden wären, und der Segen und der Fluch, den die Eltern auf die Kinder legen, bedeutet mehr als blosse Wünsche, sie gelten als reale Kräfte, die von den Vätern ausgehen und die Zukunft bestimmen (vgl. nur Gen. 27). Darum heissen vielleicht die Abgeschiedenen auch die « Wissenden » (יִדְּעֹנִי), und man kann sie über Verborgenes und Zukünftiges befragen, umsomehr wenn sie wie Samuel schon vor dem Tode Seher waren. Danach lässt sich nicht bezweifeln, dass die Israeliten an eine gewisse Fortdauer der Individuen an einem besonderen Orte glaubten. Als dieser Ort galt das Grab, deshalb war es ein beklagenswertes Geschick, unbegraben zu bleiben (Gen. 40, 19; 2 Sam. 21, 10 vgl. Jer. 22, 19). Aber ebenso war es ein grosses Vergehen, ein Grab zu schänden (Am. 2, 1; Jer. 8, 1. 2 vgl. auch die Verwünschungen des Grabschänders in der Inschrift auf dem Sarge Eschmunazars). Dort im Grabe ruhte die Familie beisammen; darum verbringt David die Gebeine Sauls und der Sauliden in das Grab ihres Vaters Kis (2 Sam. 21, 14) und « legt man sich im Grabe neben seine Ahnen » (1 Kön. 2, 10) oder « wird zu seinen Ahnen » (Jud. 2, 10) oder doch « zu seinen Leuten versammelt » (Gen. 49, 29. 33). Die Gräber lagen in der nächsten Nähe der Wohnungen der Lebenden. Von Samuel und Joab heisst es, dass sie כְּבֵיתוֹ, d. h. doch wohl mindestens: ganz nahe bei ihrem Hause, begraben wurden (1 Sam. 25, 1 u. 1 Kön. 2, 34), und von den Königsgräbern ist es sicher, dass sie in Jerusalem in der Nähe des Königspalastes sich befanden (Ez. 43, 7). So bildeten die Lebenden mit den Verstorbenen eine Familie, die beisammen wohnte. [1] Den

---

[1] **Vergleiche das Gedicht der Ḥamāsa (bei Rückert I N° 289):**

Die Leut all haben ein Begräbnis um ihre Höfe her;
Sie selber werden immer minder, und ihre Gräber mehr.
Nie fehlt es sich, dass eine Wohnung veraltet und zerfällt,
Und immer neu ist auf dem Hofe ein Totenhaus bestellt.
Sie sind die Nachbarn der Lebendgen, und ihre Nachbarschaft
Ist nah, doch der Verkehr mit ihnen entfernt und zweifelhaft.

Abgeschiedenen kommt ein gewisses Mitempfinden der Schicksale der Nachkommen (Jer. 31, 15) und ebenso ein gewisses Nachempfinden der eigenen Erlebnisse zu; darum ist es ein Schmerz, nicht im Frieden zu sterben, sondern im Trauergewande in die Grube hinabsteigen zu müssen (Gen. 37, 35 vgl. 1 Kön. 2, 5 ff.).

Dieses schattenhafte Fortleben im Vereine mit den Ahnen und Stammgenossen war das Einzige, was die einzelnen Israeliten nach dem Tode zu hoffen hatten. Gewinnen und erreichen konnten die Israeliten dort nichts mehr; was sie im Leben gewesen waren, blieben sie dort und dies erst noch in verblasster Gestalt. Und auch diese Hoffnung, so gering sie war, verbürgte nicht der Glaube an Jahwe, zu Jahwe standen die Verstorbenen in keiner Beziehung mehr; höchstens konnte er durch Erhaltung des Volkes gewährleisten, dass ihre Gräber nicht zerstört und ihre Angehörigen nicht von ihren Sitzen vertrieben wurden. Die Hoffnung auf ein Fortdauern der Individuen stammte nicht aus dem ursprünglichen Jahwismus, sondern war ein Erbe der altsemitischen Religion.

Anders verhält es sich mit der jüngeren Vorstellung von Scheôl. Auch sie ist zwar nicht aus dem Glauben an Jahwe erwachsen, aber ebensowenig schon von den Israeliten nach Kanaan gebracht. Entweder hat sie sich in Israel selber gebildet, indem die einzelnen Geschlechter auch im Tode in einem grossen Totenreiche, in Scheôl, vereinigt vorgestellt wurden, oder, was wahrscheinlicher ist, sie ist von einem fremden Volke übernommen. Ausgebildet treffen wir diese Vorstellung in Israel erst in späterer Zeit, obschon der Name schon früher gebraucht wird (vgl. Gen. 37, 35; Am. 9, 2; Hos. 13, 14; Jes. 7, 11). Wir haben darum erst später davon ausführlicher zu sprechen, umsomehr, als auch die Aussicht auf ein Wohnen in Scheôl die Erwartung des Einzelnen nicht schöner gestalten konnte.

Vierter Abschnitt.

Die Religion der Propheten.

§ 30.

Quellen.

Die Frage nach den Quellen scheint nirgends so einfach zu
sein, wie bei der Darstellung der Religion der Propheten. Hier
haben wir ja die Worte der Propheten selbst und nicht bloss fremde
Berichte über die Thätigkeit und die Anschauungen derselben.
Gleichwohl erheben sich in Bezug auf die überlieferten Prophetenschriften ganz eigentümliche Schwierigkeiten. Es stammt eben nicht
alles, was ein solches prophetisches Schriftstück enthält, von dem
einen Propheten her, dessen Name an der Spitze genannt ist. Auch
die Prophetenschriften sind aus verschiedenen Bestandteilen zu-
sammengesetzt. Das kann uns nicht in Verwunderung setzen, wenn
wir uns nur die Art und Weise der Entstehung solcher Sammlungen
vergegenwärtigen. Den Begriff des literarischen Eigentums kannte
man damals nicht; darum erlaubte man sich, zu den Worten eines
Propheten andere fremden Ursprungs hinzuzufügen. Auch waren
nicht alle Prophetieen eines Propheten schon von Anfang an gesammelt. So gab es verschiedene Sammlungen, die besonders an den
Rändern, namentlich am Schluss, Vermehrungen erfuhren. Daneben
kamen anderweitige Einschübe vor, die entweder auf wirkliche
spätere Umarbeitung oder auf blose Randbemerkungen zurück zu
führen sind. Die spätere Zeit, welche dann alle diese von den Propheten überlieferten Stücke sammelte, beabsichtigte keine kritische
Ausgabe der Propheten, sondern eine Zusammenstellung des gesamten prophetischen Materials, das man zur Zeit der Sammlung besass,
und nahm daher unbedenklich auch alle solche Zufügungen in den
Text auf. Da nun diese Sammlung nicht vor dem vierten Jahrhundert begann und auf keinen Fall vor dem zweiten Jahrhundert abgeschlossen war, so erklärt es sich, wie wir neben sehr alten Elementen auch sehr junge in den *prophetæ posteriores* des A. T. vereinigt
finden. Für das Einzelne muss auf die Einleitungen in das A. T.

verwiesen werden; wir haben nur das Wichtigste in Bezug auf die hier in Betracht kommenden Propheten zu erwähnen.

Für die Darstellung der Religion der Propheten sind alle die prophetischen Schriften von höchster Wichtigkeit, welche Worte überliefern, die von den eigentlichen Propheten herrühren. Diese beginnen mit Amos und schliessen mit Deuterojesaja. In chronologischer Reihe aufgeführt sind es folgende:

1. Amos von Thekoa in Juda, der während der Regierungszeit Jerobeams II. (781-740) zwischen 760 und 750 nach Bethel zog und dort gegen Israel weissagte, nachher aber seine Worte, die man nicht hören wollte, niederschrieb und auf diese Weise auch uns aufbehalten hat. Am Ende ist jetzt von einem Späteren ein Ausblick in eine bessere Zukunft hinzugefügt, damit das Wort des Propheten nicht so trostlos schliesse (9, 8—15). Wichtig ist auch zu bemerken, dass ausser kleineren sonstigen Einschüben in den ursprünglichen Wortlaut dreimal Verse eingedrungen sind, welche Jahwes Herrlichkeit namentlich aus den Werken der Natur beweisen (4, 13; 5, 8 f. u. 9, 5 f.). Wie leicht solche Doxologien später sich anfügen liessen, zeigen die LXX zu Hos. 13, 4, wo sich eine solche wenigstens im griechischen Text erhalten hat.

2. Hosea aus Israel. Seine Schrift ist zwischen den Jahren 738 und 734 geschrieben. Auch diese Schrift ist mit einem späteren Anhang 14, 2—10 versehen und hat im Innern manche Erweiterungen erfahren; als solche sind neben 2, 1 --3; 3, 5; 5, 15—6, 3; 11, 10 f. alle diejenigen Stellen anzusehen, in welchen. von Juda gesprochen ist. Das ist anerkannt von 1, 7; ebenso ist die Textverderbnis in 12, 3 in die Augen springend, wo wegen der in v. 4 beabsichtigten Anspielung auf die Namen Jakob und Israel (vgl. עקב und שרה) unbedingt für יהודה einfach ישראל einzusetzen ist. Ebenso gilt es aber von 1, 1; 4, 15; 5, 5. 10. 12 ff.; 6, 4. 11; 8, 14; 10, 11 und 12, 1 [b] : teils sind die Verse oder Versteile mit der Nennung Judas nicht ursprünglich (1, 1; 4, 15; 5, 5; 6, 11; 8, 14 und 12, 1: והידה עד ידע עם־אל ועם־קדושים נאמן = « aber Juda ist noch vertraut mit Gott und gegen den Heiligen treu » vgl. LXX und für den Sinn den Einschub 1, 7), teils ist Juda für Israel eingesetzt (5, 10. 12 ff.; 6, 4; auch 10, 11, wenn יהודה nicht samt ארכיב zu streichen ist).

3. Jesaja. Seine Wirksamkeit erstreckt sich von 735 bis 700 und seine Worte, welche innerhalb der 39 ersten Capitel des

Buches Jesaja zu suchen sind. betreffen sowohl Israel als Juda. Als grössere nichtjesajanische Abschnitte sind auszuscheiden c. 24—27, c. 34 und 35 und der geschichtliche Anhang c. 36—39. Dazu kommen noch manche andere Stücke in den drei Sammlungen c. 2—12, c. 13—23 und c. 28—33, welche das Buch ausser dem Einleitungscapitel aufweist, nämlich 2, 2—4; 9, 1—6; c. 11 und 12; 13, 1—14, 23: c. 15 und 16; c. 19; c. 21; c. 23; 32, 1—8 und c. 33. Besonders hervorzuheben ist es, dass die absoluten Zukunftsbilder 2, 2—4; 9, 1—6 und 11, 1—9 nicht von Jesaja herrühren, sondern einer späteren Zeit angehören (vgl. Hackmann, Die Zukunftserwartung des Jesaia, 1893, S. 125—156), wozu auch 32, 15 ff. zu rechnen ist.

4. Micha. Nur die ersten drei Capitel stammen von ihm her, die vier letzten sind Zufügungen einer späteren Zeit. Micha 1—3 sind vor 722 entstanden.

5. Zephanja circa 630. Cap. 3 ist nach Wellhausen u. A. späteren Ursprungs, während Budde (Stud. u. Krit. 1893, 393 bis 399) vielmehr 2, 4—15 für spätere Einfügung ansieht und von Cap. 3 die Verse 1—8 und 11—13 für Zephanja festhält.

6. Nahum zwischen 670 und 606, wahrscheinlich um 625.

7. Jeremia von 627 bis ca. 580. Auch in Jeremia sind die letzten Capitel von c. 46 an spätere Zufügung; ebenso finden sich im Innern neben Wiederholungen auch fremde Einschiebungen. Insbesondere ist Smend soweit beizustimmen, dass namentlich in c. 30 und 31 dem Propheten Jeremia fremde Elemente eingedrungen sind; dagegen bilden die Worte 31, 29—34 nicht nur die Krönung der ganzen Auffassung Jeremias, sondern haben auch ihre sichere Parallele in 24, 7, so dass sie für die Darstellung seiner Anschauung nicht vermisst werden können. Bemerkenswert ist es noch, dass in ganz auffallendem Masse die LXX in Anordnung und Text von dem masoretischen Texte abweichen.

8. Habakkuk: C. 1 und 2 stammen aus der Zeit um 605[1] und c. 3 ist ein viel späterer Psalm.

---

9. Ezechiel um 592—570.

10. Deuterojesaja c. 40—55 im Buche Jesaja. So gesichert wir die Erkenntnis ansehen, dass c. 56—66 einem späteren Verfasser zuzuschreiben sind, so bestimmt halten wir die Ebed-Jahwe-Lieder für untrennbar von Deuterojesaja (42, 1—4; 49, 1—6; 50, 4—9 und 52, 13 bis 53, 12). Nicht nur klänge das Pathos Deuterojesajas ohne diese Stücke hohl, sie lassen sich auch nicht aus dem Zusammenhange herausnehmen, da der übrige Inhalt auf sie zurückweist.

§ 31.

Die Propheten.

Es ist eine ganz neue Macht, die mit Amos und seinen Nachfolgern in Israel auf den Plan tritt; mit ihm beginnt eine neue Phase des Prophetentums, und eine so urwüchsige Kraft spricht aus ihm, dass er mit niemand sich vergleichbar weiss, obschon man ihm den gleichen Namen נביא, wie den früheren Propheten, giebt.

Die erste Stufe in der Entwicklung der נביאים bildeten die Scharen ekstatischer Schwärmer, wie sie am Ende der Richterzeit auch in Israel auftauchten, ihre Aufregung noch durch rauschende Musik steigernd das Land durchstreiften und manche in ihren Kreis zu ziehen vermochten.

Um die Zeit des Propheten Amos war diese Stufe in Israel eigentlich längst verschwunden; es waren an ihre Stelle schon in Elias Tagen die Prophetengenossenschaften getreten, «das ruhige, abgeklärte Produkt jener fliegenden Vereine». Die Mitglieder hiessen «Prophetensöhne» d. h. Prophetenjünger oder besser Genossen der Prophetenzunft. An der Spitze stand eine hervorragende Persönlichkeit als ihr «Vater» d. h. Meister, dem die übrigen gehorchten, der aber andrerseits ihnen auch in jeder Not beistand. Mit Weissagen verdienten sie ihr Brot, und öfters standen sie auch in politisch und

S. 51—85), der an 605 festhält und wieder die Chaldäer als die Feinde der Volks- und Zeitgenossen Habakkuks gefasst haben will. Neuerdings ist von M. Lauterburg in einer eingehenden Studie (Theol. Zeitschr. aus der Schweiz 1896, S. 74—102) der Versuch gemacht worden, das ganze Buch Habakkuk als das Produkt eines jüdischen Propheten im Exil zu erklären, der den persischen Vorstoss gegen Babylon ankündige. Natürlich fordert diese Auffassung die Eliminierung des Namens der Chaldäer in Cap. 1, 6.

religiös bewegten Zeiten an der Spitze oder doch im Dienste solcher
Bewegungen. So war es, als Jehu sich wider das Haus Ahabs empörte, das dem Dienste des tyrischen Baals Vorschub geleistet
hatte. Diese Prophetenzünfte bildeten die zweite Stufe in der
Geschichte des israelitischen Prophetentums. Wie die ursprünglich
kanaanitische Erscheinung begeisterte Baalverehrer umfasste, so
hatte sich der gleiche Geist und die gleiche Art den Jahwedienern
mitgeteilt; und auch in dieser zweiten Stufe waren die Zunftge-
nossen eifrige Kämpfer für den Dienst Jahwes geblieben.

Mochten sich auch einige der Mitglieder dieser Genossen-
schaften über das gewöhnliche Niveau erheben, wie vor allen Elia,
nicht an diese knüpft die neue Phase an, welche mit Amos beginnt,
sie ist sich vielmehr bewusst, von ihnen durchaus verschieden zu
sein. Als Amos in Bethel den Untergang des Hauses Jerobeams II.
und seiner Heiligtümer verkündigt und deswegen von dem dortigen
Priester Amazja, der ihn für einen Genossen der Prophetenzunft
ansieht, geheissen wird, doch lieber in Juda sein Brot mit Weissagen
zu suchen, antwortet er: «Ich bin kein Prophet, auch gehöre ich
nicht zur Prophetenzunft, sondern von Jahwe bin ich von meiner
Herde weggerufen, um als Prophet an Israel seine Botschaft
auszurichten» (Am. 7). Er ist also ein Prophet, aber in anderer
Weise als die Nebiim, die Amazja kennt. Er hat nur den Namen
mit ihnen gemein, seine ganze Art ist aber eine verschiedene. Die
neuen Propheten bilden vielmehr die Fortsetzung einer vorkanaani-
tischen Erscheinung. Wir haben schon Mose in diesem Sinne einen
Propheten genannt und davon gesprochen, wie die Priester, die
Kohanim, auch in dieser Richtung sein Werk fortsetzten (vgl. oben
S. 94 f.). Die Propheten Amos u. s. w. bilden nun eben eine
Abzweigung von diesem Priestertum, die die eigentlichen Intentionen des ursprünglichen mosaischen Jahwismus aufnimmt und in
der von Mose gewiesenen Richtung auf das Ethische mit aller Kraft
weiterführt. Sie haben darum eigentlich weit mehr Verwandtschaft
mit den alten Sehern, wie Debora und Samuel, als mit dem von
den Kanaanitern auf die Israeliten übergesprungenen Nebiismus,
und sie dürfen auch viel eher mit den alten Nasiräern und Rekabiten, die die Opposition gegen den Cultus und die Cultur Kanaans
repräsentierten, als mit den Nebiim, in Parallele gebracht werden.
Es ist darum keine verwerfliche Erinnerung, wenn 1 Sam. 9, 9 sagt:
Die jetzt Propheten (נביא) genannt werden, hiessen früher Seher

(ראה und חזה). Mit letzterm Ausdruck bezeichnete man einen Mann, der von solchen Dingen Kunde besitzt, welche dem gewöhnlichen Menschen unbekannt sind, sei's nun von Dingen der Gegenwart oder der Zukunft. Ein solcher Rôè konnte auch ein gewöhnlicher Wahrsager sein, die sittliche Seite seines Wirkens kommt dabei weniger oder doch nicht ausschliesslich in Betracht. Anders ist es mit dem Nâbî, dem Manne, der, wie Amos ausdrücklich betont, allein im Auftrage Jahwes wirkt und redet; er kennt nur diese sittliche Seite in dem Wirken der alten Seher und Kohanim als seine Aufgabe.

Dass neben dieser Abzweigung der Propheten vom Priestertum der alte Stamm des Priestertums fortbestand und nun vielfach von den Propheten beeinflusst wurde, ist selbstverständlich. Wie sehr diese beiden Kreise miteinander in Berührung blieben, ist schon daraus zu ersehen, dass der Priester Uria sich nicht weigert, Jesajas Zeuge zu sein (Jes. 8, 2), und dass Jeremia aus Priesterkreisen hervorgegangen ist; es zeigt sich aber auch deutlich an den gesetzlichen Schriftstücken, die wir aus dem 7. Jahrhundert besitzen. Wenn wir jedoch diese Stücke, Dekalog (Ex. 20 u. Deut. 5) und Deuteronomium, nicht einfach, wie das frühere Bundesbuch, als priesterliche Erzeugnisse bezeichnen, sondern die in der Linie der prophetischen Gedanken liegenden Aussprüche derselben als prophetisch in Anspruch nehmen, so geschieht es, weil der prophetische Einfluss unverkennbar und es nicht sicher ist, dass ohne denselben die Priester selber zu dem gleichen Ziele gelangt wären. Die führenden Persönlichkeiten für den Fortschritt in der Geschichte der Religion waren die Propheten, und die Priester waren in ihren Versuchen, eine Besserung unter dem Volke anzubahnen, von den Propheten abhängig. Die Anschauungen dieser Höchsten kennen zu lernen, ist hier unsere Aufgabe, ein folgender Abschnitt wird dann darzustellen haben, welches Produkt aus der Verbindung von Prophetentum und Priestertum hervorgegangen ist.

Das Wort נביא ist, wie das bisher Erörterte an die Hand giebt, kanaanitischen Ursprungs [1] und unsicherer Etymologie. Am wahrscheinlichsten ist noch sein Zusammenhang mit נבע, sprudeln, wobei es dann erklärt wird = der von Gott Angesprudelte oder

---

[1] Immerhin ist an den assyrischen Nebo, den Sprecher der Götter, zu erinnern. Das Verbum נבא im Hebr. ist denominiert von נביא.

besser mit aktivischem Sinne (vgl. פָּקִיד, פָּלִיל, רָכִיל) = derjenige, welcher begeisterte Reden aussprudeln lässt, der Ekstatiker vgl. מְשֻׁנָּע 2 Kön. 9, 11; Hos. 9, 7[1]. Wie es sich damit auch verhalte, die Etymologie kann über die Art der späteren Propheten nicht entscheiden. Das A. T. hat selbst die Erklärung zu geben, und es sagt: der Prophet ist der Mund Gottes (Ex. 4, 16; 7, 1; Deut. 18, 18; Jer. 15, 19; Am. 3, 8), von Gott belehrt und sein Gesandter an das Volk, in einem Worte, das Werkzeug der Offenbarung, und weil der göttliche Geist ihn leitet und in seinen Worten sich kundgiebt, ein Mann des Geistes (איש הרוח Hos. 9, 7; Ez. 3, 12). Der Prophet tritt also nicht aus eigener Macht auf, er kann nicht zu seinem Amte erzogen werden, seine Würde ist nicht Sache eines abgesonderten Standes, sondern sie ist ihm gegeben durch Gottes freie That, der zu seinem Werkzeuge ausrüstet, wen er erwählt, seinen Geist wehen lässt, wo er will Darum weiss sich der Prophet als Mann Gottes (איש האלהים Deut. 33, 1; 1 Sam. 2, 27), sein Leben gehört seinem Gott an, in dessen Dienst er steht. Er muss Gottes Ratschluss in Reden und symbolischen Handlungen verkündigen. «Wenn der Herr Jahwe redet, wer muss nicht sein Sprecher sein» (Am. 3, 8)? Er darf alle Verhöhnung nicht achten, muss aller Gefahr Trotz bieten: «Du hast mich überredet, Jahwe, und ich liess mich überreden; du hast mich überwältigt und setztest es durch: Zum Gelächter werde ich nun in einem fort, ein jeder spottet über mich!.... Und nehme ich mir vor: Ich will an Jahwe nicht mehr denken und nicht mehr reden in seinem Namen, so ist's in meinem Herzen wie brennendes Feuer, eingeschlossen in meinem Innern, und mühe ich mich ab, es auszuhalten, so bringe ich's doch nicht zustande» (Jer. 20, 7 ff.). Wie derselbe Prophet, der so spricht, es büssen musste, dem Volk und seinen Obersten zu verkündigen, was Gott ihm auftrug, bezeugt die Geschichte.

Was die Propheten reden, wird Wort Jahwes (דבר יהוה z. B. Jer. 1, 4. 11) oder feierlicher Ausspruch, Orakel Jahwes (משא יהוה

---

[1] Diese beiden Stellen zeigen treffend den Unterschied der Extase bei den Genossen der Prophetengilden und bei den späteren Propheten. Bei Hos. 9, 7 ist es die sittliche Entrüstung über das entsetzliche Verderben des Volkes, welche den Propheten rasend macht und ihn zum Reden deutlicher und wohlverständlicher Worte treibt; 2 Kön. 9, 11 aber ist der Prophetenjünger ein מְשֻׁנָּע, wie die Genossen der alten Prophetenscharen. Vgl. auch 1 Sam. 18,10.

z. B. Jes. 21, 1; 22, 1) genannt; doch wissen die Propheten selber
noch zwischen dem Worte Gottes, das ihnen kund wird, und ihrer
Aussprache desselben zu unterscheiden, wenn sie auch dessen sich
wohl bewusst sind, dass dem Inhalte nach beide übereinstimmen
und sie darum immer wieder ihren Reden hinzufügen können, « so
spricht Jahwe » oder « Spruch Jahwes » נאם יהוה (vgl. Am. 3, 8;
Jer. 38, 20). Das Wort Jahwes dem Volke entgegen zu bringen,
davon haben sie ein klares und lebendiges Bewusstsein, und dieses
Bewusstsein ist an und für sich schon genügend zum Beweise, dass
ihre Erkenntnisse nicht auf dem Wege discursiven Denkens oder
gelehrten Studiums etwa des Gesetzes oder ihrer Vorgänger
gewonnen sind, sondern die Frucht der Intuition, unmittelbarer
Berührung mit Gott, oder, um ihre eigenen Ausdrücke zu gebrauchen,
ihres Erfasstwerdens von seiner Hand (Jes. 8, 11), ihrer vertrauten
Gemeinschaft mit ihm (Am. 3, 7; Jer. 23, 18. 22), ihres Erfüllt-
werdens von seinem Geiste (vgl. Ez. 37, 1 und Jes. 42, 1)[1]. Wie
aber Jahwe den Propheten sich kundgab, näher darzulegen, ist
nicht möglich; die Propheten reden nicht deutlicher davon, weil
ihnen Jahwes Wort in seiner Wahrheit so unzweifelhaft und sicher
aufging, dass es ihnen bei allen schweren Erfahrungen eine innere
Freude bereitete (Jer. 15, 16), und sie so mächtig ergriff, dass sie
der Aussprache desselben sich nicht entziehen konnten. Diese
unmittelbare Gewissheit, mit welcher ihnen die Wahrheit aufging,
war ihnen die Hauptsache; die Art und Weise aber, wie dies geschah,
musste ihnen Nebensache sein. Die Visionen, welche uns namentlich bei der Berufung Jesajas (c. 6) und Jeremias (c. 1) erzählt
werden, haben wir gewiss als thatsächliche Erlebnisse der Propheten
anzunehmen; aber sie können, besonders weil bei den früheren
Propheten nur sehr wenige vorkommen, und weil sie bei den
späteren den Eindruck erwecken, dass sie ihrer Form nach bloss der
lebendigen Phantasie und Gestaltungskraft des Propheten entstammen, nicht als die regelmässsige Art des Verkehrs Gottes mit
den Propheten betrachtet werden[2]. Auf jeden Fall aber, ob es nun

---

[1] Micha 3, 8 ist את־רוח יהוה eingeschoben (Wellhausen). Der
Geist spielt in früherer Zeit keine so grosse Rolle; das Wort, das Jahwe
den Propheten mitteilte, war etwas Klareres und Bestimmteres.

[2] Am. 7 ff. sind nicht eigentliche Visionen berichtet, sondern der
Prophet schaut hinter den Ereignissen den verborgenen Sinn und Willen
Jahwes (vgl. Hos. 1 und 3; Jeremia 32, 8 etc.).

plötzliche Intuitionen oder ob es schriftstellerische Formen der Veranschaulichung sind, bezeugen die Visionen immer nicht eine blosse Ueberlegung des Verstandes, sondern eine von Gottes Macht bewirkte Ueberwältigung des Herzens. Wie sehr die Propheten sich dessen bewusst waren, dass die Wahrheit, die sie verkündigen, nicht aus ihrer menschlichen Natur herstamme, zeigen sie auch, wo sie ihre Fähigkeit, göttliche Offenbarung zu empfangen und zu verstehen, verselbständigen und als besondere Person sich gegenüberstellen (המצפה der « Späher » Jes. 21, 6 und המלאך הדבר בי « der Engel, der mit mir redet » bei Sacharja 1, 13 und ö. vgl. Theol. Stud. und Krit. 1892, S. 239 ff.).

Die Propheten bestreiten darum auch ihre Gegner, die in Jahwes Namen anderes verkündigen, auf Grund ihres eigenen Gottesbewusstseins, und zeigen, dass jene den Eingebungen ihres Herzens folgen, eigennützig den Leidenschaften des Volkes schmeichelnd (Mich. 3, 5 f.; Jer. 23, 16 ff. 25 ff.; 28, 16; 29, 21 ff.). Das zeigt uns, dass sie das Kriterium aller wirklichen Eingebungen und wahren Prophetie in dem religiösen sittlichen Geist der verkündigten Worte erkennen, wie sie denn auch als die Grundbedingung ihrer eigenen prophetischen Thätigkeit das sittliche Verhalten ansehen. Darum werden Jesajas Lippen von Sünde gereinigt und seine Schuld vergeben, bevor er dem Rufe Gottes folgen kann (Jes. 6, 7 f.), und ebenso sagt Jahwe zu Jeremia: « Wenn du umkehrst, so lasse ich dich zurückkehren, und du sollst wieder vor mir stehen, und wenn du das Wertvolle dem Nichtswürdigen vorziehst, sollst du wieder gleichsam mein Mund sein; die sündigen Leute haben zu dir sich zu kehren, du aber sollst dich nicht zu ihnen kehren » (Jer. 15, 19). Träger des sittlich-religiösen Geistes zu sein, das ist der Ruhm der Propheten, und Wächter und Hüter des Volkes, seiner Religion und seiner Sittlichkeit, wie sie dieselben erkannt haben, der Beruf, dem sie oblagen. Damit ist aber zugleich gesagt, dass sie den Begriff von Gottes Wesen und Eigenschaften und von des Menschen Pflicht viel reiner erfassten, als ihre Zeitgenossen und die früheren Zeiten mit ihrem Nationalgotte es zu thun vermochten. In der That greifen sie den Zug auf das Ethische, der dem Jahwismus von Mose an innewohnte, auf und lassen ihn allein als der wahren Religion Jahwes entsprechend gelten, indem sie alles andere, was damit nicht stimmt, als Jahwe fremd mit Entschlossenheit und Bewusstsein abzustreifen suchen.

Darum bedeuten die Propheten eine neue und eine höhere Stufe in der Entwicklung der israelitischen Religion, sie haben ihr auch den vollkommensten Ausdruck gegeben, den sie je erreichte. Das jüngere Zeitalter lebte von ihren Erkenntnissen, wenn es sie nicht wieder verunstaltete, und erst Jesus, der in wunderbar tiefem Verftändnis auf sie zurückgriff, hat die von ihnen begonnene Entwicklung zum vollkommenen Ziele geführt.

Es ist klar, dass nicht alle Propheten die gleiche Höhe inne halten und ein Fortschritt von einem zum andern stattgefunden hat. Aber dieser Fortschritt involviert nicht eine Veränderung in der prinzipiellen neuen Stellung, sondern bedeutet eine immer klarere Darlegung und Formulierung der Ueberzeugung und eine Verfolgung der neuen Erkenntnis in immer weitere Consequenzen, wie sie der Kampf mit der alten Anschauung der Volksreligion mit sich brachte. Amos, Hosea, Jesaja, Jeremia und Deuterojesaja stehen alle auf demselben Boden der sittlichen Prophetenreligion; aber der immer mehr sich zuspitzende Gegensatz gegen die volkstümliche Religionsanschauung brachte es dazu, dass Jeremia zu den höchsten Consequenzen geführt wurde und in manchen Punkten die schärfste Formulierung geben musste. Dagegen konnte dann Deuterojesaja, da der Kampf soweit entschieden war, dass die Ueberwindung der Volksreligion keinem Zweifel mehr unterliegen konnte, gewissermassen eine ruhigere Darstellung der prophetischen Gedanken geben, welche das Ergebnis der ganzen Bewegung zusammenfasst.

Wenn somit bei Deuterojesaja von einer fast theologischen Darlegung des Glaubens der Propheten zu reden ist, so kann doch keine eigentliche Theologie bei ihnen erwartet werden. Unter dem Namen Theologie versteht man gewöhnlich ein durchgebildetes System, eine Frucht der Speculation, des systematischen Nachdenkens über die religiösen Empfindungen und Erfahrungen. Die Propheten aber verfahren nicht in der Weise eines Dogmatikers, welcher den richtigsten Ausdruck für seine Empfindungen sucht, nach ihrer Ursache forscht und bemüht ist, ihre Mannigfaltigkeit auf ein Grundprincip zurückzuführen. Ihr Wissen ist ein intuitives, aus dem vertrauten Verkehr mit dem sich kundgebenden Gott spontan hervorsprudelndes. Was sie predigen, ist nicht Theologie, sondern Religion, das rechte Verhalten des Menschen in Gesinnung und Wandel seinem heiligen und hilfreichen Gott gegenüber. Eine bestimmte Ueberzeugung von Gottes Wesen und Walten liegt dabei allerdings zu Grunde, wie es nicht anders sein kann, aber diese Ueberzeugung wird nicht theoretisch entwickelt, viel wichtiger ist es, daraus die praktischen Consequenzen zu ziehen. Ebensowenig geben die Propheten eine auf psychologischer Analyse begründete Lehre von der Natur des Menschen. Seine Freiheit und Verantwortlichkeit wird nicht deduciert, sie ist ihnen ohne dies gewiss. Und nun gar das Problem, wie sich diese Freiheit des Individuums zur Allmacht Gottes verhält, kommt nicht in Betracht. Beides wird gleich stark betont. Gott ist der allmächtige Lenker des Menschen, seiner Gesinnungen und Handlungen, wie seiner Schicksale, und der Mensch ist, als ein freier, auch der Urheber seines Schicksals. Also Theologie in dem Sinne einer Behandlung der angegebenen Probleme haben wir hier keine zu suchen, sondern den Ausdruck der religiösen Gedanken und Empfindungen, ohne alle Beimischung von Speculation. Die Gedanken der Propheten werden sich daher wieder vorführen lassen in dem einfachen Rahmen, dass wir zuerst Jahwe und sein Verhältnis zu Israel, dann den Gottesdienst, den Israel zu üben hat, und schliesslich die Hoffnungen, die es hegen darf, darstellen.

I. Jahwe und sein Verhältnis zu Israel.

§ 32.

Jahwes Charakter, Gerechtigkeit und Heiligkeit.

Nach dem ursprünglichen Jahwismus wohnte Jahwe eine entschiedene Tendenz auf das Ethische inne, er bewies dieselbe auch in Kanaan durch die Gabe der staatlichen Ordnung des Volkes, die sich im Königtum und in der Regelung der rechtlichen Verhältnisse durch die in seinem Namen erteilte Thora darstellte. Das Bewusstsein von diesem ethischen Zuge ist in Israel nie ganz verloren gegangen, wenn schon die vom Volke schliesslich geübte Religion davon wenig mehr zu Tage treten liess und Jahwe, so unberechenbar er ihr in seinem Walten vorkam, in so unlöslicher Verbindung mit Israel sah, dass sie ihn ohne Israel sich ebensowenig denken konnte, wie Kemosch ohne sein Volk Moab. Es ist begreiflich, dass es darum im Volke zu keiner bestimmteren Auffassung von Jahwes Charakter kommen konnte, als zu sagen, dass er Israels Gott sei.

Anders ist es nun bei den Propheten. Sie treten zwar nicht auf mit dem Anspruch ein Neues zu bringen; aber in Wirklichkeit ist ihre Anschauung doch eine ganz neue. Sie setzen in ihren Forderungen voraus, dass das Volk den Willen Jahwes schon längst kennen könnte. Demgemäss weisen sie darauf hin, dass durch Nasiräer und Propheten Jahwe immerfort gezeigt habe, was er wolle (Am. 2, 11 f.), und können darüber klagen, dass die Priester die wahre Thora vergessen und verkehrt hätten und infolge davon keine rechte Gotteserkenntnis im Lande zu finden sei (Hos. 4, 2. 6. vgl. Zeph. 3, 4). Dabei ist zu beachten, dass sie die Thora, wie man sieht, durchaus nur als mündliche Unterweisung des Volkes in der rechten Lebensführung auffassen und in ihr eine Anwendung der Religion und nie die Grundlage der Religion erblicken. Sie kennen also kein geschriebenes Gesetz, auf das man sich als die giltige Norm oder die göttliche Offenbarung berufen könnte, auch wenn sie davon wissen, dass es damals schon viele niedergeschriebene Weisungen gab (Hos. 8, 12). Auf das, was allen diesen Weisungen zu Grunde liegen sollte, berufen sie sich.

Wenn sie nun aber darlegen, was sie darunter verstehen, so gebrauchen sie oftmals wieder dieselben Ausdrücke, wie sie das Volk anwandte, wenn sie schon in ihrem Munde eine andere Bedeutung haben. So ist es einmal, wenn auch ihre Sprache über Jahwe durchweg sehr anthropopathisch und anthropomorphisch klingt und sie ihm durchweg menschliche Affecte zuschreiben. Zwar hat das Volk Israel, wenn es Anthropomorphismen anwandte, kaum mehr daran gedacht, als eigneten Jahwe menschliche Gestalt und menschliche Bewegungen. Ueberall im A. T. kommen Gottes Hand, Arm, Mund, Auge vor, es ist die Rede von seinem Sprechen, Gehen, Lachen, er erscheint, wie ein Kriegsheld, entblösst seinen Arm, schwingt sein Schwert, tritt die Kelter, brüllt wie der Löwe. Diese Ausdrücke wollen offenbar nur die Thätigkeit des lebendigen Gottes in naiver Weise nach der Art menschlichen Handelns schildern, und es braucht nur ein wenig Sinn für Poesie, um daran nicht bloss keinen Anstoss zu nehmen, sondern sie auch in uneigentlichem Sinne zu verstehen. Aus demselben Gesichtspunkt sind die Darstellungen vom göttlichen Wirken auf Erden, von seinem Verkehr mit den Menschen zu betrachten, wie sie in den Erzählungen über die Urzeit vorkommen. Immerhin ist hier kaum zu bezweifeln, dass es in sinnlicherer Weise zu verstehen ist, wenn wir da lesen, dass Gott den Menschen bildete (Gen. 2), dass er in der Abendkühle im Garten wandelte (Gen. 3, 8), dass er die Arche mit eigener Hand schloss (7, 16), dass er mit Abraham speiste (18, 8; 19, 3), dass er auf die Steintafeln schrieb (Ex. 32, 16), als wenn die Propheten davon reden, dass Jahwe ihnen erschienen sei. Theophanien kommen auch noch bei ihnen und in ihrer Zeit vor (Am. 7, 7; Jes. 6; Ez. 1 etc.), und selbst der nachexilische Verfasser des Priestercodex lässt sie nicht ganz ausbleiben. Gerade Letzteres ist aber ein Fingerzeig, dass Anthropomorphismen nicht ausgeschlossen waren, wenn man von Gott durchaus keinen sinnlichen Begriff mehr hatte. Wirkte also einerseits die Phantasie noch mit, wo der Gottesbegriff schon entwickelt war, so wird sie in früherer Zeit noch geschäftiger gewesen sein, und ist es selbst schwer zu sagen, wie viel bei jenen Erzählungen ursprünglich ihr allein, wie viel dem Glauben angehört, so dürfen wir bei den Propheten die ähnlichen Ausdrücke nicht mehr so sinnlich fassen, wie noch vielfach das Volk es thun mochte.

Es ist doch kein Zweifel, dass die Propheten sich bemühen, den Gedanken der Geistigkeit Gottes zum Ausdruck zu bringen und hervorzuheben. Zwar auch bei ihnen begegnen uns noch Redeweisen, welche Gott zu localisieren scheinen, wie dies die frühere Zeit that, wenn sie seine Gegenwart an die Jahwelade oder an die besonderen heiligen Stätten heftete. So kommen zahlreiche Stellen vor, welche von der Wohnung Gottes im Tempel auf dem Berge Zion reden (Am. 1, 2; Jes. 8, 18 u. ö.). Wenn aber zugleich der Himmel, die höhere Region über der Erde, als Wohnsitz Gottes gedacht ist (Mich. 1, 3; Deut. 26, 15; Jer. 25, 30 u. ö.), wie diese Anschauung bereits in der volkstümlichen Religion auftauchte (vgl. oben S. 89), so ist das schon ein Zeichen, dass wir es mit der Localisierung Jahwes im Tempel nicht genau zu nehmen haben. Das zeigt besonders das prophetischen Gedanken Ausdruck verleihende Gebet Salomos bei der Tempelweihe (1 Kön. 8). In dem älteren Liede hatte es noch geheissen (vgl. Bleek-Wellhausen, Einleitg.⁴ S. 236):

Die [helle] Sonne hat Jahwe am Himmel geschaffen,
   doch sprach er, um zu wohnen im Dunkeln:
Bau mir ein Haus, ein Haus zur Wohnstatt für mich,
   dass ich dort auf alle Zeiten verweile.　　(1 Kön. 8, 12 f. LXX)[1].

[1] Cheyne's etwas anders lautende Rekonstruktion des unsicheren Textes siehe bei Wildeboer, die Litteratur des A. Testaments (1895), S. 49. Vgl. noch Sellin, Beiträge zur israel. u. jüd. Religionsgeschichte I, S. 98 f.

Dagegen wird deutlich in den deuteronomistischen Worten gesagt: « Sollte in Wahrheit Gott wohnen auf Erden? Es können dich ja die Himmel und aller Himmel Himmel nicht fassen, wie viel weniger dieses Haus, welches ich gebaut habe » (1 Kön. 8, 27)! Das Haus ist nicht die Wohnung Gottes, sondern der von ihm bezeichnete Ort, an welchem das Volk sich zu seiner Verehrung versammelt und sich der gnädigen Gegenwart seines im Himmel wohnenden Gottes bewusst wird (v. 29 f.). Wie Jahwe im Grunde als Einer galt, wenn er schon an verschiedenen heiligen Stätten wohnte, so that diese Localisierung auch bei den Propheten seiner Geistigkeit keinen Abbruch. Die Propheten ringen zwar nach einem angemessenen Ausdruck, aber eine begriffliche Formulierung haben sie nie erstrebt. Gottes Herrlichkeit vermag der Sterbliche nicht von Angesicht zu schauen; er kann ihn nur « von hinten » sehen, d. i. die Wirkungen seiner Macht inne werden (Ex. 33, 18—23 vgl. 1 Kön. 19, 11. 12). Die Sprache der philosophischen Abstraction ist den Propheten so wenig geläufig, dass sie Gottes wirksame Gegenwart nur in Symbolen auszudrücken vermögen, die nicht die Gefahr mit sich bringen, dass über der reinen Form und dem formalen Begriff die Fülle des Inhalts vergessen werde. So spricht daher Jesaja bei der Erzählung seiner Berufung zum Propheten davon, dass einer der Gottes Thron umgebenden Seraphe mit einem glühenden Stein, den er vom Altar nahm, seinen Mund berührte (Jes. 6), und Ezechiel lässt in seinem Gesicht (Ez. 1—3) Jahwe von phantastischen Wesen, den Keruben mit Menschen-, Löwen-, Stier- und Adlergesicht, welche seine Eigenschaften repräsentieren, umgeben sein. Im Uebrigen wissen die Propheten sehr wohl, dass Jahwe ein geistiges Wesen ist, das sich wohl unterscheidet von den irdischen Mächten (Jes. 31, 3); aber es liegt ihnen fern, die Bedeutung von Geist in intellectualistischem Sinne abzuschwächen und darunter formales Denken und philosophisches Abstrahieren zu verstehen. Für sie bedeutet Geist das Wirksame und Lebendige gegenüber dem Schwachen und Vergänglichen.

So ist die Geistigkeit Jahwes von den Propheten noch sicherer festgestellt als in der volkstümlichen Auffassung; er ist auch bei ihnen den heiligen Stätten gegenüber viel freier und die Gefahr, als Naturmacht verstanden zu werden, viel weiter gerückt. Diese Vertiefung in der Auffassung Jahwes thut sich am deutlichsten kund, wenn, trotzdem stetsfort in Bildern von ihm geredet werden muss, gefordert wird, dass er nicht abgebildet werden soll. Die ältere Sitte hatte bloss die Gussbilder verpönt (vgl. oben S. 101); aber schon Hosea verspottet den Bilderdienst in Israel als Verehrung eines menschlichen Machwerks (8, 6; 13, 2) und nennt das besonders verehrte Stierbild in verächtlicher Weise das «Kalb von Samarien» (8, 4 ff. vgl. 10, 5 und 13, 2). Ebenso nennt Jesaja die Bilder אֱלִילִים (von אֵל) «Nichtse», während sie אֱלִים «Götter» sein sollten (Jes. 2, 8. 18); vielleicht hat auf die Worte Jesajas hin Hiskia die eherne Schlange im Tempel zerstört. Der prophetischen Wirksamkeit ist es zu verdanken, dass jede Abbildung Gottes als verboten erklärt wurde (Ex. 20, 4; Deut. 5, 8). Der Gott Israels soll nicht in einem Bilde dargestellt werden, damit er nicht in die sinnliche Sphäre herabgezogen werde. Dieser viel tiefere religiöse Grund der Propheten wird in Deut. 4, 12 ff. durch einen gelehrten theologischen ersetzt, nämlich durch die Erinnerung, dass sich Jahwe auch am Horeb in keiner Gestalt von dem Volke habe schauen lassen.

Haben so die Propheten dafür Sorge getragen, dass Jahwes Geistigkeit gewahrt werde, so haben sie damit sich nicht begnügt; das hätte allein seinen Charakter noch nicht so sicher bestimmen können, wie ihn die Propheten kennen. Dieses geistige Wesen hätte noch so unberechenbar bleiben können, wie es dem Volke erschien, oder hätte immer die Art des menschlichen Geistes an sich tragen können, so dass es in die Sphäre des Irdischen doch verstrickt gewesen wäre. Die Propheten kennen Jahwe viel bestimmter; sie kennen seinen Charakter, der ihn nicht bloss zum vagen Geisteswesen macht, sondern in der bestimmtesten Weise auszeichnet und über die Menschen erhebt. Es ist wahr, auch die Propheten können die Anthropopathien nicht vermeiden, d. h. die Anwendung von Ausdrücken, die vom menschlichen Seelenleben hergenommen sind, in Aussagen über Gott; sie reden daher auch bei Jahwe von Liebe und Hass, Zorn, Eifersucht, Reue u. s. w. Das war nicht anders möglich, wie auch der Christ noch reden kann von Gottes Zorn und Eifer gegen die Sünde, von seiner Trauer über die menschlichen Verirrungen, von seiner Freude über die Umkehr des Sünders, von seiner Reue über Erweisung von Wohlthaten, deren man sich nicht würdig gezeigt hat. Solche Vermenschlichungen sind aber nur dann keine Gefahr für die richtige Auffassung Gottes und können nur dann nicht in verkehrter Weise gedeutet werden, wenn Gottes Charakter gegen die Herabziehung in die menschliche Sphäre sicher gestellt ist. Das ist aber bei den Propheten der Fall. Ausdrücklich ist dieser Unterschied bei Hosea ausgesprochen (11, 8 f.): «Wie werde ich dich dahingeben, Ephraim, wie dich ins Verderben stürzen, Israel! Wie werde ich dich Adma gleichsetzen, ein Zeboim aus dir machen! Mein Herz drückt es mir fast ab, mein tiefstes Mitgefühl ist entbrannt. Sollte ich deshalb meinen glühenden Zorn nicht in Thaten umsetzen, den Schritt nicht wagen, Ephraim zu vernichten! Aber ich bin ja Gott und nicht ein Mensch, eine heilige Majestät in deiner Mitte und sollte nicht vertilgen!»[1] Es ist zu beachten, dass in dieser Stelle Jahwe ein anderes Pathos als den Menschen zugeschrieben ist. Der Mensch kann sich von seinem Herz und Mitgefühl überwältigen lassen, Jahwe hat einen festeren Charakter. Nach der Meinung des Volkes ist Jahwe, auch wenn er zuweilen zürnt, doch an den Bestand des Staates gebunden; bei den Propheten übt auch dies keinen Einfluss auf Jahwe aus, er ist völlig frei, seine Entscheidungen haben einen andern Grund, sie sind der Ausfluss seines durch und durch ethischen Wesens[2].

Das ist das Grossartige und zugleich das Neue, dass die Propheten die Sittlichkeit als den Charakter Jahwes fassten. Und zwar haben sie diese Sittlichkeit wieder nicht bemessen nach den Gebräuchen und Sitten der Israeliten oder nach deren Gesetzen und Ordnungen; ihr Verständnis war tief genug, um in diesen Ordnungen nicht die Regel und Norm der göttlichen Sittlichkeit, sondern nur den unvollkommenen, für bestimmte Zeiten und Verhältnisse giltigen Ausdruck derselben zu sehen. Ihnen ging das Bewusstsein einer höhern Sittlichkeit als der der blossen Rechtlichkeit auf, einer lebendigen Autorität, die immer und allenthalben gilt. Diese Autorität repräsentierte Jahwe, und diese Sittlichkeit war sein Charakter; alles andere in Jahwes Wesen tritt daneben in den Hintergrund und wird von diesem einen Grundzuge beherrscht.

Mit welcher Reinheit schon am Anfang die Propheten diesen sittlichen Charakter Jahwes verstanden, zeigt Hosea. Elia hatte einst dem Hause Ahabs die Ausrottung angedroht, weil Ahab gegen

---

[1] Nur diese Fassung entspricht dem Zusammenhang, auch wenn der Schluss nicht völlig sicher ist (ich lese וְלֹא אַבְעִיר), vgl. auch 13, 12—14, 1. Die Verse 11, 10 f. sind eingeschoben vgl. Jes. 60, 8 ff.; 49, 17 f.

[2] Jahwe lässt überhaupt alles Menschliche weit hinter sich vgl. Jes. 49, 15 und 24—26. Siehe auch schon 1 Sam. 15, 29.

ein altes Recht sich verfehlt hatte (1 Kön. 21, 17 ff.). Jehu hat, von Elisa dazu aufgefordert und unter dem Beifall des Rekabiten Jonadab, das Blutgericht in Jesreel vollzogen. Für Hosea aber bleibt das Blutvergiessen in Jesreel eine Blutthat, auch wenn sie von Elisa provociert ist. Hosea kann die Stimme des Gewissens nicht ersticken, auch wenn es sich um einen religiösen Zweck handelt; wo die angewandten Mittel dem sittlichen Gott widersprechen, da muss er im Namen Jahwes die sichere Strafe verkünden (Hos. 1, 4). Wie sehr aber dieses ethische Wesen der Mittelpunkt Jahwes ist, wird sich im folgenden überall zeigen, namentlich bei den Forderungen, die dieser sittliche Gott an sein Volk stellt.

Ein eigenes besonderes Wort, um diesen Charakter Jahwes auszudrücken, haben die Propheten nicht; die Sache selber ist deshalb nicht weniger sicher. Am allerchesten wird dieselbe bezeichnet, wenn von Jahwes Gerechtigkeit gesprochen wird, während wo Jahwe der Heilige genannt wird, dieselbe wenigstens mit eingeschlossen sein kann.

Zuerst ist daher die Gerechtigkeit צדקה und צֶדֶק zu betrachten. צַדִּיק, ursprünglich von Menschen gesagt, bedeutet «den, der recht, im Recht ist»; das ist aber nicht nur so gewendet, dass es den Rechtlichen bedeutet, sondern auch denjenigen, « der so ist, wie er sein soll ». Darum kann das entsprechende Wort im Arabischen auch auf Dinge übertragen werden und die Rede sein von « einer rechten Lanze ». von einer Lanze, wie sie sein soll, wozu den Gegensatz bildet קשת רמיה « ein Bogen, der versagt » (Hos. 7, 16). Darin zeigt sich, wie leicht der Begriff vertieft werden kann; er kann in ethischem oder religiösem Sinn den Menschen bezeichnen, der seine ethischen und religiösen Pflichten erfüllt. Waren diese in einem Gesetze gegeben, so war er צדיק, wenn er dasselbe hielt. Die Propheten aber kannten ein höheres Gesetz als das geschriebene, und wenn sie von Gottes צדקה sprechen, so meinen sie dabei nicht ein Verhalten, das sich an diese Normen hält, aber auch nicht an eine Norm, die gleichsam über Jahwe schwebte, sondern ein dem innersten Wesen Jahwes entsprechendes Verhalten. seine Charakterfestigkeit. Nur ist dabei nicht zu vergessen, dass diese in ihrem Sinne nicht etwa ein bloss formaler Begriff ist, sondern den reichen Inhalt hat, den das ethische Wesen Jahwes bedingt. Entsprechend der fortschreitenden Vertiefung und immer deutlicheren Erfassung dieses ethischen Wesens und der Ziele desselben hat darum auch die Gerechtigkeit Gottes verschiedene Wandlungen der Bedeutung durchgemacht. Zu ihrer höchsten Bedeutung kommt sie bei Deuterojesaja, der Jahwe die Gerechtigkeit zuschreibt, weil er das Heil durchführt. Jahwe kann nicht anders, als in seinem Wesen und Willen constant sein; hat er nun einmal Israel dazu erwählt, um sein Ziel des Heils zu Stande zu bringen, und ihm diese Verheissung erteilt, so fordert seine « Gerechtigkeit », dass er seinen Plan verwirklicht, er würde sich sonst selbst aufgeben; darum findet sich Jes. 45, 21 צדיק von Jahwe ausgesagt neben מוֹשִׁיעַ: er ist ein gerechter und rettender Gott (vgl. auch Zeph. 3, 5), und steht Jes. 51, 8 צדקה in Parallele mit ישועה׳. So bewährt er seine Treue gegen sein eigenes Wesen, wenn er alle Veranstaltungen zur Durchführung des Heiles trifft; dieses Sichtreubleiben bedeutet צֶדֶק Jes. 42, 6. 21; 45, 13; und es ist darum nicht zu verwundern, dass dasselbe Wort 45, 8 geradezu den Sinn von Heil und צדקה den von Heilsthat 45, 24 bekommen kann [1].

Neben dieser höchsten Stufe der Auffassung der Gerechtigkeit Jahwes finden sich natürlich manche Stellen, welche die Aeusserung der Gerechtigkeit in weniger umfassendem Sinne erweisen. So ist Gott gerecht, wenn er den Guten sich freundlich erzeigt, die Sünder aber seinen Zorn fühlen lässt (Jes. 1, 27; 5, 16; 10, 22), wenn er ohne Ansehen der Person richtet (Deut. 10, 17; Jer. 11, 20; 20, 12) und wenn er den Bösen nicht ungestraft lässt (Nah. 1, 3). Eine besondere Seite in der Gerechtigkeit Jahwes heben die Eigenschaften der Wahrhaftigkeit und Treue אמת, אמונה (Jes. 49, 7) hervor. Gott lügt nicht und lässt sich nicht gereuen, wie ein Mensch. Was er gesprochen und versprochen hat, das thut und hält er (Num. 23, 19). Das gilt vor Allem von dem den Vätern geschworenen Bunde (Deut. 4, 31; 7, 9; Jes. 55, 3). Die Erzähler weisen es in der Geschichte nach; die Propheten erwarten auf Grund dieser Treue zuversichtlich die Erfüllung der Verheissung (Ezech. u. Jes. 40—55), und in Zeiten der Not getröstet sich der Fromme nachmals ihrer als Bürgschaft dafür (Ps. 43, 3; 54, 7; 57, 4 etc.). Jahwe ist ein Fels, auf den man sich verlassen kann (Jes. 30, 29; 44, 8; Deut. 32, 4 vgl. Nah. 1, 7); sein Wort bleibt in Ewigkeit (Jes. 40, 8). Schliesslich fällt auch die Güte Gottes

---

[1] Kautzsch, Die Derivate des Stammes צדק im alttestamentlichen Sprachgebrauch. Tübingen 1881.

unter den Begriff seines ethischen Charakters, wenn sie auch dem
Plane gemäss zunächst in besonderem Masse nur Israel zu gute
kommt; aber dies wird dann so erklärt, dass die Auswahl Israels
doch zum Heile der ganzen Menschheit ausschlagen muss (Jes. 42, 6).
Von Anfang an seit der Erlösung aus Aegypten (Hos. 11, 1)
hat Jahwe Israel mit Gütern überschüttet und wie seinen Augapfel
bewahrt (Jes. 1, 2; Jer. 31, 3; Ez. 16, 1 ff.; Deut. 4, 31; 7, 9;
32, 8—10; 33, 3). Diese Liebe, stärker als alle Erdenliebe, selbst
als Mutterliebe (Jes. 49, 15), wird nicht müde, dem Volke wohlzu-
thun (Jer. 32, 41; Jes. 48, 11), ihm doch zu vergeben (Jes. 40, 2:
44, 22) und es zu erlösen aus der Hand seiner Bedrücker (Jes. 45,
4; 49, 25). Gott verfährt gnädig und barmherzig (חנון ורחום),
langmütig und huldreich mit ihm (Deut. 4, 31; Nah. 1, 3; Ex. 34,
6 f.). Nicht ewig hält er fest seinen Zorn; denn Gefallen hat er an
Gnade (Jer. 3, 12.).

Hat sich die צדקה ihrem vollen Inhalte nach erst bei Deuterojesaja enthüllt, so ist die Bedeutung der Heiligkeit Gottes im
Munde der Propheten schon früher eine sicher bestimmbare geworden.
Wie schon oben gesagt, ist קדוש ein cultischer Begriff und bedeutet
ursprünglich « der Gottheit geweiht ». In allererster Linie wurde das
von Sachen, von Cultusstätten (vgl. die Ortsnamen קֶדֶשׁ קָדֵשׁ z. B.
Gen. 14, 7; Jos. 19, 37), von den der Gottheit dargebrachten Gaben,
von heiligen Gegenständen (z. B. auch von Amuletten), Religionsgebräuchen, ausgesagt. Dann nannte man auch Personen, wie das
Cultuspersonal, das Volk Israel, heilig, wegen der Beziehung, in
welche sie zu Jahwe gesetzt sind; diese Beziehung war eine
cultische und es galten darum anfangs nur die ständigen Diener am
Heiligtum für immer heilig. Es liegt darin negativ die Aussonderung
aus dem Alltäglichen, Profanen und positiv die Zueignung an
Jahwe, so dass הקדיש geradezu, « weihen », « Jahwe zum Eigentum,
zum bleibenden oder vorübergehenden, übergeben » bedeutet. Als
das Volk, das Jahwe die Verehrung erweist, in besonderer Beziehung
zu ihm steht, also sein Eigentumsvolk ist, heisst Israel heilig (Deut.
7, 6; Ex. 19, 5. 6; Jer. 2, 3). Die Reinheit fällt mit dem Begriff
heilig nicht zusammen, es handelt sich nicht um äussere oder sittliche Reinheit, sondern um cultische, die beides umfassen kann und
zuerst, wie die Lustrationen und Gebräuche zeigen (vgl. oben § 10),
nur die äussere Reinheit einschloss, ehe sich die sittliche Reinheit
mit dem Begriffe verband. Dieser cultische Sinn ist immer der

durchschlagende geblieben. Noch im Deuteronomium erkennt man denselben (Deut. 14, 1 ff.; 26, 19; 7, 6), und später tritt er wieder ganz deutlich hervor (Lev. 11, 44. 45), da man den Unterschied zwischen cultischen und sittlichen Geboten nicht mehr erkannte.

Die Uebertragung des Begriffs auf Jahwe geht nicht von irgend einer von diesem Sprachgebrauch unabhängigen Wurzelbedeutung aus; sondern die Eigenschaft der gottgeweihten Sache wird auf Jahwe selber übertragen. Wie der gottgeweihte Gegenstand heilig ist, so ist es Jahwe und wie jenem, so darf auch diesem niemand nahen ohne die rechte Stimmung und die religiöse Ehrfurcht. Jahwe ist daher der «Heilige» als der cultisch verehrte und heisst darum bei Jesaja «der Heilige Israels» d. h. der von Israel im Cultus Verehrte. Es kommt daher alles darauf an, wie man sonst die verehrte Gottheit fasste; erst das konnte den Begriff der Heiligkeit mit einem bestimmten Inhalte ausfüllen. Die Propheten wussten nun Jahwe nicht nur unnahbar und unantastbar für den cultisch nicht Geweihten, Profanen (1 Sam. 6, 20), sondern auch für den sündigen Menschen. Erst auf diesem Wege und erst bei dieser prophetischen Auffassung kann in der Heiligkeit auch die Erhabenheit Jahwes über die Sünde der Menschen ausgesprochen gefunden werden. Diesen neuen Inhalt, auf den die Propheten aber grosses Gewicht legen, hat die Heiligkeit Jahwes schon bei Hosea und Jesaja. Als der Heilige muss er das abtrünnige Volk Israel vertilgen (Hos. 11, 7—9), und als der Heilige ist er für den Angehörigen eines Volkes mit unreinen Lippen, der selber an dieser Unreinheit teil hat, unnahbar (Jes. 6; vgl. 1, 4; 5, 24). Die Heiligkeit Gottes ist daher nicht eine besondere Eigenschaft neben andern; sondern der Ausdruck für die Stellung, welche Jahwe seinem Verehrer gegenüber einnimmt. Je nach der tieferen Fassung, welche der Verehrer von Jahwe hat, wird auch der Begriff der Heiligkeit ein gehaltvollerer. Es kann die Erhabenheit Jahwes über seine Verehrer bloss in seiner Macht und Unvergänglichkeit bestehen, so dass der Verehrer nur seinen Abstand in Bezug auf die eigene Kraft und Macht fühlt und zur Furcht vor der Gottheit sich getrieben fühlt (Jes. 29, 23); aber sofern er fühlt, dass auch ein Abstand in sittlicher Beziehung in Betracht kommt, und er in Jahwe den vollkommenen sittlichen Gott sieht, so umfasst die Heiligkeit auch die vollkommene sittliche Reinheit: Jahwe erweist sich dann als den Heiligen durch seine «Gerechtigkeit» (Jes. 5, 16; Hab. 1, 12 ff.). Auf diesem Umwege kann die Heiligkeit auch die Reaction gegen die menschliche Sünde, nicht nur gegen cultische Verfehlungen, wodurch Gottes Ehre angetastet wird, sowie auch die Liebe zu dem Volk, das er zu seinem Eigentum erkoren hat, einschliessen. Jahwes Bethätigung in der Richtung nach diesen beiden Seiten hin heisst auch sein Eifer (קנאה), Eifer für seine Ehre und Eifer für sein Volk. Erst die spätere Umdeutung, resp. die Ausfüllung des Begriffes durch die prophetische Fassung von Jahwe, machte es schliesslich möglich, dass Jahwe dem Menschen als Vorbild aufgestellt werden kann; aber bezeichnend genug drängen sich alsbald wieder neben die sittlichen Forderungen die ceremoniellen Vorschriften ein, welche das Heiligsein des Menschen sicherstellen sollen (Lev. 11, 44 ff.; 20, 26). Man vergass gar bald die prophetische Unterscheidung der Bedeutung dieser beiden Kategorien; dagegen hat Jesus durch Ausdruck und Zusammenhang jedes Missverständnis ausschliessend gesagt: ἔσεσθε οὖν ὑμεῖς τέλειοι ὡς ὁ πατὴρ ὑμῶν ὁ οὐράνιος τέλειός ἐστιν (Mt. 5, 48[1]). Nach Jesus konnte man wieder hoffen, dass קדושׁ ἅγιος in prophetischem Sinne verstanden werde (1 Petr. 1, 13—16).

Beide Begriffe Gerechtigkeit und Heiligkeit haben durch die Propheten eine neue Bedeutung erlangt. Während aber der Begriff der Gerechtigkeit nur vertieft werden musste, bekam der Begriff der Heiligkeit Gottes einen neuen Inhalt, da der in Israel zu verehrende Jahwe nicht nur als an Macht, sondern auch durch sittliche Vollkommenheit über die Menschen, die ihn verehrten, hoch erhaben und darum seine wahre Verehrung nicht durch blosse Cultusübung, sondern erst durch Uebung von Recht und Gerechtigkeit erfüllbar angesehen wurde. Während aber die «Gerechtigkeit» Jahwes innerstes Wesen und das daraus hervorgehende Handeln bezeichnet, spielt bei dem Begriff der Heiligkeit immer die Idee der Verehrung, der Relation zu den Verehrern, eine wichtige Rolle, sodass heilig «der Verehrungs-, der Anbetungswürdige, der Majestätische» bedeutet.

---

[1] Die Parallelstelle Luk. 6,36 bietet allerdings οἰκτίρμων für τέλειος und Nestle (Stud. u. Krit. 1896, 4. 737) erklärt τέλειος für irrige Uebersetzung von שׁלם [= οἰκτίρμων].

Jahwe, der Gott der Macht.

Dem sittlichen Wollen Jahwes steht die hinreichende Kraft zur
Verfügung. Schon die volkstümliche Auffassung sah in ihm den
gewaltigen mächtigen Herrn, der Israel gegenüber den Angriffen
der Feinde Sieg und Schutz zu verleihen vermöge und schliesslich
immer doch stark genug sei, sein Volk aus jeder Not zu retten. Aber
bei den Propheten wächst seine Macht noch weit über das Volk
Israel hinaus, weil die Sittlichkeit nicht an den Grenzen Palästinas
Halt machen kann.

Als der mächtige Schutzherr des Volkes heisst Jahwe der
Starke Jakobs oder Israels אביר יעקב (Jes. 1, 24; 49, 26 vgl. auch
60, 16); als der Gott, in welchen es sein volles Vertrauen setzen
kann, wird er der Fels Israels (Jes. 30, 29 צור) genannt. Seine Macht
aber wird besonders in der solennen Bezeichnung אלהי הצבאות Gott
der Mächte oder der Heerscharen (abgekürzt dafür auch
יהוה צבאות) hervorgehoben (1 Sam. 1, 3; 4, 4; Jes. 1, 24; 5, 24; 6,
3. 5; 47, 4; 48, 2; Jer. 2, 19; 6, 6. 9; Hos. 12, 6; Am. 3, 13; 5, 14.
27; Mich. 4, 4; Zeph. 2, 9 etc.). Die Bedeutung des Ausdrucks ist
streitig, eben weil das Wort צבאות von verschiedenen Dingen
gebraucht wird. Einmal heissen die Israeliten das Heer Jahwes
(Ex. 7, 4; 12, 41 PC), und ihre Kriege sind die Kriege Jahwes (Num.
21, 14: Buch der Kriege Jahwes), und יהוה צבאות ist 1 Sam. 17, 45
erklärt durch Gott der Schlachtreihen Israels (Jes. 31, 4 ist nicht
beweisend). Andererseits bezeichnet das Wort צבא השמים (das Himmelsheer) die Gestirne (Deut. 4, 19; Jes. 34, 4; 40, 26; 45, 12;
Jer. 8, 2; 19, 13; 33, 22). Endlich erscheinen als Gottes wohlgerüs-
tetes Heer auch die Engelscharen, die ihre besonderen Anführer
haben (Jos. 5, 14; 1 Kön. 22, 19). Die beiden letzteren Vorstellungen
gehen übrigens in einander über, sofern die Sterne als belebte
Wesen gedacht werden. So, wenn es im Deboralied (Jud. 5, 20)
heisst: «Die Sterne stritten vom Himmel gegen Sisera» und bei
Hiob (38, 7): «Die Morgensterne jubelten bei der Gründung der
Erde». Demnach kann Jahwe ëlōhē sĕbā'ōt Herr der Heerscharen
Israels, Gott der Gestirne und Gott der Engelscharen bedeuten,
und es kann nur die Frage sein, ob eine dieser Bedeutungen die
ursprüngliche sei und dann welche, oder ob vielleicht eine andere

Bedeutung zu Grunde liege, welche diese drei verschiedenen Anwendungen vertrug. Man hat nun einerseits bemerkt, dass der Plural ṣĕbā'ôt nur von irdischen Kriegerscharen gebraucht wird, das Himmelsheer aber immer צבא (im Singular) heisst, und andererseits hat man betont, dass der Name in den Samuelisbüchern in Zusammenhang mit der Jahwelade erscheint. Daraus schloss man, dass Jahwe ṣĕbā'ôt zunächst den durch die heilige Lade repräsentierten Kriegsgott Israels bedeute (vgl. Kautzsch, die ursprüngliche Bedeutung des Namens יהוה צבאות, in ZATW, VI, S. 17—22). Dem ist nun neuerdings von Smend (Lehrbuch S. 185—188) entgegengehalten worden, dass der Gebrauch dieses Namens bei Amos gerade diese Bedeutung ausschliesse; denn, wenn überhaupt Kriegerscharen in Betracht kämen, so wäre viel eher an assyrische Heere zu denken, und es hätte darum keine unglücklichere Bezeichnung für Jahwe gewählt werden können als diese, um das falsche Gottvertrauen Israels zu bekämpfen und einen ganz anderen Jahwe dem des Volkes gegenüberzustellen. Aber dieser Einwand ist nicht stichhaltig; denn Amos setzt z. B. der Auffassung des Volkes vom יום יהוה auch eine ganz andere gegenüber und gebraucht gleichwohl und mit Absicht denselben Ausdruck: «Tag Jahwes» (vgl. § 47). Mit gleicher Emphase gebraucht er ebenso den Namen יהוה אלהי הצבאות (Am. 3, 13), um zu sagen, dass Jahwe sich als den wahren Gott der Heere erweisen werde, als Jahwe ṣĕbā'ôt, wie die Israeliten so gerne ihn nennen, ohne den wahren Sinn dieser Bezeichnung zu verstehen. Als der rechte Gott der Heere führt Jahwe eben auch die assyrischen Kriegerscharen, ja fehlt es ihm überhaupt niemals an Heeresmacht, um seinen Willen durchzusetzen (vgl. Am. 9, 1—4; Jes. 29, 6). Die Bezeichnung ist daher nicht unglücklich zu nennen, sie erhält nur, wie der jôm Jahwe, einen andern Inhalt. Der Kriegsgott Israels, den man ursprünglich mit יהוה צבאות bezeichnen wollte, ist der Gott aller Mächte geworden, dem die assyrischen Heere, wie alle sonstigen Mächte. das Sternenheer und später auch die Engelscharen, zu Gebote stehen; und diese seine Mächte kann er auch gegen die Israeliten aufbieten. Der Name ist also nicht erst von den Propheten geprägt; aber er hat, wie יום יהוה, von Amos eine ganz neue Bedeutung bekommen.

Was dieser Name besagt, das findet auch sonst bei den Propheten seinen Ausdruck. Jahwes Macht ist durch keine Schranken eingeengt. Niemand und Nichts vermag ihm Widerstand zu leisten (Am. 3, 6; 9, 2 ff.; Jes. 7, 11; 8, 9 f.; Jer. 14, 22; Jes. 43, 13). Die Assyrer müssen seine Pläne ausführen; sie sind der Stock in seiner Hand, mit dem er das gottlose Volk züchtigt (Jes. 10, 5 ff.). Den Aegyptern und Assyrern kann er zischen, dass sie herbeikommen, wie wenn es Fliegen und Bienen wären (Jes. 7, 18 ff.), ebenso kann er das Feuer herbeirufen (Am. 7, 4) und es auch in die Paläste der Hauptstädte der Nachbarreiche entsenden (Am. 1, 4. 7. 10. 12 etc.). Ueberall ist er mit seiner Macht zugegen, im Himmel oben und unten auf Erden und in der Unterwelt unter der Erde (Am. 9, 2 ff.); seine Macht und Herrlichkeit erfüllen die ganze Erde (Jes. 6, 3); er ist nah und fern (Jer. 23, 23 ff.).

Wie sich hier überall zeigt, ist die Allgegenwart Gottes nicht etwas Formales; es finden sich auch bei den Propheten erst spät lehrhafte Stellen hierüber. Der Glaube an Gottes Allgegenwart ist etwas so Lebendiges bei den Propheten, dass, ohne dieses Wort ausgesprochen zu haben, der religiöse Inhalt desselben in allen einzelnen Fällen ihnen nicht mangelt. Wie sie in den Weisungen Jahwes nicht einen Haufen vereinzelter Sprüche erblickten, sondern dahinter das constante sittliche Wesen Gottes erkannten, so sahen sie auch in den Ereignissen der Geschichte nicht ein regelloses Spiel des Zufalls und ein Ergebnis von unberechenbaren Umständen, auch nicht ein Machwerk der Menschen oder, soweit es Israel betrifft, eine That des ihnen in seinem Willen unverständlichen Gottes Jahwe, sondern sie sehen hinter allem Geschehen denselben Gott, der dasselbe nach seinem sittlichen Willen lenkt und seinen Zielen entgegenführt. Sie verstehen den Plan Jahwes und erkennen gerade in der Geschichte seinen Willen. Die Erkenntnis Jahwes als des Gottes, dessen Wesen an Recht und Gerechtigkeit, wie an Macht so hoch über die Menschenart erhaben ist, macht die Propheten der Wahrheit ihrer Sache und des Sieges derselben so gewiss; ihr Gott erfüllt mit seiner Herrlichkeit alle Welt.

Der innige Zusammenhang von Sittlichkeit und Macht in dem Wesen Gottes verleiht der Geschichte und dem Leben für die Propheten die allerhöchste Bedeutung. Hinter den Ereignissen der Geschichte sehen sie die zielbewusste, sich gleichbleibende Art Jahwes, sie verstehen alle Ereignisse zu deuten. Jahwe ist, wie er es von Alters her war, der Gott der Geschichte; aber die Erkenntnis seines sittlichen Charakters erweitert seine Macht über die Grenzen des Volkes hinaus bis ans Ende der Welt, ja macht ihn eben darum schliesslich von seinem Volke unabhängig. Jahwe steht hinter den Assyrern und leitet ihre Actionen gegen die Nachbarländer und gegen Israel selber, und zwar thut er dies, weil er als die sittliche Autorität allenthalben über die Aufrechterhaltung und Durchführung seines Willens wacht (Am. 1, 1—2, 3). Wenn es sein muss, so kann er auch ohne Cultus und König (Hos. 3, 4), ohne Tempel und Staat (Jer. 7) bestehen; selbst im Untergang Israels können die Propheten den Sieg und Triumph ihres Gottes sehen. Diese Erweiterung der Machtsphäre Jahwes ist nicht etwa der allmälige Ertrag des immer weitergreifenden Einflusses des israelitischen Gottes, — sonst wäre sie nicht erst erfolgt, als es mit dem politischen Ansehen Israels zur Neige ging —; sondern die tiefere Erfassung des Wesens Jahwes eröffnete mit einem Mal den Propheten die Perspective bis an die Grenzen der Welt, wie sie auch dazu führte, ihn in allem Ergehen des Einzelnen wirksam zu finden.

Für die grossartige prophetische Geschichtsbetrachtung liefern alle Propheten von Amos bis Deuterojesaja treffliche Beweise; für die Anschauung, dass auch im Einzelnen Jahwes Willen zu erkennen sei, ist Hosea ein leuchtendes Beispiel. Er ist zwar nicht erst durch sein häusliches Missgeschick zum Propheten geworden, er war es schon, bevor er dasselbe verstand (auf das unsichere 1, 2a תחלה דבר יהוה בהושע ist das Gegenteil nicht zu gründen); aber weil er Prophet war, verstand er den Plan, den Jahwe mit diesem Erlebnis verfolgte, und erkannte er nachträglich Jahwes Willen darin (vgl. auch Jer. 32, 8).

Die ganze Entfaltung der Fülle des Inhalts, welche diese Erkenntnis, dass Jahwe als die sittliche Macht die Geschichte im Grossen und Kleinen regiere, in sich schloss, ist erst nach und nach erfolgt. Aber deutlich ist es einerseits, dass der Glaube an die überall hinreichende Macht Jahwes nicht aus einer Betrachtung der Natur erwachsen ist, von sittlichen Zielen hätte man dabei nicht reden können; andererseits erhellt es, wie leicht aber auch die ganze Natur in den Machtbereich dieses Gottes einbezogen und schliesslich die Wunder der Schöpfung zur Veranschaulichung der Allmacht Jahwes und zur Stütze des Glaubens verwendet werden konnten, wenn schon der Nerv und die Kraft der Ueberzeugung viel tiefer lag (vgl. Jes. 40, 7; 42, 5; 44, 24; 45, 12. 18; 50, 2; 51, 6 ff.; Jer. 5, 22; 10, 10). Schon früher sah man in Jahwe den Schöpfer der Welt (Gen. 2, 4ᵇ ff.); aber einen tiefgehenden Einfluss auf die Religion hatte diese Ansicht nicht. Es ist auch die Frage, ob nicht vielleicht in jener Erzählung (Gen. 2) ein einem fremden Volke entlehntes Stück heidnischer Speculation vorliege. Auf alle Fälle wurde dieses Element der Ueberlieferung erst von Wichtigkeit, als man dazu gelangt war, durch die tiefere Auffassung von Jahwe ihm einen Inhalt zu geben, durch den es eine religiöse Bedeutung für Israel gewinnen konnte. Die Spitze, zu welcher die prophetische Anschauung hinleiten musste, ist auch in diesem Stücke erst bei Deuterojesaja klar und deutlich erreicht.

Schon vor ihm ist der gleiche Glaube vorhanden und Jahwes Macht in der Geschichte und seine Allgegenwart in seinen Wirkungen von den Propheten betont; auch ist Jahwe als der Spender von Regen und fruchtbaren Zeiten, sowie der Sender von Dürre und Hungersnot bekannt (Am. 7, 4; Hos. 2, 11. 23 ff.; Jer. 3, 3; 14, 22). Die Allmacht Gottes in der Schöpfung und Erhaltung der Welt wird aber erst seit dem Eintritt des Exils recht ausdrücklich hervorgehoben. Jahwe hat Himmel und Erde gemacht (Jer. 10, 16; Jes. 37, 16; 40, 28); er schuf den Himmel und spannte ihn aus, breitete die Erde aus mit ihren Sprösslingen (Jes. 42, 5; 45, 12. 18; 48, 13). Wie Jahwe die Welt erschaffen habe, ist bei den Propheten keine wichtige Frage. Aus dem Worte ברא ist nichts sicheres zu entnehmen; denn wenn es auch ausschliesslich von Gott gebraucht wird, so liegt der Begriff «Schaffen» (der *creatio ex nihilo*) im Unterschied von « aus Vorhandenem bereiten » nicht notwendig in dem Worte. Auch Num. 16, 30 ist der Sinn nur: etwas Wunderbares, Aussergewöhnliches schaffen, wie es Gottes Art ist. Ebenso ist Jes. 40, 12, wo es heisst: « Wer kann sonst mit seiner hohlen Hand die Wasser abmessen und mit der Spanne die Weite des Himmels bestimmen und im Dreiling den Staub der Erde auffassen und Berge wägen mit der Setzwage und Hügel mit Wagschalen »! keine Lehre über die Schöpfung gegeben; dagegen ist es immerhin beachtenswert, dass nach Jes. 48, 13 die Welt mit Allem, was darin ist, auf Gottes Befehl, auf sein Wort entstanden ist (vgl. 45, 12 und das spätere Psalmwort: « So er spricht, so geschicht's; so er gebietet, so steht es da » Ps. 33, 9). Dadurch ist jedwede Emanationstheorie ausgeschlossen, wonach die Welt mit Naturnotwendigkeit aus Gott hervorgegangen wäre. Der Pantheismus ist der hebräischen Anschauung durchaus fremd; aber auch an einen Dualismus, die

Lehre von einem vorhandenen Urstoff, den Gott nur geformt hätte, und dessen δημιουργός er wäre, ist bei dem Propheten nicht zu denken.

Wie der Schöpfer so ist Jahwe auch der Erhalter der Welt. Die Erhaltung ist den Propheten im Grunde viel wichtiger, weil sie eine unmittelbar praktische Bedeutung hat, als die Erschaffung der Welt; das zeigt sich auch darin, dass sie nie so gefasst wird, als ob Gott in seine geschaffene Welt nur die Kräfte gelegt hätte, die Einzelwesen hervorzubringen. Jedes Einzelwesen hat vielmehr sein Dasein von ihm, ist eine neue Schöpfung, welche wie das Ganze so lange Bestand hat, als es der Wille Jahwes ist, und jegliche Naturkraft tritt in Wirksamkeit, wenn und wie es sein Wille ist. Er ruft jeden Tag die Sterne und schafft so gleichsam immer auf's neue die Pracht des Himmels (Jes. 40, 26). Zwar weiss das A. T. auch von Gesetzen und Ordnungen, die Gott der Welt gegeben hat. Er hat dem Meer für alle Zeiten seine Grenze gezogen (Jer. 5, 22), hat dem Mond seinen Wechsel und den Sternen ihre Bahnen vorgeschrieben (Jer. 31, 35 f.) und für Tag und Nacht, für Himmel und Erde Bestimmungen getroffen (Jer. 33, 20. 25; vgl. auch Gen. 8, 22). Aber diese Ordnungen sind keine Schranken für den Allmächtigen, er ist nicht daran gebunden und kann sie durchbrechen. Es steht beides fest: sie sind von Gott gewollt, aber seine Freiheit wird dadurch nicht beeinträchtigt.

Diese Erkenntnis ist besonders wichtig um zu ersehen, was für eine religiöse Betrachtung Wunder bedeutet. Man hat von dem A. T. ganz fremden Gesichtspunkten ausgehend das Wunder definiert als ein freies Eingreifen Gottes in den Verlauf der Naturbegebenheiten, ein Ereignis, das durch den Naturverlauf nicht hervorgebracht, sondern eine neue Schöpfung neben den sonst wirkenden Naturkräften ist. Diese Begriffsbestimmung beruht auf der Unterscheidung von göttlich gegebenen Naturgesetzen für den gewöhnlichen Verlauf und göttlichem Willen im Einzelnen zur Vollziehung eines besonderen Zweckes und auf der Annahme der Möglichkeit, dass beide in Gegensatz treten. Dieser Gegensatz von einem göttlichen Willen, welcher in der Naturordnung sich ausgeprägt hat, und einem andern, bessern göttlichen Willen, der sich in der Unterbrechung dieser Naturordnung zeigt, kann aber für den Israeliten gar nicht entstehen. Eine unverbrüchliche Naturordnung denkt er gar nicht vorhanden. Jedes Ereignis, Regen und Sonnenschein, Gewitter und Erdbeben, ist eine einzelne That der göttlichen

Freiheit so gut wie das « Wunder », letzteres nur eine ungewöhnliche, mehr in die Augen fallende. Gewöhnliches Geschehen und Wunder unterscheiden sich nicht qualitativ; beides sind Machtäusserungen Gottes, das Wunder nur eine grössere, weil es als eine aussergewöhnliche grösseren Eindruck macht. Bei dem Wunder, wie bei den gewöhnlichen Begegnissen des Menschenlebens, bei der Erhaltung der ganzen Welt, wie bei ihrer Schöpfung, kommt überall nur die ungehemmte Allmacht Gottes in Betracht. Es genügt der religiösen Betrachtung zu wissen, dass alles, was geschieht, nach dem Willen Gottes geschieht, und die Frömmigkeit beruhigt sich dabei, dass sie in Gottes Hand stehe. Die Philosophie und die Dogmatik mögen sich gedrungen fühlen, ein Mehreres zu erkennen; bei den Propheten ist es nicht zu finden, wie oft man auch bei ihnen die gelehrte Lösung weiterer unfruchtbarer Probleme gesucht hat.

<h2 style="text-align:center">§ 34.</h2>

<h3 style="text-align:center">Jahwe, der einzige wahre Gott.</h3>

Die Einzigkeit Jahwes steht wenigstens den letzten Propheten, welche in diesem Abschnitt zur Behandlung kommen, entschieden fest. Wir haben gesehen, dass in früherer Zeit und in der volkstümlichen Auffassung Jahwe als der Gott galt, den Israel ausschliesslich verehren sollte; die Existenz anderer Götter — jedes Volk hatte seinen Gott oder seine Götter — war damit nicht geleugnet, nur wurden sie an Macht und Hohheit als Jahwe untergeordnet angesehen. Monolatrie war gefordert, aber nicht absoluter Monotheismus gelehrt. Wann kam man in Israel zu der Erkenntnis, dass es überhaupt nur Einen Gott gebe? Die Lösung dieser Frage ist um so schwieriger, als die alte volkstümliche Anschauung den Ausdruck zu einer Zeit noch beherrschte, da die Einzigkeit des Gottes Israels längst anerkannt war. So giebt es noch von der Zeit Jeremias an eine lange Reihe von Stellen, worin Jahwe als mächtiger und herrlicher bezeichnet wird als alle anderen Götter. Ex. 15, 11 ist schon früher (S. 63) angeführt worden. Aehnlich heisst es 1 Kön. 8, 23 (in einem deuteronomistischen Abschnitt): «Jahwe, es giebt keinen Gott weder droben im Himmel noch unten auf Erden wie du, der du den Bund und die Gnade deinen Knechten bewahrst. » Deut. 3, 24: «Wo ist im Himmel oder auf Erden ein Gott, der solche Werke und gewaltige Thaten verrichten könnte wie du!» (vgl. Mich. 7, 18; Jer. 10, 6); Ps. 95, 3: «Ein grosser Gott ist Jahwe und ein grosser König über alle Götter»; 96, 4: «Gross ist Jahwe und hoch zu erheben, furchtbar ist er über alle Götter» (vgl. 97, 9). Die Existenz anderer Götter scheint hier vorausgesetzt. Aber gerade die Psalmen, in welchen Jahwe als erhaben über andere Götter bezeichnet ist, erklären zugleich dieselben als Nichtse, אלילים (Ps. 96, 5; 97, 7). Konnte dies Beides, die Vergleichung mit den heidnischen Göttern und die gewisse Ueberzeugung von ihrem Nichtvorhandensein, nebeneinander sich finden, so dürfen wir nicht, wo ein Schriftsteller Jahwe mit andern Göttern vergleicht, ihm sofort den Glauben an die wirkliche Existenz derselben beimessen. Nur soviel ist anzunehmen, dass, wer den Vergleich zuerst machte, auch die Existenz anderer Götter annahm. Die Redeweise aber konnte sich erhalten zu einer Zeit, wo man von der Einzigkeit Jahwes völlig überzeugt war, wo aber diese Ueberzeugung durch die Verehrung anderer Götter bei den Heiden und den Widerspruch der Heiden immer wieder angefochten wurde.

Die Zeit, in welcher Jahwe als der einzige wahre Gott in Israel geglaubt war, ist nun jedenfalls lange vor der Abfassung der eben erwähnten Psalmen angebrochen, ganz bestimmt schon viel früher, nämlich in der zweiten Hälfte des 7. Jahrhunderts. Wenn der Deuteronomist (4, 28) sagt: «Dort (im fremden Lande) werdet ihr Götter verehren, die von Menschenhänden gemacht sind, hölzerne und steinerne, die weder sehen noch hören, weder essen noch riechen können» (vgl. 28, 36. 64; 29, 16); wenn Habakkuk (2, 18 f.) ausruft: «Wehe dem, der zum Holze spricht: Wache auf! und zu dem sprachlosen Steine: Rege dich! Was kann ein Schnitzbild helfen, dass ein Bildner es schnitzt? und ein Gussbild und Trugorakel, dass ein Bildner darauf sich verlässt und — stumme Nichtse verfertigt? Das sollte Bescheid erteilen? Es ist ja mit Gold und Silber eingefasst und von Lebensgeist keine Spur darin» (vgl. Jer. 10, 14); wenn Jeremia (2, 11) die Götter der Heiden als Nichtgötter bezeichnet und darum die Heiden der Endzeit sprechen lässt (16, 19): «Nichts als Trug war das Erbteil unserer Väter, nichtsnutzige Götzen, von denen keiner zu helfen vermag» (vgl. 2 Kön. 19, 18; 22, 17 und besonders Jes. 44, 9 ff.; 46, 5 ff.), so sind augenscheinlich die Götter der Heiden mit ihren Bildern identificiert, und es ist

damit ausgesagt, sowohl, dass das Bild unbelebt sei, als auch, was
das Wichtige ist, dass der Gott, der unter dem Bilde verehrt wird,
ausser demselben keine reale Existenz habe. Ja, wo Deuterojesaja
(46, 2) einmal das Bild und die Gottheit auseinander hält, so
geschieht es nur, um mit um so beissenderm Spott die Nichtigkeit
der Gottheit zu zeigen: «Bel und Nebo krümmen sich und sinken
in die Knie mit einander, sie vermögen die Tracht nicht zu retten,
da sie ja selber in die Gefangenschaft wandern. »

Die Götter ausser Jahwe sind, mit einem Wort, weiter nichts
als lügnerische Erzeugnisse des menschlichen Wahnes. Alles, was
ein geistiges, lebendiges Wesen ausmacht, geht ihnen ab. Sie haben
kein Wissen, keine Macht, irgend ein Lebenszeichen von sich zu
geben, weder dadurch, dass sie Gutes, noch auch dadurch, dass sie
Böses thun (Jes. 41, 22 f.), können nicht helfen (Jer. 2, 8; 10, 1—16).
Die ausführlichsten Schilderungen der Nichtigkeit der heidnischen
Götter finden sich wiederum in Deuterojesaja (z. B. Jes. 40, 19 f.;
41, 7; 44, 9 ff.; 45, 21; 46, 1 f. 5—7). Dieser Anschauung entsprechen
auch die vielen Namen, welche den Göttern der Völker beigelegt
werden und insgesamt auf den Begriff der Nichtigkeit und der Leb-
losigkeit zurückgehen. Sie heissen הבל Hauch, Nichtigkeit (Jer. 2, 5;
8, 19; 10, 3. 15; 14, 22; 16, 19; 51, 18; Deut. 32, 21; 1 Kön. 16,
13. 26; 2 Kön. 17, 15); שוא, און Leerheit, Nichtigkeit (Jes. 41, 29
vgl. 66, 3; Jer. 18, 15); ההו (1 Sam. 12, 21; Jes. 41, 29); אלילים Nichtse
(Hab. 2, 18; Ez. 30, 13; Lev. 19, 4; 26, 1); גלולים (Dreckdinger) ster-
cora oder Klötze (Lev. 26, 30; Deut. 29, 16; 1 Kön. 15, 12; Jer. 50,
2; Ez. häufig); sogar Leichname פגרים (Lev. 26, 30 vgl. Jer. 16, 18);
Alles ist zusammengefasst in dem Ausdruck לא אלהים (Jer. 2, 11;
5, 7; 16, 20; 2 Kön. 19, 18; vgl. Deut. 32, 17. 21). Weil ihr Dienst
dem Menschen Schande bringt und ihn verunreinigt, heissen sie
auch Greuel העבות (Jer. 16, 18; Ez. 7, 20); Schande בשת [1] (Jer. 3,
24; 11, 13); שקוצים (Jer. 4, 1; 7, 30; Ez. 20, 7 f.: 1 Kön. 11, 5. 7).

Es ist hiernach keinem Zweifel unterworfen, dass in der letzten
Zeit des judäischen Staates die Einzigkeit Jahwes von den Propheten

---

[1] בשת ist überhaupt in späterer Zeit gerne für בעל gebraucht worden (vgl. S. 80 Anm.). Die alte Ueberlieferung ist vielfach von solchen
Elementen früherer Phasen der Religion gereinigt worden; so ist z. B.
בעל Hos. 7, 16 und 11, 7 nur eine Verstümmelung von בעל (l. 7, 16:
ישובו לבעל und 11, 7: ואל־בעל יקרֻ יקרא יחד [vgl. LXX]).

ausgesprochen wurde, wie sie vom Deuteronomium (Deut. 4, 35. 39)
deutlich gelehrt wird. Jahwe ist Gott und keiner ausser ihm: er ist
der Gott (האלהים, mit dem Artikel Deut. 7, 9). Damit ist die
Formel für den Glauben an Jahwe als den einzigen Gott gefunden
und das יהוה אלהינו יהוה אחד (Deut. 6, 4) ist die Losung des
Judentums geblieben, nachdem besonders das Exil mitgeholfen
hatte, die Wahrheit der prophetischen Predigt zu beweisen. Aber
es bleibt nun die wichtigere Frage, wie es zu dieser Erkenntnis
gekommen ist. Es unterliegt nämlich keinem Zweifel, dass das
Deuteronomium mit seiner Hervorhebung der Einzigkeit Jahwes
nicht einen neuen Satz aufstellen, am wenigsten eine neue theoretische Lehre offenbaren will; sondern es fasst die vorhandene
Ueberzeugung in die rechte Formel, um ein Bewusstsein von diesem
Besitze zu erwecken und auf Grund der anerkannten Wahrheit
weitere Forderungen zu stellen.

Die Ursprünge des Monotheismus können nun nicht in der
volkstümlichen Religion liegen. Sie fasste Jahwe, wenn auch an
Macht über die anderen Götter erhaben und vielleicht auch durch
einzelne sittliche Eigenschaften mehr oder weniger von ihnen verschieden, doch im wesentlichen als auf einer Stufe mit ihnen stehend.
Seine Macht und seine Einzigkeit hätte er nur durch Besiegung aller
anderen Völker beweisen können, und jede Niederlage musste sein
Ansehen erschüttern und schmälern. Somit waren aber die Zeiten
vor dem Exil schon von der Zeit an, da Nordisrael dem Untergang
entgegenging, gar wenig dazu angethan, Jahwes Macht und Ansehen
zu vergrössern, wenn man ihn in der Weise des Volkes auffasste,
und thatsächlich hat ja auch der Niedergang der politischen
Macht im Volke das Ansehen Jahwes erschüttert. Unter Manasse
tauchten die fremden Culte in Juda auf, und Jeremia muss klagen,
dass das Volk die Quelle lebendigen Wassers verlässt und sich löch-
richte Brunnen gräbt, die kein Wasser enthalten (2, 13), dass es,
was noch kein Volk gethan habe, Jahwe, seinen Gott, der es vor
allen Völkern auszeichne, gegen Nichtgötter vertausche (2, 13). Noch
in Aegypten leiten die in der Fremde weilenden Judäer das Unglück
des Staates nicht etwa von einer Vernachlässigung Jahwes, sondern
vielmehr von der Vernachlässigung der Verehrung anderer Götter
her (Jer. 44). Das alles zeigt, wie die populäre Anschauung nicht auf
dem Wege zum Monotheismus war, sondern dem Untergang des
Glaubens an Jahwe entgegentrieb.

Nur der prophetische Glaube, der die ethische Seite der alten Religion entfaltete und vertiefte, kann der Boden sein, aus dem die Erkenntnis Jahwes als des einzigen Gottes hervorgegangen ist. Und zwar liegt es wiederum in nichts anderem als in der Ueberzeugung von dem sittlichen Wesen Jahwes. Der Unterschied zwischen Jahwe und den andern Göttern war bei den Propheten nicht nur ein Unterschied an Macht; es war mit der ethischen Auffassung von Jahwes Wesen eine wesentliche Verschiedenheit gegeben, und im Keime war darin der Glaube an seine Einzigkeit schon enthalten. Die Kraft, die der Glaube der Propheten am Anfang aufweist, könnte nicht grösser sein, wenn auch schon die ersten unter ihnen Jahwe ausdrücklich den einzigen Gott genannt hätten. Es kommt in der Religion eben nicht auf die Formeln an, sondern auf die lebendige Kraft. Es kann etwas der Sache und Wirklichkeit nach schon vorhanden sein, ehe das bezeichnende Wort dafür gefunden ist, und es braucht nur der Entfaltung und der Aeusserung der Sache, um allmählig zu dem entsprechenden Ausdruck zu führen. So war es mit dem Monotheismus, er war ein werdender, insofern erst nach und nach die Propheten sich bewusst wurden, wie ihre Auffassung von Jahwe die Form der Monolatrie gänzlich überwinde und die Anerkennung nur eines Gottes fordere. Er war aber schon von Amos an wirksam, sofern in allen praktischen Fällen Jahwe als allein in Betracht kommend erscheint und neben ihm die Götter der Heiden verschwinden. Darum tauchen schon bei den Propheten des 8. Jahrhunderts Aussprüche auf, welchen, um monotheistisch genannt zu werden, eigentlich nur das betreffende Wort fehlt. Nach Amos und Jesaja ist Gott der Lenker der Heidenwelt (Am. 3, 2; 9, 7; Jes. 10, 5. 15). Jahwe erfüllt mit seiner Herrlichkeit die ganze Erde, und seine Macht ist höherer Art als die Macht der Völker, selbst wenn diese doch von ihren Göttern nicht verlassen gedacht sind. Jahwe stellt das geistige Prinzip dar, dem gegenüber die übrigen Mächte nur Fleisch sind. So « braucht der El, Jahwe, nur die Hand auszustrecken, so liegen die sarkischen Reiter am Boden » (Jes. 31, 3 vgl. D uh m zu der St.).

So ist es das wahre Wesen Jahwes, wie es den Propheten aufging, seine sittliche und geistige Art, die zum Monotheismus hintrieb und den Gott Israels zum universalistischen Gott erhob. Nicht die Reflexion der Propheten, nicht die Betrachtung der Natur führte zu dieser Erkenntnis, der Monotheismus ist kein Product der Logik

oder Philosophie; es ist die Empfindung dieses höhern Wesens, das
Innewerden seiner sittlichen und geistigen Macht, welches die Propheten erlebten, und darum hat diese neue Erkenntnis ihren Ursprung bei Jahwe selber, der sich seinen Propheten kundgab. Das
machte die Propheten in ihrem Urteil über die Verhältnisse ihrer
Zeit so sicher und unabhängig von kleinlicher Berechnung, das gab
ihnen aber auch jene hohe und bewundernswerte Festigkeit und
Freudigkeit; sie wussten sich als die Diener des wahren Gottes und
für sie ist darum die Wegführung Judas nicht der schliessliche und
hoffnungslose Zusammensturz der Religion Israels. Ohne Unruhe und
Verzweiflung können sie der Katastrophe entgegensehen, in der sich
Jahwe gerade als die sittliche und geistige Macht offenbart; denn
mit Nichten wird der Jahweglaube in derselben mitgetroffen, sondern er wird gerade in seiner Herrlichkeit offenbar. Gewiss sind
auch für uns der Tod des alten hebräischen Staates und die Auferstehung der Religion Jahwes in einer von dem alten nationalen
Leben unabhängigen Form der hohe Beweis, dass die Religion der
Propheten eine Offenbarung der wahren Religion des geistigen
Gottes bedeutet. Bei den Propheten löst sich die enge Verbindung
der Religion mit der nationalen Geschichte.

§ 35.

Jahwes Verhältnis zu Israel.

Die Volksreligion glaubte Jahwe in einem unlöslichen Verhältnis zu dem Volke Israel; mit dem Untergang der Nation musste
auch Jahwe verschwinden. Wie gesagt, ist diese Gefahr für die
Propheten unmöglich; aber es fragt sich, wie denn nach ihnen
Jahwe zu dem Volke Israel steht. Wir würden uns die rechte Einsicht erschweren, wenn wir dabei die Frage uns so stellten, wie der
universalistische Gott Jahwe zu dem Volke Israel sich verhielt.
Die Frage war früher gelöst, ehe man theoretisch Jahwe den einzigen Gott nannte, und nicht als der einzige Gott ist Jahwe der Gott
Israels, sondern umgekehrt als der Gott Israels ist er zum alleinigen
Gott geworden.

Auch die Propheten sind davon überzeugt, dass Jahwe der Gott
Israels ist; aber sie verstehen ihn so, dass er aus dem engen unlöslichen Verhältnis zu Israel herauswachsen muss. Seinem Wesen

gemäss kann nur ein sittliches Band Jahwe mit Israel verbinden; die Zusammengehörigkeit beruht nur auf Jahwes Willen, und keine über Jahwe stehende Macht knüpft Jahwe und Israel zusammen, so dass Israel sich auf alle Fälle beruhigen könnte. Gewiss, es ist auch nicht die Willkür Jahwes, die heute Israel zu seinem Volke macht und morgen es verwirft; aber die Möglichkeit bleibt offen, dass Israel so sehr dem Willen Jahwes entgegentritt, dass die Consequenz seines Wesens die äusserste Bestrafung des Volkes erfordern kann. Damit ist aber zugleich gegeben, dass Jahwe auch zu den andern Völkern in Beziehung steht, wenn auch nicht in so inniger, wie mit Israel, weil er eben mit diesem nach seinem Willen besondere Zwecke im Auge hat.

Auf die mannigfaltigste Weise tritt diese andere Fassung des Verhältnisses zwischen Jahwe und Israel bei den Propheten uns entgegen. Schon der erste unter ihnen, A m o s, giebt dieselbe deutlich zu erkennen, wenn er (3, 1 f.) sagt: «Vernehmet dies Wort, das Jahwe gegen euch redet, ihr Israeliten, gegen das ganze Geschlecht, das ich aus Aegyptenland hierher geführt habe: Niemand kenne ich aus allen Geschlechtern auf Erden so gut wie euch: darum — strafe ich an euch am härtesten alle eure Missethaten». Er schreckt darum vor dem Namen «Erstling der Völker», den Israel trägt, nicht zurück, ihm ein Wehe zuzurufen (6,1), ja zerstört ihm seine Berufung auf die Rettung aus Aegypten mit der Erklärung, dass Jahwe ebenso andere Völker erlöste (9,7). Das Gewitter fährt auch über die Nachbarvölker (cap. 1 und 2), aber über Israel bleibt es stehen, um sich mit aller Gewalt zu entladen und das Reich wegzuschwemmen (z. B. 5, 27; 7, 17; 9, 1 ff.). Ganz ebenso fasst H o s e a das Verhältnis von Jahwe und Israel. An seinem eigenen häuslichen Erlebnis ist ihm aufgegangen, dass die innige Verbindung zwischen Beiden nicht treffender bezeichnet werden kann, als mit dem Bilde der Ehe (vgl. cap. 1—3). Untreue ist es daher, wenn Israel mit fremden Göttern sich einlässt oder auch nur dadurch Jahwe sein volles Vertrauen entzieht, dass es bei fremden Völkern um Hilfe buhlt (vgl. 13, 1; 14, 1; 5, 13; 7, 11; 8, 9. 10. und 12, 2). Darüber hat Jahwe ein Recht zu zürnen, der die Israeliten liebte seit ihrem Aufenthalt in Aegypten (11, 1), sie in freundlichster Weise leitete (11, 2. 3), es ihnen niemals an einem Propheten und an Hilfe fehlen liess (12, 11. 14; 13, 4. 5); denn sie haben schmählich die Pflichten ihm gegenüber verletzt, darum wird er nicht anders können, als sie mit

der Entfernung von ihm und der völligen Verödung des Landes zu
strafen (3, 4; 9, 3 ff.; 10, 14 f.; 11, 9; 13, 12—14, 1).[1]

Wie Amos und Hosea haben alle folgenden Propheten das Verhältnis Jahwes zu seinem Volke gefasst. Es waren die falschen Propheten, denen der Gedanke an eine Vernichtung des israelitischen
Gemeinwesens unfassbar war, die aber auch nicht Jahwes Wort,
sondern ihre eigenen Gedanken verkündigten. Noch Jeremia nennt
es als das wahre Kennzeichen des ächten Jahwepropheten, dass er
Unheil verkündigt, d. h. wie wir nach dem Dargelegten ersehen,
dass er den ethischen Charakter Jahwes und die sittliche Bedingt-
heit des Verhältnisses zwischen Jahwe und seinem Volke kennt
(Jer. 28, 8 ff.). Darin spricht Jeremia scharf den Gegensatz aus, in
dem die prophetische Auffassung zu der volkstümlichen stand.

Die prophetische Auffassung führte aber nicht nur zu einem
andern Verständnis der Beziehung Jahwes zu Israel. Sie hatte noch
viel weitergehende Folgen: sie brachte auch eine Veränderung des
Subjectes der Religion. Das Volk, das unter Umständen der Vernichtung anheim gegeben werden musste, konnte nicht mehr so wichtig
bleiben, wie vorher. Jahwe und Israel konnten nicht im alten Sinne
Correlate bleiben; wichtiger war für die Propheten die Verbindung
von Jahwe und Heil d. h. die Durchführung des Willens Jahwes.

Die Propheten gingen zwar, wie die Volksreligion, zunächst
davon aus, dass Jahwe nur zu dem ganzen Volke in Beziehung
stehe. Ihr Wort ist an das Volk als Ganzes oder an solche Einzel-
personen, die als Vertreter des ganzen Volkes gelten konnten,
gerichtet, und die Propheten haben es deshalb am Anfang nicht mit
dem einzelnen Israeliten zu thun. Aber wenn Jahwe in seinem
Wesen und in seinem Ziele über die enge Verkettung mit dem Volke
hinausgehoben wird, so verliert die staatliche Einheit und Zusammengehörigkeit ihre religiöse Bedeutung. Die Form des Staates kann
zerschlagen werden; Jahwes Ziel ist dann durchaus nicht aufgegeben, aber an der Stelle des Staates gewinnen dann andere Grössen

---

[1] Angesichts dieser Stellen erscheint der Versuch Kraetzschmar's
(Die Bundesvorstellung im A. T., 1896 S. 105—115), im Unterschied von
Amos für den Propheten Hosea die Anschauung von der Unlösbarkeit
der Beziehungen Jahwes zu Israel festzuhalten, unannehmbar. Die
Ueberarbeitung des Buches Hosea hat den Propheten nicht nur die
Rettung Judas im 8. Jahrhundert, sondern auch die Wiederherstellung
Israels nach dem Exil vorausverkündigen lassen.

einen religiösen Wert. Der einzelne, der bis dahin nur als Glied des Volkes in Betracht kam, erhält eine selbständige Bedeutung für die Religion, und weil dann kein Grund mehr vorliegen konnte, an den Grenzen des Volkes Halt zu machen, traten auch die Angehörigen der andern Völker, also die ganze Welt, in eine nähere Beziehung zu Jahwe.

Diese Entwicklung auf den Individualismus und Universalismus hat sich nicht auf einen Tag gemacht. Der erstere findet seinen höchsten Ausdruck bei Jeremia und der letztere seine erhabenste Darstellung bei Deuterojesaja; aber die Keime und Vorstufen zeigen sich schon früher. Ist es bei Amos und Hosea die mit allem Nachdruck verkündete Vernichtung des israelitischen Staates, so tritt uns bei Jesaja als ein wichtiger Schritt über diese so zu sagen bloss negative Vorbereitung hinaus die Sammlung eines Kreises von Jüngern Jahwes entgegen, die seine Gesinnungsgenossen waren und deren Mittelpunkt er mit seinem Hause bildete. Das Gericht Jahwes muss auch über Juda ergehen, aber er hofft samt seinen Jüngern und Kindern, worunter sich eines mit dem bedeutungsvollen Namen Schear-jaschub «ein Rest bekehrt sich» befindet, auf Jahwe ṣĕbā'ôt, der auf dem Berge Zion wohnt (8, 16—18). Wie dieser Kreis von Getreuen sich mit Jahwe verbunden weiss und auf den in Zion gelegten Eckstein (28, 16), d. h. auf den dort sich offenbarenden wahrhaftigen Gott der Hilfe, vertraut, so sind die Propheten selber von Anfang an eigentlich Zeugen davon, dass Jahwe auch mit dem Einzelnen in Verbindung steht; aber das Bewusstsein der selbständigen Bedeutung, die diese Verbindung auch ohne ein Absehen auf das Volk haben könne, ist erst bei Jeremia zu finden. Sie haben eben ihre Stellung nur so gefasst, dass sie sich als die Organe des Verkehrs Jahwes mit dem Volke Israel ansahen, als die Gesandten Jahwes (Am. 2, 10. 11) und als die Führer und Leiter des Volks (Hos. 12, 11. 14). Das Wort Jahwes, das sie als die Einzelnen vernehmen, gilt ihnen als das Bindemittel zwischen Jahwe und dem Volke, und es ist der Höhepunkt der Verlassenheit und des Unglücks, wenn dieses Wort mangelt und man darnach hungern muss, weil dann der wahre Verkehr Jahwes mit dem Volke aufgehoben ist (Am. 8. 11 ff.). Obendarein fehlt es dann auch dem Volk an jeglichem Fürsprecher bei Gott (Am. 7, 1—6; vgl. Jer. 7, 16; 11, 14; 14, 11. 12; 15, 1). Von welch hoher Bedeutung diese Verbindung mit Jahwe durch das Prophetenwort war, zeigt auch die Verheissung

im Deuteronomium, dass Jahwe dem Volke es niemals an einem
Propheten werde mangeln lassen, der Mose ähnlich sei (18, 15).
Denn im Deuteronomium, das eine feste schriftliche Fixierung des
göttlichen Willens geben will, nimmt sich der Hinweis auf die fortwährend noch bleibende Offenbarung Jahwes durch die Propheten
sonderbar genug aus. Jeremia, der nicht nur neben diesem schriftlichen Gesetz eine Bedeutung beanspruchte, sondern in ihm auch
nichts anderes, als die früheren Propheten in den mündlichen und
schriftlichen *Torot*, sehen konnte, nämlich transitorische Weisungen Jahwes, und dem der dahinter stehende Jahwe alleinige Autorität war, gelangt dazu, den Wert des Individuums für die Religion
zu erkennen. Das hängt gewiss mit der ganzen tiefinnerlichen Art
Jeremias zusammen, mit seinem innigen Gefühl von der Erhabenheit Gottes und dem tiefen Blick in die Seele des Menschen.

Zwei Gedankenreihen sind es, die ihn zu seinem Individualismus leiten und in demselben den einheitlichen und beide Reihen
zusammenfassenden Abschluss finden. Aber in beiden kommt nicht
gelehrte Reflexion zu ihrem Ausdruck, sondern der Glaube an den
Gott des Heils, der seinen Plan ausführt (Jer. 29, 11). Die eine Reihe
der Gedanken nimmt ihren Ausgangspunkt von dem Unvermögen
des Menschen, sich selber so umzuwandeln, dass er Jahwe gefalle.
Was der Prophet erlebt, zeigt ihm, dass die Menschen nur oberflächlich eine Umkehr vollziehen können. Alle Mittel helfen nicht.
Der Cultus wiegt die Israeliten nur ein in die trügerische Meinung,
bei Jahwe in Gunst zu sein, statt eine Besserung des Wandels
hervorzubringen (7, 4 ff.)[1]. Der Staat mit den neuen Gesetzen, auch
mit dem an sich gewiss guten Gesetz des Deuteronomiums, mit
dem es die Nachfolger jenes Jüngerkreises Jesajas versuchen
wollen, kann die Gesinnung des Volkes nicht ändern; das geschriebene Gesetz überhaupt bringt im besten Fall eine gesetzliche
Gerechtigkeit zu Stande, die Jahwe nicht entspricht, welcher
Herzen und Nieren prüft, auch die Besitzer desselben verachten
doch das Wort Jahwes (8, 8 f.[2]; 11, 20; 17, 10; 20, 12). Alle diese
staatlichen Mittel sind nur ein Säen unter die Dornen, sie bessern
die einzelnen Glieder des Volkes nicht. Was sie bewirken, ist nur
der äusseren Beschneidung zu vergleichen und keine Beschneidung

---

[1] Vgl. Am. 5, 4 ff.; Hos. 6, 6; Jes. 1, 10 ff.
[2] Vgl. schon Hos. 8, 12 und Jes. 29, 13. 14.

der Herzen. Bei diesen ist anzufangen und eine Umwandlung von
innen heraus von nöten (4, 3. 4). Dazu aber sind die Menschen
unfähig, eher könnte ein Mohr seine Haut und ein Panther seine
Flecken wandeln, als dass sie gut werden könnten, da das Böse-
handeln jetzt ihre Natur ist (13, 23). Bei solcher Erkenntnis lag
aber nun dem Propheten ein Besinnen auf sich selber nahe. Wie
kam es, dass diese Einsicht ihm gegeben war und ihn aus der Art
dieses verkehrten Geschlechtes heraushob! Auf ihn war eigentlich
Israel zusammengeschmolzen und ihn hielt nur Jahwe selber fest,
der ihm die rechte Erkenntnis verliehen hatte. Darum muss Jahwe
mit jedem Einzelnen, wie mit den Propheten, verkehren, Jahwe
muss die Unverbesserlichen selber umwandeln, jedem Einzelnen
die rechte Erkenntnis schaffen und die rechte Gesinnung verleihen,
sodass sie keine fremde Belehrung und Leitung mehr brauchen
(24, 7; 31, 31 ff.). Es muss jeder·Einzelne ein Prophet werden, so
dass es keiner besonderen Propheten mehr bedarf.

Dieser Forderung, zu welcher die Verdorbenheit des Volkes
den Propheten drängt, kommt eine andere Gedankenreihe, die ihn
zu demselben Ziele führt, zu Hilfe. Jahwes Wesen ist es, das im
Mittelpunkt derselben steht. Jahwe hat seinen Plan des Heils (29, 11)
und der Gerechtigkeit im tiefsten Sinne (11, 20). Demgemäss ist es
nicht nur ein aus der Art der Menschen sich ergebender Wunsch,
dass Jahwe selber helfen müsse, sondern auch die Consequenz
seines Wesens, dass er das einzig zum Ziele führende Mittel
anwendet. Die rechte Gesinnung aber kann nur da sein, wenn der
Einzelne sie im Herzen trägt, also muss für Jahwe der Einzelne
eine Bedeutung haben und Gott sich ihm kundthun, was allein
wirksam geschieht, wenn er andere Wege einschlägt, als die bisherigen. Die bisherigen sind ja für Jahwe so wenig verbindlich, als
ein Töpfer gezwungen ist, das einmal hergestellte Gefäss in seiner
Form zu belassen, auch wenn es seinen Zwecken nicht entspricht
(18, 1 ff.). Ein neues, innigeres Verhältnis muss Jahwe seinem
Wesen gemäss mit den Israeliten eingehen und der Prophet kann
es darum verheissen, dass Jahwe dies auch thun und dem Einzelnen
seine Erkenntnis und seinen Willen ins Herz geben will (24, 7;
31, 31 ff.).

Jahwe der unmittelbare Helfer für jeden durch die
Umwandlung des Herzens zur wahren Gotteserkenntnis
und zu sittlichem Willen, in dieser Spitze laufen beide

Gedankenreihen zusammen. Mit ihr ist nicht blos in Jeremias
Gedanken, sondern nach der Seite der tiefinnerlichen psychologi-
schen und ethischen Auffassung der Religion hin auch im A. T.
überhaupt der Höhepunkt erreicht.

Es ist begreiflich, dass neben der Betonung des sittlichen Individualismus bei Jeremias tiefem und innigem Wesen der Universalismus nicht in gleichem Masse hervortritt. Aber er ist die Kehrseite des Individualismus und er fehlt auch bei Jeremia nicht, wie
schon von Anfang an die Propheten die Macht Jahwes weit über
die Grenzen Israels hinausreichen sahen. Ruhig aber konnte
Deuterojesaja (Jes. 40—55) das grosse Allgemeine ins Auge fassen
und diesem notwendig aus dem Wesen Jahwes sich ergebenden
Universalismus den erhabensten Ausdruck verleihen. Die Elemente
seines Glaubens sind bei den früheren Propheten vorhanden —, ihnen
ist es schon sicher, dass die Völker Jahwe dienen müssen, seinen
Plan durchzuführen, und dass er die Geschichte leitet und von fern
her seinen Plan entwirft (Jes. 22, 11) —; aber sie sind nun in eine
Darstellung zusammengefasst, die nicht nur, wie bei den früheren
Propheten, von der tiefen Erfassung Jahwes und der völligen und
demütigen Hingebung des Propheten an den erhabenen Gott zeugt,
sondern auch in consequenter Weise von dem durch den universalistischen Gott gewiesenen Gesichtspunkt aus entworfen ist. Die
früheren Propheten orientierten doch ihre Aussagen immer noch an
dem Heil Israels, auch wenn die Bedeutung Jahwes für alle Völker
erkannt war. Charakteristischen Ausdruck findet dieser Universalismus, der nicht die Consequenz des prophetischen Glaubens zieht,
aber seine Lehre annimmt, im Deuteronomium und in Ezechiel:
Die Völker stehen unter Jahwes Macht; aber nur Israel ist das Volk
des Heils. Jahwe hat Sonne und Mond samt dem ganzen Sternenheer allen Völkern zugeteilt, sich aber Israel ganz besonders zu seinem
Eigentum bestimmt (Deut. 4, 19. 20). Alle Völker sollen zu der
Ueberzeugung gebracht werden, dass Jahwe der Gott Israels ist;
diese soll ihnen in endgiltiger Weise werden, wenn er den letzten
Ansturm der Heiden gegen Israel überwindet (Ez. 37, 28: 38 und
39). Von einer wirklichen Teilnahme am gleichen Heil ist aber
keine Rede.

Die Consequenz des prophetischen Glaubens ist eine andere;
die zieht Deuterojesaja. Jahwe, der allmächtige und einzige Gott,
will nicht nur Israels Heil, er will das Heil aller Welt. Jahwe hat,

weil er sich nicht verleugnen und selber aufgeben kann, den Willen
(הפץ למען צדקו), eine gewaltige und herrliche Unterweisung zu geben
(Jes. 42, 21); die Völker und die fernsten Länder harren darauf
(Jes. 42, 4. 10 ff.) und Jahwe wird seinen Willen durchführen (Jes.
46, 10; 53, 10). Die wahre Religion und das damit verbundene Glück
und Heil (משפט, אור, ישועה) sollen allen Völkern gebracht werden
(42, 1 bis 6; 49, 6; 52, 10). Das sind Jahwes Gedanken, die höher
sind als die Gedanken der Menschen (55, 8. 9), und sein Plan ist
fest und sein Wort bleibt bestehen, wenn auch alles andre vergeht
(40, 8; 55, 10. 11). Die Unvergänglichkeit von Jahwes Wort beweist
die Geschichte. Die Weissagungen der Propheten von dem Untergang des Staates und der Wegführung des Volkes in die Fremde
haben sich erfüllt. Niemand hat es voraus verkündet, als Jahwe,
niemand die Erfüllung kommen lassen, als er. Er wird auch das
Neue, das er, der allwissende Gott, jetzt verkündigen lässt, das
Heil Israels und der Heiden, verwirklichen (41, 22-26; 42, 9; 43, 9-
12; 44, 7; 46, 10; 48, 16); überall sind für den, der ein prophetisches Sensorium hat, die Anzeichen davon bereits zu erkennen
(40, 3-5). Jahwe ist der erste und letzte (Jes. 44, 6; 48, 12), er ist
ein ewiger Gott, ein Schöpfer der Enden der Erde, er wird niemals
müde noch matt; unerforschlich ist seine Einsicht. Er verleiht dem
Müden Kraft und giebt dem Ohnmächtigen Stärke die Fülle (40, 28.
29). Diesem ewigen Gott, der die Kraft hat, seinen Plan durchzuführen, ist unbedingt zu vertrauen, und wer auf ihn vertraut,
erneuert immer seine Kraft und verjüngt seine Schwingen wie die
Adler, rennt und wird niemals müde, läuft und wird nie matt
(40, 30. 31).

Merkwürdig genug tritt bei diesem Idealismus des Glaubens
und diesem grossartigen Universalismus das Verhältnis Jahwes zu
Israel, wie es in der That doch vorhanden war, in eine ganz neue
Beleuchtung. Es war nicht die Willkür, welche den einzigen Gott
bewog, mit Israel in besondere Beziehung zu treten, auch nicht eine
Liebe, die in das Gegenteil umschlagen und mit der Verwerfung des
Volkes für immer endigen könnte; die Auswahl Israels beruht auf
dem Plan Jahwes, alle Völker zum Heile zu führen, sie hat ihren
Grund in den hohen Zielen, die Jahwe mit der ganzen Welt verfolgt.
So bietet diese grossartige religionsgeschichtliche Auffassung Deu-
terojesajas zugleich die beste Rechtfertigung, nämlich eine ethische
Motivierung der Erwählung Israels durch Jahwe.

Damit wächst Israels Bedeutung in ungeahnter Weise. Israel ist der Knecht Jahwes, der eine hohe Aufgabe in der Weltgeschichte hat, einen Beruf, die wahre Religion auf Erden in alle Länder zu tragen und damit das Heil allen Völkern zu bringen. Israel soll dazu dienen, dass die ganze Menschheit mit Jahwes Willen bekannt wird; es ist der Licht- und Heilbringer der Völker (42, 6[1]), der Prophet der wahren Religion für die ganze Welt (42, 1 ff.). Die Ausführung dieses Zweckes kann Jahwe nicht aufgeben, um seines Namens, um seiner Ehre willen muss er mit Israel seinen Plan verwirklichen (48, 9—11). Er wäre nicht der rechte Gott, wenn er nicht durchführte, was er haben will. Dem dient aber, so sehr das Gegenteil der Fall zu sein scheint, auch die gegenwärtige Lage des Volkes, da es in der Fremde Frondienst thun (40, 2), in Not und Elend sein muss (48, 10) und von allen Seiten bedrängt wird (42, 19—25). Denn diese schreckliche Lage, da Israel eigentlich unter den Völkern verschwunden und von ihnen tief verachtet ist, ist gerade das Mittel zur Erfüllung seiner hohen Mission. Die Erhebung, die Jahwe seinem jetzt so tief verachteten Knechte schenkt, wird die Völker in Verwunderung setzen und zur Anerkennung bringen, dass Jahwe ganz Besonderes mit diesem Knechte vorhatte und dass er allein der wahre Gott, der Gott der Macht und des Heils, ist. An dem Geschick Israels, seinem Leiden und seiner Erhöhung, sollen den Heiden die Augen aufgehen, sowohl über den Irrtum, in dem sie sich befinden, als auch über das, was zu ihrem Heile dient. So erfüllen sich Jahwes herrlicher Plan und Israels idealer Beruf: Jahwe, der verborgene Gott, enthüllt sich als die wahrhaftige rettende Gottheit (45, 14—17; 52, 9. 10; 52, 13—53, 12)[2].

[1] עַם ist nach 42, 5 als das ganze Menschengeschlecht zu fassen und נתן לְ wie in Gen. 17, 6 zu erklären: ich lasse zu Stande kommen durch dich u. s. w. Die Stelle bedeutet demnach: du wirst dem Menschengeschlecht den Bund vermitteln und den Nationen das Licht bringen. Gegen diese Fassung kann die unsichere Stelle 49, 8 nicht entscheiden; denn entweder ist dort der fragliche Ausdruck zuviel oder es fehlt etwas im Verse (siehe Duhm zu d. St.). Dass aber ברית «Bund» nur Anwendung auf Israel finden könne oder finde, kann nicht mit Recht behauptet werden.

[2] Jes. 52, 11 und 12 bilden eine deutliche Glosse: מִשָּׁם stösst sich mit dem פֹּה (52, 5) und die heimkehrenden Israeliten werden die «Träger

Die Rücksicht auf die ganze Welt ermöglicht so trotz allem sittlichen Ernste eine veränderte Betrachtung der Verschuldung des Volkes Israel und damit eine Milderung des strengen Urteils der früheren Propheten (vgl. Amos, Hosea u. Jesaja, auch Jerem. 16, 18). Hat schon Ezechiel im Blick auf die Heiden und ihren Götzendienst und auf die Strafe, die Israel um der gleichen Sünden willen getroffen hatte, das Gericht über die Heiden verkündet (Ez. 25—32), so lässt Deuterojesaja in viel feinerer Weise einmal die Heiden selber die Einsicht aussprechen, dass Israel die Strafe getragen habe, welche sie verdienten (53, 5 f.), gewinnt dann aber von Gottes Weltplan aus eine tiefere Begründung der Gnade Jahwes gegen sein Volk. Wohl haben die Sünden Israel von Jahwe getrennt (50, 1), hat das Volk Jahwe mit denselben Mühe gemacht, dass er über dasselbe seinen Bann ergehen lassen musste (43, 22—28), und hat es auf Jahwes Wort nicht gehört, so dass Gottes Zorn nicht anders als es strafen konnte (42, 19—25 vgl. 48, 10); aber einen Scheidebrief hat er ihm nicht gegeben (50, 1), ja es kommt Jahwe vor, als habe es doppelte Strafe für seine Sünde erlitten (40, 2), er kann Zion nimmer vergessen (49, 14 ff.). Israel bleibt sein Knecht, dient doch in dem Tragen der Strafe und Erniedrigung seinem Plan und Zweck, darum kann er sich von ihm nicht trennen, wenn er überhaupt seinen Plan durchführen will, und verzeiht ihm die Sünden (44, 21 ff.).

Die Verbindung Jahwes mit den Israeliten, die durch die prophetische Auffassung von Jahwe gelockert, ja wegen seines ethischen Charakters aufgehoben schien, wird gerade durch Deuterojesaja neu und für immer geknüpft. Der Staat mag allerdings zerfallen, aber Jahwe bleibt, und die Liebe und Gnade Jahwes hört nimmer auf (Jes. 54, 10). Sein Plan greift wohl über Israel hinaus und reicht bis ans Ende der Welt; aber die Durchführung dieses Planes ist nach dem Willen Jahwes an Israel gebunden. Zion ist doch der feste Mittelpunkt der Welt, von ihm geht die rechte Weisung aus und Jahwes Wort von Jerusalem. Dort vernehmen die Völker Gottes Willen und ist der Ursprung des Friedensreiches auf Erden (Jes. 2, 2—4). So ist aus der natürlichen Verbindung Jahwes mit Israel eine

der Jahwegeräte» genannt, was erst einem Späteren, nicht aber Deuterojesaja, wichtig sein konnte. Jes. 53, 1—7 reden die Heiden, die 52, 15 als die Empfänger einer unglaublichen Kunde (vgl. שְׁמֻעָה 53, 1) und die Zeugen eines unerhörten Ereignisses (vgl. 53, 1^b) erwähnt sind.

geschichtliche geworden und damit zugleich der Ausblick eröffnet auf eine religiöse und geistige Verbindung des Gottes Israels mit der ganzen Welt.

II. Die rechte Gottesverehrung.

§ 36.

Die Stellung der Propheten zum Cultus.

Die Vertiefung, welche die prophetische Religion der volkstümlichen gegenüber bedeutet, zeigt sich nirgends so deutlich, wie in dem Urteil über den Cultus. Dem Volke galt er als das wichtigste Stück des Gottesdienstes, als ein Höhepunkt im religiösen Leben, ohne den Cultus bliebe Jahwes Gunst ihm nicht erhalten (vgl. nur Gen. 8, 21; 1 Sam. 26, 19) und schiene es ein religiöses Leben eigentlich nicht zu geben. Anders verhält es sich nach der Betrachtung der Propheten: der Cultus ist so wenig die Hauptsache, dass sich die rechte Gottesverehrung auch ohne den Cultus denken lässt, ja dass er derselben sogar hinderlich sein kann.

Die hieher gehörigen Stellen sind zahlreich und bei den hauptsächlichsten Vertretern der prophetischen Anschauung zu finden. Mit unmissverständlicher Deutlichkeit spricht sich schon Amos, der erste unter ihnen, aus und weist auf die Zeit unter Mose hin, in welcher Jahwe keine Opfer gebracht worden seien (5, 21—25): «Ich hasse, ja ich verabscheue eure Feste und kann eure Feiertage nicht riechen. Wenn ihr mir Brandopfer darbringt, so mag ich eure Gaben nicht, noch sehe ich euren Dank in Mastkälbern an. Bleibt mir fern mit dem Lärm eurer Lieder, die Musik eurer Harfen kann ich nicht hören! Es strömе vielmehr wie Wasser Rechtlichkeit daher und Gerechtigkeit wie ein nie versiegender Bach! Habt ihr mir denn Opfer gebracht in der Wüste während der vierzig Jahre, ihr Israeliten»! Amos schreckt selbst davor nicht zurück, ihren Cultus als Sünde zu bezeichnen, weil die falsche Wertschätzung desselben die Israeliten in die Illusion einwiegt, bei Jahwe in höchster Gunst zu stehen, und darum sie anleitet, die wahren Forderungen Gottes zu vergessen: «Zieht nur hin nach Bethel und frevelt, nach Gilgal und frevelt noch mehr, bringt nur am Morgen eure Opfer und alle drei Tage eure Zehnten» (Am. 4, 4)! Und ähnlich lautet es bei den nachfolgenden Propheten. Bei Hosea heisst es (6, 4—6[1]): «Was kann ich denn anders mit euch anfangen, ihr Ephraimiten! wie anders mit euch verfahren, ihr Israeliten[2]! Ist doch eure Liebe wie ein Morgenwölkchen und wie ein Thau, der noch, ehe es Morgen wird, wieder verschwindet! Weil dem so ist, musste ich durch die Propheten dreinschlagen, durch die Machtsprüche meines Mundes euch[3] niederschmettern, da mein Gericht so sicher eintrifft, wie es Tag wird. Denn an Liebe habe ich Wohlgefallen und nicht an Opfern, an Gotteserkenntnis, nicht an Brandopfern» (vgl. auch 8, 13). Jesaia sagt (1, 11 ff.): «Wozu mir eurer Opfer Menge? spricht Jahwe, ich bin satt der Brandopfer von Widdern und des Fettes der Mastkälber und am Blute von Farren, an Lämmern und Böcken, habe ich keine Freude. Wenn ihr kommt vor mir zu erscheinen, wer hat denn solches verlangt? Unterlasst nur das Zertreten meiner Vorhöfe! Das Darbringen von Opfergaben — nichts wirkt das Rauchwerk, ein Greuel ist es mir! Neumond und Sabbat, das Zusammenrufen der Gemeinde, — ich mag nicht Frevel und Feiertage. Eure Neumonde und Feste sind mir in der Seele zuwider, sie sind mir lästig; ich bin müde sie zu tragen..... Wascht, reinigt euch, schafft mir die Bosheit eurer Thaten aus den Augen» (vgl. auch 29, 13)! Jesajas jüngerer Zeitgenosse Micha hat nicht anders geurteilt, wenn die Worte 6, 6 ff. wirklich von ihm und nicht von einem Spätern herrühren: «Womit soll ich Jahwe entgegenkommen, mich beugen vor dem Gott in der Höhe? Soll ich mit Brandopfern vor ihn treten, mit jährigen Kälbern? Hat Jahwe eine Freude an Tausenden von Widdern, an Myriaden von Oelbächen? Soll ich meinen Erstgebornen für meine Uebertretung dahin geben, meines Leibes Frucht zur Entsündigung meiner Seele? Es ist dir kundgethan, Mensch, was vielmehr dir zum Heil dient und Jahwe von dir fordert: Es ist Rechtsübung und dich der Liebe befleissigen und demütiger Wandel vor deinem Gott». Sicher und bestimmt spricht sich Jeremia gegen den Cultus aus, wenn er das im Tempel zu Jerusalem versammelte Volk folgendermassen anredet: «Vertröstet euch doch nicht mit dem

---

[1] Die Verse bilden die Fortsetzung von 5, 14. Was dazwischen liegt, ist späterer Einschub.

[2] ישראל ist zu lesen für יהודה vgl. o. S. 119.

[3] Lies הרגתיכם vgl. in LXX τοὺς προφήτας ὑμῶν.

Wahnglauben, dass ihr sagt: der Tempel Jahwes, der Tempel
Jahwes, der Tempel Jahwes ist dies..... Denn so spricht Jahwe
ṣĕbā'ōt, der Gott Israels, nehmt doch eure Brandopfer zu euren
Schlachtopfern hinzu und esset Fleisch drauf los! Denn, als ich eure
Väter aus dem Lande Miṣrajim hinwegführte, habe ich ihnen kein
Wort geredet und keinen Befehl gegeben über Brandopfer und
Schlachtopfer; nur diesen einen Befehl habe ich ihnen gegeben:
hört auf das, was ich sage, so will ich euer Gott und ihr sollt mein
Volk sein, und wandelt ganz in dem Wege, den ich euch gebieten
werde, dann wird es euch wohlergehen » (7, 4. 21. 22). Eine ähnliche
Stelle findet sich bei Deuterojesaja (43, 23 ff.). Danach teilt auch
er nicht die Auffassung des früheren israelitischen Volkes, als ob
der Cultus allein Gottes Gunst verbürgen könnte. Aber ganz so
scharf wie seine Vorgänger spricht er sich nicht mehr aus, er deutet
den Sinn der Opfer um und will in denselben eine symbolische
Darstellung der Verehrung sehen, die ihm aber doch immer als
unzulänglich erscheint. So kann auch er auf den Cultus kein Gewicht legen, «der Libanon hätte ja nicht genug zum Verbrennen
und sein Wild genügte nicht zu einem Brandopfer» (Jes. 40, 16).

Aus allen diesen Stellen ist es gewiss: der Opferdienst ist nach
den Propheten nicht das Wesen der rechten Gottesverehrung, er
ist eine Zuthat, die Jahwe im Grunde nicht fordert und ohne die das
Volk bei ihm in Gunst stehen kann. Die Propheten Amos und
Jeremia weisen zur Begründung ihrer Opposition gegen den Cultus
ausdrücklich auf die Zeit, da Jahwe zuerst dem Volke sich kund-
that, zurück, weil sie noch wissen, dass Jahwe damals keine Opfer
von den Israeliten verlangte. Die Frage, die sich nun unwillkürlich
erhebt, ist die, ob diese Opposition gegen den Cultus der Zeitgenossen eine absolute Verwerfung jedes Opfers bedeute. Schon die Worte
eines Amos scheinen nicht anders verstanden werden zu können;
aber es ist vorerst noch zu bedenken, dass sie gegen den Cultus
gerichtet sind, wie ihn die Zeitgenossen auffassten, gegen die Illusion, welche sie daran knüpften. Diese galt es auf jeden Fall gänzlich zu zerstören, weil sie der sittlichen Religion geradezu entgegen-
stand. In berechtigtem Radicalismus konnten die Propheten daher
sagen: lieber keinen Cultus als solchen, der nur dazu dient, dem
Volke die rechte Gotteserkenntnis unmöglich zu machen, und es
anleitet, seine wahren Pflichten zu übersehen oder für gleichgiltig
zu halten. Oder geht der Sinn ihrer Worte noch weiter? Jeremia

hat den Cultus vor Augen, wie er im Tempel zu Jerusalem nach
der Einführung des trefflichen deuteronomischen Gesetzes geübt
wurde, und doch sieht er die gleiche Illusion wieder entstehen; in
scharfen Worten erhebt er daher die prophetische Opposition: der
Tempel wird dasselbe Schicksal haben, wie das einstige Gotteshaus
zu Silo, und auch die Opfer im Tempel haben keinen religiösen
Wert, sie sind nicht besser, als das Schlachten in der Provinz,
welches das Deuteronomium schon des religiösen Charakters entkleidet hatte (Jer. Kap. 7, bes. v. 21). Zudem reden die Propheten
nirgends von der Notwendigkeit, dass Opfercultus geübt werden
müsse; sie stellen der Cultusübung ihrer Zeitgenossen nie eine
andere Opferordnung oder eine bessere Opferauffassung gegenüber,
sondern die Liebesübung und die Gotteserkenntnis. In ihrer Anschauung von Gott hatten Opfer keine sichere Begründung; darum
ist ihre Opposition gegen dieselben als eine prinzipielle zu verstehen
und ihre Worte bedeuten in der That: Keine Opfer, sondern Liebe
und rechte Gotteserkenntnis

Dieser Verwerfung der Opfer steht es nicht entgegen, dass
Hosea es seinen Zeitgenossen als Strafe androht, sie werden im
fremden Lande ohne Opferdienst zu Ehren Jahwes sein müssen
(3, 4; 9, 4 ff.); vielmehr will Jahwe gerade damit ihnen zeigen, dass
die Dinge, die ihnen als das Wichtigste vorkommen, auf ihn nicht
die geringste Einwirkung haben[1]. Auch sonst lassen die Worte der
Propheten, wo sie auf cultische Dinge sich beziehen, erkennen, dass
sie den Cultus als etwas Verwerfliches betrachten. Hosea macht
keinen Unterschied zwischen dem Stierbild, das die Nordisraeliten
verehren, und dem darin verehrten Gott, er verspottet ihren Cultus
als einem Kalbe dargebracht und Jesaja nennt die Bilder geradezu
Nichtse (אלילים vgl. oben S. 132). Wenn daher im Deuteronomium
sich prophetische Kreise doch dazu herbeiliessen, an einer Reform
des Cultus mitzuhelfen, so verfolgten dieselben nicht die ächten
Intentionen der Propheten, wie überdies Jeremia mit seiner Opposition auch gegen diesen gereinigten Cultus bestätigt (Jer. 7).

Es ist nicht zu bezweifeln, dass das Ideal der Propheten in
einem cultlosen Gottesdienst bestand, d. h. dass sie den Opfercult
und sonstige statutarische Ceremonien verwarfen. Darum haben sie
nirgends ein empfehlendes Wort für die Beschneidung; wo von

---

[1] Jer. 33, 17 ff. stammt nicht von Jeremia.

derselben die Rede ist, so wird jeder sacramentalen Bedeutung derselben entgegen getreten (Jer. 4, 4; vgl. 9, 25 und selbst noch Lev. 26, 41). Uebrigens scheint es, dass erst in später Zeit kurz vor dem Exil ihr eine besondere Bedeutung für die Jahwereligion beigelegt wurde. Im Dekalog, der als ein (vielleicht von Priestern angefertigtes [siehe S. 123]) Compendium der prophetischen Forderungen angesehen werden darf (Ex. 20 und Deut. 5), ist die Beschneidung so wenig gefordert als das Opfer. Wenn darin dagegen der Sabbat erscheint, so kommt es sehr auf die Art seiner Beobachtung an, ob er von den Propheten verworfen oder geduldet werden konnte. Aus Amos (8,5) ist keine entschiedene Zustimmung zu erschliessen, wie auch nicht aus Hosea (2. 13). Dagegen spricht Jesaja (1, 13) seinen Unwillen über die Art der Feier desselben aus, und die starke Betonung der Sabbatfeier in Jeremia 17, 19—27 stammt aus einer späteren Zeit und nicht von dem Propheten, der Cap. 7 geschrieben hat [1]. Den Propheten war an anderem als an den Ceremonien viel mehr gelegen.

§ 37.

Die Stellung der Propheten zum geltenden Recht.

Neben dem Cultus galten der volkstümlichen Religion die Thora und die ganze staatliche Ordnung mit dem Königtum an der Spitze als eine heilige Institution. Zu dieser Ansicht war auch viel mehr Grund in der Jahwereligion vorhanden, als zu der Wertschätzung des Cultus. Denn die Thora war, wie die Ordnung des Gemeinwesens, ein Geschenk Jahwes. Um so interessanter ist es, die Stellung der Propheten zu kennen, welche sie in dieser Hinsicht einnahmen.

Schon früher hat die auffallende Erscheinung erwähnt werden müssen, dass die Propheten sich niemals auf ein vorhandenes Gesetz berufen. Und doch ist es sicher und auch aus Andeutungen, die sich bei ihnen finden, zu entnehmen, dass es selbst geschriebene Weisungen gab. Man hat sich nur an das Bundesbuch und an Hos. 8, 12 zu erinnern, wo der Prophet Jahwe sagen lässt: «Mag ich den Israeliten noch so viel Weisungen aufschreiben, sie werden nur

---

[1] Jes. 56, 2. 4. 6; 58, 13 f. sind ungefähr ein Jahrhundert später als Deuterojesaja.

wie Verordnungen eines betrachtet, der ihnen nichts zu befehlen hat». Schon daraus, dass die Propheten niemals diese Autorität anrufen, ist jedoch ersichtlich, dass sie die Forderungen Jahwes nicht einfach mit den Bestimmungen der Gesetze identifizieren. Aber ihre Aussagen sind so mannigfaltig und verschieden, dass sich ihre Stellung nicht so leicht bestimmen lässt. Sie scheinen selbst einander zu widersprechen. Denn neben der Klage über die Nichtbeachtung des Rechtes und der Gesetze, wie sie in der angeführten Hoseastelle sich hören lässt, findet sich der klare Widerspruch gegen dieselben, während wieder andere Aussprüche in der Innehaltung der Rechte noch lange nicht den ganzen Willen Jahwes erfüllt sehen.

In die Kategorie der Zustimmung gehören die vielen Mahnungen zu Recht und Gerechtigkeit, zu einer unparteiischen Rechtspflege, sowie die vielen Klagen über die Ungerechtigkeit und Gottlosigkeit im Wandel, die sich bei allen Propheten finden (vgl. Am. 5, 7. 10—12. 24; Hos. 5, 10. 11; 12, 8 f.; Jes. 1, 16. 17; 5 etc.). Es ist richtig, dass auch diese Worte nicht einfach als eine Empfehlung der Gesetzlichkeit betrachtet werden dürfen, denn nirgends weisen die Propheten ihre Zeitgenossen an die Gesetze als eine selbständige Autorität, obschon sie dasselbe fordern, wie diese. Soviel ist jedoch aus diesen Worten sicher, dass sie den Forderungen der Gesetze beistimmen, auch wenn sie eine andere Autorität dafür kennen, als das blosse Vorhandensein derselben.

Auf keinen Fall sehen die Propheten alle Pflichten erfüllt, wenn die geltenden Ordnungen inne gehalten werden. Vielleicht ist schon Amos (2, 6) so zu verstehen, wenn dort als Sünde den Israeliten vorgeworfen wird, dass sie den Besitzlosen um ganzer zwei Sandalen willen in die Knechtschaft verkaufen. Das Gesetz mochte dies für jede unbezahlte Schuld dem Schuldherrn und Richter gestatten; aber Amos betrachtet es als eine Sünde, wenn nach dem Buchstaben des Gesetzes in so hartherziger Weise verfahren und das Recht bis *ad absurdum* und bis zu solcher Lieblosigkeit getrieben wird. Mag die Auslegung dieser Stelle auch zweifelhaft sein, so unterliegt doch die Sache selber keinem Zweifel, dass die Propheten eine tiefere Erfüllung der bürgerlichen Pflichten forderten. Sie verlangten, dass das starre Gesetz flüssig gemacht werden solle, dass man nicht bei der blossen Form desselben stehen bleibe. Dahin weisen die Mahnungen: «Jagt dem Guten nach» (Am. 5, 14), «hasst das Böse und liebt das Gute» (Am. 5, 15), und besonders wenn dann an

Stelle des Guten Jahwe selber als das Ziel hingestellt wird, das man
vor Augen haben soll (Am. 5, 4). Die Weisungen sollen überhaupt
den Israeliten nicht fremd gegenüber stehen (Hos. 8, 12), sie sollen
nicht nur mechanisch aufgefasst und ausgeübt werden, ohne dass
das Herz etwas dabei zu thun hätte (Jes. 29, 13: dies Volk naht sich
mir nur mit seinem Munde und ehrt mich nur mit seinen Lippen,
sein Herz aber ist ferne von mir, so dass, wo sie mich fürchten, es
nur angelerntes Menschengebot ist). Das Herz sollte durch
ein liebendes Eingehen auf den Willen und Sinn Jahwes die starre
Form lebendig machen, so dass man die Intentionen der Ordnung
versteht und nach diesen verfährt, und nicht nach dem blossen
Wortlaut.

Von diesem Verständnis der Gebote und Ordnungen ist der
Schritt nicht mehr gross zu einem eigentlichen Gegensatz gegen
dieselben; aber wo er sich geltend macht, ist es, wie sich ebenso
aus der tieferen Auffassung der Propheten ergiebt, nicht ein Widerspruch gegen den Inhalt, sondern gegen die falsche Anwendung
und den unrichtigen Gebrauch desselben. Allerdings kann sich dieser
Gegensatz bis zu dem Punkte steigern, dass wegen der Gefahr, die
immer mit dem unrichtig gefassten Gesetz verknüpft ist, das Gute
als der Feind des Bessern und Besten verworfen wird. Zu dieser
gegensätzlichen Gegenüberstellung des wahren Willens Jahwes (משפט
יהוה) und der niedergeschriebenen Thora ist Jeremia fortgeschritten
in der berühmten Stelle (8, 7 und 8): «Während der Storch in der
Luft seine Zeit wohl kennt und Turteltaube und Schwalbe die Zeit
ihrer Heimkehr innehalten, kümmern sich die Israeliten um den
Willen Jahwes nicht. Wie könnt ihr auch sagen: Weise sind wir und
Jahwes Thora ist bei uns! Ja freilich! Man sieht, wie zur Täuschung
der Lügengriffel von Schreibern sich in Bewegung gesetzt hat!» In
Jeremias Augen erschien die Einführung und Durchführung des
deuteronomischen Gesetzes, weil eine rechte Erkenntnis des Willens
Jahwes nicht vorhanden war, welche dasselbe recht verstehen liess,
nur als eine leichtfertige Heilung, die bloss den Schaden verdeckte
(6, 14) und darum der wirklichen Besserung nur im Wege stand (vgl.
Zeitschrift für Theologie und Kirche II. 1892, S. 29—73, bes. 61 ff.).

Alle diese verschiedenartigen Aussprüche der Propheten über
die geltenden Ordnungen zeigen deutlich die Stellung, welche sie
denselben gegenüber einnehmen. Sie sehen in denselben nie den
vollkommenen Ausdruck des Willens Jahwes, und darum darf nie-

mals in letzter Linie auf ihren Wortlaut abgestellt werden. Die Autorität, welche in allen Dingen zu entscheiden und die authentische Interpretation zu geben hat, bleibt Jahwe, und das Mittel, um eine solche zu gewinnen, ist die völlige Hingebung des Herzens an Jahwe. Nur dann wird man dazu kommen, diese Wegleitungen nach dem Sinne dessen, der sie gegeben hat, zu gebrauchen und einzusehen, dass sie nur eine relative, nie aber eine unbedingte Geltung beanspruchen. Jahwe ist ein lebendiger Gott und will nicht nur eine äusserliche Ausführung seiner Gebote, er prüft Herz und Nieren und sieht auf die Gesinnung.

Zur Bestätigung dieser Darstellung vom Verhältnis der Propheten zu dem geltenden Recht und Gesetz kann es nun dienen, dass wir eine ähnliche prophetische Beurteilung über das Königtum im A. T. besitzen. Die deuteronomistische Stelle 1 Sam. 8, welche in der Stiftung des Königtums eine Verwerfung Jahwes erblickt (v. 7), spricht vom Standpunkt des Exils aus, das namentlich als eine Folge der Versündigungen der Könige angesehen wurde, und kann nicht als sicherer Ausdruck der prophetischen Anschauung in Anspruch genommen werden. Dagegen sind in dieser Hinsicht die Aussagen des Propheten Hosea wichtig. Aus 3, 4 («die Israeliten sollen geraume Zeit ohne König und Obrigkeit, ohne Opfer und Malstein, ohne Ephod und Teraphim bleiben») ist zwar nicht zu schliessen, dass Hosea das Königtum verwerfe, wie er dies nach andern Stellen mit dem daneben genannten Cultus und den cultischen Gegenständen gethan hat. Hier kommt es darauf an, den Israeliten zu sagen, dass sie das Höchste, was sie kennen, König und Cultus werden entbehren müssen. Hosea ist auch darin mit dem Volke einig, dass das Königtum eine von Jahwe gegebene Einrichtung sei; aber wie das Recht und Gesetz sollte auch das Königtum Jahwe nicht in den Hintergrund drängen. Das aber war der Fall in Israel. Daran denkt niemand mehr, dass Jahwe den König und die Obrigkeit einzusetzen hat und er der oberste Befehlshaber ist, bei dem sie Hilfe zu suchen und zu finden haben. «Eigenmächtig haben die Israeliten Könige eingesetzt ohne Jahwes Auftrag, Anführer sich erwählt ohne sein Wissen» (8, 4). Keinem von ihnen fällt es ein, bei der heillosen Anarchie, die durch die fortwährende Entthronung der Könige entstanden ist, bei Jahwe Hilfe zu suchen, sie erwarten doch immer alles Heil von den Königen und ihrer Politik (7, 3—16). Darum wird Jahwe dafür sorgen, dass sie erkennen, wie wenig der

König allein ihnen zu helfen vermag: «Bereits sprechen sie ja schon: Wir haben keinen König; denn der König, den wir haben, was thut er für uns (10, 3)[1]!» In der äussersten Not, da Jahwe selber das Verderben über Israel bringt, wird die Ohnmacht des Königs und der Fürsten an den Tag kommen. Jahwe giebt ihm zwar nach seinem Wunsche Könige, aber nicht mehr, wie im Anfang, in freundlicher Absicht, sondern in seinem Zorn, und rafft sie in seinem Grimme wieder dahin (13, 9—11). Nicht das Königtum als solches wird von Hosea verworfen, so wenig als die Propheten die Thora selber als das Unglück Israels bezeichneten, sondern das von Jahwe abgelöste Königtum, dem man ein selbständiges Recht und eine Jahwe in den Schatten stellende oder ihn ganz in Vergessenheit bringende Macht zuschrieb. So wenig die Thora selber verantwortlich ist für die Lüge, zu der sie missbraucht wird, ebenso wenig trägt die Institution des Königtums die Schuld an der Sünde, die sich zur Zeit Hoseas in Israel an dasselbe knüpfte. Es ist auch hier der falsche Gebrauch, den das Volk und seine Führer von demselben machten, und Hosea denkt nicht daran, schon die Errichtung des Königtums unter Saul für einen Abfall von Jahwe zu erklären[2]. Aber noch einmal wird uns hier klar, wie die Propheten als alleinige Autorität nur Jahwe kannten, die selbst durch von ihm ausgegangene Institutionen niemals abgelöst werden kann.

[1] «Denn wir haben Jahwe nicht gefürchtet» ist in diesem Vers Glosse nach Esra 9, 6 ff.

[2] Smend will dies allerdings aus 9, 9; 10, 9 schliessen, da er « die Tage Gibeas » = die Tage Sauls fasst. Aber der Text ist an beiden Stellen so unsicher, dass dieser Schluss zu sehr in der Luft hängt, besonders da nach 8, 4 Hosea auch von Jahwe eingesetzte Könige kennt, also das Königtum als solches nicht verwirft. In 9, 9 ist mit הגבעה כימי schwer etwas anzufangen. In 10, 9 ist wahrscheinlich חטאת aus v. 8 eingedrungen und in Folge davon ursprüngliches כימי (vgl. 9, 9) in מימי verändert. Sind die mittleren Worte ebenfalls eine Glosse, so könnte der alte Text gelautet haben: כימי הגבעה ישראל מלחמה על בני עולה d. h. « Wie einst Gibea, ergeht es jetzt Israel; Krieg ist gegen die Frevler». Das würde zur Fortsetzung (vgl. bes. v. 13 ff.) und auch zu dem Ereigniss Jud. 19 ff. so übel nicht passen.

§ 38.

Die wahren Forderungen Jahwes.

Dem ethischen Charakter Jahwes konnten ein cultischer Dienst und eine äusserliche Befolgung der Satzungen nicht genügen. Jahwe wollte anders verehrt sein. Je nach der persönlichen Eigenart betont jeder der Propheten eine besondere Seite oder beleuchtet doch dieselbe Sache von einem andern Gesichtspunkt aus. Das ihnen allen Gemeinsame aber ist, dass sie die rechte Verehrung Jahwes in dem unbedingten Vertrauen auf seine Macht und in dem Erweis desselben durch den Gehorsam gegen seine sittlichen Forderungen sehen. Die Voraussetzung bildet hiezu, wie es nicht anders sein kann, die rechte Gotteserkenntnis, d. h. die lebendige Empfindung des ethischen Wesens Jahwes. Religion bedeutet nach den Propheten somit Jahwe kennen, ihn fürchten und seinem Willen gehorchen, wie einer seinen Vater kennt, fürchtet und seinen Geboten gehorcht. Nun giebt es für die Israeliten, so sehr sie eine Empfindung von Jahwes Wesen und Walten haben können, doch keine unmittelbare Verbindung mit Jahwe. Sie sehen ihn nicht, wie sie sollten, überall hinter den Ereignissen, er ist ihnen nicht lebendig gegenwärtig in dem geltenden Gesetz und den ererbten Weisungen; sie bedürfen daher einer beständigen Vermittlung zur wahren Aufrechterhaltung des Verkehrs mit Jahwe und zur sicheren Kenntnis seines Willens. Diesen Dienst leisten die Propheten, die darum ihre Thätigkeit als ein wesentliches Element in der Religion ihres Volkes ansehen, und erst dann wird es überflüssig, wenn, wie Jeremia verheisst, jeder Einzelne selber ein Prophet geworden ist. Bis aber Jahwe jedem die rechte Gotteserkenntnis verleiht und seinen Willen ins Herz legt, ist es das prophetische Wort, das die Verbindung und den Verkehr zwischen Jahwe und dem Volke vermittelt (vgl. Am. 2, 10 f.; 8, 11 ff.; Hos. 12, 11. 14; Jer. 31, 33 und oben S. 153), deshalb aber auch von dem Volke in einem fort genaue und treue Beachtung erfordert.

Von diesen Gesichtspunkten aus sind die Forderungen der Propheten verständlich. Amos stellt dem gesamten Cultus, mochte er in den gewöhnlichen oder aussergewöhnlichen Leistungen bestehen, die Forderung von dem Thun des Guten (טוב) gegen-

über. Als gut sieht er aber nicht etwa das an, was nach dem engen
Gesichtskreise der einzelnen Person oder der Nation als angenehm
und vorteilhaft betrachtet wird. Es ist auch nicht das Gesetzmässige.
Er hebt das Gute über diese Grenzen hinaus, indem sein Inhalt von
Jahwe bestimmt wird, der seinen Blick nicht nur auf das eine Volk
Israel, sondern ebenso sehr auf die umliegenden Völker gerichtet
hat und darum einen allgemeineren Massstab anwendet. Damit ist
gegeben, dass nicht schon das gut sein kann, was man in der besonderen Lage für zweckmässig findet, sondern erst das, was zu jeder
Zeit und überall als gut muss angesehen werden. «Gut» bekommt
so einen selbständigen bestimmten Inhalt und, weil allgemeingiltig,
eine rein sittliche Bedeutung. Amos kann daher statt: «sucht das
Gute, dann werdet ihr am Leben bleiben» (5, 14) als ganz gleichbedeutend sagen: «sucht Jahwe, so bleibt ihr am Leben» (5, 6);
denn wer Jahwe sucht, der kann nur das Gute im Auge haben, und
wer dem Guten nachjagt, der wird Jahwes Willen entsprechen.
Amos meint auch nichts anderes, wenn er Recht und Gerechtigkeit
verlangt (5, 15. 24 vgl. 2, 6). Es hat für ihn eine internationale, also
allgemein menschliche Bedeutung; denn gerade um der Verletzung
solcher humanen Pflichten willen ergeht vornehmlich das Gericht
auch über die Nachbarvölker (1, 3. 6. 9. 11. 13; 2, 1: Tyrus hat das
Abkommen mit den Israeliten, als friedliche Nachbarn mit einander
zu leben, nicht gehalten; Edom hat mit dem Schwert in der Hand
seinen Bruder verfolgt, jedes Erbarmen mit Gewalt darnieder
gehalten und für seinen Zorn keine Grenzen gekannt, und Moab hat
selbst das Grab des Königs von Edom geschändet, indem es seine
Gebeine zu Kalk verbrannte).

Nichts anderes fordert Hosea, auch wenn er mit anderen
Worten sich ausdrückt. Den Israeliten fehlt die rechte Gotteserkenntnis, das rechte Verständnis dafür, was für eine Bedeutung es
hat, dass Jahwe Gott ist, was er für sie gethan hat und von ihnen
will (דעת אלהים 4, 1. 6; 5, 4; 6, 6[1]). Wenn sie dafür einen Sinn
hätten, dann müssten sie merken, dass er Liebe und Treue,
Gerechtigkeit und Hoffen auf ihn verlangt (4, 1; 6, 6; 12, 7).

[1] Der Ausdruck kommt auch 6, 3 vor; aber 5, 15 bis 6, 3 ist eingeschoben, es unterbricht den Zusammenhang (vgl. 5, 14 und 6, 4) und
enthält zum Teil eine anders gewendete Nachbildung der folgenden
Verse (vgl. nur כשחר נכון מצאו 6, 3 mit משפטי כאור יצא 6, 5).

Dazu müsste die Dankbarkeit gegen Jahwe führen, wenn sie seiner
Gaben sich erinnerten, die er ihnen durch die Errettung aus Aegypten
und die Versorgung mit reichlicher Nahrung und grossem Besitze
verliehen hat (2, 10; 11, 1 ff.). Aber statt dass sie Liebe gegenein-
ander üben und einander Treue halten, statt dass sie Gerechtigkeit
beweisen und auf Gott hoffen, ist Schwören, Lügen und Morden,
Stehlen, Ehebrechen und Blutvergiessen an der Tagesordnung (4, 2;
vgl. 6, 7 ff.) und suchen sie ihr Heil bei Assur und Aegypten (5, 13;
7, 11; 12, 2), bei dem Cultus, der kanaanitisch ist und sie immer
mehr von Jahwe abzieht, und bei den politischen Ränken ihrer
Könige und Fürsten. Und wenn sie am Ende nicht die dankbare
Gesinnung von diesem Treiben abhalten könnte, so sollte die Ehrfurcht vor dem majestätischen Gott sie davor bewahren, der ihre
Sünden unbarmherzig strafen wird (11, 9; 13, 12 ff.).

Das Hoffen auf Gott, das Hosea in der Gotteserkenntnis mitbe-
gründet sieht, nennt Jesaja Glauben. Und zwar hebt Jesaja
gerade diese Forderung ebenso stark hervor, wie die sittliche Forderung, welche Amos so gewaltig erhoben und auch Hosea in die
erste Linie gestellt hat. Es zeigt sich dabei, wie er in seinen ethischen Anforderungen ganz mit seinen Vorgängern einverstanden ist,
wenn er das Wehe ausruft über das sündige Volk, über die Brut
von Uebelthätern, über die verderbten Söhne, welche Jahwe verlassen und den Heiligen Israels verachtet haben (1, 4), wenn er Juda
mit Sodom und Gomorrha vergleicht (1, 10) und wenn er Gerechtigkeit und das Eintreten für Wittwen und Waisen fordert (1, 16 f.). Es
muss aber das sittliche Verhalten auf religiöser Grundlage ruhen;
diese Verbindung kannten Amos und Hosea gar wohl, sonst hätte
ersterer יהוה und טוב (Religion und Sittlichkeit) nicht für einander
gebraucht und letzterer nicht auf die דעת אלהים das Hauptgewicht
gelegt. Jesaja aber nennt zuerst diese religiöse Grundlage, das Ant-
worten auf die Empfindung Gottes durch den innern Sinn, Glauben
(הֶאֱמִין). Er versteht darunter ein stilles und demütiges, aber kräftiges
und mutiges Vertrauen auf Gottes heilvolle und gewaltige Leitung
der Geschicke, ein Verzichten auf die Anwendung aller Selbsthilfe
und selbsterwählten Mittel, da die gewaltige Empfindung von
Jahwes Macht darin nur grundlose Zweifel erkennen kann. Nur in
diesem unbedingten Vertrauen auf Jahwe ist Heil; das besagen
Jesajas Worte deutlich. Kap. 7, 9 sagt er: «Habt ihr keinen Glauben,
so giebt es für euch kein Bleiben»; 28, 16: «Wer Glauben hat, wird

nicht weichen » und 30, 15: « In Umkehr (שׁוּבָה) [1] und Ruhe läge euer Heil, in Stillehalten und Vertrauen (בְּטְחָה) läge eure Kraft; aber ihr wollt das nicht ». Jesaja erscheinen daher alle die Mittel, welche das Volk anwendet, seien es Opfer oder Bündnisse, um aus der Not und Verlegenheit zu kommen, für verfehlt, sie bedeuten Zweifel an dem Heiligen Israels; man muss ihm vertrauen können in jeder Lage, sei es dass das ganze Volk von Gefahren bedroht ist, oder sei es dass der Einzelne meint, durch Ungerechtigkeit oder Gewaltthat sich Rettung und Heil zu verschaffen. Nur Jahwes Willen verhilft zum Ziel; wunderbar erweist sich sein Plan, herrlich seine Einsicht (28, 29). Man sieht hier bei Jesaja deutlich, was Glauben bedeutet, vertrauensvolle Hingebung an den Willen Gottes, dem die Macht immer zu Gebote steht, und daraus hervorgehendes geduldiges Warten auf sein sicheres Heil, das man nicht mit Mitteln herbeizuführen sucht, die eine Verleugnung Gottes und ein Widerspruch gegen seinen Willen wären.

In tiefster Weise hat Jeremia diesen Glauben selber besessen, so schwere Kämpfe es ihn auch gekostet hat, denselben in den Verfolgungen, die ihm daraus erwuchsen, aufrecht zu erhalten, ihn aber auch von dem Volke gefordert. Er hat, was Amos, Hosea und Jesaja als Jahwes Forderungen aufstellten, als die rechte Gottesverehrung verteidigt, auch solchen Gegnern gegenüber, die meinten, sich auch auf jene Propheten berufen zu können. Man hatte sich ja Mühe gegeben, ein neues Gesetz durchzuführen, das sehr humane Bestimmungen aufgenommen hatte und den grobsinnlichen Opferdienst verpönte; aber Jeremia hält fest daran, nicht Gesetzlichkeit, sondern wirkliche von Herzen kommende Uebung von Liebe und aufrichtiger, gottergebener Sinn bleiben immerfort die rechte Gottesverehrung. Der gereinigte Tempel und das geschriebene Gesetz können Jahwe nicht ersetzen und eine Bedeutung sich anmassen, welche allein Gott zukommt. Wie Amos fordert er wahrhaftes Gutesthun und völlige Gerechtigkeit (7, 5 f.), wie Hosea die rechte Gotteserkenntnis (8, 7 ff.; 22, 16 und bes. 9, 22 f.: « Wer weise ist, rühme sich nicht seiner Weisheit, wer stark ist, rühme sich nicht seiner Stärke, und

---

[1] שׁוּבָה hat hier die prägnante Bedeutung des Verzichts auf alle die bisher in Anwendung gebrachten Mittel der Selbsthilfe, sozusagen: Abkehr von der Welt und Einkehr in sich selbst, Reduction von der Peripherie auf das Centrum.

wer reich ist, rühme sich nicht seines Reichtums, sondern dessen
rühme sich, wer sich rühmen will, einen Sinn und ein Verständnis
dafür zu haben, was es bedeutet, dass ich Jahwe bin, der Gnade,
Recht und Gerechtigkeit übt auf Erden; denn an solchen habe ich
Freude spricht Jahwe»). Wie Jesaja mahnt er dem Vertrauen auf
Menschen gegenüber zu dem Vertrauen auf Jahwe; die Verbün-
deten retten so wenig, wie die eigenen Machinationen, nur der treue
Gehorsam gegen den Willen Jahwes (vgl. 17, 5 ff. u. ö.). Natürlich ist
es daher auch, dass er, wie alle drei, dem Hilfesuchen bei den Nachbarvölkern entgegentritt. Das Eigentümliche, was Jeremia auszeichnet, ist einerseits die Bestimmtheit, mit der er auch den falschen
Propheten gegenüber gerade den sittlichen Inhalt als das klare
Kennzeichen des Wortes Jahwes geltend macht (23, 21 ff. vgl. auch
oben S. 126), und andrerseits die Betonung der Gesinnung, der
rechten Stimmung des Herzens. Da liegt der Ursprung der Reden
und Thaten, und um diese völlig zu beurteilen, muss man das Herz
kennen (11, 20; 12, 2; 20, 12). So ist es die eigentliche Grund-
forderung Jeremias, dass das Herz für Jahwe beschnitten, d. h. für
das Göttliche empfänglich werden (4, 3), dass eine innerliche Gotteserkenntnis und demzufolge eine religiös-sittliche Gemeinschaft
jedes einzelnen Menschen mit Gott vorhanden sein solle. Wo diese
sich findet, ist an der Erkenntnis des göttlichen Willens und dem
Willen, denselben zu erfüllen, nicht zu zweifeln (24, 7; 31, 33 f.).

Deuterojesaja hat nicht mehr für diese Forderungen der
Propheten zu kämpfen; sie sind anerkannt, wenn auch nicht erfüllt.
Glauben und Liebe sind aber auch bei ihm die Punkte, auf
welche es für den treuen Diener Jahwes ankommt. Der Glaube
schwingt sich bei ihm bis zum höchsten Idealismus empor; ein
solcher Optimismus soll die Diener Jahwes erfüllen, dass ihre Kraft
nie ermatten und ihre Hoffnung nie verblassen kann und die Aus-
dauer ihnen niemals zu Ende geht (40, 28 ff.). Die Liebe aber wird
von Deuterojesaja so tief gefasst, dass sie schliesslich auch aus-
söhnt mit im Uebermass (40,2) und unverdient (53,9) erduldeten
Leiden, weil sie zum Heile von Andern dienen müssen (53, 4—6).
Jahwes Gedanken sind ja höher als die Gedanken der Menschen,
wie der Himmel höher ist als die Erde (55, 8. 9), und mögen selbst
Berge weichen und Hügel wanken, so soll doch Gottes Gnade nicht
von dem weichen, der seinem Willen sich fügt, und sein Friedens-
bund nicht wanken (54, 10).

Keiner der Propheten hat sich gedrungen gefühlt, in ausführlicher Weise darzulegen, welches der Inhalt der religiösen und ethischen Forderungen Jahwes sei. Es sind nur gelegentliche Aussprüche, welche der Gegensatz des wirklichen Verhaltens des Volkes hervorrief: Freundlichkeit und Liebe gegen Arme und Verlassene, Unparteilichkeit im Rechtsprechen, Wahrhaftigkeit, Ehrlichheit, Sichfernhalten von Selbstsucht und Selbstgerechtigkeit, von Ehebruch, von Mord und Totschlag u. s. f. werden genannt. Es ist gewiss, dass die Propheten eine ausführliche Aufzählung dieser Forderungen nicht für nötig befunden haben. Die früheren unter ihnen leitete das sichere Gefühl und Jeremia die deutliche Erkenntnis, dass eine solche Darlegung im Einzelnen doch nicht der Tiefe und der das ganze Leben umfassenden Weite des göttlichen Willens genügen könnte, und dass sie im besten Falle der Gefahr einer gesetzlichen Auffassung ausgesetzt wäre. Zudem musste im Innern Jahwe selber einem jeden bezeugen, was gut sei, und ihm den Willen zur Erfüllung der göttlichen Forderungen stärken. In kürzerer Weise hätten sie darum kaum die religiösen und sittlichen Pflichten zusammenfassen können, als es in Micha 6, 8 geschieht (Rechtsübung und sich der Liebe befleissigen und demütiger Wandel vor seinem Gott) oder als Jesus es thut (Mark. 12, 30. 31), wenn er Deut. 6, 5 mit Lev. 19, 18 verbindet: Du sollst Jahwe deinen Gott lieben von ganzem Herzen, von ganzer Seele und mit aller deiner Kraft, und du sollst deinen Nächsten lieben, wie dich selbst.

Am ehesten darf als eine Art Compendium dessen, was die Propheten als die rechte Gottesverehrung ansehen konnten, der Dekalog (Deut. 5 und Ex. 20) betrachtet werden, der jedenfalls im 7. Jahrhundert, vielleicht in den von Jesaja beeinflussten Kreisen (siehe S. 123), zusammengestellt ist, wenn wir von den Motivierungen absehen, welche einzelnen Geboten gegeben sind. Die zehn Worte verbieten die Verehrung fremder Götter, den Bilderdienst, den Missbrauch des Namens Jahwes, die Sabbatentheiligung, die Unehrerbietigkeit gegen die Eltern, den Mord, den Ehebruch, den Diebstahl, die Abgabe eines falschen Zeugnisses und jedes Begehren nach dem, was dem Nächsten gehört. Nur bei dem Sabbatgebot muss man zweifeln, ob es wirklich auch ächt prophetischen Intentionen entspreche (vgl. oben S. 164). Aber es ist zuzugestehen, dass der Sabbat am leichtesten einen geistigen Gebrauch zuliess.

Die Sünde.

Mit Leichtigkeit lässt sich aus den Propheten ein grosses Sündenregister des Volkes zusammenstellen. Seitdem es Hosea aufgegangen ist, in dem Verhältnis von Gatte und Gattin das Bild des Verhältnisses von Jahwe und Israel zu sehen, ist es üblich geworden den Abfall von Jahwe Ehebruch, ein Buhlen mit Fremden, zu nennen (vgl. Hos. 1—3; 4, 12; 5, 3 ff.; 9, 1 ff.; Jes. 2, 6; Jer. 2, 1 ff. u. bes. Ezechiel 6, 9; 16; 20; 23). Weiter rügen sie den Mangel an lebendigem Glauben an Gott und seinen Schutz in der kleinmütigen Verzagtheit gegenüber menschlicher Macht (vgl. Jes. 7, 2; 8, 12) und in dem Vertrauen auf menschliche Hilfe (Hos. 5, 13; 7, 11; 8, 9; 12, 2; 13, 10; Jes. 22, 8 ff.; 31, 1 ff.; Jer. 2, 18. 36 u. ö.) oder auf eigene Weisheit (Jes. 5, 21; Jer. 8, 8 ff.); die Lüge und Heuchelei, womit man meint, Gott durch äusserlichen Dienst zufriedenzustellen, wenn auch das Herz fern von ihm bleibt (Am. 5, 21 ff.; Jes. 29, 13; Jer. 7, 4. 10 ff.; Jes. 48, 1) und selbstgerecht auf solche Scheinverehrung pocht (Jer. 2, 35 vgl. Amos z. B. 5, 14 und Hosea z. B. 8, 5; 9, 1). Was den Verkehr im bürgerlichen Leben betrifft, so werfen die Propheten dem Volke überhaupt die Uebertretung der sittlichen Gebote des Dekalogs vor (Hos. 4, 2; Jer. 7, 9). Im Bessondern strafen sie die Habgier (Am. 2, 6 ff.; Jes. 5, 8; 10, 1 ff.), welche ihre Ziele zu erreichen zu Falschheit und Lüge greift (Jes. 6, 5; Jer. 9, 2 ff.), im Handel und Wandel Betrug übt (Am. 8, 4 ff.; Jer. 5, 27; 6, 13), die Armen durch Unterdrückung und Wucher ausbeutet (Am. 2, 7; Jes. 10, 1 ff.; Ez. 22, 12 f.), beim Gericht durch Bestechung Ungerechtigkeit veranlasst und übt (Jes. 1, 23; 5, 23; Mich. 3, 11; Zeph. 3, 3) und auch vor Raubmord und Blutschuld nicht zurückschreckt (Hos. 6, 8 f.; Jer. 2, 30; Ez. 7, 23; 22, 2 ff. etc.). Im häuslichen Leben rügen sie Schwelgerei und Unzucht (Am. 3, 10; 4, 1 ff.; 6, 4 ff.; Jes. 3, 16 ff.; 5, 11 ff.; Jer. 5, 7; Ez. 22, 11; 23, 37 etc.), die Auflösung aller Bande der Pietät (vgl. Mich. 7, 6).

Dieses Register könnte zu der Meinung verleiten, als ob die Propheten in der Sünde die Uebertretung einzelner Gebote gesehen hätten. Davon hält uns aber ein Doppeltes ab, die Stellung, die sie dem Rechte gegenüber einnehmen, und die viel tiefere Auffassung von dem, was Jahwes Willen ist. Bei der Sünde kann es sich allerdings auch um Nichtbeachtung der bürgerlichen Ordnung handeln, aber diese letztere ist nicht das in letzter Instanz Entscheidende, ja es kann sich an dieselbe ein Widerspruch wider die höchste und einzige Autorität, wider Jahwe, knüpfen. Sünde ist daher im Sinne der Propheten nicht an der bürgerlichen Ordnung und an dem Gesetzesbuchstaben zu bemessen, sondern an dem Willen Jahwes. Widerspruch gegen diesen ist Sünde, und weil sie das ist, so ist dieselbe nicht nur in den vom Gesetze bezeichneten und geregelten Verhältnissen möglich, sondern auch da, wo keine Ordnungen den Weg vorschreiben wollen; andrerseits hat sie aber deshalb eine viel schlimmere Bedeutung, weil sie bei dieser tiefen Auffassung immer dem ethischen Wesen sich entgegensetzt.

Je nach der Bestimmung der Forderung des göttlichen Willens bezeichnen die einzelnen Propheten die Grundsünde auch in verschiedener Weise. Amos erscheint sie als ein Widerspruch gegen das Gute, gegen das, was der sittliche Charakter Jahwes fordert. In allen den vielfachen Sünden Israels tritt ihm die Verletzung der Moral entgegen, wie er sie auch an den fremden Völkern tadelt (vgl. oben S. 170). Nach Hosea liegt der Sünde überall der Mangel des Kernes der rechten Gottesverehrung, der Mangel der Gotteserkenntnis, zu Grunde. Kennten die Israeliten Gott, sie würden nicht mit ihren Schafen und Rindern daherziehen, um Jahwe zu suchen (5, 6), sie würden wissen, dass er Liebe und Treue von ihnen verlangt; auch würden sie nicht zum König Raufbold nach Assyrien schicken oder zu dem König in Aegypten, sie würden auf Jahwe hoffen (12, 2. 7); und endlich würden sie nicht meinen, in stetem Wechsel der Könige schliesslich den Retter zu finden, sondern erkennen, dass es keinen Retter giebt ausser Jahwe, der Gerechtigkeit fordert und dankbare Treue für alle seine Gaben seit der Errettung aus Aegypten verdient (13, 4). Für Jesaja ist es Unglaube, wenn das Volk auf Rosse und Wagen sich verlässt, statt auf den Heiligen Israels, der Gott und nicht Mensch, Geist und nicht Fleisch ist (Jes. 31, 1. 3). Unglaube verrät es auch, wenn das Volk die Ruhe verliert und mit allerlei eigenen Mitteln und Anstrengungen sich selber helfen will, statt dem festen Fels seines Gottes zu vertrauen (30, 15); Unglaube kann es nur sein, der zu der Empörung gegen den Gott führt, dessen Herrlichkeit doch die ganze Erde erfüllt, und um seinen Willen einer unpar-

teiischen Rechtspflege und eines sittlichen Verhaltens sich nicht
kümmern zu müssen meint. Verstocktheit und Verblendung lassen
die Worte Jahwes nicht verstehen und seine Thaten nicht sehen,
die den Glauben in ihren Herzen erwecken sollten (6, 8 ff.);
die Israeliten setzen allem, worin Jahwe sich kundthut, ihren
Unglauben, ihren Widerwillen, entgegen (30, 15). Bei Jeremia
geht die Sünde auf die Hartherzigkeit des Volkes zurück, in
der sie sich unempfänglich erweisen für das Göttliche, wie die
Heiden (3, 17). שררות לב Erstarrung des Herzens, d. h. Erstorben-
sein des innern Sinnes, ist es, was Jeremia an seinen Volksgenossen wahrnimmt (7, 24; 9, 13; 11, 8; 13, 10; 16, 12; 18, 12;
23, 17). Darum gehen sie in ihrem Trotze gegen Jahwe dahin, und
die falschen Propheten ermuntern sie noch in ihrer Auflehnung
gegen Jahwe (28, 16; 29, 32), welche ihrem Wesen und ihrer
Natur so sehr entspricht. Dasselbe will Jeremia bezeichnen, wenn
er von ihrer Hartnäckigkeit spricht (7, 26; 17, 23); damit will
er ihre Unbotmässigkeit und Ungelehrigkeit hervorheben, die keine
Vernunft annimmt, die allen Mitteln, welche Jahwe anwendet,
dieselbe freche Stirn entgegensetzt (Jer. 3, 3). Darum hilft, wie wir
gesehen haben, nichts anderes, um diese Art des Volkes zu ändern,
als eine Umwandlung von Grund aus, eine solche Umgestaltung
seines Sinnes, dass demselben der Wille Jahwes nicht mehr als
etwas Fremdes gegenübertreten kann (31, 33). Dem hohen Idealismus Deuterojesajas ist es angemessen, dass ihm die Sünde als
Kleinmut und Kleinglauben erscheint, und er diejenigen, welche
Jahwes wunderbare Leitung der Geschicke seines Knechtes und die
Nähe des Heiles nicht merken wollen, als Trotzköpfe (אבירי לב) ansieht (46, 12), müssen ja doch den Heiden die Augen aufgehen und
die wunderbaren Thaten Jahwes offenbar werden (52, 10. 14 ff.;
53, 1 ff.).

Wenn man die prophetische Auffassung des Wesens der Sünde
überblickt, so kann man nicht verkennen, dass letztere den Propheten
als eine Widersetzlichkeit wider den Willen Jahwes erscheint.
Die Menschen lehnen sich dagegen auf, dass sie Jahwe sich beugen
sollten, sie wollen mit ihrem eigenen Willen versuchen, ihr Heil zu
schaffen, und nicht anerkennen, dass das sittlich Gute, das Jahwe
fordert, allein ihnen Glück und Heil bringen kann. Sie wollen nicht
(Jes. 30, 15); sie wollen autonom bleiben und nicht dem ihnen als
fremde Herrschaft erscheinenden Willen Jahwes sich unterordnen.

Damit ist gesagt, dass die Propheten die Menschen als frei ansehen. Wohl involviert das menschliche Wesen im Vergleich mit dem erhabenen Gott, der nichts von den menschlichen Affecten weiss, und dessen geistiges Wesen ihn über die Erde hinaushebt, einigermassen eine Verflechtung mit der Sünde (Jes. 6, 5), aber es hebt die Möglichkeit des Gehorsams gegen Jahwe, die freie Entscheidung, ihm sich zu unterwerfen, nicht auf. Sonst wären ja auch die Vorwürfe, welche die Propheten erheben, nicht verständlich, und erst Jeremia kommt durch seine Erfahrung, und nicht aus theoretischen oder dogmatischen Gründen, dazu, die Zeitgenossen als so gründlich verderbt anzusehen, dass nur noch eine solche Aenderung ihnen helfen könne, die der Empfindung jeder Heteronomie bei den Forderungen Gottes ein Ende mache und vielmehr dafür sorge, dass die tiefe Erkenntnis Jahwes den Sinn und das Streben der Menschen zur Willenseinheit mit Gott bringe.

Auch haben die Propheten eine Einsicht in die ansteckende Macht der Sünde. So klagt Hosea (5, 7) darüber, dass sich die Untreue gegen Jahwe von den Eltern auf die Kinder fortgepflanzt habe[1], und Jesaja (1, 4) nennt seine Zeitgenossen eine Brut von Uebelthätern. Aber deswegen besteht nach ihnen in der menschlichen Natur kein Zwang zur Sündhaftigkeit, und es liegt ihnen ganz fern, wie die Dogmatik es lange gethan hat, von dem Fall Adams her eine solche Veränderung der ursprünglich gut geschaffenen Menschennatur anzunehmen, dass seither der Hang zur Sünde ihr anhafte. Diesen Sinn hat aber die Erzählung Gen. 3 selber nicht. Sie gehört zu den vom Jahwisten in seine Darstellung aufgenommenen Stoffen der Ueberlieferung, welche die Hebräer mit andern Völkern gemein haben (vgl. oben das über Gen. 2 Bemerkte S. 143). Die Gestalt ist dabei natürlich nicht unverändert geblieben, aber bei der Umbildung in Israel ist ihr früherer Charakter nicht gänzlich verwischt worden. Besonders hat dieses Stück auch keinen Einfluss auf die eigene Anschauung des Jahwisten ausgeübt. Es gilt doch als Kains Pflicht, über die Sünde zu herrschen, die nach ihm verlangt (4, 7), und

---

[1] Zu lesen ist Hos. 5, 7: כִּי־הֵם בַּיהוה בָּגָדוּ וְכִי־בָנִים זָרִים יָלָדוּ (vgl. מֵהֶם am Ende von v. 6 und LXX) und zu übersetzen ist (vgl. Jes. 65, 16): Nicht nur sind sie ja selber Jahwe untreu geworden, sondern sie haben sogar auch ein Bastardgeschlecht in die Welt gesetzt, d. h. es handelt sich nicht um einen einmaligen Abfall, um eine einzelne abtrünnige Generation, sondern um eine völlig verseuchte Nation.

wenn er es soll, so ist auch noch das Können vorausgesetzt, so gut wie bei Adam (3, 17); und bei den Patriarchen erzählt der Jahwist nachher nicht im Geringsten etwas von einer Verderbtheit der menschlichen Natur oder einer Trennung von Gott, wie sie der Ausschluss aus dem Paradiese erwarten liesse. Aber auch diese ursprünglich fremdländischen Ueberlieferungen selber reden nicht von einer sittlichen Verderbtheit der Menschen, so dass aller Widerstand gegen die Sünde unmöglich wäre. Diese Erzählung will nicht das *non posse non peccare* erklären; aber darin stimmt sie mit den Propheten, wie mit dem Volke, überein, dass jede Auflehnung wider Gottes Gebot Sünde ist und Unheil im Gefolge hat. Auch umgekehrt würden die Propheten zustimmen, dass jede Sünde aus einer eigenwilligen Auflehnung wider Gottes Willen, die sich selber helfen und keine göttliche Beschränkung des eigenen Willens dulden wolle, hervorgehe; aber dieser Sinn liegt nicht direkt in der Erzählung der Genesis, so sehr es sich auch gerade bei dieser Sünde um das Streben nach eigener Selbständigkeit handelt[1], und das alte Israel kannte auch Verfehlungen und Sünden, welche man begehen konnte, ohne es zu wollen.

[1] Gewöhnlich versteht man den Namen «Baum der Erkenntnis von Gut und Bös», von dem die Menschen im Garten Eden nicht essen sollten, dahin, dass der Genuss seiner Früchte moralische Unterscheidungsgabe verleihen könne; aber wenn die Menschen vorher kein sittliches Urteil besitzen konnten, so wäre nicht nur eine so schwere Bestrafung, wie sie sie nachher getroffen hat, höchst auffallend, sondern auch das Verbot selber recht unverständlich. Dieser Ausdruck geht nicht auf die moralische Bedeutung von «gut» und «bös» zurück; der achtzigjährige Barzillai will sich doch mit nichten die moralische Urteilsfähigkeit absprechen (2 Sam. 19, 35 f.), und auch im Orient wird dieselbe bei zwei bis dreijährigen Kindern kaum schon vollständig ausgebildet sein (Deut. 1, 39; Jos. 7, 16 vgl. Jon. 4, 11). Dagegen können die Kinder wohl in diesem Alter unterscheiden, was ihnen nützlich oder schädlich sei, und brauchen nicht mehr der beständigen Aufsicht. Demnach bedeutet «erkennen, was gut und was böse ist», ursprünglich soviel als die Einsicht besitzen, um sich selber helfen zu können, so selbständig sein, dass man schon das Rechte zu treffen weiss, ohne immerfort von dem Rat und der Fürsorge Anderer abhängig zu sein, also gewissermassen die «Mündigkeit» und weiterhin die vollständige Selbständigkeit. Diese Kunst, auf eigenen Füssen zu stehen und selbst den Weg zu finden. repräsentiert der Baum der Erkenntnis von Gut und Böse. Die Weisheit (vgl. Gen. 3, 5 f.) sollte dem Menschen versagt sein und nicht die moralische Urteilsfähigkeit. Gott wollte von seiner Alleinherrschaft den Menschen nichts abtreten, sie

III. Die Zukunftserwartungen.

§ 40.

Der Tag Jahwes.

Für die volkstümliche Auffassung bedeutete der Tag Jahwes die Zeit, da Jahwe in glänzender Weise sich zu seinem Volke bekennen und es aus aller Not befreien werde, die es bedrängte. So hofften auch die Zeitgenossen des Propheten Amos (vgl. oben S. 114). Eine ganz andre Bedeutung bekommt der Tag Jahwes durch die Propheten; und auch hier ist es wieder bereits Amos, der die neue Fassung vertritt. Das Wort ist geblieben, wie es bei יהוה צבאות und טוב der Fall war, aber ein ganz anderer Inhalt ist demselben gegeben. Der Tag Jahwes, des Gottes, welcher Sittlichkeit fordert, kann für das ungerechte Volk kein Tag des Heils sein. Wehe ruft der Prophet über die, welche denselben herbeiwünschen (5, 18) und den bösen Tag in weiter Ferne wähnen (6, 3). Der Tag Jahwes ist ein Tag des Gerichts über Israel, das nahe bevorsteht und den Untergang des Staates bringt. Schon hebt der Prophet die Totenklage über Israel an: «Gestürzt ist, sodass sie nicht mehr sich erheben kann — die Jungfrau Israel; hingestreckt liegt sie auf der eigenen Flur — niemand richtet sie auf» (5, 2). Der Krieg ist es, der den Untergang bringt (5, 3), und Trauern und Klagen wird an jenem

sollten immerfort unter seiner Führung und Macht bleiben. Die Menschen aber begehrten darnach sich zu emanzipieren, versuchten selbst ihres Glückes Schmied zu sein und kämpften daher in ihrem Freiheitsdrange gegen die Abhängigkeit von Gott an. Sie hatten das Betreten dieses Weges, die Anmassung, auch teilzuhaben an der Weisheit der Beherrschung der Welt, mit dem Verluste des Paradieses zu büssen. Sie haben erreicht, was sie wollten, sie sind geworden wie Gott dadurch, dass sie nun nach eigenem Willen schalten und ihre Herrschaft auf Erden gebrauchen (3, 5 und 22); aber dieser Fortschritt führte nicht zum Heil, sondern schlug zum Verderben aus. Dies ist der Sinn der Erzählung; etwas wie Wehmut spürt man derselben ab, dass alles Ankämpfenwollen gegen die göttliche Macht, alles Versuchen, unabhängig und frei zu werden, vergeblich sei und nur Schaden bringe. Eine Parallele dazu bildet Gen. 11, 1—9 vgl. bes v. 6. Eine Erklärung über die Entstehung der Sünde geben zu wollen, liegt der Erzählung Gen. 3 ganz fern.

Tage das Land erfüllen, nicht Siegesjubel und Freude: «Auf allen
Plätzen ertönt die Totenklage und auf allen Gassen jammern sie :
o weh! o weh! Weh euch, die ihr den Tag Jahwes herbeiwünscht!
Warum doch kann euch an dem Tag Jahwes so sehr gelegen sein!
Er ist ja Finsternis (Unglück) und nicht Licht» (5, 16. 18). Die Assyrer
werden unter dem Befehl des Gottes der Heere das Gericht vollstrecken (9, 1 ff.), die Städte, vor allem die Hauptstadt Samaria,
zerstören (3, 11 ff.; 5, 5; 6, 1 ff.) und das Volk aus der Heimat
wegführen und in unreinem Lande zerstreuen (4, 3; 5, 5. 27; 6, 7;
7, 11; 9, 4). Keine Fürbitte des Propheten vermag gegen die
Ausführung des Gerichtes mehr etwas auszurichten; Jahwe hat
schon mehr denn einmal dem Volke wieder vergeben, aber keine
Besserung gesehen (7, 8; 8, 2).

Von den weiteren Gedanken Jahwes bei der Vollstreckung des
Gerichtes spricht Amos nicht. Der Tag Jahwes ist Finsternis und
nicht Licht für die Israeliten, auch schliesst nicht etwa ein heller
Saum das dunkle Gemälde ab, die Worte am Ende der Schrift
(Amos 9, 8 ff.) hat Amos nicht geredet. Und doch kann es nicht
zweifelhaft sein, dass der Prophet darin nicht das Ende des
Glaubens an Jahwe sieht. Gerade um seines Wesens willen, um
sich selbst zu behaupten, muss Jahwe dem israelitischen Staate
den Untergang bringen. Wie Amos die weiteren Wege Jahwes sich
dachte, ob er die Erwählung eines andern Volkes annahm (vgl. 9, 7),
sagt er uns nicht, das konnte der Prophet getrost seinem Gott
Jahwe überlassen.

Nicht besser gestaltet sich die Aussicht bei Hosea, obwohl er
doch selber ein Angehöriger des Nordreichs ist. Er gebraucht zwar
den Namen Tag Jahwes nicht, schildert aber das Gericht, das
Israel unmittelbar bevorsteht und unbarmherzig über dasselbe
ergehen wird. Eine Zerstörung soll Ephraim treffen, dass es zu
einem Adma und Zeboim wird (11, 8. vgl. Gen. 10, 19; 14, 2).
Ohne Hoffnung klingt auch Hoseas Schilderung aus: «Wohl verwahrt
ist die Schuld Ephraims, gut verschlossen seine Sünde. Geburtswehen stellen sich wohl bei ihm ein; aber es ist ein unverständiges
Kind: wenn es Zeit wäre, tritt es nicht in den Muttermund[1]. Sollte

---

[1] Man lese וְהוּא, כָּעֵת und כַּמַּשְׁבֵּר (בנים ist zu streichen); der Sinn
ist : Israel kann die Sünde und Schuld nicht loswerden, darum erfolgt
die Strafe.

ich sie aus der Gewalt Scheols befreien! sie vom Tode loskaufen!
Her mit deinen Seuchen, Tod! Her mit deiner Qual, Scheol! Jedes Mit-
leid ist aus meinen Blicken verschwunden!» u. s. w. (13, 12—14, 1)[1].
Nur das allein ist nach Kap. 3, 3 f. sicher, dass die Israeliten auch
nach der Zerstörung des Staates in der Hand Jahwes bleiben, wenn
sie lange Zeit ohne König und Fürsten und ohne jeden Cultus in
der Verbannung verweilen müssen.

Der Tag Jahwes hat von da an bei den Propheten die Bedeutung
eines Gerichtstages über das Volk Israel behalten, wenn schon neue
Elemente in späterer Zeit sich daran knüpften. Bei Jesaja und
Micha erleben wir die Uebertragung des von Amos und Hosea für
Ephraim in Aussicht gestellten Unterganges auch auf Juda. Jesaja
hat zuerst noch in scharfen Worten nur von dem Urteil über das
Nordreich gesprochen. Dazu ist er gesandt, das verstockte Volk
noch mehr zu verstocken, weil es eben doch nicht hört, bis dass
die Städte wie ausgestorben und die Häuser menschenleer sind und
das Land einer Wüstenei gleicht und auch kein Zehntel darin mehr
übrig bleibt (c. 6). Gewaltig schildert er den Tag Jahwes, des Gottes
der Heere, der wie ein alles wegfegender Sturm über Israel
losbricht, alles Stolze und Hohe zu Boden wirft und zerschmettert.
Dann wird der Menschen Stolz gebeugt und der Männer Hochmut
gedemütigt, und nur Jahwe einzig und allein erhaben sein an jenem
Tage (2, 11 ff.; 7, 18—25; 9, 7—10,4 mit 5, 26—30; 17, 1—11).
Das Gericht ist über Ephraim gekommen, wie die Propheten weissagten; aber die Hoffnung Jesajas, dass der Hochmut in Juda sich
demütige und der Rest einen andern Weg einschlage, erfüllte sich
nicht. Die Judäer wollen nicht erkennen, dass Gott mit ihnen ist und
Jahwe sie rettet; sie verachten die stillfliessenden Wasser Siloahs,
d. h. die unsichtbare Hilfe ihres Gottes. Juda ist nicht besser als
Israel, auch Juda muss untergehen; es ist social und sittlich gleich
zerrüttet (1, 21 ff.; 3, 1—4, 1; 5, 1—24) und fällt in denselben
Fehler, bei irdischen Mächten seine Hilfe zu suchen (28, 14 ff.;
31, 3). Jerusalem wird in Trümmer gehen und Juda wird fallen;
denn ihre Reden und ihre Thaten sind wider Jahwe, zu empören
seine majestätischen Augen. Wehe ihnen, denn nur sich selber fügen
sie Böses zu (3, 8 f.; vgl. 5, 5. 6). Diese Verkündigung hat sich

---

[1] Die Verse 2—10 im 14. Capitel sind spätere Zufügung vgl. oben
S. 119.

niemals bei Jesaja geändert; wohl trat sie nicht so zu Tage, als Hiskia
zuerst eine Zeit lang versuchte, nicht mehr mitzumachen in dem
politischen Treiben der Nachbarn, sondern auf Jahwe allein zu vertrauen. Jahwe weiss in seiner Weisheit die Zeit und Art des Gerichtes auf das beste zu bestimmen (28, 23—29). Aber um so mächtiger bricht die Gerichtsverkündigung hervor, als sich Hiskia nun
doch mit Aegypten einliess. Jerusalem wird in den Staub gebeugt,
ihre Stimme wird nur noch aus der Unterwelt vernommen, und zwar
wird die Heimsuchung plötzlich und mit einem Male von Jahwe
ṣĕbā'ôt erfolgen mit Donner und Dröhnen und lautem Schall, mit
Sturm und Wetter und verzehrender Feuerflamme (29, 1 ff.). Auch
als die unerwartete Rettung Jerusalems erfolgte und Sanherib die
Belagerung aufhob, konnte Jesaja in den Jubel der geretteten Stadt
nicht einstimmen; ihm stand ein anderes Bild vor den Augen: es ist
der Tag Jahwes, ein Tag des Schreckens und Stürzens und Ver-
störens, da die Mauern zusammenkrachen und die Berge vom
Geschrei wiederhallen (22, 5)[1]. Dieser muss doch kommen, weil
alles, was Jahwe thut, keine Wirkung auf das Volk ausübt. Es kann
die unvermutete Rettung nichts anderes sein, als eine Rettung zum
Tode. Jahwe der Heere hat es wieder und wieder dem Propheten
deutlich enthüllt: Wahrlich, diese Sünde wird euch nicht vergeben,
bis ihr tot seid (22, 14). So ist in den Zukunftserwartungen Jesajas
nur eine «Verschärfung der Erwartung des Zusammenbruchs»
zu finden. Aber festzuhalten ist dabei, dass er auch in dieser
schärfsten Rede, die zugleich vielleicht seine letzte ist, Jahwe den
nennt, der die Geschichte in der Hand hat und sie lange zum
voraus bildet (22, 11). Darum ist die Hoffnung auf Jahwe
ihm so wenig geschwunden, wie einem Amos und Hosea, obschon
der Rest, von dem er zuerst hoffte, dass er sich ganz zu Jahwe
wenden werde, nun in der Mehrzahl dem gewissen Tode entgegen
geht und nur auf seine engsten Jünger zusammengeschmolzen ist
(8, 16 ff.).

Ganz ebenso hat Jesajas Zeitgenosse der Prophet M i c h a aus
dem sittlichen Verfall seine berühmte Weissagung von dem Untergang Jerusalems und des Tempels begründet, mit der er seine

---

[1] Zu dieser Auffassung siehe H a c k m a n n, Zukunftserwartung des
Jesaja S. 96 und 108 und C h e y n e, Introduction to the Book of Isaiah
S. 132—136.

Worte abschliesst: « Um euretwillen wird Zion als Feld gepflügt und Jerusalem zu Trümmerhaufen und der Tempelberg zu einer waldbewachsenen Höhe werden » (3, 12 vgl. Jer. 26, 18).

Diese Ankündigungen Jesajas und Michas, dass der Tag Jahwes Juda so gut treffen solle, wie er Israel vom Erdboden wegfegte, blieben unvergessen, bis sie sich erfüllten. Jer. 26, 18, wo von einigen Vorstehern des Volkes auf Micha 3, 12 zurückgewiesen wird, ist ein deutlicher Beweis hiefür. Wir wundern uns auch nicht, dass Jeremia diese Ankündigung wiederholt. Aber schon vorher hat Zephanja den grossen Tag Jahwes als nahe bevorstehend und schnell herbeieilend bezeichnet (1, 7. 14), als die Züge der Skythen die Gemüter erregten (also vor 626). Er schildert ihn als einen Tag des Zorns, der Angst und Bedrängnis, einen Tag von Trümmern und Zertrümmerung, einen Tag der Finsternis und Dunkelheit, einen Tag von Nebel und Wolken, einen Tag des Trompetengeschmetters und Kriegsgeschreis gegen die befestigten Städte und gegen die hohen Zinnen (1, 15. 16). Das Wichtige in der Auffassung Zephanjas aber ist, dass er nicht nur das Gericht über Juda ergehen lässt, sondern (falls 2, 4—15 kein Nachtrag sind) über die ganze Erde, und dass er selbst die Möglichkeit ins Auge fasst, dass es an Juda vorbeigehe (1, 18; 2, 2. 3). Schon Amos hatte das Wetter über die Nachbarländer daherfahren sehen, aber über Israel stand es still, um sich mit aller Wucht zu entladen. Auch Jesaja hat Assur die Heimsuchung Jahwes angedroht, weil es sich wegen seines Auftrags, den es gegen Juda hat, überhebt und nach eigener Herzenslust verfahren zu können meint (10, 5 ff.); aber diese Drohung hat in seinem Gedankenkreise nur eine nebensächliche Bedeutung. Bei Zephanja aber beginnt sich das Hauptgewicht des Gerichts am Tage Jahwes auf die Heidenwelt zu verlegen. Die Schilderung macht auch, wenn schon der Prophet durch die Skythenzüge dazu angetrieben wurde, den Eindruck einer mehr theoretischen Zusammenstellung der jesajanischen Gedanken, die im Bewusstsein davon unternommen ist, dass Jahwe der Herr der ganzen Welt ist.

Bei Jeremia stehen die Judäer noch viel mehr im Vordergrund, ihnen gilt der Tag Jahwes in erster Linie, wenn schon auch über andere Völker Jahwes Heimsuchung ergehen wird (25, 15 ff.; vgl. 1, 10). Gegen Jerusalem zieht der Feind aus dem Norden, seien es die Skythen oder die Chaldäer, heran, um das Gericht an demselben

zu halten (1, 11--16). Aber auch Jeremia schiene eine wahrhafte
Besserung des Volkes das Gericht fern halten zu können; als er
aber die Unmöglichkeit einer Besserung einsieht, erklärt er mit aller
Bestimmtheit, wie einst Jesaja und Micha, dass die Judäer nichts
anderes von der Zukunft zu erwarten haben, als die Zerstörung des
Staates und des Tempels. Er allein war ja der ächte Jesajajünger
geblieben, der die Hilfe nur im Vertrauen auf Jahwe sah; und die
andern, die man etwa zu dem Schear-jaschub hätte zählen mögen,
hatten in der Herstellung eines Gesetzes eigene Mittel gesucht, um
die Rettung zu bringen, die, wenn sie auch neu waren, nicht besser
waren, als die alten, und ebenso sehr die rechte Herzensgesinnung
erschwerten. Es gibt darum keine andere Aussicht, als die gänzliche
Zerstörung. So wenig als Jesaja daran irre wurde, als Sanherib die
Belagerung aufhob und mit seinem Heere nach Assyrien zurückzog,
ebenso wenig wird Jeremia der Untergang Jerusalems zweifelhaft,
als die Chaldäer von Jerusalem wegzogen, um die Aegypter, die
endlich ausgerückt waren, zurückzudrängen. Jeremia teilt die Freude
der Judäer nicht; er bleibt unerbittlich bei der herben Wahrheit:
«Das Heer Pharaos, das euch zur Hilfe auszieht, wird wieder nach
Aegypten zurückkehren, und die Chaldäer werden wieder vor
Jerusalem erscheinen, die Stadt einnehmen und mit Feuer verbrennen. Täuschet euch nicht, dass ihr hofft, die Chaldäer werden
ganz wegziehen! Ja, wenn es euch gelänge, die Chaldäer so zu
besiegen, dass nur ein paar Verwundete in ihren Zelten übrig
blieben, diese Wenigen würden sich erheben und die Stadt verbrennen» (37, 6—10). Das Gericht über die Heiden hat bei keinem dieser
Propheten eine selbständige Bedeutung. Wo dieselben in umfas-
senderem Massstabe herbeigezogen sind, so bilden sie nur den
Rahmen zu dem Gerichte über Israel oder Juda, so bei Amos und
auch bei Jeremia. Eigentümlich ist, wie erwähnt, nur Zephanja,
weil bei ihm die Heiden als diejenigen erscheinen, welche sicher
das Gericht trifft, obschon er von ihren Sünden nicht spricht und
nur Nineves Stolz hervorhebt[1]. Bei Amos ist das Gericht, das
jedes Volk trifft, genau begründet, und bei Jeremia ist es unzweifelhaft, dass die Heiden das chaldäische Joch zu tragen haben, wie

---

[1] Doch sind die Verse 2, 4—15 von Budde Zephanja abgesprochen
(Stud. u. Krit. 1893, S. 394 f.).

Juda, weil auch sie immer wieder sich empört und sich mit Juda gegen Nebukadrezar verschworen haben (25, 8—11). Ist es ein einzelnes Volk, das der Prophet mit dem Gerichte Jahwes bedroht, so wird dies mit einer besonderen Verschuldung motiviert, wie dies Jesaja bei seinem Weheruf über Assur thut (10, 5 ff.). Nur das Gericht über ein einzelnes Volk verkünden Nahum und Habakkuk; bei dem ersten ist der Untergang Nineves mit dem Unheil begründet, das die Assyrer gegen Jahwe im Schilde führten. Ganz vergessen ist die Auffassung der grossen Propheten, die hinter den Assyrern Jahwe selber sahen, und es spricht sich unverkennbar mehr die Freude an der Rache, die nicht ausbleiben könne, als die sittliche Entrüstung über die Bluthaten, die die Assyrer begingen, in seinen Capiteln aus, obschon auch mehrfach auf diese letzteren hingewiesen wird. Tiefer ist der Fall der bedrohten Macht von Habakkuk begründet; es ist ein objectiverer Massstab, mit dem er misst, die Verletzung des Rechtes: « Der Frevler, in ihm ist kein redlicher Sinn, aber der Gerechte wird durch seine Treue am Leben bleiben » (2, 4). Gleichwohl lässt sich nicht verkennen, dass es auch bei Habakkuk, wie bei Nahum, Seitenlinien sind, die sich von der geraden Linie der Propheten abzweigen. Wenn später bei Deuterojesaja in der Hervorhebung der hohen Bedeutung Israels Anklänge daran auftreten, so haben sie doch einen wesentlich andern Sinn, wie wir sehen werden.

Wichtig aber ist es noch zu bemerken, dass der Tag Jahwes das Volk als Ganzes in Mitleidenschaft zieht. Daran bestätigt sich von neuem, dass die Propheten das Volk als solches als das Subject der Religion auffassten. Erst Jeremia ist dazu gekommen, nach dem Eintritt des Tages Jahwes eine unmittelbare Beziehung Jahwes zu den Einzelnen zu fordern.

§ 41.

Die Verwirklichung des Heils.

Das Gericht an Israel und Juda bedeutet für die Propheten nicht eine Aufhebung des Heils, sondern eine Selbstbehauptung Jahwes, also geradezu den Weg zur Verwirklichung des Heils. Amos und Hosea haben sich darüber nicht ausgesprochen, wie sie sich die Wege Gottes im Weiteren dachten. Auch bei Jesaja finden sich nur wenige Andeutungen hierüber. Die Erwartung, die er anfangs

hegt, dass ein Rest sich zu Jahwe wende, und die er in dem Namen
seines Sohnes שאר ישוב ausdrückte, trat angesichts der Erfahrungen,
welche er machen musste, in den Hintergrund, auch spricht er nur
einmal und zwar wohl in früherer Zeit davon, dass das Gericht die
Bedeutung einer Läuterung habe (1, 24 ff.). Immerhin hat er einen
Jüngerkreis um sich, dem er für die Zukunft besonders wichtige ihm
offenbar gewordene Weisungen übergiebt (8, 16 ff. vgl. 30, 8 ff.).
Vor allem aber ist es bedeutsam, dass er Jahwe als denjenigen
kennt, der seinen Plan hat, und damit dem Ausdruck verleiht, was
auch seiner Vorgänger Glauben war (22, 11). Etwas anderes konnte
Jesaja damit nicht sagen wollen, als dass Jahwe in den Ereignissen
den seinem Wesen entsprechenden Willen durchführe, also sein
Heil, das er wolle, zu Stande bringen werde.

Jeremia nimmt dieses Wort auf und zeigt seine weittragende
Bedeutung, wenn er ihm einen volleren Ausdruck verleiht: « Ich bin
mir der Gedanken wohl bewusst, die ich über euch hege, spricht
Jahwe, Gedanken sind es zum Heil und nicht zum Unheil, Gedanken, euch eine hoffnungsreiche Zukunft zu geben » (29, 11). Aber
Jeremia gelangt auch dazu zu sagen, wie dieses Heil von Jahwe
verwirklicht werde. Es muss eine ganz andere Art werden aus den
Menschen, ihre eigenen Mittel haben nichts geholfen, keine Besserung gebracht, sondern nur den Schaden verschärft und das Gericht
unausweichlich gemacht. Das Heil ist nur von Jahwe selber zu
hoffen, es gilt wahrhaft von allem Anderen abzusehen, wie schon
Jesaja dies als ewige Wahrheit (לְעַד עַד־עוֹלָם) niedergeschrieben hat
(Jes. 30, 8. 15). Jahwe verleiht den exilierten Judäern nach der
Rückkehr ein solches Herz, dass sie erkennen, was es bedeutet, dass
er Jahwe ist (24, 7). Die Gotteserkenntnis soll ihnen so zu teil werden, dass sie jedem Einzelnen von ihnen im Herzen wohnt und sie
keine fremde Belehrung mehr bedürfen (31, 33 f.). Sicher ist es
ferner dem Propheten, dass sich das Heil im Lande Palästina verwirkliche. Mit der Rückkehr in die Heimat erfolgt die Umwandlung
des Sinnes (24, 6). Darum ist er bei dem Reste des Volkes nach
der zweiten Wegführung zurückgeblieben und hat er die Flucht
nach Aegypten den furchtsamen Führern widerraten. Dass an das
heimatliche Land das Heil sich knüpfen werde, sollte auch der Ankauf eines Ackers in Anatot zu einer Zeit ankündigen, wo die Lage
Jerusalems schon eine so verzweifelte war, dass ihre Eroberung
durch die babylonischen Heere nur noch eine Frage der Zeit sein

konnte. Denn Jeremia erkannte darin, dass man ihm den Acker anbot, Jahwes Wink (32, 8), durch den Ankauf zu bezeugen, dass dereinst in diesem Lande wieder unter den durch Jahwes Güte Geretteten Häuser, Felder und Weinberge gekauft werden (32, 15. 42 ff.; vgl. 31, 2—6). Dieses Heil erwartete Jeremia nicht in nächster Zukunft; denn die Juden im Exil fordert er auf, den falschen Propheten, welche von baldiger Rückkehr reden, nicht Glauben zu schenken und sich vielmehr in der Fremde darauf einzurichten, dass sie dort noch eine gute Weile zu verbleiben haben. Nach rund siebenzig Jahren wird Jahwe seine freundliche Zusage wahr machen und ihnen die Rückkehr in die Heimat ermöglichen (c. 29 vgl. 25, 11). Ausmalungen über das Heil darf man bei Jeremia nicht suchen; das Höchste und Wichtigste, worin alles andere Glück und Heil beschlossen ist, liegt ja für ihn darin, dass man Jahwe recht kennt und dann aus freiem Willen seinem Gotte gehorcht. Das ist ein höherer Ruhm, als wenn man sich seines Reichtums, seiner Weisheit oder seiner Stärke rühmte; und Jahwe hat keine andere Absicht, als eine hoffnungsreiche Zukunft zu schaffen. Das Einzige, was er in dieser Hinsicht sagt, ist, dass ein rechter Spross aus dem davidischen Hause hervorgehen werde, der als König im Lande nach der Rückkehr herrsche und mit weisem Sinne Recht schaffe, in dessen Tagen Juda und Israel Heil erfahren und der den Namen trage: Jahwe ist unsere Gerechtigkeit (23, 5—8). Aber auch aus diesen Worten ersieht man, dass Jahwe der Retter ist, der die Befreiung aus der heidnischen Knechtschaft bewirkt, und dass der König nur als die Spitze der nationalen Ordnung eine Bedeutung hat (vgl. 23, 4 und 3, 15).

Wie nicht anders zu erwarten ist, tritt die Schilderung des Heils bei Deuterojesaja in den Vordergrund. Das Gericht war, wie es die früheren Propheten verkündet hatten, eingetroffen; jetzt war das Auge der Erfüllung der freundlichen Zusage des Heiles zugewendet. Jahwes Wort bleibt bestehen und muss sich erfüllen (Jes. 40, 6—9; 55, 10 f.). Deuterojesaja nimmt das Wort von dem Heilsplan, das Jeremia als ein ächter Jünger Jesajas gesprochen hatte, seinerseits auf (vgl. 46, 10) und zeigt, wie wunderbar die Gedanken Jahwes sind. Auf ganz anderem Wege, als die Menschen sich dachten, führt Jahwe das Heil herbei (55, 8 f.); wo der, welcher nicht hinter den Ereignissen Jahwes Gedanken zu sehen vermag, nur das Elend seines Knechtes, des Volkes Israel, erblickt, da schaut derjenige, dem die Augen wahrhaft geöffnet sind, wie Jahwes Plan sich verwirklicht und die Mission des Knechtes sich erfüllt (z. B. 42, 16 ff.). Wunderbar und herrlich ist aber auch die Zukunft, welche Jahwe schafft, das Neue, das jetzt schon sprosst und mächtig sich vorbereitet.

Zuerst ist es die Niederwerfung der chaldäischen Macht durch Cyrus, den Gesalbten und Freund Jahwes, und die frohe Rückkehr in die alte Heimat (cap. 46; 47; 55, 12). Alle Schwierigkeiten werden aus dem Wege geräumt, die den Wegzug hindern könnten, und alle Gefahren, die bei der Rückkehr zu fürchten wären, zum voraus beseitigt (40, 3—5; 43, 2; 48, 20 f.; 49, 8 ff.). Angst sollen die in die Fremde Weggeführten keine mehr haben, Jahwe hat ihnen die Sünde und die Missethaten vergeben (40, 1. 2; 44, 22; 55, 7).

Dann aber soll das Land und die Stadt, wohin sie heimkehren, neu aufblühen und reich bevölkert sein. Zion kann jubeln über das Glück, das ihr bevorsteht und das sie auch den übrigen Städten Judas ankündigen darf (40, 9—11; 52, 1 f. 7 ff.). Jahwe hat Zion auf seine Hände gezeichnet und der Aufbau der Mauern liegt ihm immer im Sinn (49, 16). Die Verödung des Landes wird ein Ende haben, wie Eden wird es aussehen und zu einem Garten Jahwes werden (51, 3; 55, 13). Das neue Jerusalem wird im schönsten Glanze strahlen (54, 11 f.). Die Bevölkerung, die darinnen wohnt, wird aus lauter Jahwejüngern (לִמּוּדֵי יְהוָה) bestehen, die den Willen Gottes im Herzen tragen, wie Jeremia verhiess (54, 13 vgl. 50, 4 ff.). Auch soll es nicht an Bewohnern fehlen, von allen Seiten werden die Zerstreuten zurückkehren und darunter die Angehörigen von Nordisrael nicht fehlen, wie ebenso Jeremia von Israel neben Juda als sicher wohnend unter dem neuen Davididen gesprochen hat (49, 5 ff. 18—23; 54, 1 ff.). Dieses Heil aber soll ewig fest bleiben und nicht mehr ins Wanken geraten; niemand ist mächtig, um diese Verwirklichung des Heiles rückgängig zu machen, und keine Waffe wird mehr etwas gegen Jerusalem ausrichten können (54, 8 ff. 14—17; 49, 24—26).

Endlich ist in dieses Heil, das für das Volk Jahwes nahe bevorsteht, noch viel Höheres eingeschlossen; alle Völker erkennen das Heil und die Herrlichkeit Jahwes. Der Götzendienst fällt und die wahre Religion wird auf Erden gegründet, die bis an die Enden der Welt getragen wird und auf die schon lange die Heidenvölker hoffen. Das Ergehen des Knechtes Jahwes hat diese Wirkung auf die Hei-

denvölker (52, 13 ff.); an seiner Erhöhung wird den Heiden die Ver-
kehrtheit ihrer eigenen Wege, namentlich ihres Götzendienstes und
der ganzen Beurteilung Israels, das eben trotz seiner Niedrigkeit
nicht von Gott verlassen ist, mit einem Mal deutlich; in Jahwe allein
erkennen sie nun das Heil (52, 10; 53, 1 ff.; 40, 5), und ein neues
Lied erschallt zu Ehren Jahwes von einem Ende der Erde zum andern (42, 10 ff.).

Auch Deuterojesaja redet so wenig, wie die vorangegangenen
Propheten, von einer besondern Person, welche das Heil bringe.
Jahwe ist es allein, auf den alles ankommt; nicht einmal, wie dies
Jeremia gethan hat, redet Deuterojesaja von einem König, und der
Knecht Jahwes, der eine so grosse Rolle spielt, ist das gegenwärtige
Volk, und es wird viel mehr ein Mittel zur Durchführung des Heils
durch das, was es erfährt, als durch das, was es selber dabei thut.
Jahwe führt mit demselben seinen Willen aus und macht es zu einem
Propheten der ganzen Welt durch die wunderbaren Schicksale, die
er es erleben lässt. Gottes Macht bringt es dazu, dass das Volk, an
dem für die oberflächliche Betrachtung sich nur Gottes Strafe
vollzieht, seine ideale Mission doch erfüllt.

Von einem Messias ist bei den Propheten bis auf Deuterojesaja
keine Rede. Jahwe konnte noch selber eingreifen und stand den
Ereignissen nicht fern, dass an seiner Stelle ein Anderer unter den
Menschen erscheinen müsste. Zwar finden sich in dem gegenwärtigen Buche Jesaja solche Weissagungen auf einen Retter aus Davids
Stamm (Jes. 9, 1—6 und 11, 1—9), und in gleicher Weise redet
eine Stelle im Buche Micha (5, 1) von dem Ruhme Bethlehems,
weil dort der künftige Herrscher seinen Ausgang nehmen, also auch
aus davidischem Geschlechte hervorgehen soll. Aber diese Stellen
gehören nicht zum Eigentum der Propheten, deren Namen die
Schriften tragen (vgl. oben S. 120). Es wäre in der That seltsam,
wenn diese Stellen alt wären, dass Jeremia und Deuterojesaja, die
doch sonst Jesaja wohl kennen, hiervon nichts wüssten. Dazu
kommt, dass auch Ezechiel in dem Bilde der Zukunft, das er entwirft, und von dem später erst die Rede sein kann, eine solche hervorragende menschliche Gestalt nicht kennt, und dass in allen
zusammenfassenden Darstellungen der Verheissungen, welche kurz
vor dem Exil oder während desselben abgefasst wurden (Deut. 28
und Lev. 26), der Messias auch nicht mit einer Silbe erwähnt wird.
Noch auffallender ist es, dass Haggai und Sacharja (1—8) kurz nach

dem Exil wohl Jeremias Verheissung von einem davidischen Fürsten kennen (Hag. 2, 23; Sach. 3, 8; 6, 12; letzterer nennt ihn
nach Jeremias Vorbilde צמח), aber von anderen ähnlichen Weissagungen auf eine besondere Person als den Helfer der Zukunft keine
Spur verraten lassen. Und doch hätte namentlich Sacharja dazu
Anlass genug gehabt, besonders wo er (c. 7 und 8) die alten Verheissungen in einem Compendium zusammenfasst. Das fällt um so mehr
ins Gewicht, als er nach 8, 20 ff. die jetzt bei Micha 4, 1—5 und
Jesaja 2, 1—4 befindlichen Worte zu kennen scheint, welche in
der Weise Deuterojesajas die Erhabenheit und die universelle
Bedeutung Zions hervorheben. Von den Verheissungen eines künftigen Herrschers, an dem das Heil hänge, ist somit keine den Propheten von Amos bis Deuterojesaja zuzuschreiben; für sie war
Jahwe einzig und allein der Helfer (Jes. 45, 22 ff.)[1].

[1] Zur weiteren Begründung der Ansicht, dass Jes. 9, 1—6 und 11,
1—9, wie Micha 5, 1 einer späteren Zeit angehören, mag noch Folgendes
erwähnt werden: 1. Die Stellen in Jesaja stehen ausser jedem Zusammenhang mit den sie umgebenden Stücken, und Micha 5, 1 gehört einem Abschnitte an, der überhaupt später als das 8. Jahrhundert ist. 2. Alle drei
Stellen setzen voraus, dass die davidische Familie nicht mehr regiert.
Jes. 9, 5 hebt hervor, dass der König, der erst noch geboren werden soll,
wirklich die Herrschaft erhalte; nach Jes. 11, 1 ist vom Davidsstamm
nur noch ein Stumpf sammt den Wurzeln vorhanden (גזע und שרשים); die
davidische Dynastie ist somit untergegangen. Nach dem Verfasser von
Micha 5, 1 liegen aber die Tage Davids in der Urzeit und soll wie damals
wieder ein Herrscher aus Bethlehem hervorgehen; danach scheint doch
kein Davidide mehr auf dem Thron zu sitzen. 3. Jes. 9 und 11 enthalten
sprachliche Eigentümlichkeiten, für die man erst in späteren Schriftstücken oder gar erst im Aramäischen Parallelen findet (z. B. הדרה, חטר).
Vgl. Hackmann, Die Zukunftserwartung des Jesaia 1893, S. 125—156.
    Während aber diese Stücke Jes. 9 und 11, wie 2, 1—4 selbständige
Weissagungen enthalten, die für sich allein einmal existiert haben und
von einem Späteren dann der Sammlung der alten Propheten sind einverleibt worden, scheinen die Endstücke in Amos und Hosea, wie manche
andere Einschübe sonst, von denen herzurühren, welche die Zusammenstellung des von den betreffenden Propheten überlieferten Materials an
die Hand nahmen. Um so mehr können wir dieselben hier unbeachtet
lassen, als sie dem Interesse der Zurechtlegung und Zubereitung des
Textes für die Leser entsprangen. Uebrigens enthalten Amos 9, 8 ff.
Hos. 14, 2 ff. nichts von einem Messias, und das Eigentümliche, was
diese Stellen bieten, beruht lediglich darauf, dass die Diaskeuasten versuchten, die allgemeine Erwartung des kommenden Heils in eine Form
zu bringen, die irgendwie den Gedanken des Propheten angemessen sei,
welchem diese Stücke angefügt sind.

§ 42.
Die Hoffnung des Einzelnen.

Die Propheten haben das Volk als ein Ganzes im Auge. Der Wert des Individuums für die Religion ist erst Jeremia aufgegangen; aber auch er kann diese neue Ordnung erst für die Zukunft verheissen, wenn das Gericht über das ganze Volk ergangen ist und Jahwe das Heil durch die Umwandlung der Gesinnung der Individuen zu Stande gebracht hat. In diesem Zusammenhange redet er auch davon, dass dann ein jeder nur um der eigenen Sünde willen sterben müsse und man nicht mehr werde sagen können: Wenn die Väter saure Trauben essen, zieht es den Kindern die Zähne zusammen (Jer. 31, 29 ff.). Jeremia hatte demnach eine Empfindung davon, dass es etwas der Gerechtigkeit nicht Entsprechendes an sich habe, wenn einer um fremder Schuld willen leiden müsse. Aber wie im Deuteronomium neben einander die nachdrückliche Forderung, dass jeder nur für die eigene Schuld zu bestrafen sei (Deut. 24, 16), und die Ansicht, dass die Kinder noch für die Sünden der Väter zu büssen haben (Deut. 5, 9), einhergehen, konnte auch er für die Gegenwart die Ansicht vertreten, dass der Einzelne unter dem Bann der Vergangenheit stehe (15, 4). Uebrigens musste es ihm nicht so schwer fallen, diese Anschauung festzuhalten, weil das, was das Volk selber als eine Besserung ansah, ihm in Wirklichkeit als eine Verschlimmerung erschien und er in der ganzen Art seiner Zeitgenossen und ihrer Väter nichts von der rechten Gottesverehrung erkannte, welche er fordern musste. Die gegenwärtige Generation ist noch schlimmer als die frühere (7, 26), treibt es in der väterlichen Weise weiter (11, 10); in ganz Jerusalem findet man nicht einen Einzigen, der das Recht übt und die Treue nicht bricht (5, 1 ff.).

Der Einzelne kam auch bei den Propheten, wie in der Volksreligion, nur als Glied des Volkes in Betracht. Eine individuelle Vergeltung kannten sie nicht; der Einzelne war in die Schicksale des Volkes verflochten, hatte mitzutragen an dessen Strafen, wie er Teil hatte an dessen Glück. Dass aber die Sünde des Einzelnen Strafe verdiene und auch erfahre, haben sie nicht in Abrede gestellt, sondern vielmehr gerade gezeigt, wie solche Sünden zum Verderben des Ganzen ausschlagen. Aber es war ihnen überhaupt nicht darum zu thun, über das Ergehen des Einzelnen Theorien aufzustellen,

weil ihnen der Wert des Einzelnen gegenüber dem Bestande des
ganzen Volkes nicht schwer wiegen konnte und die Bedeutung des
Individuums für die Religion noch nicht im Vordergrund stand. So
hatte der Einzelne von der Religion auch nicht die Gewährleistung
seiner Existenz zu hoffen. Der Tod ist das unvermeidliche Ziel des
irdischen Daseins und zwar ist er das nicht erst in Folge und als
Strafe der Sünde (vgl. Jes. 40, 6 ff.). Es ist des Menschen Wesen
von Anfang an. Auch Gen. 2, 17 vgl. mit 3, 16 ff. lehrt nicht, dass
es die Anschauung der Hebräer gewesen wäre, der Mensch sei durch
die Sünde seiner Unsterblichkeit verlustig gegangen; « sobald du von
dem Baume issest, musst du sterben » (2, 17), bedeutet nur: sobald
du von dem Baume issest, ist dein Leben verwirkt, das sonst dir
noch länger hätte erhalten bleiben können.

Wie aber die Hebräer den Menschen nicht für von Natur unsterblich ansehen, so ist es auch bei der ganzen Art des prophetischen Glaubens, der der Durchführung des Heiles auf Erden durch
Jahwe gewiss ist, ganz verständlich, dass sie von einem ewigen
Leben der Einzelnen nicht reden und dass ihnen diese Hoffnung
nicht erwächst. Sie haben im Gegenteil mit ihrem alleinigen Glauben
an Jahwe, der überall Macht hat, dazu helfen müssen, dass der alte
Glaube an ein Fortleben, jedenfalls an ein Machthaben der Geister
der Abgeschiedenen seine Bedeutung verlor. Neben Jahwe konnten
keine andern göttlichen Wesen bestehen, und die Religion der Propheten musste sich ablehnend verhalten gegen jede Verehrung der
Toten. Haben wir auch in dieser Hinsicht keine sicheren Stellen bei
den Propheten (noch Jeremia 31, 15 hört Rahel in ihrem Grabe zu
Rama den Verlust ihrer Söhne beweinen), so ist doch das deuteronomische Gesetz ein unverdächtiger Zeuge für die prophetische
Opposition, wenn es jede Totenbeschwörung und Totenbefragung
verbietet (18, 11 vgl. ebenso im Heiligkeitsgesetz Lev. 19, 31), und
wenn es sowohl die auf alten Cult zurückgehenden Trauergebräuche
der Anbringung von Einschnitten in der Haut und von Glatzen auf
dem Haupt (14, 1 f. vgl. Lev. 19, 27 f.), als auch die eigentlichen
Totenopfer (26, 14) untersagt.

Gleichwohl werden die Propheten die Ansicht des Volkes soweit
geteilt haben, dass eine gewisse Fortdauer der Individuen an einem
besonderen Orte nicht zu leugnen sei. Aber diese Fortdauer ist nur
ein Scheinleben, dem in Wirklichkeit alles mangelt, was des Erden-
lebens Freude ausmacht. Darum entbietet Jahwe Tod und Scheol

mit ihren Plagen und Seuchen, wenn alles Erbarmen bei ihm verschwunden ist, zur Vernichtung des Volkes (Hos. 13, 14 vgl. Jes. 5, 14).
Die Einzelnen dauern nur fort als Schemen, Schatten, רפאים « die
Schlaffen » genannt (Jes. 14, 9), und diese denkt man sich versammelt an einem tief unter der Erde gelegenen Orte, שְׁאוֹל genannt (vgl.
ᾅδης Am. 9, 2; Jes. 7, 11 ; 14, 15; Deut. 32, 22). Die Etymologie
dieses Wortes ist ungewiss. Man hat es abgeleitet von שאל « begehren », und danach hiesse das Totenreich das unersättliche, das alle
einfordert und verschlingt, wozu Stellen wie Jes. 5, 14; Hab. 2, 5;
Prov. 1, 12; 27, 20; 30, 16 wohl stimmen würden. Indes ist es
nicht wahrscheinlich, dass ein poetisches Prädicat den Namen veranlasst hätte. Aber auch die anderen hebräischen Ableitungen sind
nicht viel besser, ob man das Wort mit שעל (vgl. מְשְׁעוֹל Hohlweg
und שַׁעַל hohle Hand) in Verbindung bringt, so dass die eigentliche Bedeutung Höhle wäre, oder, was eher richtig sein könnte, ob
man an eine Wurzel שׁל « schlaff sein, gesenkt sein, klaffen » gedacht
und so die Bedeutung Senkung, Tiefe, Kluft gewonnen hat. Viel
eher ist שאול, das im Hebräischen keine Flexion hat, ein Fremd-
wort, so dass an eine hebräische Etymologie gar nicht zu denken
ist. Doch sind auch die Ableitungen der Assyriologen keineswegs
einleuchtend. Wichtiger ist es, die Anschauung zu kennen, welche
mit dem Namen Scheol verbunden wurde. Die Bilder, welche zur
Schilderung Scheols dienen, wie z. B. Gewürm (Jes. 14, 11), sind
dem Grabe entlehnt, und bisweilen heisst Scheol auch בור, Grube,
wie das Grab (Jes. 14, 15; Ez. 32, 23). Nichtsdestoweniger darf
Scheol nicht mit dem Grabe identifiziert werden, da sie der gemeinsame Aufenthaltsort aller Toten ist. Man vergleiche die poetische
Schilderung der Ankunft des babylonischen Königs in Scheol und
des Empfanges, den ihm die Schatten dort bereiten, in Jes. 14, einem
Stücke, das etwa mit Deuterojesaja gleichzeitig sein kann, sowie
auch die Darstellung, welche Ez. 32, 17—32 von Scheol mit ihren
verschiedenen Abteilungen für die einzelnen Völker als dem Ver-
sammlungsort aller Toten entwirft.

Weitere Beschreibungen Scheols finden sich bei den Propheten
nicht; Scheol hatte in der Religion der Propheten keine Bedeutung.
Sie empfanden den Tod des Einzelnen und sein Hinabsteigen in
die Unterwelt nach dem Ende des Lebens nicht als ein Hindernis
ihres Glaubens an den Gott des Heils, und darum erwachte in ihnen
auch kein Bedürfnis, die Anschauung von Scheol irgendwie mit

ihrem Glauben in Beziehung zu setzen. Der Einzelne hatte somit
für die Zeit nach dem Tode keine Hoffnung, und für das Leben hing
sein Heil auf das engste mit dem Ergehen des Volkes zusammen.
Das musste einerseits das Gefühl der Zusammengehörigkeit in be-
deutendem Masse stärken, andererseits aber ist es ein mächtiges
Zeugnis für die Lebendigkeit und Festigkeit des prophetischen
Glaubens, dass er unerschütterlich von dem Gott, der Gedanken zum
Heile hat, überzeugt bleibt, auch wo er für den Einzelnen eine hoffnungsreiche Zukunft nicht kennt als in der Zugehörigkeit zu dem
Volke, mit dem Jahwe sein Heil verwirklichen will. Wie Jahwe
allein die Hoffnung der ersten Propheten war, als sie dem israelitischen Gemeinwesen den Untergang in sichere Aussicht stellen
mussten, so ist Jahwe einzig und allein und die Verwirklichung
seines Heiles ihre Hoffnung geblieben, wenn sie an das Ergehen des
Einzelnen dachten.

Fünfter Abschnitt.

Die Religion des Nomismus.

§ 43.

Einleitung und Quellen.

Noch ehe die prophetische Religion Israels ihre höchste Darstellung und Vollendung in Jeremia und Deuterojesaja gefunden hatte, ist in Israel der Grund zu einer neuen Stufe gelegt worden, die sich sowohl von der volkstümlichen, als auch von der prophetischen Religion deutlich unterscheidet, soviel sie auch von beiden in sich aufgenommen hat. Das zeitweilige Nebeneinanderbestehen dieser beiden Stufen hat für uns die wertvolle Folge gehabt, dass wir das prophetische Urteil über die neue Phase nicht nur erschliessen müssen, sondern noch aus dem Munde Jeremias selber vernehmen können. Es lautet, wie wir gesehen haben (§ 37), verwerfend. Die neue Phase, welche im Deuteronomium sich ankündigte, erschien dem Propheten Jeremia als ein Hindernis der rechten Gotteserkenntnis und Gottesverehrung und darum nicht als ein Fortschritt, der der Erfüllung des prophetischen Ideals näher führte. Gleichwohl hat diese neue Phase bald den Prophetismus ganz abgelöst und ihre Herrschaft von da an im Judentum immer zu behaupten gewusst; denn die Aufnahme und Vollendung der prophetischen Religion durch Jesus von Nazaret hat nur eine Abzweigung zu Stande gebracht, und sobald auch dieselbe, nicht bloss an innerer Bedeutung, das Judentum weit überragte, hat sie das Judentum selber an dem Festhalten der mit dem Deuteronomium betretenen Bahn nicht gehindert, noch in dem Fortschreiten auf derselben stille gestellt.

Der Mittelpunkt, um den sich alles dreht, ist in der neuen Phase der Religion das Gesetz; aber die Formen des Gesetzes waren zu eng, um den ganzen Strom der Entwicklung in sich aufzunehmen und zu umfassen. Auch waren doch die Anregungen, welche von den Propheten ausgegangen waren, zu stark, um sich nicht immer noch geltend zu machen, wenn ihre Wirkung auch in einer anderen Gestalt sich zeigte, als früher. Ebenso konnte das religiöse Gefühl des Einzelnen sich nicht immer mit den neuen Formen einverstanden erklären, sondern musste in freier Weise seine eigenen Wege gehen. Es kann uns daher nicht wundern, dass neben der gesetzlichen Hauptströmung verschiedene Nebenströmungen sich finden und die neue Phase nicht von so einheitlichem Charakter ist, wie die prophetische Religion. Dazu half vor allem noch mit, dass man am Anfang noch der Absicht bewusst blieb, welche zu der Aufstellung des Gesetzes geführt hatte, und dass daher der Besitz des Gesetzes noch nicht alles selbständige religiöse Leben darniederhielt oder jede freie Regung und Bewegung vollständig unmöglich machte. Lange Zeit hat in der That diese gute Nachwirkung sich erhalten. Das Gesetz sollte die Forderungen, welche Jahwe durch die Propheten stellte, zusammenfassen, das Wort Gottes, das die Propheten mündlich verkündeten, schriftlich aufzeichnen. Dieses prophetische Ferment erwies sich doch so nachhaltig, wie es am Anfang vor einer zu genauen Specialisierung bewahrt hat, dass nicht alsobald die erste schriftliche Aufzeichnung der Thora als der genügende und abschliessende Ausdruck für alle Forderungen Jahwes gelten konnte. Erst nach und nach vergass man den Ursprung des Gesetzes und verdrängte die Thora die Autorität der Propheten, sodass für die spätere Auffassung das ursprüngliche Verhältnis sich umkehrte. Das Gesetz galt dann als das Primäre und Autoritative und in den Propheten sah man, wie in den übrigen Schriften, nur die Anwendung und die Auslegung der Thora.

Die Herrschaft des Gesetzes bedeutet daher nicht von vornherein die Herrschaft des Buchstabens oder der Schrift, wenn schon die letztere nur als eine Consequenz und eine Verschärfung der ersteren erscheint. Der Unterschied zwischen beiden ist immerhin so gross, dass es gestattet ist, die Periode, in welcher das Gesetz noch nicht zur « Schrift » oder zum « Buchstaben » geworden ist, von der Folgezeit abzugrenzen, die zwar keinen Bruch mit der Vergangenheit, aber auch keine neue Stufe der Religion, sondern nur einen wichtigen weiteren Schritt in der Verfolgung der mit der deuteronomischen Reform betretenen Bahn und eine neue Auffassung des Gesetzes mit sich bringt. Die Grenze der Religion des Gesetzes ist somit da zu ziehen, wo die Gesetzesgelehrten zu « Schriftgelehrten » werden, wo man einer heiligen Schrift gegenübersteht, die als voll-

kommene und unverbesserliche Richtschnur für das religiöse Leben
und als endgiltiger Ausdruck des göttlichen Willens gilt. Demnach
reicht die Periode der Religion des Gesetzes im engern Sinn bis über
die Anfänge der griechischen Herrschaft hinaus, also bis tief ins
dritte Jahrhundert vor Christus hinein, weil erst in diesem die
Thora abgeschlossen wurde und die Bedeutung einer heiligen
Schrift erhielt.

Das eben zur allgemeinen Charakteristik der Periode Gesagte
wird die folgende Darstellung näher darlegen müssen; das wird am
besten geschehen können, wenn eine Uebersicht über die religionsgeschichtliche Entwicklung in dieser Periode vorausgeschickt wird
und dann die religiösen Anschauungen der Periode dargestellt
werden. Dabei kommt zuerst der Gottesdienst in Betracht, weil er in
dieser Periode das Hauptinteresse in Anspruch nahm; in zweiter
Linie sind die Anschauungen über Gott zu behandeln, und schliesslich ist darauf zu achten, welche Stellung die freie individuelle
Frömmigkeit der neuen Lehre gegenüber einnahm.

Die Quellen, aus denen die Darstellung zu schöpfen hat, fliessen
lange nicht so spärlich, wie man lange anzunehmen gewohnt war;
aber vielfach ist denselben noch nicht ein genau bestimmter
Zeitpunkt angewiesen, wenn es auch zweifellos sicher ist, dass sie
unserer Periode angehören. Vor allem kommen hier die Schriften
in Betracht, welche entweder nur Gesetze sind oder doch solche
enthalten, nämlich das **Deuteronomium** (aus dem Jahre 621
v. Chr., vgl. oben S. 52), **Ezechiel, das Heiligkeitsgesetz**
(vgl. oben S. 52) und der **Priestercodex** (vgl. oben S. 52 f.).
Ferner gehören dieser Periode an die **deuteronomistischen**
Stücke in den sog. *prophetæ priores*, die **Chronik, Esra** und
Nehemia. Für die Erkenntnis der theologischen Anschauungen
sind besonders wichtig die jüngsten Propheten **Haggai** und
Sacharja Cap. 1—8 gegen Ende des 6., **Maleachi** und **Trito-**
Jesaja Cap. 56—66 aus dem 5. Jahrhundert, dann **Jona, Joel,**
Deutero-Sacharja 9—14 und **Jesaja 24—27**, die beiden
letzteren wohl erst aus dem 2. Jahrh., die aber wegen der engen
Verwandtschaft des ersten mit Joel und des zweiten mit Deutero-
und Tritojesaja am besten noch hier behandelt werden; ferner die
beiden Salomo zugeschriebenen Bücher der **Proverbien** und
Kohelet, ersteres aus der persischen, ja zum Teil aus der
griechischen, letzteres ganz aus der griechischen Zeit, endlich

das Buch Jesus Sirachs aus dem Anfang des 2. Jahrhunderts. Von
hohem Werte für das Verständnis der Frömmigkeit sind das Buch
Hiob, das zwischen Sacharja und Chronik, also zwischen 500 und
300, entstanden sein muss, und das Psalmbuch, welches zwar
noch nicht in unserer Periode abgeschlossen ist, aber Liedersamm-
lungen enthält, die vor dem Abschluss des Ganzen vorhanden
waren.

A. Uebersicht über die religionsgeschichtliche Entwicklung im Nomismus.

§ 44.

Die deuteronomische Reform.

Das Heil, das die Propheten allein von Gott erwarteten, wollten
die Leiter der deuteronomischen Reform mit eigenen Mitteln
herbeiführen. Auch sie hatten die Erkenntnis von der Unhaltbarkeit
der gegenwärtigen Verhältnisse und trugen Verlangen nach demselben Ziel; aber der Weg, auf den diese Erkenntnis sie führte und
auf dem sie das Ziel erreichen wollten, war ein ganz anderer. Eine
Reform der Sitten und Gebräuche sollte helfen, wo eine Umwandlung der Herzen, der Gesinnung, notthat. Die Führer der Bewegung
waren sich keiner Opposition gegen die Propheten, deren
Forderungen sie ja beipflichteten, bewusst; aber es fehlte ihnen an
der rechten Einsicht in die Tiefe der prophetischen Auffassung und
in die geringe Tragweite ihrer Reformen für die wirkliche Besserung
der Menschen.

Der Versuch wurde mit der besten Absicht im Jahre 621 vor
Christus gemacht, als der Oberpriester Hilkia dem König Josia das
im Tempel «gefundene» Gesetzbuch überreichte und die staatliche
Gewalt zu der Durchführung der in demselben geforderten Reformen
ihre Hilfe lieh. Das neue Gesetz hatte die Absicht, solche Ordnungen
einzuführen, die den prophetischen Forderungen entsprächen, aber
so sehr es sich gegen die volkstümliche Auffassung richtete, mit
Institutionen und äusseren Aenderungen konnte es lange nicht dem
Ideal der Propheten entsprechen. Es kam doch nichts Andres dabei
heraus, als ein Compromiss, der schliesslich nur dazu verhalf, dass

der von dem Volke als die wahre Gottesverehrung angesehene Cultus, wenn auch in gereinigter Gestalt, vor dem verdienten Untergang bewahrt und dagegen die prophetische Auffassung, welche in der Erfüllung der sittlichen Forderungen die rechte Ehrfurcht vor Jahwe sah, in den Hintergrund gedrängt wurde. Das Deuteronomium hat doch, so vielfach es im Einzelnen am Cultus änderte, die Volksreligion durch das Exil hindurch gerettet und ins Judentum eingeführt; denn es hat wohl die prophetische Erkenntnis Jahwes als des einzigen Gottes, der seine Macht mit keinem andern teile und auch nicht in einzelne Gottheiten zerfalle, mit allem Nachdruck hervorgehoben (Deut. 6, 4) und ebenso der prophetischen Forderung zugestimmt, dass Israel in seinem ganzen Wesen sich als Jahwe geweihtes Volk darstellen müsse (Deut. 14, 1. 2). Aber, wenn schon nebenbei die sittlichen Forderungen wiederholt und ausgebildet werden, diese Ueberzeugung wird zur blossen Umgestaltung des Cultus verwertet, um eine solche cultische Verehrung zu besitzen, die die schlimmsten Widersprüche gegen die prophetische Erkenntnis vermeidet.

Weil Jahwe der einzige Gott ist, so soll es nur eine einzige Cultusstätte geben. Alle übrigen Heiligtümer in Jerusalem und auf den Höhen des Landes sollen fallen; der jerusalemische Tempel sollte der einzige Ort des Gottesdienstes sein, während die Provinz von nun an ohne eigentlichen Cultus blieb. Wollte man ein Tier schlachten, so durfte das geschehen, wo man wollte; aber einen cultischen Charakter besass ein solches Schlachtfest nicht mehr. Der Genuss des Fleisches von Rindern und Schmalvieh stand jetzt auf der gleichen Stufe mit dem Essen des Wildprets (Dt. 14, 4. 5 vgl. S. 104). Um nicht ohne jeden Cultus dahinzuleben, hatte man regelmässig dreimal im Jahr nach Jerusalem eine Wallfahrt zu unternehmen, wo man nun auch alle seine ordnungsgemässen Gaben, wie den Zehnten, und seine freiwilligen Opfer darbringt. An Stelle der Asylstätte, welche die Heiligtümer im Lande bis dahin boten, sollten drei Freistätte im Lande bezeichnet werden (Deut. 19, 1 ff.). An der einzigen Cultusstätte kann aber nun nicht mehr jeder nach Belieben opfern, auch hierin muss Ordnung geschafft werden. Die Leviten allein haben im Namen der Leute und für dieselben die Opfer darzubringen; ein fester Priesterstand wird also gefordert. Demselben gehören die jerusalemischen Priester an, sowie die Leviten, die bisher an den Höhen des Landes fungierten und die nun das Recht haben, nach Jerusalem zu ziehen und dort ihr Amt fortzusetzen.

Es verfuhren diese Bestimmungen der Volksreligion gegenüber recht gewaltsam. Jetzt konnte man sich nur noch im Tempel zu Jerusalem vor Jahwe freuen, d. h. dem gewöhnlichen Leben war die enge Beziehung zum Gottesdienst geraubt und das Band zwischen Leben und Religion gewissermassen zerschnitten. Jerusalem wurde die heilige Stadt und der Tempel das einzige Haus Jahwes; das Land wie das Leben bekam einen profanen Charakter, die Feste (vgl. S. 108), die ihrem Ursprung nach so eng mit den Erlebnissen des gewöhnlichen Lebens zusammenhingen, erhielten eine davon unabhängige Begründung aus der Geschichte (Dt. 16), und das Volk selber zerfiel nunmehr in Priester und Laien. Das alles waren aber auch Consequenzen, welche ebenso sehr der prophetischen Religion widersprachen, und verbesserte überhaupt im Grunde die Verhältnisse nicht. Soviel das Deuteronomium sich anstrengt, die sittlichen Forderungen hervorzuheben und Rechtlichkeit und humanes Wesen zu verlangen, sosehr es auch gleich mit der Betonung der Einzigkeit Jahwes die Forderung einer ungeteilten Liebe zu Jahwe verbindet, es half alles nichts, man meinte die Liebe zu Jahwe im Cultus beweisen zu können und verlegte so das Hauptgewicht doch auf die cultischen Formen. Das bedeutete gegenüber der tiefen innerlichen Auffassung der Propheten, die eine religiöse Stimmung, welche aus innerem Antrieb hervorging, allein als ächt gelten lassen konnten (vgl. § 36 und 38), einen verderblichen Rückschritt. Die hohen geistigen Begriffe wurden vergröbert, das Sittliche wieder auf die Stufe des Cultischen herabgezogen, ja bald von dem letztern in den Hintergrund gedrängt, und statt dass das Wort Jahwes im Herzen lebte oder in lebendiger Macht durch die Propheten den Menschen nahe gebracht wurde, stand es ihnen jetzt als ein Gesetz, eine feste Thora, gegenüber. Den Cultus hatten die Propheten verworfen und als die einzige Thora das lebendige prophetische Wort anerkannt; die deuteronomische Reform verschafft dem Cultus neue Geltung und stellt das Gesetz über die Propheten.

Am deutlichsten zeigt sich diese Veränderung in folgenden Stücken. Einmal wird die Heiligkeit wieder mit cultischen Uebungen gewonnen (Deut. 14, 1 ff.); dann aber treten König und Propheten und sogar die Priester hinter der Thora zurück. Denn der König soll nicht nur, was den prophetischen Forderungen Rechnung trägt, an äusserer Prachtentfaltung und an Luxus keinen Gefallen haben, sondern alle Tage seines Lebens die Thora, von der er sich eine Abschrift verschafft hat, vor Augen haben und in keinem Punkte von den Ordnungen derselben abweichen (Dt. 17, 14—20). Zwar soll es dem Volke nach dem Deuteronomium nie an einem Propheten fehlen, auf dessen Worte zu hören ist; aber die Zweifel darüber, ob ein Prophet auch wirklich von Gott gesandt sei, sind erst dann gänzlich gehoben, wenn seine Weissagung eintrifft. Dann aber konnte es zumeist nur noch eine theoretische Bedeutung haben, über den Propheten zur Gewissheit gelangt zu sein, und jede praktisch eingreifende Thätigkeit der Propheten war mit dieser Theorie lahmgelegt. Die Propheten, welche die lebendige Verbindung zwischen Jahwe und dem Volke darstellten, waren unmöglich; die geschriebene Thora ersetzte sie (Dt. 18, 15—22). Man sollte nun denken, dass doch die Priester am Ende als die ursprünglichen Thora-erteiler ihr Ansehen neben der Thora hätten behaupten oder bekommen sollen. In der That haben sie am meisten durch die deuteronomische Reform gewonnen, aber doch nicht wieder so, dass sie über dieselbe gestellt worden wären. Die Thora war auch ihnen übergeordnet, aber als diejenigen, die nach dieser alles beherrschenden Thora den wieder für so wichtig gehaltenen Cultus übten und jetzt Auskunft über dieselbe erteilten und nach derselben entschieden, hatten sie den ersten Rang nach der Thora erhalten.

Die mehr oder weniger gelehrte Art dieser Reform lässt sich nicht verkennen. Man wollte eine genaue Umschreibung der rechten Gottesverehrung liefern, eine feste Norm aufstellen, an die man sich als an den sicheren Ausdruck des Willens Gottes zu allen Zeiten halten könne. Dazu nahm man die leitenden Ideen von den Propheten in der richtigen Ueberzeugung, dass sie am besten den Willen Gottes kannten, und stellte so ein Dokument her, das unbedingte Geltung beanspruchen konnte. Dies Dokument hätte aber ohne die staatliche Gewalt keine Wirkung ausgeübt, als es zum Vorschein kam, und erst das Exil hat dazu verholfen, dass es den Grund zu einer Religionsauffassung gelegt hat, die heute noch nicht überwunden ist und nicht nur im Judentum und Islam herrscht, sondern auch ins Christentum eingedrungen ist.

§ 45.

Das Exil: Ezechiel und das Heiligkeitsgesetz.

Es ist nicht zu verwundern, dass die alte Volksreligion, sobald Josia, der mächtige Förderer der deuteronomischen Reform, ins Grab sank, wieder aufwachte, und dass die gewaltsame Centralisation des Gottesdienstes nach Jerusalem nicht aufrecht erhalten blieb, als die Könige zu Jerusalem für dieselbe nicht mehr eintraten. Die alten Heiligtümer erhoben sich wieder im Lande und auf allen Strassen und Plätzen Jerusalems erstanden wieder Altäre (Jer. 11, 13; vgl. 2, 28). Aber es kam dem deuteronomischen Gesetze in dem Exil eine unerwartete Hilfe. Einmal brachte nämlich das Exil die Loslösung der Religion von den alltäglichen Anlässen des Lebens und den verschiedenen Heiligtümern in der Heimat zu Stande. Die Entfernung in ein fremdes Land zerschnitt in gründlichster Weise alle die natürlichen Bande, welche die Volksreligion mit dem heimatlichen Boden verknüpfte, und schaffte so der überlegten Ausgestaltung der Religion, wie sie das Deuteronomium begann, freien Spielraum. Dann aber hatten sich durch den Untergang des judäischen Staates die Worte der Propheten erfüllt, und damit waren auch die prophetischen Forderungen, die man nicht gehalten hatte, als die wahren legitimiert. Als die Zusammenfassung derselben aber gab sich das deuteronomische Gesetz, es hatte ja die düsteren Weissagungen der Propheten durch den Versuch, den prophetischen Forderungen zur Einführung zu verhelfen, von Juda abzuwenden gestrebt. So gelangte die deuteronomische Bewegung zu einem hohen Ansehen. Nicht nur die jüngste Vergangenheit, sondern die ganze Geschichte des Volkes, besonders das Verhalten der Könige vom Bau des Tempels in Jerusalem unter Salomo an, wurde darnach beurteilt, wie die exilische Bearbeitung der älteren Geschichtsbücher zeigt. Das Unglück der Vergangenheit wurde als eine Folge des Ungehorsams gegen die Forderungen dieses Gesetzes gefasst und jedes Glück als eine Folge des Gehorsams erklärt. Auf diese Weise bildete sich eine feste Vergeltungstheorie aus. Für die Zukunft aber musste man daher um so mehr eine Erfüllung des Gesetzes verlangen und wo möglich noch viel genauer den Willen Gottes feststellen. Das Werk, das Gesetz niederzuschreiben, welches nur wegen des Ungehorsams des Volkes nicht die heilvollen in Aussicht gestellten Früchte hatte bringen können, erschien eben doch als der Weg zum Heil, und die jetzt um so vieles erleichterte Durchführung sollte nicht aufgegeben werden. Ezechiel und Heiligkeitsgesetz zeigen, wie das Exil diese Richtung begünstigte.

E z e c h i e l, der wahrscheinlich selbst noch am Tempel zu Jerusalem Priester gewesen war und jetzt unter den Exulanten am Flusse Kebar weilte, ist der rechte Prophet des Gesetzes und der ächte Repräsentant des deuteronomischen Geistes. Zwar behandeln seine Reden vielfach denselben Gegenstand wie diejenigen seiner Vorgänger. Mit dem gleichen Ernste, wie sie, fordert er von dem Volke treuen Gehorsam gegen Jahwe, keiner hält seinen Zeitgenossen « dem Geschlecht der Widerspenstigkeit » den Abfall von Gott strenger vor und malt in schwärzeren Farben die unter ihnen im Schwange gehenden Greuel des Heidentums, ihren schnöden Undank bei noch so oft wiederholten Gnadenerweisungen (vgl. Cap. 16) und ihre Verstocktheit bei allen noch so schweren Züchtigungen. Mit der gleichen Festigkeit, wie seine Vorgänger, hält er die Zuversicht aufrecht, dass Jahwe das Heil verwirkliche. Muss er auch an der Gegenwart des unbussfertigen Volkes verzweifeln, sein Glaube an die Herstellung eines neuen Volkes wird nicht wankend. Er sieht im Geiste das vernichtete und gedemütigte Israel zu neuem Leben auferweckt, einem Leben des Glückes und Heiles im fruchtbaren Heimatlande und unter der neuerstandenen davidischen Dynastie. In allen diesen Stücken ist er den früheren Propheten ähnlich; aber die Höhe derselben hält er dabei nicht ein, er ist auf das Niveau des Prophetentums herabgestiegen, welches in der deuteronomischen Reform und auf gesetzlichem Wege das Heil erstrebte. Das tritt schon da zu Tage, wo er besondere Rügen und Mahnungen erteilt; denn er betont auch die rituellen Pflichten, von denen keiner seiner Vorgänger gesprochen hatte. Die strenge Sabbatfeier (20, 12; 22, 8; 23, 38), die Enthaltung von Blutgenuss, Gefallenem und Zerrissenem (4, 14; 18, 6. 15 [lies על־הדם statt על־ההרים]; 33, 25; 44, 31), von unreinen Speisen (22, 26; 44, 23) haben bei ihm eine besondere Wichtigkeit: durch Uebertretung in diesen Stücken wird Gottes Heiligtum entweiht, so gut wie durch Uebertretung des Sittengebotes (5, 11; 23, 38; 28, 18). Die auf das Rituelle gerichtete Tendenz des Propheten tritt besonders in den neun letzten Capiteln (40—48) seines Buches ins helle Licht. Sie handeln von der künftigen Theokratie, aber im Unter-

schied von den früheren Schilderungen ist nicht von ihren sittlichen
Bedingungen, ihrem inneren Wesen, ihrem geistigen Elemente die
Rede, sondern zumeist von der materiellen Ordnung, von Cultus und
Verfassung. Ebenso zeigt sich nirgends so deutlich wie in diesen
Capiteln, dass die ganze Bewegung auf Reflexion und nicht auf un-
mittelbarem Verständnis des Willens Gottes beruht; denn überall
tritt das Gemachte, der Zuschnitt hervor, wie dies schon in der deuteronomischen Reform sich geltend gemacht hatte. Wohl wiederholt Ezechiel die jeremianische Verheissung, dass Gott den Israeliten
nach der Rückkehr in die Heimat einen anderen Sinn geben und
einen neuen Geist in ihr Inneres legen werde, dass er das steinerne
Herz aus ihrer Brust entfernen und ihnen ein Herz von Fleisch geben
werde, damit sie als sein Volk in seinen Satzungen wandeln und
seine Gebräuche innehalten (11, 17 ff: und 36, 24 ff.). Aber schon
die Form, in der er in dieser Verheissung von Satzungen und Gebräuchen redet, ist charakteristisch; es liegt Ezechiel andres am
Herzen. Er beschreibt zuerst in jenen Schlusscapiteln den künftigen
Tempel, seine Vorhöfe, Thore, Nebengebäude, Zellen und seine innere
Einrichtung, in der Darstellung an die Construction des salomonischen
sich anlehnend (40—43). Jeremia hatte den Untergang des Tempels
geweissagt, von einem neuen spricht er so wenig wie Deuterojesaja,
wird ihm doch das Wort zugeschrieben, dass man einst nach der
Rückkehr in die Heimat sich nicht mehr nach der Jahwelade sehnen
werde (Jer. 3, 16). Dass es nur Ein Heiligtum und zwar in Jerusalem
geben kann, steht dagegen Ezechiel von vornherein fest; das deuteronomische Gesetz von der Einheit der Opferstätte ist einfach vorausgesetzt. Weiter ausgebildet sind die nun folgenden Bestimmungen
über das Tempelpersonal (44). Nicht jeder Levite, wie das Deuteronomium noch in Aussicht nahm und gestattete, soll mehr Priesterrecht haben, sondern Sadoks Geschlecht allein, d. i. die jerusalemische Priesterschaft; die übrigen Leviten erhalten wegen ihrer
Teilnahme am Höhencultus untergeordnete Dienste am Tempel. Im
Weiteren ist die Rede von den Verrichtungen, der Kleidung, den
Reinigungsvorschriften und Einkünften der Priester. Landbesitz
sollen sie, wie Leviten und König, in der Nähe des Tempels erhalten.
Genau wird der Bezirk für den Tempel, die heilige Stadt, die Priesterschaft, die Leviten bestimmt, der ein schönes Quadrat inmitten des
Landes ausmacht und zu dessen beiden Seiten im Osten und Westen
die Domäne des Fürsten sich bis an die Grenzen des Landes aus-

dehnt (45). Dem Fürsten fällt als Hauptaufgabe zu, für die Opfer
des Volkes zu sorgen (46). Weiter werden die Fest- und Opferfeiern
geregelt (45. 46), unter welchen als Vorläufer des späteren Versöhn-
ungstages die Feier zur Entsündigung des Tempels zu Anfang des
Jahres besonders erwähnenswert ist (45, 18 f.), das nun nach dem
bei den Babyloniern gebräuchlichen Kalender im Frühling beginnt.
Endlich bestimmt Ezechiel die Verteilung des Landes unter die
Stämme in parallelen Strecken vom Jordan bis zum Meere, mit dem
Tempelgebiete so ziemlich in der Mitte, so dass sieben Stämme nörd-
lich davon, fünf südlich zu wohnen kommen (47, 13 bis 48, 29).

Diese ganze Construction kennzeichnet die Geistesrichtung des
Propheten vortrefflich. Die Religion kann nur gedeihen, wenn der
äusserliche Cultus genau geregelt und nach der Regel gefeiert wird;
wenn jedermann im Staate, der eigentlich zu einer grossen gottesdienstlichen Gemeinschaft wird, König oder vielmehr, da er nicht
viele königlichen Aufgaben hat, Fürst, Tempeldiener und Volk, die
ihm angewiesene Stellung in der zukünftigen theokratischen Ordnung fest und treu einhält und jeder Stand in dem ihm vorgeschriebenen Masse für die Cultbedürfnisse besorgt ist. Wie anders erscheint
die israelitische Religion bei Deuterojesaja, der das Facit der ächten
prophetischen Bewegung zieht! Bei Ezechiel herrschen Reflexion
und Berechnung, bei Deuterojesaja führt der Glaube, das Vertrauen
auf Jahwes Wundermacht das Regiment, und in der Geschichte
offenbart sich ihm Jahwes Willen. Bei Ezechiel reicht darum das
Heil auch nicht weiter, als das Gesetz und die Regel, die Heiden
haben nur das Strafgericht Gottes zu erfahren und das Heil bleibt
particularistisch an Israel gebunden; bei Deuterojesaja nehmen die
Heiden daran teil, die wahre Religion und das Heil Jahwes reichen
bis an die Enden der Erde.

Aber die deuteronomischen Geister waren die praktischeren;
das niedrigere Niveau, auf dem sie sich bewegten, hat den Sieg
davon getragen. Ezechiel ist der « Vater des Judentums » geworden.
Schon im Exil fand er gleichgesinnte Helfer. Ihrem Kreise ent-
stammt das sog. Heiligkeitsgesetz Lev. 17—26. Es trägt diesen
Namen mit Recht, weil es von der Heiligkeit Jahwes die Forderung
der Heiligkeit für das Volk ableitet (19, 2). Dabei summiert es in
dieser Forderung sowohl alle cultischen wie alle sittlichen Pflichten
und giebt sich so deutlich als eine neue Zusammenfassung der
göttlichen Gebote, wie sie das Deuteronomium versuchte; daher

lässt es dieselben von Gott bereits Mose mitgeteilt sein. Von Ezechiel unterscheidet es sich darin, dass es viel mehr mit gegebenem Stoffe arbeitet und neben den Anweisungen über den Cultusort und der Aufzeichnung der Bestimmungen über die heiligen Handlungen, Personen, Gaben und Zeiten den Vorschriften sittlich-religiöser Art mehr Raum gönnt. Das Material zu den letztern fand es im Bundesbuch und Deuteronomium, zu den rituellen Anweisungen in alten Gebräuchen, die schon vor dem Exil in Uebung gewesen sind. Das erklärt uns auch, warum wir im Heiligkeitsgesetz viel weniger eine Weiterbildung dem Inhalte nach finden; es begnügte sich mit der Zusammenstellung von Usus und Ritus, von Jus und Fas und der nachdrücklichen Erklärung, dass in der Erfüllung dieses göttlichen Gesetzes die Gottesfurcht sich zeige (19, 14; 25, 17. 36). Neu scheint allein die aus dem Sabbatjahr gezogene Consequenz der Forderung des Jobeljahres (25, 8), sowie die Einrichtung des Hohepriestertums (21, 10 ff.) zu sein; denn die Anweisungen über den Versöhnungstag (יום הכפרים) gehören trotz ihrer jetzigen Stelle (23, 23—38) dem Priestercodex an, in dem später die von Ezechiel und Heiligkeitsgesetz fortgeführte gesetzliche Bewegung ihren entscheidenden Abschluss fand.

§ 46.

Die Verhältnisse der neuen Gemeinde zu Jerusalem.

So wie Ezechiel die Restauration gewünscht und erwartet hatte, kam sie nicht zu Stande. Eher entsprach sie den Forderungen des Heiligkeitsgesetzes, obschon uns von der Durchführung des Jobeljahres im A. T. überhaupt keine Nachricht gegeben ist. Dennoch ist Ezechiels Wirkung deutlich bei der Rückkehr zu verspüren. Denn als nach der Eroberung Babels Cyrus den Exulanten die Erlaubnis zur Rückkehr in die Heimat erteilte, gehörten unter den ungefähr 40 000 Israeliten (Esr. 2, 64; Neh. 7, 66), welche von der Erlaubnis Gebrauch machten, mehr als ein Zehntel zu den Priestern (Esr. 2, 36—39; Neh. 7, 39—42), während sich nur 74 Leviten unter den Zurückkehrenden befanden (Esr. 2, 40; Neh. 7, 43). Die übrigen Leviten mochten befürchten, weil ihnen der Priesterdienst versagt war, in Jerusalem in eine missliche Lage zu geraten.

Die neue Colonie hatte es übrigens mit dem Wiederaufbau des

Tempels nicht so eilig. Allem nach begnügte sie sich mit dem neuen Brandopferaltar, den sie an der Stätte des alten schon vorfand (vgl. Jer. 41, 5) oder selber errichtete (Hagg. 2, 14), und es bedurfte der ernstlichen Mahnung durch die beiden Propheten Haggai und Sacharja und der eifrigen Unterstützung durch Serubbabel, einen Enkel Jojachins, der mittlerweile Statthalter geworden war, und den Hohepriester Josua, dass endlich im Jahre 520 der Tempelbau energisch an die Hand genommen wurde und in vier Jahren und fünf Monaten (im Frühjahr 515) vollendet werden konnte (Esr. 6, 15). Dieses Interesse der Propheten am Cultus zeigt die gewaltige Aenderung, welche das Exil hervorgebracht hat. Der Misswachs, der die Zurückgekehrten schädigt, ist nach Haggai die Strafe für die Vernachlässigung des Tempelbaus (1, 2 ff.); wenn sie aber dieses Werk an die Hand nehmen, so wird der Segen nicht fehlen (2, 14 ff.) und wird die Umwandlung der gegenwärtigen Weltlage erfolgen, wodurch die heidnischen Reiche auf Erden gestürzt und Jerusalem und Serubbabel von Jahwe mächtig erhöht werden (2, 6 ff. 20 ff.). Auch Sacharja sieht in dem Bau des Tempels die sichere Gewähr für die Erfüllung der alten prophetischen Weissagungen, dann wird die Ruhe der Völker ein Ende haben, weil Jahwes Zorn sie trifft, aber in Jerusalem kommt das Glück unter der Herrschaft des von Jeremia verheissenen «Spross» צמח (vgl. bes. 6, 9 ff.). Die Propheten haben nicht mehr die Höhe der früheren Propheten innehalten können; um den Cultus drehen sich ihre Gedanken, und die sittlichen Forderungen, die auch sie wiederholen, sind aus ihrer Stellung verdrängt, ja bilden nicht einmal das Centrum in ihren Anschauungen und sind somit im besten Fall auf die Stufe eines Gesetzes herabgedrückt.

Trotz der Vollendung des Tempels kam das gehoffte Gottesreich doch nicht zu Stande; die Gemeinde blieb an Macht und Einfluss gering und Serubbabel ist nicht der Fürst eines glänzenden Reiches geworden. Das hatte schwere Folgen in Jerusalem. Einmal regte sich wieder der von alters her den Israeliten anhaftende Hang nach Gewinn und eigenem Vorteil. Man hielt nicht auf Treue in Handel und Wandel und kümmerte sich so wenig um die sittlichen Gebote, wie man anfieng, die cultischen gering zu achten. Selbst die Priester verrichteten nur mit Widerwillen ihren Dienst, aller Ernst und alle Treue auch in dieser Hinsicht waren verschwunden, wenn man am Ende auch äusserlich den Cultus noch aufrecht erhielt.

Diese Verweltlichung führte weiter dazu, dass man seinen Besitz durch Eheschliessungen mit den reichen Familien der heidnischen Nachbarschaft zu sichern und zu steigern suchte, welche gerne auf die jerusalemischen Angelegenheiten Einfluss haben wollten. Vielfach verband sich damit eine an Jahwe verzweifelnde Skepsis, die die Ansicht vertrat, dass sich Jahwe um das Treiben der Menschen nicht kümmere, und dass derjenige, der Böses thue, in seinen Augen angenehm sei. Wohl blieb ein Kern von strenger Gesinnten, und die Opposition gegen dieses böse Treiben brachte sie enger zusammen. Auch sie sehen den Unterschied zwischen der wirklichen Gegenwart und dem erhofften Glücke wohl ein, aber sie verfallen nicht der gleichen Verzweiflung an Jahwe. In ihnen regt sich etwas von der Art der alten Propheten, ihr Glaube hat einen festeren Grund, als irdisches Wohlergehen. Sie werden daher dazu gedrängt, ein neues Gericht zu erwarten, das dann die alten Hoffnungen auf eine glückliche Zeit verwirklichen werde, und haben die Zuversicht, von Jahwe im Buche des Gedächtnisses verzeichnet zu sein, damit sie bei diesem Gerichte behalten werden. Es hatte ja doch Sacharja von einem solchen Gerichte geweissagt in seinem Visionenpaar über die fliegende Fluchrolle, welche die Sünder verdirbt, und über die im Epha eingeschlossene Macht der Sünde, welche in das Land Sinear getragen wird (Sach. 5).

Diesem Kreise von Gottesfürchtigen (יראי יהוה Mal. 3, 16) gehörte ohne Zweifel der Verfasser des Buches Maleachi an, in welchem diese Zustände gestraft und namentlich die Priester und Vornehmen gewarnt werden. Es wäre sogar besser, so heisst es 1, 10, wenn man den Tempel schlösse und niemand mehr Opfer auf dem Altar Jahwes verbrennte, weil man sich um die Vorschriften über Opfer, Zehnten und um die reine jüdische Abkunft auch gar nichts kümmert. Aber der Verfasser fühlt in sich selber nicht die Kraft der alten Propheten, er erwartet einen andern, der in der Art Elias dem Gerichte Jahwes den Weg bereiten wird (3, 1. 23 f.). Diese Zustände hat auch Tritojesaja (Jer. 56—66) vor Augen, der noch um etwas den ächten Propheten ähnlicher ist, als Maleachi. Was er besonders als Sünden hervorhebt, ist nicht so sehr die Uebertretung der einzelnen rituellen Gebote, als vielmehr der Missbrauch des Cultus und die ganze Heuchelei desselben (Cap. 58), sowie die Missachtung aller sittlichen Forderungen (vgl. 59, 2 ff., bes. v. 14 f.) und der alte Götzendienst, bes. der vorexilische Cultus

unter Bäumen und auf den Höhen, sowie allerlei geheime und
mystische Gebräuche, die sich einstellten, wo man an dem Volks-
gotte Jahwe verzweifelte und den prophetischen Glauben an Jahwe
nicht erfasste (57, 5 ff.; 65, 4 f.; 66, 3. 17). Er dringt daher den
schlechten Aufsehern und Führern der Gemeinde gegenüber, die
nur auf Essen und Trinken bedacht sind, aber ihre Aufgabe gänzlich vernachlässigen (56, 10 ff.), auf Recht und Gerechtigkeit, auf
Freundlichkeit und Mildthätigkeit (58, 6 ff.), wehrt aber andrerseits
die Meinung ab, als ob die Fremdlinge und Sarisim (Eunuchen) aus
der Gemeinde ausgeschlossen werden müssten (56, 1 ff.). Doch
zeigt er auch darin den gesetzlichen späteren Standpunkt, dass er
den Sabbat in eigentümlicher Weise betont (56, 4. 6). Beide,
Maleachi und Tritojesaja, zeigen, welche Unordnung in der
Gemeinde zu Jerusalem herrschte, welche mannigfachen Richtungen
sich geltend machten und wie gerade die ernstesten Elemente unter
dem Drucke der Machthaber, die sich um Gerechtigkeit und Sittlichkeit nicht kümmerten, litten (Jes. 57, 1). In dieses Gewoge sollte
von anderswoher kommende Hilfe Ordnung bringen.

§ 47.

Die Einführung des Priestercodex durch Esra und Nehemia.

In Babylonien wirkten unter den zurückgebliebenen Juden die
vom Deuteronomium und von Ezechiel ausgegangenen Anregungen
weiter. Dort konnten diese Traditionen reiner erhalten und besser
gepflegt werden. Denn die praktische Durchführung mit allen ihren
Schwierigkeiten störte und hinderte dort die theoretische Fortbildung
und Ausgestaltung nicht. So kam es dort zu der genauen und grossartigen Feststellung des Gesetzes, nach welchem die jüdische
Gemeinde zu Jerusalem geordnet sein sollte, und zwar wurde dabei
die ganze vormosaische Geschichte von der Schöpfung der Welt an
unter den einen Gesichtspunkt gestellt, dass alles nur den einen
Zweck hatte, eine Gemeinde Gottes in Palästina zustande zu
bringen. So verbinden sich für dieses theoretische Gebäude der
Glaube an den universalistischen Gott, der die ganze Welt geschaffen
und alles in seiner Hand hat, mit dem schroffsten Particularismus,
der das Heil nur auf die Juden beschränkt und die andern Völker

nur daran teilnehmen lässt, sofern sie in der jüdischen Gemeinde
Aufnahme finden. Weiter aber wohnt diesem Gebilde deutlich die
Absicht inne, den Willen Gottes genau darzustellen und zu regeln,
damit den Juden auch wirklich das Heil nicht fehle, die gleiche
Absicht, welche einst die deuteronomische Reform hervorgerufen
hatte.

Dieses Gesetzbuch beginnt mit der Schöpfung der Welt,
berichtet dann nach einem Geschlechtsregister der Sethiten die
Sintflut und die Völkertrennung. Die Liste der Nachkommen Sems
wird bis auf Abraham geführt, hierauf werden ganz kurz die
Patriarchen abgehandelt, bis zum Auszug aus Aegypten. Aber schon
in diesem Teile ist das Gesetzliche die Hauptsache. Das Sechstage-
werk leitet das Gebot der Sabbatfeier ein; die Sintflut und der
Bund mit Noah münden in ein Verbot des Mordes und Blutgenusses
aus; in der Geschichte Abrahams treten neben seiner Auswahl
besonders hervor die Verordnung der Beschneidung und der Ankauf
eines Erbbesitzes in Kanaan. Weiter lehrt die Darstellung an dem
Beispiel seiner Nachkommen die Reinhaltung des auserwählten
Geschlechts. Die Offenbarung schreitet stufenweise fort; erst Mose
thut sich Gott als Jahwe kund, während Abraham ihn noch nur als
El-schaddaj und seine Vorfahren als Elohim kannten. Und nun,
nachdem in Aegypten die Feier des Pesach verordnet ist, erhält
Mose am Sinai und im Lande Moab das Gesetz. Ueber die Eroberung des Landes Kanaan ist gleichfalls nur wenig gegeben, dagegen
ein besonderes Gewicht auf die Verteilung des Landes unter die
Stämme gelegt. Cultus und Rechtsverhältnisse beherrschen demnach
auch die Darstellung der Geschichte, die in noch ganz anderem
Masse, als das Deuteronomium es gethan hat, theologisch gemeistert
wird. Das Gesetzliche selbst aber, welches von Ex. 25 an den
Hauptteil der mittleren Bücher des Pentateuchs einnimmt (den
ganzen Leviticus mit Ausnahme des Heiligkeitsgesetzes c. 17—26
und den grösseren Teil von Numeri), betrifft nicht alle Lebensver-
hältnisse der Israeliten. Von staatlichen Einrichtungen ist keine
Rede; das Civilrecht und das peinliche Recht werden nur so weit
berührt, als sie mit Cultischem im Zusammenhang stehen. Das Buch
enthält lediglich eine Cultusgesetzgebung. Es handelt von der
Stiftshütte und ihren Geräten (Ex. 25—30; 35—40), von den Opfern
(Lev. 1—7), von den Priestern (8—10), von Verunreinigungen und
Reinigungen (11—15), vom Versöhnungstage (16), vom Lager und

den Leviten (Num. 1—4) und giebt noch allerlei Vorschriften über Gottesurteil und Nasiräer (5; 6), über das Priestertum und dessen Gefälle (18), Reinigungswasser (19), Festopfer (28; 29), Gelübde (30). Diese ganz summarische Angabe zeigt, dass diese Gesetzgebung es nur auf den Gottesdienst und, was damit zusammenhängt, absicht. Man kann sie daher den Priestercodex nennen, nicht zwar in dem Sinne, als wolle sie nur das Verhalten der Priester regeln und Amtsvorschriften geben, denn der Israelite überhaupt ist Object; aber in dem Sinne, dass die Gemeinde durch dieselbe eine priesterliche, hierarchische Verfassung erhielt und sozusagen eben zu einer Kirchgemeinde wurde.

Dieses Gesetzbuch, abgesehen von den erst später eingefügten, nicht unbedeutenden Zusätzen, brachte der Priester Esra, «der Schreiber, d. h. der Verfasser des Gesetzes des Himmelsgottes» (Esra 7, 12 vgl. v. 11) nach Jerusalem[1]. Als Nachkomme Sadoks (Esr. 7, 1 f.) war er ein Verwandter des in Jerusalem fungierenden Hohepriesters. Mit Erlaubnis und unter Vergünstigungen des Königs Artaxerxes Longimanus führte er im Jahre 458 der Colonie neuen Zuwachs aus Babylonien zu. Der Zug bestand aus mehreren Priester- und Levitenfamilien und 1496 Familienhäuptern (Esr. 8). Die erste Massregel, welche Esra traf, war gegen die gemischten Ehen gerichtet (c. 9; 10). Esra berief sich dabei nicht auf sein Gesetzbuch, sondern auf die Gebote, die Gott durch die Propheten erlassen habe (9, 11). Die Durchführung der Massregel ist kaum zu bezweifeln, da Esra die in Frage kommenden Glieder der Gemeinde zu dem Versprechen gebracht hatte, die fremden Weiber mit ihren Kindern zu entlassen (c. 10), und der Text von 10, 44 wohl im ursprünglichen Wortlaut die Einlösung dieses Versprechens meldete («sie entliessen Weiber und Kinder»). Für die nächsten zwölf Jahre fehlen uns sichere Berichte. Wahrscheinlich aber ist der Abschnitt Esra 4, 8—23 auf diese Zeit zu beziehen. Er handelt davon, wie unter demselben König Artaxerxes die königlichen Beamten zu Samarien

---

[1] Das aram. סָפֵר דָּתָא (Esra 7, 12), wie das hebr. סֹפֵר דברי מצות־יהוה (Esra 7, 11), bedeutet «Schreiber d. h. Verfasser des Gesetzes», und erst der Chronist (Esra 7, 6) hat, indem er den Ausdruck סֹפֵר in der ihm geläufigeren Bedeutung «Schriftgelehrter» fasste, Esra zu «einem im Gesetze Moses wohlbewanderten Schriftgelehrten» gemacht. Vgl. Ed. Meyer, Entstehung des Judenthums, S. 60 f.

den Mauerbau in Jerusalem verhinderten. Esra ist demnach, um sich gegen die über die Auflösung der gemischten Ehen grollende Umgebung zu schützen, zum Aufbau der Mauern Jerusalems geschritten. Die Gegner erwirkten aber ein königliches Verbot und sorgten für eine gründliche Zerstörung der schon zum Teil aufgeführten Stadtmauern (Neh. 1, 3; 2, 3). Das erklärt uns auch, wie Esra allen Einfluss verlieren und darum sein Werk nicht durchführen konnte. Zur rechten Zeit, im Jahre 445, kam aber Nehemia, der jüdische Mundschenk des Perserkönigs Artaxerxes, auf sein eigenes Begehren mit Statthaltervollmacht ausgerüstet, nach Jerusalem. Er bewirkte trotz allen Anfeindungen von Seiten der Nachbarn die Wiederherstellung der Thore und Mauern der Stadt (Neh. 3 und 4), steuerte dem Wucher durch die Verordnung der Erlassung der Schulden und Rückgabe der verpfändeten Güter an ihre früheren Besitzer (c. 5) und traf kräftige Massregeln zur Herstellung der Ordnung und Sicherheit (c. 7). Hierauf begann Esra seine reformatorische Wirksamkeit von neuem. Am ersten Tage des 7. Monats des Jahres 445 und an den folgenden Tagen las er dem versammelten Volke sein Gesetzbuch vor und liess sich (am 24. dieses Monats) die eidliche Versicherung geben, die Vorschriften desselben beobachten zu wollen (c. 8 und 10). Es wird dasselbe (8, 1) Buch der Thora Moses genannt, welche Jahwe Israel geboten hatte (vgl. « Thora Gottes, die Mose übergeben wurde » 10, 30), und ist gewiss nicht der ganze Pentateuch, wie man bis in die neueste Zeit angenommen hat, sondern bloss ein Teil davon, nämlich der vorhin charakterisierte Priestercodex. Nach den Vorschriften dieses Gesetzbuches wurden nun Sabbat und Festfeier, Sabbatjahr, Tempelsteuer und Abgaben an Leviten und Priester, die Darbringung der Erstlinge, der Erstgeburt und des Zehnten geregelt (10, 31 ff.). Nehemia unterstützte jedenfalls kräftig diese Reformen (8, 9; 10, 1. 33), die ohne seine Zustimmung und Mitwirkung ja nicht hätten unternommen werden können. Trotzdem die Gemeinde das neue Gesetz beschworen und als verbindlich angenommen hatte, muss sie, nachdem der erste Eifer erkaltet war, und als der starke Arm Nehemias nicht mehr für die Durchführung bürgte, weniger vom Segen des neuen gottesdienstlichen Lebens, als vielmehr die Lasten, die es ihr auferlegte, und die vielen Einschränkungen der individuellen Freiheit in Ehesachen und ökonomischen Verhältnissen schmerzlich empfunden haben.

Sobald nämlich Nehemia im Jahr 433 nach zwölfjährigem Aufenthalt in Jerusalem nach Persien zurückgekehrt war, stellten sich eine ganze Masse von Uebertretungen dieses Gesetzes ein, gegen welche er während seines zweiten Aufenthaltes in Jerusalem (wir wissen nicht, in welchem Jahre, doch jedenfalls nicht lange nachher) zu kämpfen hatte. Er musste (c. 13) den Ausländer Tobia, dem der Priester Eljaschib eine für die heiligen Gaben bestimmte Zelle des Tempels eingeräumt hatte, aus den heiligen Räumen entfernen, für die richtige Abtragung der Zehnten an die Leviten sorgen, der Entheiligung des Sabbats durch Marktgeschäfte steuern, gemischte Ehen auflösen und selbst einen Enkel des Hohepriesters, welcher sich mit Sanballat, dem Statthalter von Samarien, verschwägert hatte, ausweisen. Auch Josephus (Antiq. XI, 7, 2 und 8, 2. 4) weiss von einem Priester Manasse, der aber zur Zeit Alexanders des Grossen um derselben Ursache willen verbannt zu seinem Schwiegervater Sanballat in Samarien sich begab und Priester am damals erbauten Tempel auf Garizim wurde. Wahrscheinlich hat Josephus in Folge eines chronologischen Irrtums das von Nehemia erwähnte Factum in spätere Zeit versetzt. Jedenfalls hat die Ausstossung dieses Priesters mit seinem Anhang zur Bildung einer besonderen samaritanischen Gemeinde und zum Tempelbau auf Garizim den Anlass gegeben. Das diente aber ausserordentlich zur Ruhe der jerusalemischen Gemeinde, da sich nun die unzufriedenen Elemente dort zusammenfinden konnten. Dass die Samaritaner auch das «mosaische» Gesetz übernahmen, erklärt sich bei dieser Entstehungsgeschichte der neuen Gemeinde, die nicht einen Abfall von Jahwe durchführen wollte, von selber.

Die Reform Esras und Nehemias nach dem Priestercodex, die nur unter dem Schutze der persischen Macht gelang, ist eines der wichtigsten Ereignisse in der israelitischen Religionsgeschichte. Mit ihr kommt die vom Deuteronomium eingeleitete gesetzliche Bewegung zu einem vorläufigen Abschluss, weil es gelang, die Gesetze wirklich ins Leben umzusetzen. Vollständig war derselbe nur noch nicht, weil die Bewegung nicht mit einem Male stille gestellt werden konnte, da man für den Anfang sich noch dessen bewusst blieb, dass man mit dem neuen Gesetze nicht den Willen Gottes selber hatte, sondern ihn nur darstellen wollte, und darum Ergänzungen und Vervollständigungen nicht für unmöglich halten konnte. Immerhin hatte dieses Gesetz schon ein solches Gewicht, dass es als der richtige Ausdruck des Willens Gottes galt; ehe es aber als der einzige und vollständig genügende angesehen wurde, bedurfte es noch mancher Zufügung und eines Zeitraums, der gross genug war, um diese Unterscheidung zwischen dem göttlichen Willen und dem Ausdruck, den man ihm im Gesetze zu geben versucht hatte, gänzlich zu vergessen. Schon damals fieng das geschriebene Gesetz mit erhöhter Kraft an, an die Stelle des freien lebendigen Wortes Gottes als Lebensregel zu treten; und der Prophet, der Mann des Geistes, der sich schon seit der deuteronomischen Zeit der gesetzlichen Richtung gefügt hatte, wird jetzt bald abgelöst von dem Schriftgelehrten und kann höchstens noch seinen Blick auf die Endzeit richten, deren Heil man mit der Beobachtung des Gesetzes herbeizuführen suchte. An Stelle der prophetischen Ansprachen, welche mit den sittlich-religiösen Zuständen des Volkes sich befassten, traten die Vorlesung und die Erklärung des Gesetzes, das ja die richtige Zusammenfassung des prophetischen Wortes sein wollte. Am Anfang mochte die Vorlesung an den Festen zu Jerusalem genügen, aber bald wird sich das Bedürfnis eingestellt haben, alle Sabbate und auch an entlegeneren Orten im Gesetz zu unterweisen. Daraus erwuchs das Unterrichtswesen in den Synagogen, welche also ursprünglich nur Lehrhäuser und nicht eigentliche Bethäuser sein wollten. Die erste sichere Spur derselben begegnet uns erst im 74. Psalm (v. 8), der wahrscheinlich aus der Zeit von Antiochus Epiphanes stammt (nach 168). Aber die hier erwähnten מועדי אל Gotteshäuser, welche die Syrer verbrannten, müssen aus früherer Zeit stammen. Sie werden am Ende unserer Periode im dritten Jahrhundert entstanden sein und den Uebergang zu der Periode bezeichnen, welche das geschriebene Gesetz als die heilige Schrift ansah. Natürlich hat man schon vorher, wohl schon in Babylonien, das Bedürfnis empfunden, die alten Schriften sich vorlesen zu lassen. Aber kaum besass man schon so früh eigentliche Synagogenhäuser.

§ 48.

Von der Einführung des Priestercodex bis zum Abschluss des Pentateuchs.

Ueber das Jahrhundert, welches von Esra und Nehemia bis auf Alexander den Grossen reicht, entbehren wir der Geschichtsquellen,

können aber einigermassen für die Entwicklung auf religionsgeschichtlichem Gebiete die Lücken nach den wahrscheinlich in
dieser Zeit entstandenen anderen Schriften und mit Rückschlüssen
aus sicher späteren Schriften oder späteren Verhältnissen ausfüllen.

Einmal zeigen die Büchlein Rut und Jona, dass nicht mit
einem Mal alle Opposition gegen den vom Priestercodex durchge-
setzten schroffen Particularismus und den Ausschluss der Heiden
vom Heile verstummte. Andrerseits ist das Buch Hiob ein gross-
artiges Zeugnis dafür, wie sich der lebendige Glaube gegen die dogmatische Theorie, die in Alles System brachte und auch Gottes
Walten meistern wollte, aufbäumte und zu einer Lösung sich hin-
durchrang, die der zwangsweise auferlegten Schablone nicht entsprach. Dass aber nicht nur ein Einzelner so dachte, beweisen
manche Psalmen, die das gleiche Problem anfassen und das
gleiche lebendige Gottvertrauen trotz allem Widerspruche der offiziellen Lehre bekunden (vgl. bes. Ps. 37; 49 und 73).

Dann aber macht sich ausser der cultischen Hauptströmung eine
Nebenströmung geltend, welche das gewöhnliche Leben berücksich-
tigt und die wertvollen Sprüche sammelt, in denen die thatsächliche
Erfahrung des Einzelnen zum Ausdruck kommt und das sittliche
Gebiet hervorgehoben wird. Das geschah vor allem in den Proverbien; wie kräftig diese Nebenströmung war, ist aber ferner nicht
nur aus vielen Psalmen deutlich zu ersehen, sondern auch daraus,
dass schliesslich in der Thora neben dem Priestercodex die Gesetzes-
sammlungen des Bundesbuchs, Deuteronomiums und Heiligkeitsgesetzes Aufnahme fanden, welche eine Menge von Sittengeboten
enthalten. Für die spätere Zeit liefert auch das Buch Jesus Sirachs
einen Beweis.

Im Uebrigen behauptete der cultische und damit der hierarchische Zug seine herrschende Stellung. Die Hierarchie sorgte
dafür, dass die Theokratie durchgeführt wurde, und als Mittel galt
der gesetzlich normierte Cultus. Die bezeichnendste Bestätigung
hiefür bietet das Buch Joels, der am allermeisten darüber klagt, dass
infolge der das Land verheerenden Heuschreckenschwärme die Mittel
zum vorgeschriebenen Cultus mangeln. Aber auch der verwelt-
lichende Einfluss, den diese Machtstellung für den Klerus mit sich
brachte, blieb nicht aus. Die kleine, aber nun nach dem Gesetze
geordnete Colonie übte auf die ferne wohnenden Juden in Galiläa
und im Ostjordanland eine Anziehungskraft aus, und überall, wo

Israeliten, sei's durch Deportation, sei's aus Handelsinteressen, zerstreut waren, erkannten sie in Jerusalem und seinem Tempel ihre geistige, ideale Heimat, zu welcher sie gerne, so oft die Möglichkeit vorhanden war, wallfahrteten, sowohl um ihren Glauben zu bezeugen, als denselben zu stärken. Dadurch bekam die Gemeindeleitung, die in den Händen der Priester stand, einen immer grösseren Einfluss und immer reichlichere Einkünfte und bildete sich ein vornehmer wohlhabender Erbadel aus. Die Macht und Würde des Hohepriesters stand so hoch, dass schon unter dem zweiten Artaxerxes (404—361) Competitionen vorkommen und ein Bruder den andern ermordete, der an seine Stelle treten wollte (Josephus Antiq. XI, 7, 1).

Neben dem priesterlichen Adel gewannen die Gesetzesgelehrten einen zunehmenden Einfluss. Sie waren es, welche die Aufgaben der nachexilischen Propheten (Sach. 7; Maleachi; Jes. 58) übernahmen. Sie vervollständigten zunächst das Gesetz und brachten mit der Zeit den Pentateuch in die jetzige Form, sorgten für die richtige Erklärung des vorhandenen Gesetzes und gaben die ihm entsprechenden Verfügungen für unvorhergesehene Fälle. Von einem eigentlichen Collegium, einer festen Institution, kann aber keine Rede sein; die sog. Grosse Synagoge, von welcher der Talmud spricht, ist nichts anderes als das in die Vergangenheit projicierte Grosse Synedrium, welches vor der Zerstörung des Tempels in Jerusalem seinen Sitz hatte und nach dem Fall Jerusalems die höchste Autorität des Judentums bildete[1]. Unter dem Einfluss der Gesetzesgelehrten, die sich nicht nur in Jerusalem befinden mussten, sondern bald auch aller Orten in den entstehenden Synagogen gewirkt haben, verbreitete sich die Kenntnis des Gesetzes und in kurzer Zeit gewann die Vorstellung Raum, es sei überhaupt nie anders gewesen und seine Rechtsgiltigkeit habe mit Mose begonnen.

Schon die Chronik, nach der Zeit Alexanders, beurteilt die Könige nach der Norm des priesterlichen Gesetzes und lässt diejenigen unter ihnen, deren Frömmigkeit gerühmt wurde, manchmal wider das Zeugnis des älteren Königsbuches, den Cultus nach seinen Vorschriften regeln. Was es selbst von damaligem Fest-

---

[1] Vgl. Bibliothèque de l'école des hautes études. Sciences religieuses. Premier volume. Paris, 1889, p. 307—322: La chaîne de la Tradition dans le premier chapitre des Pirké Abot, par Isidore Loeb, bes. pgg. 314 ff.

gebrauch, wie Tempelmusik, nicht angeordnet hatte, musste David
eingeführt haben. Das Interesse am Cultus überwog im Volke jedes
andere. Mit allen seinen kleinlichen Vorschriften, welche das ganze
Leben umspannten, wurde das Gesetz aber doch nicht als eine Last
empfunden; viele Psalmen aus jener Zeit preisen nur seinen Segen.
Ja es gab selbst Gemüter, die ihre tiefgefühlte Freude an dem
schönen Gottesdienste bekunden.

Noch nach einer anderen Seite hin spiegelt sich in der Chronik
getreu das Denken unter der Herrschaft des Gesetzes. In viel gewalt-
samerer Weise, als es die deuteronomistische Bearbeitung gethan
hatte, wird von ihr die ganze Vergangenheit nach dogmatischen
Sätzen gemeistert. Die Vergeltungstheorie wird noch viel schroffer
durchgeführt, und um das « abgefallene » Nordreich kümmert sich
die Chronik nur so weit, als es die Geschichte Judas notwendig
machte. In dieser ganzen Gesetzesreligion liegt eben von Anfang an
der Keim der Werkgerechtigkeit, der sich mit immer grösserer
Consequenz ausbildete. Selbst eine sonst so sympathische Gestalt,
wie die Nehemias, schliesst den Bericht über seine Bemühungen um
die Einführung des Gesetzes und des gesetzlichen Cultus häufig
mit dem Gebete: « Das habe ich gethan; gedenke desselben, mein
Gott, zu meinem Besten » (5, 19; 13, 14. 22. 31). Die schlimmsten
Früchte reiften erst später im Pharisäismus.

Nach der macedonischen Eroberung und den Kämpfen der
Diadochen kam Palästina unter die Herrschaft der Ptolemäer.
Unter ihnen genossen die Juden Schutz und Sicherheit, und nun
begann in grösserem Massstab, als je zuvor, die Auswanderung, um
des Handels willen, zunächst nach Alexandrien und Afrika, dann
nach den griechischen Städten Syriens und Kleinasiens, zuletzt
nach Europa, während umgekehrt viele Griechen, sei's der Ver-
waltung, sei's der Behauptung Palästinas wegen, in neugegründeten
Colonien sich niederliessen. Die griechische Cultur kam in
Berührung mit der jüdischen und fand bald in Palästina selbst,
besonders in den höheren Ständen, Eingang. Im Ausland verlernten
die Juden ihre Sprache und nahmen mehr und mehr Anteil auch an
der gelehrten wissenschaftlichen Bildung der Griechen. Ihrer Religion
blieben sie treu; überall, wo sich eine noch so kleine jüdische
Colonie zusammenfand, entstand auch eine Synagoge, wo, wie in
der Heimat, das Gesetz, nun ins Griechische übertragen, verlesen
und ausgelegt wurde. Und dieses Judentum, mit seinem reinen

Monotheismus und seiner streng sittlichen Richtung, hatte bald so grosse Anziehungskraft, dass auch viele Griechen sich als Proselyten ihm anschlossen (vgl. Ps. 87). Die Erscheinung des Hellenismus auf religionsgeschichtlichem Gebiete ist erst in der folgenden Periode zu charakterisieren.

Mit der Uebersetzung des Gesetzes in die griechische Sprache im dritten Jahrhundert vor Christus ist jedenfalls der Uebergang des geschriebenen Gesetzes in eine heilige Schrift nahe genug gelegt, wenn nicht bereits vorausgesetzt. Wenigstens weisen die Septuaginta für den Pentateuch nur unbedeutende Abweichungen vom hebräischen Texte auf, woraus zu erschliessen ist, dass damals das Gesetz schon sicher festgestellt war. Damit ist der Abschluss der in diesem Abschnitt zu betrachtenden Religionsstufe nahe gerückt; nur noch wenige selbständige Regungen sind zu verzeichnen, wie sie bes. in dem Buche Kohelet und ähnlich den Proverbien in der Weisheit des Siraciden (Jesus Sirach) sich Ausdruck verschaffen. Bald zwang auch die Aenderung der politischen Verhältnisse zu einem starren Festhalten an dem Ueberkommenen und hinderte jede freiere Weiterbildung. Denn Palästina wurde durch Antiochus III. (222—187) erobert und blieb von da an (von 197 an) in syrischem Besitze, bis es den Makkabäern gelang, wieder einen selbständigen jüdischen Staat aufzurichten. Vorher aber hatte das Judentum die Aufgabe, sich gegenüber den Angriffen Antiochus IV. (175—164) zu behaupten, und so hat die Aenderung der Regierungsgewalt, der Druck von Aussen, die durch den Abschluss des Gesetzes geförderte Wandlung in der religiösen Anschauung befestigt. Die Betrachtung dieser veränderten Religionsauffassung wird aber erst die Aufgabe des letzten Abschnittes unserer israelitischen Religionsgeschichte sein.

B. Die religiösen Anschauungen

I. *Nomismus in Cultus und Moral.*

§ 49.

Die heilige Gemeinde; die heiligen Personen.

Den richtigen Ausdruck für die cultischen Forderungen gieb die priesterliche Gesetzgebung im Priestercodex. Die Grundlage bildet die alte Anschauung, dass das ganze Volk heilig sein soll. Diese Heiligkeit wird aber nicht mehr im Sinne der Propheten als eine sittliche Forderung gefasst, sondern in erster Linie vielmehr auf dem Wege cultischer Gebräuche, wie auf der Stufe der Volksreligion und des Heidentums, zu erreichen gesucht. Die Erfüllung dieser Forderungen wird schon in die Zeit des Wüstenzuges zurückverlegt und in dem Bilde, welches von den damaligen Verhältnissen entworfen wird, dem gegenwärtigen Geschlecht ein Spiegel vorgehalten, in dem es seine Aufgabe sehen kann.

So bestand die Einheit des Opferortes von Anfang an. Der Priestercodex hat dieselbe nicht erst zu erkämpfen, wie das deuteronomische Gesetz; er kann, in Anlehnung an Ezechiels Bild der neuen Verteilung des Landes, die Lagerordnung während des Wüstenzuges schon nach diesem Gesichtspunkt aufgestellt und durchgeführt sein lassen (Num. 1, 52 ff.; 2, 1 ff.; 10, 11 ff.). Dass die ganze Vorstellung nur der Theorie entspringt, vollständig ungeschichtlich und nicht einmal aus einer noch so verblassten Sage entstanden ist, braucht nicht mehr bewiesen zu werden. Die Erzählung von der Lagerordnung ist nur die Verkörperung einer Idee, sie veranschaulicht in concreter Gestalt das Wohnen Jahwes inmitten Israels und die nähere oder fernere Beziehung der Einzelnen zu ihm. Das Versammlungszelt, wo er seine besondere Wohnung genommen hat und sich offenbart, ist in der Mitte aufgerichtet[1]. Zunächst lagern um dasselbe die Priester und Leviten (Num. 1, 53), die Mittler zwischen Gott und dem Volke; in weiterer Entfernung nach den vier Himmelsgegenden die zwölf Stämme (Joseph ist verdoppelt als Ephraim und Manasse, vgl. Gen. 48, 5) unter den Panieren Judas, Rubens, Ephraims und Dans, der Laien. welche nur durch levitische Vermittlung mit Jahwe verkehren. Das Lager repräsentiert das Volk Gottes. Grundbedingung für den Eintritt in dasselbe ist der Zustand der Reinheit; diese aber hat verschiedene Grade, je nach der näheren oder ferneren Beziehung zu Jahwe.

Für Alle ist zunächst erfordert als Zeichen der Zugehörigkeit zur Gemeinde die Beschneidung (Lev. 12, 3), auch für die

---

[1] Nach den älteren Darstellungen bei JE (vgl. oben S. 65) befand sich das heilige Zelt vielmehr ausserhalb des Lagers (Ex. 33, 7—11; Num. 11, 24. 26; 12, 4).

Sklaven (Gen. 17). Dass sie ursprünglich keine specielle Bedeutung
für den Jahwismus hatte, ist vergessen, gerade wie das Urteil,
welches Jeremia über dieselbe gefällt hatte (Jer. 4, 3 f.). Jetzt durfte
ohne dieselbe kein Fremdling an religiösen Festen der Gemeinde
teilnehmen (Ex. 12, 44. 48). Offenbare Verletzungen der Pflichten,
die ein Glied der Gemeinde hat, wie Gotteslästerung (Lev. 24,
10—16), Sabbatschändung (Num. 15, 32 ff.), werden mit Steinigung
bestraft. Für andere derartige grobe Vergehen, wie Unterlassen der
Beschneidung (Gen. 17, 14), Opfer an ungeheiligter Stätte (Lev. 17, 9),
Versäumnis der Feier des Pesachs (Num. 9, 13), des Versöhnungs-
fastens (Lev. 23, 29), Blutgenuss (Lev. 7, 27; 17, 4 und 10), lautet
die Strafandrohung: ונכרהה הנפש ההיא מקרב עמיה d. h. der Schul-
dige soll seine Uebertretung mit dem Tode büssen. Der Ausdruck
will nicht dem menschlichen Richter einen Zwang auferlegen. Der
Tod kann ebensogut von Gott über den Schuldigen verhängt werden.
Der menschliche Richter konnte daher, wie es die späteren Juden
thaten, nur die grosse Excommunication auf diese Vergehen setzen,
und es ist nicht zu verwundern, dass dieselbe Strafandrohung bei
anderen noch viel geringeren Vergehen erscheint, wie bei dem
Essen von Gesäuertem am Pesach (Ex. 12, 18 ff.), der unbefugten
Bereitung des heiligen Salböls (Ex. 30, 33) oder Rauchwerks
(ib. v. 38), dem Genuss von Opferfleisch im Stande der Unreinheit
oder von dem Fette der Opfertiere überhaupt (Lev. 7, 20. 21. 25),
dem Unterlassen einer vom Gesetz gebotenen Reinigung (Num. 19,
13. 20). Was sich daraus ergiebt, ist zwar nicht, dass die Todesstrafe wirklich auf derartige' Vergehen erfolgte, aber doch, dass
die Uebertretung des Ritualgesetzes dem Gesetzgeber, der die Heiligkeit vornehmlich in der Innehaltung der cultischen Gebote gesichert sah, als ein todeswürdiges Verbrechen galt.

Der Israelit konnte auch für eine kürzere oder längere Zeit
unrein werden. Als verunreinigend galten das Essen von unreinen
Tieren, die Berührung von Aas und von Leichen, das Wochenbett,
Blut- und Schleimfluss, Beischlaf, Aussatz (Lev. 11—15). Verunreinigte, verordnet Num. 5, 1 ff., sollen aus dem Lager geschafft
werden, d. h. sie sollen von der Teilnahme an den religiösen Feiern
der Gemeinde ausgeschlossen sein, bis sie durch Waschungen und
Opfer entsündigt sind. Um vor Jahwe würdig zu erscheinen, muss
der Mensch auch leiblich rein sein; und die leibliche Reinheit ist
dabei nicht nur als Symbol der Reinheit des Herzens gemeint,

sondern, was darin nicht auf alte Gewohnheit, wie das Reinigen und Waschen oder das Wechseln der Kleider, zurückgeht, also die Aufnahme alter vorjahwistischer Gebräuche bedeutet, wird daraus zu erklären sein, dass, was die Sinne der Menschen unangenehm berührt, als auf Gott dieselbe Wirkung hervorbringend gedacht wurde (vgl. Deut. 23, 10—15).

Zu diesen allgemeinen Forderungen an jeden Israeliten kommen für die Priester noch besondere Bestimmungen. Sie müssen einen höhern Grad der Reinheit besitzen. Wer von Geburt das Priesterrecht besitzt, ist zum Priesterdienst unfähig und darf keine amtlichen Handlungen verrichten, wenn er Leibesfehler hat (Lev. 21, 16 ff.). Der Priester darf keine Geschwächte oder Verstossene oder Hure heiraten (Lev. 21, 7), an keiner Leiche sich verunreinigen, ausser solchen von Eltern, Kindern, Bruder und Schwester, von letzterer nur so lange sie als Jungfrau in seinem Hause lebt (21, 1 ff.). Im Zustande der Unreinheit darf er nicht fungieren, noch von den heiligen Opfergaben essen (Cap. 22).

Für den Hohepriester sind diese Vorschriften noch verschärft (Lev. 21, 10 ff.). Er darf nur eine Jungfrau, keine Witwe heiraten, an keiner Leiche, auch nicht derjenigen seines Vaters oder seiner Mutter, sich verunreinigen, keine Trauerzeichen anlegen und das Heiligtum nicht verlassen.

Was die Reinheit betrifft, sind die Leviten den Laien gleichgestellt; wenigstens stehen keine besondern Verordnungen im Gesetz. Die verschiedenen Grade der Reinheit entsprechen den Functionen der einzelnen Klassen: je näher Gott selbst, desto reiner! Die Leviten, von welchen keine besondere Reinheit verlangt wird, haben, wie das Volk selbst, bloss im Vorhof zu thun; sie besorgen die Opferschlachtung, Abhäutung, Waschung der Opferstücke, als Diener des Volkes und der Priester. Die Priester, ausser dass sie im Vorhof opfern, betreten das Heiligtum, wo sie Leuchter, Schaubrote und Räucheropfer besorgen. Der Hohepriester allein geht in das Allerheiligste ein, wo Gott über den Cheruben und der Gesetzeslade thront, und zwar nur an einem Tage jedes Jahres, am grossen Versöhnungstag (s. § 51). Nach Num. 18, 7 war dies übrigens nicht von jeher das Vorrecht des Hohepriesters.

Diese ganze Organisation ist erst nachexilischen Ursprungs und nicht früher in Kraft getreten als der Codex selbst, der sie zeichnet. Noch das Deuteronomium (621 v. Chr.) kennt keinen

Rangunterschied zwischen Priestern und Leviten; vielmehr fasst es
Leviten und Priester als wesentlich gleich: jeder Levite kann nach
seinem Belieben in Jerusalem als Priester fungieren, wie seine
dortigen Standesgenossen, sobald er nur zu dem allein noch
legitimen Heiligtum in der Hauptstadt sich begiebt (Deut. 18, 6—8).
Die Priester heissen הכהנים הלוים (17, 9), הכהנים בני לוי (21, 5; 31,9)
und הכהנים הלוים כל־שבט לוי (18, 1). Ein Unterschied zwischen
Priestern und Leviten ist hiebei nirgends indiciert. Ihre Functionen
sind: die Lade mit dem Gesetze Jahwes zu tragen (10, 8; 31, 9), vor
Jahwe als seine ständigen Diener zu stehen (10, 8; 18, 7 f.; 21, 5),
das Volk zu segnen in seinem Namen (10, 8; 21, 5), Recht zu
sprechen (21, 5), das Gesetz vorzulesen (31, 10 ff.). Die untergeordneten Dienste werden von Fremden versehen und ein Hohepriester mit besondern Befugnissen wird nicht erwähnt.

Einer Umbildung dieser Verhältnisse redet Ezechiel das Wort.
Er giebt (44, 6 ff.) die Weisung, dass diejenigen Leviten, welche,
offenbar bei den durch Josia aufgehobenen Höhen, dem Volke bei
seinen Opfern ausserhalb Jerusalems zu Diensten waren, zur Strafe
fernerhin das Priestertum nicht mehr bekleiden, sondern zu Dienern
des Volkes bei seinen Schlachtungen, zu Wächtern und Thürhütern
herabgedrückt, an die Stelle der Fremden treten sollten, welche
bisher diese Dienste versahen (vgl. die Netinim, d. h. die dem
Heiligtum Geschenkten Ez. 44, 8; Jos. 9, 27; Esra 2, 43—53; Neh.
7, 46—56). Die Leviten, welche bisher das Priesterrecht besessen
und ausserhalb Jerusalems Priesterdienst verrichtet hatten, werden
also degradiert. Nur die an den Höhen, welche Ezechiel nach der
deuteronomischen Forderung des einen Gottesdienstortes als
Verirrung beurteilt, unbeteiligten Priester am Tempel zu Jerusalem,
die Sadokiden, sind zum Priestertum auserwählt (44, 15 ff. vgl.
40, 46; 43, 19; 48, 11). Beide Klassen, Priester und Leviten, sollen
besondere Lose und Wohnungen erhalten. Diesen Klassenunter-
schied, welchen das Deuteronomium noch nicht kennt, Ezechiel
erst fordert und motiviert, freilich nachdem die jerusalemische
Priesterschaft die Gleichberechtigung der Landpriester mit den
Stadtpriestern nicht hatte aufkommen lassen (2 Kön. 23, 9), trägt
der Priestercodex in die Urzeit zurück und macht aus den
Sadokiden vielmehr Aaroniden, vermutlich eine Bezeichnung,
welche der Thatsache Rechnung trägt, dass doch einigen Priester-
familien, die zwar ihren Ursprung nicht durch Sadok, aber doch

durch eine andere Linie auf Aaron zurückführten, dieselben Rechte zugestanden wurden wie den Sadokiden. Schon Mose soll angeordnet haben, dass Aarons Geschlecht das Priesteramt verwalten dürfe (Ex. 28, 1. 41; 29, 1. 44; Num. 3, 10). Opfern und Segnen ist sein Vorrecht. Die übrigen Leviten sind Diener der Priester (Num. 3, 6 ff.; 8, 16 ff.; 18, 2. 6) und haben ausschliesslich vor allen andern Israeliten die untergeordneten Dienste am Heiligtum zu versehen (Num. 1, 50 ff.; 18, 3 ff.): das Schlachten der Opfertiere, das Waschen der Opferstücke, die Bewachung des Heiligtums (Num. 1, 53; 3, 7), das Tragen der heiligen Geräte, einschliesslich der Bundeslade (Num. 4). Priesterliche Functionen, Eintritt in das Innere des Heiligtums (Num. 4, 20), Berührung der heiligen Geräte vor ihrer Bedeckung durch die Priester (4, 15; 18, 3) sind ihnen unter Androhung der Ausrottung untersagt, und jedem Gelüste nach Eingriff in die priesterlichen Vorrechte ist der Untergang von Korachs Rotte als warnendes Exempel vor Augen gestellt (Num. 16). In der Chronik (I. 6, 17; 16, 4; II. 8, 14; 31, 2) sind sie mit der Ausführung des heiligen Gesanges und der Instrumentalmusik im Tempel beauftragt. Sie sind auf diese Weise nicht mehr blosse Diener der Priester bei ihren Amtsverrichtungen, sondern stehen, wie diese, vor Jahwe und dienen ihm, nämlich als Tempelsänger. Ihre Würde hat eine Steigerung erhalten durch Uebertragung der Tempelmusik. Der Verfasser ist sich aber deutlich bewusst, dass dies ein späterer Zuwachs ist; darum lässt er dies Amt erst durch David geschaffen sein.

An der Spitze der Priesterschaft steht nach dem Gesetze der Hohepriester, הכהן הגדול (Lev. 21, 10), auch der gesalbte Priester הכהן המשיח genannt (4, 3. 5; 8, 12; vgl. ferner הָכֹהֵן הָרֹאשׁ der Oberpriester z. B. Esra 7, 5), mit dem ausschliesslichen Rechte im Allerheiligsten zu fungieren. Noch das Deuteronomium und Ezechiel erwähnen ihn nicht, obwohl in einer zahlreichen Priesterschaft und am Königsheiligtum notwendig einer der oberste war, der die Priesterschaft vor dem König vertrat und als dessen Beamter für die Ausführung der königlichen Befehle in Cultsachen zu sorgen hatte (vgl. 2 Kön. 25, 18, wo diesem Vertreter der Priesterschaft bereits der von der Chronik auf den Hohepriester übertragene Name «der Oberpriester» gegeben ist). Dieser war aber immer nur der *primus inter pares*, ohne besondere Amtsbefugnisse in Sachen des Cultus. Zuerst wird der Hohepriester im

Heiligkeitsgesetz (Lev. 21, 10) genannt, wo er der Grösste im
Collegium (הגדול מאחיו) heisst; ganz so treffen wir den ersten, der
mit Namen uns bekannt ist, Josua, bei Sacharja (3, 8), die übrigen
Priester heissen noch seine Genossen (רעים 3, 8). Im Priestercodex
ist die Rangesgleichheit aufgehoben. Hier nimmt er den Priestern
gegenüber die Stellung eines Vaters ein und diese sind demnach
seine Söhne. Er ist zu einer Zeit, wo das Volk keinen nationalen
König hatte und nur noch eine Gemeinde war, die Spitze der
Hierarchie und das Haupt der ganzen Gemeinde, das Organ des
himmlischen Königs und zugleich der Vertreter des Volkes.

Wir sehen demnach, dass die Gemeinde sich eine hierarchische
Verfassung geschaffen hat: Hohepriester, Priester, Leviten, Laien,
das ist die Abstufung. Gott offenbart der Gemeinde seinen Willen
und Ratschluss durch den Priesterstand und die Gemeinde bringt
Gott durch ihn ihre Dankopfer dar, wie sie durch ihn erst gereinigt
wird. Der Priester ist Mittler und der Verkehr zwischen Gott und
seinen Dienern wird durch den Cultus aufrecht erhalten. Die Anschauung ist eine andere geworden, als bei den Propheten. Diese
erwarteten und verhiessen ein Volk, da jeder Gott kenne und mit
ihm in Verkehr stehe, da es keiner Mittelspersonen bedürfe. Selbst
noch Maleachi (2, 5 ff.) sah es nicht als einzige Aufgabe des Priesters, des Gesandten Gottes (מלאך יהוה), an, nur cultische Weisungen
zu erteilen; aber der Schwerpunkt der Religion lag nun nicht
mehr in der sittlichen Erziehung, sondern in der rituellen Unterweisung.

§ 50.

Die heiligen Handlungen.

Heilige Handlungen dürfen nach dem Gesetze nur von Aaroniden
verrichtet werden; das Deuteronomium hatte sie noch den Leviten
überhaupt erlaubt, und vorher hatte jeder Israelite das Recht dazu
besessen. Unter den heiligen Handlungen steht das Opfer oben an, in
ihm geht der Cultus nahezu auf. Wir haben früher gesehen, dass der
Opferdienst so alt ist, wie die Verehrung Jahwes, ja dass er schon
zum semitischen Heidentum gehörte und von da in den Jahwismus
Eingang gefunden hat. Es ist weiter erwähnt worden, wie die Propheten ihm keinen besondern, ja überhaupt keinen Wert beimessen,
sondern ihn entschieden verwerfen. In den älteren Büchern fehlen

bestimmte Angaben über die Opfergattungen und die Art und Weise ihrer Darbringung; was sich aus den gelegentlichen Angaben entnehmen liess, ist früher zusammengestellt worden. Der Priestercodex giebt nun viel Bestimmteres, sowohl über den Ritus, als über die Veranlassung der einzelnen Opfer. Wie viel davon schon durch das Herkommen sanctioniert war, wie viel die Theorie Neues geschaffen haben mag, ist mit völliger Gewissheit nicht zu ermitteln, da die älteren Bücher, wie gesagt, nirgends diesen Gegenstand *ex professo* behandeln.

Ein eigens die Bestimmungen über die Opfer zusammenstellender Codex findet sich Lev. 1—7 neben anderen zerstreuten Perikopen. Alles ist da aufs genauste geregelt. Die Stoffe blieben im Allgemeinen dieselben wie früher: Rind und Kleinvieh, auch Tauben für das Schlachtopfer; die Haupterzeugnisse des Bodens, Korn, Most und Oel für Speis- und Trankopfer, nur dass jetzt noch Weihrauch hinzukommt und statt קמח das Feinmehl סלה verwendet wird. Während früher an jedem dargebrachten Opfer die Gefühle des Dankes oder der Schuld haften konnten, finden sich jetzt im Gesetz besondere Gattungen verzeichnet, je nach dem Gefühle, welchem Ausdruck gegeben werden soll: Lob und Dank oder Verlangen nach Sühne. Ihrer Verwendung nach schieden sie sich in solche, welche ganz dem Altar zufielen, und von welchen kein Mensch etwas bekam (die Brandopfer), und in solche, von welchen der Altar nur Weniges, der Priester das Uebrige bekam (Sündopfer), und solche, welche nach der Weihe des Gott bestimmten Anteils und dem Abzug des Priesterdeputats dem Opfernden zum Festmahle dienten. Alle dabei zu beobachtenden Ceremonien, die Zahl, die Art, das Alter und das Geschlecht der Tiere, die zu verbrennenden oder abzugebenden Teile derselben, die Behandlung des Blutes, das Mass der sonstigen geweihten Dinge, sind aufs pünktlichste angegeben. Auf das Einzelne ist hier nicht einzugehen, sondern nur das hervorzuheben, was zur Erkenntnis der religiösen Anschauungen von Wichtigkeit ist.

Zunächst über das Opfermaterial bestimmt das Gesetz, dass nur reine Tiere und unter diesen selbst nur fehllose geopfert werden dürfen (Lev. 22, 17 ff.), wobei sogar auf Schönheit der Gestalt Rücksicht genommen wird. Das Opfertier musste mindestens acht Tage alt sein, gewöhnlich aber waren die Opfer von Kleinvieh einjährig, von Rindvieh dreijährig, also in voller Kraft und Ausbildung. Von Vegetabilien kamen auf den Altar Weizen in Aehren oder in Körnern

am Feuer geröstet (Lev. 2, 14), meist aber als Feinmehl סֹלֶת (Lev. 2, 1),
welches auch zu Kuchen gebacken wurde. Salz, Oel und Weihrauch
kamen hinzu. Aber Alles musste ungesäuert bleiben. Das Trankopfer bestand aus Wein. Der leitende Gesichtspunkt bei diesen Bestimmungen ist offenbar, abgesehen von der heiligen Tradition, der,
dass nur das Beste und Angenehmste Gottes würdig ist, und dass
ihm nur Unverdorbenes dargebracht werden kann, wie man dies
auch einem menschlichen Würdenträger gegenüber thun würde (vgl.
Mal. 1, 8). Daher erklärt sich auch die Einführung des Weihrauchs
und der Ersatz des gewöhnlichen Mehles durch Feinmehl. Eine Aenderung in der Anschauung zeigt der Gebrauch, dass jetzt das Opferfleisch nicht mehr gekocht, sondern roh dargebracht wird; demnach tritt der Gedanke, dass das Opfer eine Gottesspeise ist, zurück.

Das wichtigste unter den Opfern ist das Brandopfer (Lev. 1).
Es war immer ein blutiges, aber von einer Mincha begleitet. Ausser
Tauben und Turteltauben waren dabei nur männliche Tiere zuge-
lassen. Von den übrigen Opfern unterscheidet es sich durch die
Grösse der Gabe, sofern das ganze Tier, in Stücke zerlegt, auf
dem Altar verbrannt wurde. In früherer Zeit konnte es sowohl
Dank- als Sühnopfer sein. Im Gesetze hat es diesen allgemeinen
Charakter bewahrt. Es ist ein unentbehrlicher Teil jedweden
Gottesdienstes geworden. Es wird gebracht jeden Morgen (Esr. 9, 4;
Neh. 10, 34) oder auch Morgens und Abends (Ex. 29, 38 ff.;
Num. 23, 3 ff.) und heisst darum הַמִּיד, beständiges Opfer. Dasselbe
war gesteigert am Sabbat und noch mehr an den grossen Jahresfesten
(Num. 28, 11 ff. und Cap. 29). Es begleitet auch andere Opfer,
besonders das Sühnopfer, bei der Priesterweihe (Ex. 29, 15 ff.; Lev.
8, 14 ff.) und bei Reinigungen (Lev. 5, 7 ff.; 12, 6. 8; 14, 19 ff.;
15, 14. 15), zum deutlichen Beweis, dass es weiter nichts ist, als
ein Cultusact, wodurch die Zugehörigkeit zu Jahwe ganz allgemein
ausgedrückt ist.

Daneben, gleichfalls aus älterer Zeit stammend, wird genannt
das Dankopfer (זֶבַח שְׁלָמִים Lev. 3; auch bloss שְׁלָמִים Lev. 7, 14;
9, 22; LXX θυσία σωτηρίου, σωτήριον; Vulg. *hostiæ pacificorum*). Eine
Novelle im Gesetz (Lev. 7) unterscheidet mehrere Gattungen desselben: das זֶבַח הַתּוֹדָה, Lobopfer, wohl der generelle Name des obli-
gatorischen Dankopfers v. 12 ff., und solche, die zur Lösung
eines Gelübdes (נֶדֶר) oder ganz freiwillig dargebracht werden
(זֶבַח נְדָבָה v. 16 ff. vgl. 22, 18 ff.). Seine Bedeutung ist Dank

für empfangene oder auch erwartete Gabe. Das Opfertier konnte
aus Rind oder Kleinvieh bestehen (Lev. 3, 1. 6; 9, 4 etc.). Auf den
Altar sollen bloss die Fettstücke kommen, der Priester erhielt die
Brust und die rechte Keule (Lev. 7, 29 ff.); das Uebrige diente dem
Darbringer zur Mahlzeit. Merkwürdig ist, dass die Mahlzeit, welche
in früherer Zeit so sehr die Hauptsache war, dass die Darbringung
der Fettstücke fast nur wie die religiöse Weihe derselben erscheint
und das Deuteronomium noch das Ganze als ein sich Freuen vor
Jahwe bezeichnet, in der levitischen Gesetzgebung fast gänzlich in
den Hintergrund tritt. Die heilige Handlung ist fertig, wenn die Mahlzeit beginnt. Letztere scheint fast wie eine keineswegs notwendige
Verwendung des übrigen Fleisches, man möchte sagen, wie eine
Concession an den alten Gebrauch.

Eine wichtige Stelle im Gesetz nimmt das Sühnopfer ein,
welches im Allgemeinen den Zweck hat, das durch irgend eine
Uebertretung gestörte Verhältnis der Menschen zu Gott wieder herzustellen. Das Gesetz unterscheidet zwei Gattungen desselben, das
eigentliche Sündopfer (חטאה) für unfreiwillige Vergehungen gegen
Gott (Lev. 4) und das Schuldopfer (אשם Lev. 5), zumeist nach
Eingriffen in fremdes Eigentum dargebracht neben der Leistung des
Schadenersatzes. Als besondere mit eigenartigem Ritus begangene
Opfer scheinen beide jüngeren Ursprungs zu sein und finden erst
bei Ezechiel Erwähnung, wenn auch nicht geläugnet werden kann,
dass in früheren Zeiten oft Opfer zur Sühne gebracht wurden, meist
Brandopfer, weil der Opfernde nicht wagte, durch Genuss von
dem Dargebrachten mit Gott in Verbindung zu treten. Die Grösse
des Opfers bestimmte sich teils nach der theokratischen Stellung
des Darbringers, teils nach dem Vergehen. Für das Volk oder den
Hohepriester bestand es aus einem Farren, für einen Fürsten
aus einem Ziegenbock; für den gemeinen Mann aus Ziege oder
Schaf. Leute, die zu arm waren, um ein grösseres Tier darzubringen,
konnten sich auch mit einer Taube oder Turteltaube begnügen, und
diese reichte überhaupt aus in einzelnen Fällen von Verunreinigung,
wie Wochenbett, Schleim- und Blutfluss (Lev. 12, 6. 8; 15, 14. 15.
29. 30); bei ganz Armen genügte ein Zehntel Epha Weissmehl ohne
Oel und Weihrauch (5, 11—13).

Sünd- und Schuldopfer sollten Versöhnung und Vergebung bei
Gott erwirken. Der technische Ausdruck hierfür ist לכפר עליו, wörtlich « für ihn, den Darbringer, Deckung zu schaffen ». Der Priester

vollzieht zu Gunsten des Schuldigen die Sühneceremonien, sodass Gott ihn in seiner Sünde nicht sieht und nicht sehen will, eben weil er durch das Opfer, welches ein Lösegeld ist, sich befriedigen lässt und deshalb die Strafe erlässt (ונסלח לו). Man erklärte nun vielfach die Sache so, dass eine Substitution des Tieres stattfinde, welches statt des Schuldigen die verdiente Strafe zu ertragen hätte. Diese Substitution soll schon dadurch veranschaulicht sein, dass der Darbringer, wenn er das Tier vor den Altar führte, ihm die Hand auf den Kopf stemmte. Handauflegung fand aber auch bei Brand- und Dankopfer statt (Lev. 1, 4; 3, 2), kann demnach nicht Symbol der Sündenimputation sein. Um letztere Fälle nicht auszuschliessen hat man die Handauflegung als sacramentale Uebertragung der Stimmung und Intention des Darbringers überhaupt auf das Tier sehen wollen, was beim Sühnopfer dann auf Substitution hinausliefe. Dies kann aber die Bedeutung des Ritus nicht sein, sonst dürfte er beim täglichen Brandopfer nicht fehlen (Lev. 6, 1 ff.). Es ist vielmehr das Zeichen, dass der Darbringer sein Eigentum als sein Opfer zu einem bestimmten Zweck Jahwe hingebe (*manumissio*).

Weiter hat man das besondere Verfahren mit dem Blute des Opfertieres für die Erklärung als Substitution geltend gemacht. Während nämlich bei Brand- und Dankopfer dasselbe um den Altar gegossen wurde, wird hier davon zuerst bei Opfern für das Volk vom Hohepriester gegen den Vorhang des Allerheiligsten gesprengt; in anderen Fällen werden die Hörner des Altars damit bestrichen. «In dem Blute, heisst es Lev. 17, 11, sitzt die Seele des Leibes», — es ist der Sitz des Lebens, — «das Blut deckt durch die Seele», d. h. vermöge des in ihm enthaltenen Lebens hat es Sühnkraft; und Gott hat es ihnen «verliehen für den Altar, damit man ihnen mit demselben Sühne verschaffe»; es soll dargebracht werden, um ihr Leben zu decken vor der die Sünder verzehrenden Heiligkeit Gottes. Man hat dies nun im Sinne der *satisfactio vicaria* verstanden, so dass das Tier stellvertretend den vom Sünder verdienten Tod erlitte. Dem widerspricht aber, dass ja bei andern Opfern das Tier auch geschlachtet wird, und gerade für die todverdienenden Verbrechen das Sühnopfer nicht zulässig ist, sondern allein für unwissentlich und in Verirrung begangene Sünden oder für solche Vergehen, die man bereute und bei denen Ersatz des materiellen Schadens hätte eintreten können (Lev. 4 passim; 5, 1 ff.; Num. 15, 22—31). Es ist auch nicht so zu fassen, dass das Blut, das Leben, weil von Gott

dem Urheber des Lebens stammend, die heiligste Gabe sei, welche
der Mensch Gott weihen kann. Sondern gerade die älteste Sitte und
Auffassung des Opfers ist es, die hier noch nachwirkt; das Leben,
das Blut, in dem das Leben sitzt, ist als das vornehmste Mittel betrachtet, um die durch unwissentlich begangene Sünden gelockerte
Verbindung mit Gott wieder zu befestigen. Darum erfolgt die Appli-
cation des Blutes an die Hörner des Altars oder die Sprengung
gegen den Vorhang des Allerheiligsten.

Der Theorie nach (Num. 15, 30) konnten bloss unfreiwillige
Vergehen durch Opfer gesühnt werden. Letztere Kategorie wurde
aber sehr weit gefasst, sofern auch aus Schwäche oder Furcht begangene Uebertretung, ja auch vorsätzliche Verletzungen des Eigentums, wenn Reue und Wiedererstattung stattfand, mit einbegriffen
waren (Lev. 5, 1—4. 21 ff.). Die vielen gebotenen Sühnopfer waren
nun allerdings sehr geeignet, das Volk im Bewusstsein seiner Sündhaftigkeit zu erhalten und zu bestärken und in den tieferen Ge-
mütern auch das Gefühl, dass Herzensreinigung notwendig sei, zu
wecken und wach zu halten (vgl. Ps. 19, 13: Verirrungen — wer wird
sich aller bewusst? Von den verborgenen sprich mich los! vgl.
ferner Ps. 69, 6 und daneben Ps. 51). Wenn aber Sühnopfer auch
für zufällige Berührung einer unreinen Sache, aus Unachtsamkeit,
oder weil man sie nicht wahrgenommen hatte (Lev. 5, 2. 3), oder
für natürliche Vorkommnisse, wie Wochenbett und Blutfluss (Lev.
12 und 15), gefordert werden, so musste andrerseits die Gleich-
stellung solcher Verunreinigungen mit wirklich begangenen Sünden
das sittliche Gefühl abschwächen, indem man versucht war, wirkliche Sünde für nicht gefährlicher anzusehen, als leibliche und dazu
noch unvermeidliche Verunreinigung. Die Gefahr lag nahe, es mit
dem Leichtern genau zu nehmen, der wirklichen Schuld aber
ebenso durch das blosse Opfer sich zu entledigen. Das entsprach ja
dem Volksbewusstsein, und der Priestercodex hat darum gewiss mit
der Regelung des Cultus das Volk nicht auf einen höhern Standpunkt erhoben. Der Compromiss, den das deuteronomische Gesetz
zwischen den prophetischen Forderungen und dem Volksglauben
eingeleitet hatte, endigte genau beschen auf diesem Gebiete mit
einer eigentlichen Verdrängung der prophetischen Religion, d. h.
mit einer Befestigung des rituellen Cultus.

Schliesslich darf ein Element in den Gottesdiensten zu Jerusalem nicht unerwähnt bleiben. Es ist das musikalische. Dass es bei

den alten Opferfeiern an Gesang und Spiel, an Reigen und Tanz nicht fehlte, ist sicher (vgl. Am. 5, 23); aber es waren keine geistlichen Lieder, die dort gesungen wurden, sondern die ungebundene Fröhlichkeit des Volkes war es, die sich hören liess (vgl. auch Hos. 9, 1). Auf die volkstümlichen alten Melodien, die noch in manchen Psalmüberschriften erwähnt sind[1], wurden aber später geistliche Lieder gedichtet und gesungen, und der zweite Tempel weist ein grosses Sängerpersonal auf, von welchem besonders die Chronik berichtet, die auch die Sänger unter die Leviten rechnet und dadurch beide zugleich erhöht (man vergleiche auch die Einweihung der von Nehemia aufgebauten Stadtmauern durch die beiden Musikchöre Neh. 12). Im Psalmbuche tragen einzelne Sammlungen oder Psalmen ihre Namen höchst wahrscheinlich nach solchen Sängerinnungen (Asaph, Heman, Ethan). Dass der Priestercodex diesen musikalischen Teil des Gottesdienstes noch nicht regelt, beweist, dass ihm erst später eine grosse Wichtigkeit zugeschrieben wurde; aber gerade diese musikalischen Aufführungen werden mitgeholfen haben, den Cultus viel prächtiger und feierlicher erscheinen zu lassen, als früher, und werden hauptsächlich ein Grund sein, warum er in den Psalmen so oft gerühmt wird und die von ihm Ferngehaltenen mit Sehnsucht erfüllt (Ps. 42, 2 ff.; 84, 2 ff.; 132, 2 ff. etc.).

§ 51.

Die heiligen Zeiten.

Wie die Opfertheorie, so ist auch die Festgesetzgebung besonders bezeichnend für den Geist des Nomismus und des Codex, welchem wir ihre Kenntnis verdanken.

Sabbat und Neumond werden darin beibehalten, letzterer fast verwischt, der Sabbat aber als Zeichen der Zugehörigkeit zur Gemeinde, besonders ausgezeichnet (Ex. 31, 12—17; 35, 1—3; Lev. 23, 3) und auch von den späteren Propheten hervorgehoben (vgl. Jes. 56), die völlige Ruhe an diesem Tage wird mit der Ruhe

---

[1] על־אילת Ps. 57, 1; 58, 1; 59, 1; 75, 1 vgl. Jes. 65, 8; אל־תשחת השחר Ps. 22, 1; על־יונת אלם [l. אים] רחקים Ps. 56, 1. Die beste Analogie bietet die Geschichte der Entstehung des evangelischen Kirchenliedes zu der Zeit der Reformation.

Gottes nach dem sechstägigen Schöpfungswerk theologisch begründet
(Gen. 2, 1—3; Ex. 20, 11 vgl. die Motivierung aus humanen Rück-
sichten in Deut. 5, 15). Nehemia ergriff strenge Massregeln, um die
Beobachtung des Tages durchzuführen (13, 15 ff.), und der Priester-
codex bedroht in einem in geschichtlichem Gewande gegebenen
Gesetze (Num. 15, 32 ff.) die Sabbatschändung mit Todesstrafe.

Die drei jährlichen Feste, welche von Alters her und noch im
Deuteronomium als Feste des Ackerbaus gefeiert wurden, obschon
ihnen durch die Verlegung in die Hauptstadt der natürliche Boden
entzogen wurde, sind beibehalten, aber Bedeutung und Ritus sind
modificiert. Die Feste sind vom wirklichen Leben losgelöst, sind
ausschliesslicher kirchlich, speciell gottesdienstlich geworden.

Beim Pesach, an welchem früher die Erstgeburten von Rind
und Schaf dargebracht und beim Heiligtum verzehrt wurden, wobei
sieben Tage lang Ungesäuertes gegessen wurde, Beides zur Erinnerung an den Auszug aus Aegypten, und welches mit der Weihe
einer Gerstengarbe die Ernte eröffnete (Ex. 23, 15. 19; 34, 18—20;
Deut. 16, 1—8; Ex. 13, 1—16), ist das Erstgeburtsopfer und selbst
der Opfercharakter zurückgetreten. Nach der älteren Praxis ist
wieder an die Stelle des Erstgeburtsopfers das Lamm (Schaf oder
Ziege) gekommen, welches am 10. Nisan schon ausgewählt und am
Abend des 14. überall geschlachtet und verzehrt werden soll (Ex.
12, 1—10). Zur Erinnerung an die Schonung der Erstgeburt in
Aegypten sollen Thürpfosten und Oberschwelle mit seinem Blute
bestrichen werden. An jedem der sieben Tage, die hierauf folgen,
werden Massôt gegessen, reichlichere Opfer als gewöhnlich dargebracht, und am ersten und siebenten Tage ist Festversammlung
(vgl. Ex. 12, 16; Lev. 23, 5—8; Num. 28, 16—25). Die Gemeinde-
opfer vertreten die privaten. Ueber die Zusammenlegung des
ursprünglich ganz andere Bedeutung besitzenden Pesachfestes mit
dem Massôtfeste ist früher (S. 110) gesprochen worden; der Priestercodex hat diese deuteronomische Umgestaltung aufrecht erhalten, aber dem Pesach doch nicht ganz seinen früheren Charakter
einer familiären Feier genommen, da es überall in den Häusern
geschlachtet und verzehrt wird, wie es auch bis in das N. T. hinein
Sitte geblieben ist (Mark. 14, 12 ff.). An den wahren Ursprung der
Feier hat der Priestercodex keine Erinnerung; die historische Begründung derselben durch die Vorfälle bei dem Auszug aus Aegypten
liegt auf der Linie der durch das deuteronomische Gesetz ange-

bahnten Umdeutung der aus dem gewöhnlichen Leben entsprungenen Feste in historische Gedenkfeiern. Zur Zeit des N. T. kannte man natürlich nur diese spätere historische Deutung.

Das Pfingstfest, ἡ πεντηκοστή in den Apokryphen und im N. T., im A. T. חג הקציר Erntefest (Ex. 23, 16) und חג שבעות Wochenfest (Ex. 34, 22; Deut. 16, 10 vgl. חג השבעות Deut. 16, 16) genannt, soll am Schluss der Ernte, nach Deut. 16, 10 und Lev. 23, 15. 16 aber nach sicher fixiertem Datum sieben Wochen nach der Darbringung der ersten Gerstengarbe gefeiert werden. Es ist dasselbe ursprünglich, wie schon der Name anzeigt, ein Dankfest für die Getreideernte, und das ist es auch im Priestercodex geblieben; die historische Umdeutung durch die Beziehung auf die sinaitische Gesetzgebung hat es erst später erhalten. Als Erntefest ist es auch dadurch charakterisiert, dass an demselben zwei Laibe von gesäuertem Weizenbrot zwar nicht geopfert, doch gewoben wurden (Lev. 23, 17. 20). Es dauerte nur einen Tag; es wurden früher an demselben die Erstlinge (Ex. 23, 16; 34, 22; Deut. 16, 10) dargebracht und damit Opfermahlzeiten veranstaltet. Ueber letztere schweigt der Priestercodex. Aber da der Pfingsttag יום בכורים genannt wird (Num. 28, 26), lässt sich vermuten, dass an diesem Tage die Erstlinge oder deren Ertrag als Abgabe an den Priester entrichtet wurden. Er war ausgezeichnet durch Festversammlung und besondere Opfer (Num. 28, 26 ff.).

Das Laubhüttenfest war ursprünglich, wie schon der ältere Name (חג האסיף Ex. 23, 16; 34, 22) uns gezeigt hat, das Fest der Lese am Ausgang des Jahres und damit das Dankfest für allen Erntesegen des Jahres (Deut. 16, 13 erwähnt nämlich neben der Kelter die Tenne). Es wurde anfänglich im Freien, in den Weinbergen begangen (vgl. S. 109), und daher kommt die Sitte, Hütten zu bauen, in denen man sich während der Herbstgeschäfte häuslich einrichtete und die Herbstfreude feierte. Daher hat es den Namen חג הסכות, σκηνοπηγία, schon im Deuteronomium. Diesen ländlichen Charakter musste es verlieren, seitdem es nach deuteronomischer Verordnung (16, 13—15) in Jerusalem begangen wurde. Die Hütten, eine Sache des Bedürfnisses, solange man das Fest im Freien beging, wurden beibehalten und aus Myrten-, Oel- und Palmenzweigen, aus Aesten von dickbelaubten Bäumen und Weiden (Lev. 23, 40; Neh. 8, 15 ff.) auf den Dächern der Häuser, in den Vorhöfen des Tempels und auf den freien Plätzen der Stadt errichtet. Das Fest

erhielt zugleich eine historische Bedeutung, als Erinnerung an das
Wohnen in Hütten während des Wüstenzuges (Lev. 23, 42. 43).
Früher musste es mit der Weinlese zusammenfallen. Der Priestercodex setzte es aber auf den 15. des 7. Monats (Lev. 23, 34; Num.
29, 12) und fügt zu den üblichen sieben Tagen (Deut. 16, 15; Lev.
23, 41) noch einen achten hinzu. Am ersten und achten Tage ist
feierliche Festversammlung mit Sabbatruhe (Lev. 23, 35. 36; Num.
29, 12. 35) und werden massenhafte Festopfer (Num. 29, 13 ff.)
dargebracht. Die verordnete Opfermasse ist vielleicht ein Surrogat
für die früher an diesem Feste gebräuchlichen Zehntenopfer; der
Zehnte fiel aber nicht weg, sondern musste den Leviten entrichtet
werden, die ihrerseits ein Zehntel davon an die Priester abzugeben
hatten.

Bei den bisher genannten Festen tritt im Priestercodex das
Bestreben zu Tage, die ländlichen Feiern, die in Verbindung mit
dem Ackerbau standen, mehr und mehr ihres ursprünglichen
Charakters zu entkleiden und in rein religiöse umzuwandeln mit
Zurückführung derselben auf eine historische Begebenheit. Ein
ausschliesslich religiöses Fest, wahrscheinlich erst nach Esra eingeführt, ist der Versöhnungstag, יום כפורים später κατ' ἐξοχήν der
Tag, aram. יומא, genannt, das grosse Buss- und Sühnfest des Volkes,
welches am zehnten des siebenten Monats mit völliger Sabbatruhe,
heiliger Versammlung und allgemeinem Fasten begangen wurde,
dem einzigen Fasten, welches das Gesetz vorschreibt. Daher heisst
der Tag auch ἡ νηστεία Act. 27, 9. Fasten war von jeher Ausdruck
der Trauer und bussfertiger Stimmung. Diese Stimmung ist aber
besonders ausgeprägt in dem doppelten Sühnopfer, welches der
Hohepriester an diesem Tage darzubringen hat. Der Ritus ist aus-
führlich Lev. 16 beschrieben; der Grundgedanke ist: das Volk ist
unheilig infolge mancher auch unwissentlich begangener Sünden,
es muss also entsündigt werden. Durch die Sünde des Volkes wird
aber das Land verunreinigt, und schon das Deuteronomium (21,
1—9) hatte für den Fall, dass ein Mörder unbekannt blieb, eine
Sühnung der Gesamtheit verordnet. Auch das Heiligtum wird
mit dem Volke unrein (Hag. 2, 12 ff.), daher Ezechiel Opfer zu
seiner Entsündigung verlangt am Ersten des ersten und siebenten
Monats (45, 18 ff.).

Derselbe Gedanke findet im Versöhnungsritus seinen Ausdruck.
Das verunreinigte Heiligtum und seine Diener, der Hohepriester, der

Stellvertreter des Volkes, an ihrer Spitze, müssen zuerst entsündigt
werden. Er schlachtet einen Stier, um sich und die Priesterschaft
von jeder Sündenschuld zu befreien, und sprengt zu diesem Behufe
von dessen Blute an und vor den Deckel der Gesetzeslade. Darnach
bringt er das Sündopfer des Volkes dar, bestehend aus einem durchs
Los bezeichneten Bocke. Auch von dem Blute dieses Bockes wird
durch ihn ins Allerheiligste gesprengt. Darnach, um das Heiligtum
zu entsündigen, bestreicht er gleichfalls mit dem Opferblute die
Hörner des Räucheraltars und des Brandopferaltars. Nach Vollendung
dieses Ritus legt er mit beiden Händen die Sünden des Volkes, die
er laut bekennt, auf den Kopf eines anderen Bockes und entsendet
ihn in die Wüste zu Azazel עזאזל, dem er durchs Los zugefallen war.
Es ist dies ein symbolischer Act, wie das Fliegenlassen des einen
Vogels bei der Entsündigung eines mit Aussatz behafteten Hauses
(Lev. 14, 53 vgl. auch Sacharja 5, 9 ff.), wodurch dem Volke
vergewissert wird, dass die durch den vorangegangenen Sühnact
getilgten Sünden ein für allemal entfernt sind. Erst darauf folgen
Brandopfer für Hohepriester und Volk; denn nunmehr ist das rich-
tige Verhältnis zu Gott wieder hergestellt und die Gemeinschaft mit
Gott gesichert.

Die Bedeutung des Festes ist hierdurch hinlänglich klar. Es
handelt sich um Entsündigung des Volkes und aller seiner Glieder,
auch derjenigen, welche Gott am nächsten stehen, und seines
Heiligtums, welches, von sündigen Menschen betreten, selbst verunreinigt wird. Man will der Gefahr vorbeugen, dass trotz dem Eifer
für den Cultus die in Unwissenheit begangenen Sünden die Verbindung zwischen Gott und der Gemeinde lockern und so einerseits
den Gottesdienst unwirksam machen und andrerseits eine neue
Exilierung herbeiführen könnten. Dass die Entsündigung des Volkes
durch besondere Sühnopfer geschieht, ist dem übrigen Gesetze
gemäss, welches für alle Vergehen solche verlangt; dass sie für das
ganze Volk geschieht, hat seinen hinreichenden Grund darin, dass
der Einzelne nicht alle seine Sünden kennt und dafür Versöhnung
sucht. Es soll Aller Bussgefühl geweckt, die Reue durch Fasten
bezeugt, das Gefühl der Versöhnung lebendig erhalten werden.

Rätselhaft ist nur die Sendung des mit den Sünden des Volkes
belasteten Bockes «an Azazel», לעזאזל, und die Deutungen dieses
Wortes sind bis auf den heutigen Tag verschieden. Viele, namentlich die Juden, sehen darin einen Ortsnamen, was unmöglich ist, da

ein Ort nicht Jahwe gegenüber gestellt werden kann, sodass es hiesse: einer der Böcke ist für Jahwe, der andere gehört nach Azazel. Ebenso wenig kann das Wort Bezeichnung des Ziegenbockes selbst sein (Vulg. *caper emissarius*, Luther: der ledige Bock), weil der Bock in die Wüste gesendet wird zu Azazel (Lev. 16, 10). Die LXX scheinen das Wort abstract zu fassen, wenn sie es v. 10 durch εἰς τὴν ἀποπομπήν, v. 26 durch εἰς ἄφεσιν wiedergeben. Demgemäss nehmen es Manche für eine Reduplicationsform von עזל = «zur Fortschaffung». Auch diese Erklärung verstösst gegen v. 8, wo Azazel der Empfänger des einen Bockes ist, wie Jahwe der des andern. Es kann demnach nur ein persönliches Wesen darunter verstanden werden, und am nächsten liegt es, an einen Kakodämon in der Wüste, wohl den obersten Wüstendämon, zu denken. Die Etymologie des Namens bleibt aber unsicher. Der ganze Ritus deutet an, dass die Sünde, von der das Volk durch das Sühnopfer vor Gott losgeworden ist, nunmehr vollständig weggeschafft und dahin verwiesen ist, wo die unreinen Geister hausen[1].

Die Versöhnungsfeier ist der eigentliche Schlussstein der Priestergesetzgebung, deren ganze Tendenz in derselben, wie in einem Brennpunkt, zusammengefasst ist. Das Volk soll den Segen und das Heil Jahwes erfahren, also vor Schaden bewahrt werden. Dazu kann nur das verhelfen, dass das Volk heilig ist; wegen seiner Sünden könnten am Ende auch die Opfer, welche durch die Mittlerschaft des Priestertums Jahwe dargebracht werden, diesen Zweck verfehlen. Darum muss noch eine besondere Feier eingeführt und gehalten werden, welche immer wieder die Wirksamkeit des Cultus garantiert. So findet der Grundsatz: Ihr sollt heilig sein, denn ich bin heilig, seine rituelle Ausbildung. Es war genug, um das Gefühl der Versöhnung wach zu erhalten, aber für die zarten Gewissen nicht ausreichend und für den gewöhnlichen Schlag Menschen irreleitend, weil die bloss rituelle Heiligkeit für die wirkliche keinen Ersatz bieten kann.

[1] Die Aufnahme dieser Ceremonie in den legitimen Cultus ist merkwürdig. Sie hängt doch mit der seit dem Exil (Lev. 17, 7) bezeugten Darbringung von Opfern an die שְׂעִירִים, die satyrartigen Kobolde der Wüste, zusammen (vgl. Jes. 13, 21). Den «Haarigen» wird man «haarige» Böcke (שָׂעִיר) geopfert haben; diese Annahme liegt auf der Hand und stimmt mit dem heidnischen Gebrauche, dem verehrten Gottesbilde das Fell des geopferten heiligen Tieres anzuziehen. 'Azâzêl könnte darum wohl der Oberste der שעירים sein.

§ 52.

Die Moral.

Die rituellen Verpflichtungen geben nur die eine, wenn auch die in den Vordergrund gerückte Seite der Forderungen an, welche das Gesetz an die Glieder der Gemeinde stellte. Denn wie das Deuteronomium den treuen Gehorsam gegen Jahwe auch in Erfüllung der humanen Gebote forderte, so wollte das Heiligkeitsgesetz den Erweis der Gottesfurcht (Lev. 19, 14; 25, 17. 36) im Verkehr mit dem Nächsten darin sehen, dass jeder seinen Volksgenossen liebe wie sich selbst (19, 18 vgl. v. 34). Gleicherweise stellte Ezechiel sittliche Forderungen neben die cultischen (18, 5 —9) und fordern die nachexilischen Propheten die Uebung von Recht und Gerechtigkeit, von Liebe und Milde (Sach. 7, 9. 10; Jes. 58, 6 ff.). Wie wohl diese gesetzliche Stufe der Religion sich auch der sittlichen Pflichten bewusst war, können am deutlichsten das Spruchbuch und Jesus Sirach beweisen. Oberflächlich betrachtet könnte es sogar scheinen, als ob in dieser Hinsicht von keinem Nomismus die Rede sein dürfe. Aber schon die einfache Nebeneinanderstellung cultischer und sittlicher Gebote bei Ezechiel beweist eine Degradierung der letzteren von ihrer alles überragenden Bedeutung. Ferner wird wohl die Gottesfurcht als das Motiv zur Erfüllung genannt; aber es ist nicht mehr die innige Verbindung, welche die Propheten zwischen dem Glauben an Jahwe und dem Thun seines Willens kennen, sondern zwischen beide tritt als neue Grösse das Gesetz, so dass doch eine Gesetzeserfüllung aus dem sittlichen Verhalten geworden ist. Dass dem so ist, thut sich besonders daran kund, dass nicht mehr das Vertrauen auf den Gott des Heils als Antrieb zur treuen Befolgung seines Willens genügend erscheint, sondern ein Hinweis auf bestimmtere und näherliegende Folgen für nötig erachtet wird. Die Gottesfurcht bekommt darum nahezu den Sinn von Furcht vor der göttlichen Strafe.

Dass die Moral als die reinste Parallele zum Cultus gefasst wird, ersieht man sofort an dem wichtigsten Begriff, der in dieser Litteraturgattung auftritt. Denn חכמה bedeutet die Weisheit, welche die Einsicht in die richtigen Mittel zur Erreichung des gewünschten Zieles und die Klugheit, davon auch Gebrauch zu machen, besitzt. Es handelt sich also bei diesem Worte nicht um eine tief religiöse

Gotteserkenntnis, auch nicht um ein philosophisches Wissen oder um die Freude am blossen Wissen, sondern um recht praktische Zwecke, um die rechte Fertigkeit und Tüchtigkeit im Beruf. Dieser Begriff hat nun seine Anwendung gefunden auf das ethische Gebiet und bedeutet auch hier das zur Erreichung des Zieles am meisten geeignete Verhalten und Benehmen, das deshalb natürlich auf dem Wissen um den Weg zu diesem Ziele ruhen muss. Es dreht sich daher bei dieser Moral alles um das Ziel, und dies ist nichts anderes als das Heil und die Glückseligkeit, wie bei der Uebung des Cultus. Allerdings könnte es nun auch eine Weisheit geben wollen, die ganz auf sich selber zu stehen versuchte und mit dem eigenen Verstande sein Heil sich schaffen zu können vermeinte. Eine solche kennen in der That unsere Sprüche auch, aber sie lehnen sie ab als eine falsche Weisheit: «Sei nicht weise in deinen Augen» אל־תהי חכם בעיניך (Prov. 3, 7) und « verlass dich nicht auf deine eigene Einsicht » (3, 5). «Lass das vorwitzige Speculieren: denn mehr als Menschen-Einsicht vermag, ist dir geoffenbart. Viele hat schon ihre hohe Einbildung verführt und böser Dünkel ihren Verstand zum Straucheln gebracht » (Sirach 3, 21—24). Diese eigene Weisheit, die ganz frei ihre Wege gehen will, führt nicht zum Heil: die wahre Weisheit involviert bereits eine feste Entscheidung darüber, dass nur der Gehorsam gegen Gottes Gebote zum Ziele führt. Dadurch bekommt die Weisheit einen bestimmten Inhalt, und im Munde der Spruchdichter bedeutet darum Chokma diejenige Seelenverfassung, welche den von Gott geordneten Weg zum Heile einschlägt, weil sie auf der festen Einsicht und Erkenntnis ruht, dass nur durch Gehorsam gegen Gott das Heil erlangt wird. Je nachdem man die Weisheit allgemeiner oder schon mit dem bestimmten Inhalt erfüllt fasst, kann daher die Gottesfurcht als die Aeusserung der wahren Weisheit (Prov. 3, 7) oder als deren Anfang, als die Grundlage alles sittlichen Verhaltens, angesehen werden (1, 7; 9, 10); andrerseits ist es begreiflich, dass חכמה und יראת יהוה Weisheit und Gottesfurcht für einander gebraucht werden können (8, 12 ff.; vgl. Sirach 1, 14 ff.; 2, 16. 17; 15, 1; 23, 27).

Alle Moralität hat hiernach einen religiösen Grund; sie beruht auf dem richtigen Verhalten gegen Gott. Auch die Sprüche zeigen ein Bewusstsein davon, dass äusserliche Gesetzlichkeit oder blosse Cultusübung nicht genügt; sie halten daran fest: Gott sieht das Herz an und verlangt Reinheit der Gesinnung, und bloss äusserlicher

Cultus ist Jahwe ein Greuel (Prov. 21, 3; 15, 8; 20, 9 f.; Sir. 1, 25 ff.; 2, 12 ff.; 7, 9; 32, 9. 14). Gleichwohl kann man nicht verkennen, dass die Reinheit der prophetischen Sittenlehre nicht ganz inne gehalten ist. Die Rücksicht auf den Erfolg drängt sich allzu stark hervor und die Chokma hat allzunahe Verwandtschaft mit einer handwerksmässigen Kunstfertigkeit. Das Gesetz ist nicht befolgt, weil es Jahwes Willen kundgiebt, sondern weil es den einzigen Weg zum Glücke und zwar zum äusseren Glücke zeigt. Darum predigt die Spruchweisheit nicht selten Tugend aus Nützlichkeitsrücksichten. So wird zur Wohlthätigkeit ermahnt, weil man in den Fall kommen kann, der Hilfe Anderer bedürftig zu werden, und ein geleisteter Dienst einen Gegendienst billig macht (Prov. 28, 27), oder weil Jahwe die Gutthat vergilt (ib. 19, 17; vgl. Sir. 12, 1 ff.; 29, 14. 15). Man muss ehrlich seine Schulden abzahlen, weil der Ruf der Ehrlichkeit dazu verhilft, dass wir Freunde und Helfer in andern Zeiten der Dürftigkeit finden (Sir. 29, 3). Ehebruch ist zu vermeiden, weil man sich der Gefahr der Rache des beleidigten Gatten aussetzt (Prov. 5, 7 ff.; 6, 34); Unmässigkeit und Unzucht, weil sie zu Armut und Krankheit führen und das Leben verkürzen (Sir. 9, 6; 37, 30. 31). Man thut wohl, sich von Gelübden zu enthalten, weil man sie bereuen kann (Prov. 20, 25; Sir 18, 22) und die Nichterfüllung Gottes Zorn reizen würde. Man soll die gebotenen Opfer darbringen, weil Gott sie siebenmal belohnt (Sir. 32, 13). In allen diesen Stücken sind Motive der Klugheit an die Stelle der ethischen getreten. Der Wert der Weisheit misst sich nach ihrer Nützlichkeit. Es ist, als ob die Weisheitslehrer sagen wollten: Was du thust, bedenke recht; lass dich nicht durch deine sinnliche Lust oder durch unüberlegte Grossmut zu einer Unklugkeit verleiten; achte auf deinen bleibenden Vorteil! Sei vor allem gottesfürchtig, damit erwirbst du dir Segen und Leben. Gottesfurcht bringt schliesslich den sichersten Gewinn.

Ein Unterschied zwischen den Proverbien und Sirach kann nicht etwa dahin statuiert werden, dass jene die reine, dieser die Utilitätsmoral vertrete, weil jene im Kanon stehen, dieser unter den Apokryphen. Das Dogma hat offenbar bei dieser Wertschätzung die Exegese beherrscht. Ein Unterschied im Geiste ist nicht nachzuweisen. Hier wie dort trübt das Prinzip der Utilität die Reinheit der Ethik. Zur Ermässigung dieses Urteils kann nur gesagt werden, dass beide Weisheitslehrer nur die einzelnen Pflichten dem Volke und vornehmlich der Jugend einschärfen wollen und zu diesem Zwecke

die im Volke gangbaren Sprüche verwerten. Sind diese nicht ideal
gehalten, so ist es nicht ihre Schuld, und wenn sie, wo sie selbständig verfahren, in gleicher Weise auf die Nützlichkeit ihrer Anweisungen sich berufen, so haben sie auf das gesehen, was immer einen
gewissen Eindruck macht, aber zugleich damit deutlich kundgethan,
dass die gesetzliche Stufe der Religion nicht an die prophetische
hinanreicht, was Tiefe und Höhe der sittlichen und religiösen Erkenntnis betrifft. Wie Tritojesaja (c. 58) schon die Höhe der früheren
Propheten verlassen hat, wenn er den recht geübten Cultus und die
freundliche barmherzige Behandlung der Notleidenden unter den
Gesichtspunkt des daraus hervorgehenden Glücks stellt, so sind
Proverbien und Sirach auf dieser Bahn weiter geschritten, auch im
Einzelleben diesen Gesichtspunkt durchzuführen und aus den sicht-
baren Folgen die Moral zu empfehlen. Alles aber, Cultus und Moral,
zeigt sich von dem einen Gedanken beherrscht, dass genaue Erfüllung des Gesetzes im Einzelnen und im Allgemeinen das Glück
bringe und schliesslich die von den Propheten verheissene herrliche Endzeit herbeiführen müsse.

Wie enge die Weisheit mit dem Gesetze verknüpft wird, zeigt
sich am allerdeutlichsten, wenn wir nach dem Wege fragen, auf
welchem sie erworben wird. Die Gottesfurcht ist ja nicht mehr so
lebendig gefasst, dass Gott selber die Herzen der Menschen unterweisen könnte, und jede eigene Speculation würde nur auf verkehrte
Wege führen. Man muss, wie der Lehrling irgend eines Handwerks,
zu einem Meister in die Lehre gehen, wenigstens durch den Umgang
mit solchen, die die Weisheit schon besitzen, dieselbe zu erwerben
suchen (Sir. 6, 34; 8, 8 ff.; 39, 1 ff.), und wie das gemeint ist, zeigt
die Ansicht, dass vor allem das Studium des Gesetzes dieselbe verleiht (Prolog; 3, 29; 6, 27; 24, 23 ff.; 39, 1). Der Mensch erarbeitet
sich dieselbe nicht aus seinem eigenen Schatze, seinen natürlichen
Anlagen, sondern sie ist eine Gabe Gottes, aber wohlverstanden
nicht unmittelbar geschenkt, sondern anerboten durch sein Gesetz
1, 1. 10. 25; 39, 6; 43, 33).

Es ist dieselbe Ansicht, welche Ps. 19, 8 ff. ausspricht:
« Jahwes Gesetz ist vollkommen, erquickt das Gemüt;
Jahwes Verordnungen sind wahr, machen den Einfältigen weise;
Jahwes Befehle sind richtig, erfreuen das Herz;
Jahwes Gebot ist lauter, erheitert die Augen;
Jahwes Dienst ist rein, dauert in Ewigkeit;

Jahwes Ordnungen sind Wahrheit, behalten ohne Ausnahme
Recht;
> sie sind köstlicher als Gold, als eine Menge von Feingold,
> süsser als Honig, als Honigwabenseim.
> Auch dein Knecht lässt sich durch sie belehren;
> sie beobachten, bringt grossen Lohn».

Vgl. ferner Ps. 119; 147, 19. 20.

II. *Gott und sein Walten.*

§ 53.

Die Lehre von Gott; die göttliche Weisheit.

Wenn auch in manchen Stücken zu erkennen ist, dass die prophetischen Anschauungen von Gott nicht ohne Wirkung geblieben
sind, die Gottesidee ist eine ganz andere geworden, als wie sie in
der volkstümlichen Auffassung und bei den Propheten gewesen war.
Das Gesetzmässige und Theoretische hat auch hier seine Folgen
gehabt und die Lebendigkeit und Unmittelbarkeit zerstört. Das macht
sich nach zwei Seiten hin besonders geltend.

Jahwe wird zwar nun allgemein als der einzig wahre Gott der
ganzen Welt, als der Herrscher über alle Völker gedacht. Andere
Elohim giebt es für das israelitische Bewusstsein nicht mehr. Ihre
Bedeutung ist für die Israeliten gänzlich verschwunden, auch wenn
die Heiden an ihre Existenz glauben; höchstens als dämonische
Mächte fristen sie noch ein unsicheres Dasein. Schon das Deuteronomium hat sich die Anbetung anderer Gottheiten durch die
Annahme zurechtgelegt, dass Jahwe selber die verehrten Gegenstände den Völkern zuteilte (Deut. 4, 19). Je mehr nun der absolute Monotheismus zur alleinigen Herrschaft unter den Juden gelangte, um so mehr musste der Unterschied schwinden, welcher
zwischen Jahwe als dem Gott Israels und den vermeintlichen besondern Göttern der andern Völker früher gemacht wurde. Jahwe und
Elohim werden nun völlig gleichbedeutend, und es ist bezeichnend
für die Denkweise der späteren Zeit, dass Elohim häufiger gebraucht
wird, als Jahwe, schon in der Chronik, durchweg in Kohelet und
dem zweiten Psalmbuch. Zu dieser Vermeidung des Namens Jahwe
hat, wie wir sehen werden, auch noch eine andere Ueberlegung

mitgewirkt. Der Unterschied zwischen Jahwe und den Elohim der Völker ist so sehr verschwunden, dass wir bei Maleachi (1, 11) lesen: «Vom Aufgang bis zum Untergang der Sonne ist unter den Völkern mein Name gross, und überall werden meinem Namen Rauchopfer und reine Opfergabe dargebracht; denn mein Name ist gross unter den Nationen». Maleachi hält demnach dafür, dass die Verehrung, die überall auf Erden sich findet, nur dem einen wahren Gott gelte. Es war keine Gefahr vorhanden, dass diese Auffassung bei der herrschenden gesetzlichen Strömung zur Gleichgiltigkeit hätte führen können; ganz anderes lag ja trotz theoretischem Universalismus und Monotheismus vielmehr der jüdischen Gemeinde am Herzen: die Rettung des Particularismus, d. h. das Festhalten daran, dass Jahwe, der Herr der ganzen Welt, der Gott·Israels sei. Wie die Propheten Jahwe erkannten, so lehrt auch das nachexilische Judentum: Jahwe ist der Herr der ganzen Welt. Aber gleichwohl lebt die volkstümliche Auffassung auf, wenn weiter hinzugefügt wird: sein Heil aber ist nur für die Juden. So sind die Heiden nach der veränderten Gottesidee einerseits nur dazu da, dass der Herr der Welt an ihnen seine Macht erweise (vgl. die Machtthaten Jahwes in Aegypten nach der Erzählung des Priestercodex im Exodus), und andererseits dazu, dass sie den Tempel mit ihren Reichtümern ausstatten und den Juden als Knechte dienen. Ueber die Völker wird daher ein Gericht ergehen, namentlich über die verhasstesten Feinde der Juden, Babel und die Edomiter (vgl. Ezechiel und Sacharja; Obadja; Maleachi 1, 2 ff.; Jes. 63, 1—6[1]; Ps. 137 u. s. f.); die Israeliten aber werden erhöht: zum Tempel strömen die Gaben (Hag. 2, 7; Jes. 60, 5 ff.), und die Israeliten gleichen alle den Priestern; die Fremden sind ihre Diener bei den Herden und auf dem Felde (Jes. 61, 5—7), welche Völkerschaften aber ihnen nicht dienen, die gehen zu Grunde (Jes. 60, 12; vgl. Deuterosacharja 14, 12 ff. und schon Jer. 12, 17). Die Israeliten sollen unter allen Völkern Jahwes auserlesenes Eigentum sein; obwohl ihm nämlich die ganze Erde gehört, sollen doch sie allein ein priesterliches Herrschergeschlecht und ein heiliges Volk werden (Ex. 19, 4. 5).

Trotz diesem Particularismus ist Gott dem Volke nicht nahe geblieben, wie bei den Propheten und zur Zeit des volkstümlichen Jahwismus; er tritt ihm im Gegenteil viel ferner. Der lebendige Ver-

---

[1] Jes. 63, 1 ist zu lesen מֵאָדֹם und מִבׇּצְר.

kehr mit Gott und alle Unmittelbarkeit der Beziehungen schwinden. Diese Transcendenz des Gottesbegriffs äussert sich in mehrfacher Weise. Man scheut sich, in Anthropomorphismen von Gott zu reden. Es ist auffallend, wie im Priestercodex die Theophanien auf den einfachsten Ausdruck gebracht sind, so dass nur die Nähe und das Wort Gottes übrig bleiben. Selbst den Namen Jahwe ersetzt man lieber mit einem andern, der nicht so vertraulich klingt; man braucht dafür Elohim, oder Gott des Himmels, der höhern Region, El Eljon, auch einfach Eljon, oder Herr (κύριος); siehe ferner § 66. Schliesslich ist es ja dann in dieser Richtung so weit gekommen, dass man den Namen Jahwe gar nicht mehr auszusprechen wagte. Gott ist eben erhaben über die Welt, durchaus transcendent. Die Welt ist sein Geschöpf, steht unter seiner Leitung; er verfügt darüber nach Gutdünken. Man könnte diese Anschauung deistisch nennen, wenn nicht die Offenbarung Gottes durch Wunder und seine Offenbarung an das Volk Israel im Gesetz mit zweifelloser Ueberzeugung festgehalten wäre. Jedenfalls ist es etwas, wie der alte Supranaturalismus in der christlichen Kirche; denn ähnlich wird auch hier der unmittelbare Verkehr mit Gott zerschnitten und das Verhältnis Gottes zum Menschen nur als ein Verhältnis der Belehrung und der Herrschaft aufgefasst. Gott ist so ferne getreten, dass sich nun auch merkwürdige Gestalten und Gebräuche des Aberglaubens hervorwagen. Mancherlei hat dazu mitgeholfen: der Zusammenbruch des Staates gab dem Suchen nach Hilfe bei anderen Mächten Nahrung; die Centralisation des Cultus beraubte das alltägliche Leben der religiösen Uebung und die Transcendenz Gottes entfernte seine Hilfe noch weiter. Darum opferte man den Dämonen der Wüste, den שׂעירים (Lev. 17, 7), und suchte durch mystische Culte sich der Verbindung mit der Gottheit zu versichern (Jes. 65, 3—5; 66, 3. 17 vgl. 65, 11). Aber auch die officielle Religion empfand das Bedürfnis, die Kluft zwischen Gott und der Welt, Schöpfer und Geschöpf, zu überbrücken, da Cultus und Gesetz nicht völlig genügten. Das geschah durch die Annahme von Mittelwesen, welche die Verbindung zwischen Gott und der Welt aufrecht erhielten.

Ehe wir aber von Engeln und Satan reden, ist noch von der göttlichen Weisheit zu sprechen, welche, schliesslich auch zu einem Mittelwesen, wenn schon anderer Art, geworden ist und uns das theoretische Element in der gesetzlichen Religion trefflich veranschaulicht. Für die Propheten offenbarte sich Gottes Weisheit in seinem wunderbaren Plane zur Durchführung des Heils in der Geschichte. Sie war ihnen eine Sache des Glaubens und nicht der Berechnung; sie erfuhren sie immer von neuem und sahen sie auch darin, wie er alle Tage die Sonne und die Sterne heraufführte; sie mussten dieselbe bewundern in der Leitung der Geschichte und in der Herrlichkeit der Schöpfung (vgl. nur Jes. 40, 12 ff.). Die dem Glauben gewisse göttliche Weisheit suchte das gesetzliche Judentum in sicheren Formeln darzustellen und die Regeln dieser Weisheit in Geschichte und Natur zu erkennen. Zwar erkannte man, dass es dem Sterblichen unmöglich sei, die ganze Herrlichkeit der Weisheit Gottes in der Natur zu durchschauen, und war auch noch so sehr von der göttlichen Weisheit überzeugt, dass man sich mit der zweckmässigen Ordnung, die man in vielen Dingen erkannte, begnügte, um daraus auch eine solche weise Ordnung für alle Dinge abzuleiten, ja dass man gerade die Unergründlichkeit Gottes als Beweis- und Stützmittel des Vertrauens auf ihn verwendete (Hiob 38; 39; Ps. 104, 24 ff.). Aber das hinderte nicht, dass man doch die für Menschen unergründliche Weisheit Gottes von Gott ablöste und als eine selbständige Grösse fasste. Man war einmal auf dem Wege, für alles eine Formel zu suchen, und wo man sie nicht fand, da statuierte man doch, dass das, was man formulieren wollte, eine objective selbständige Bedeutung habe. In mehr poetischer Weise tritt uns noch diese theoretische Scheidung von Gott und seiner Weisheit in Hiob entgegen [1], und zwar dient diese Darstellung hier noch, um ihre Unergründlichkeit hervorzuheben: Die Tiefe sagt: «In mir ist sie nicht!» und das Meer sagt: «Bei mir ist sie auch nicht!» Der Abgrund und der Tod sagen: «Wir haben mit unsern Ohren ein Gerücht von ihr vernommen». Gott allein kennt den Weg zu ihr und weiss, wo sie zu finden ist; denn er schaut bis an die Enden der Erde, sieht überall hin, so weit der Himmel ist. Bei der Erschaffung der Welt sah und bekundete er sie (Hiob 28, 14 ff.). Damit ist gesagt: Dass Gott die Weisheit kennt und besitzt, bezeugt die ganze Welt; ihm allein ist das in allem zur Erscheinung kommende und die unendliche Mannigfaltigkeit beherrschende Gesetz bekannt. Zu einer wirklichen Ablösung der göttlichen Weisheit von Gott ist es doch hier noch nicht gekommen.

---

[1] Aehnlich werden Jes. 59, 14 משפט, צדקה, אמת und נכחה personificiert.

Anders steht es in den Einleitungscapiteln der Sprüche. Zwar führt Cap. 3, 19 und 20 nicht weiter, wo es heisst: «Jahwe gründete durch Weisheit die Erde, richtete den Himmel auf durch Einsicht; durch seine Erkenntnis brachen die Tiefen hervor und triefen die Wolken von Tau». Auch Cap. 8, 1 ff. könnte die Weisheit blos personificiert sein, wenn der Verfasser sie an allen Kreuzwegen und an den Thoren der Städte den Menschen zurufen lässt: «Hört, denn Edles rede ich. Wahrheit spricht mein Mund. Nehmt meine Lehre an, die mehr wert ist als Silber und Gold —» u. s. w. Wenn sie aber v. 22 ff. fortfährt: «Jahwe bereitete mich (קנני, ἔκτισε) als den Anfang seines Handelns, als das erste seiner Werke, ehedem. Von Alters her bin ich eingesetzt, von Anfang an, vor dem Ursprung der Erde; als noch keine Urquellen waren, wurde ich geboren..., als er den Himmel bereitete, war ich schon dabei..., als er die Grundvesten der Erde legte, da war ich ihm als Künstlerin [1] zur Seite, da war ich Tag für Tag voll Entzücken, spielend geschäftig vor ihm alle Zeit, spielend auf seinem Erdenrund und voll Entzücken bei den Menschenkindern», so ist es unmöglich, eine bloss poetische Personificátion der innergöttlichen Weisheit anzunehmen; die göttliche Weisheit, die vor der sonstigen Schöpfung erschaffen und bei derselben geschäftig ist, ist als eine Hypostase gedacht, als eine concrete Gestalt und nicht mehr bloss als eine Abstraction. Der subjective Begriff ist bereits zur objectiven Grösse verfestigt.

Unzweifelhaft liegt diese Vorstellung im Buche Sirach vor. Dieses stellt zunächst fest, dass eine vollkommen adäquate Kenntnis Gottes unmöglich ist, weil niemand Gott gesehen hat, um ihn offenbaren zu können (43, 31). Der transcendente Gott hat sich aber in seinen Werken geoffenbart (16, 27; 42, 15. 21). Seine Weisheit thut sich in ihnen kund (1, 9). Von dieser Weisheit nun heisst es (1, 4): «Sie wurde vor Allem geschaffen und ist von Ewigkeit her». Im 24. Kapitel lässt der Verfasser sie sich rühmen, und zwar in der Versammlung des Höchsten, vor seinem Heere (bei den Engeln, die seinen Thron umgeben), v. 9: πρὸ τοῦ αἰῶνος ἀπ' ἀρχῆς ἔκτισέ με, καὶ ἕως αἰῶνος οὐ μὴ ἐκλίπω. v. 3: «Aus dem Munde des Höchsten bin ich hervorgegangen (ἐξῆλθον) und bedeckte wie Nebel die Erde!»

---

[1] Nach Gunkel Schöpfung und Chaos S. 94 wäre אמון zu lesen und «Hätschelkind» zu übersetzen; aber τεχνῖτις in Weisheit Salomos 7,21 spricht für die gewöhnliche Auffassung S. §. 71.

Sie war gegenwärtig bei der Schöpfung, suchte unter allen Völkern,
wo sie Wohnung nehmen und Ruhe finden könnte, und der Schöpfer
des Alls. der auch sie geschaffen hatte, gebot ihr, Sitz zu nehmen
unter Israel auf Zion. Sie fasste Wurzel in diesem Volke. verkör-
perte sich gleichsam in dem Gesetze Moses und wird auch ferner
Lehre ausströmen. Sie ist, in einem Worte, die Quelle aller Wahrheit, aller Tugend und alles Heils bei denen, die nach ihr trachten.
Der Streit um die Frage. ob hier Personification oder Hypostasierung
vorliege, muss mit Zustimmung zu der letztern Seite der Alternative
entschieden werden. Wie die Engel nicht bloss poetische Personi-
ficationen irgend einer göttlichen Function oder eines Attributes
geblieben sind, sondern als selbständige Wesen im Dienste Gottes
erscheinen, so ist auch die unter den Engeln redend auftretende
Weisheit als ein eigentliches persönliches Wesen gefasst worden.
Als solches ist sie aber nicht aus Gott emaniert, wie man aus ἐξῆλθον
(v. 3) erschliessen könnte, sondern ein Geschöpf Gottes (v. 9); denn
« ich bin aus Gottes Munde hervorgegangen » heisst so viel als « ich
bin durch sein schöpferisches Wort entstanden», Gottes Wort hat
ja schöpferische Kraft (ἐν λόγοις κυρίου τὰ ἔργα αὐτοῦ 42, 15). Sie ist
das erste Geschöpf (vgl. Kol. 1, 15: πρωτότοκος πάσης κτίσεως).

Fassen wir alles zusammen, so ist die Weisheit der Inbegriff
aller in der Offenbarung durch Natur und Gesetz sich kundgebenden
göttlichen Eigenschaften oder die Darstellung des überall waltenden
göttlichen Gesetzes. Die begriffliche Abstraction ist die Verbindung
geworden zwischen dem transcendenten Gott und der in den Dingen,
besonders im Gesetz, erscheinenden Ordnung. Damit soll die Wahrheit des israelitischen Glaubens theoretisch und dogmatisch festgestellt und die souveräne Autorität des Gesetzes gerechtfertigt sein.
Was ursprünglich ein Product des Glaubens war, die aus dem Glauben hervorgewachsene Theorie, muss nun zur Begründung der religiösen Wahrheit dienen und die Forderungen der Religion als allgemein verbindlich gewährleisten; der menschliche Schatten, den der
Glaube wirft, soll die göttliche Kraft und die Gewissheit des Glaubens sicherstellen. So wird darum die höchste praktische Weisheit
des Menschen in völliger Unterwerfung unter das Gesetz bestehen.
Wenn also in den Sprüchen und bei Sirach das Wort Weisheit und
nicht Gerechtigkeit das sittlich-religiöse Ideal des Menschen bezeichnet, so liegt der Wahl des Ausdrucks nicht, wie man es vermutet hat, eine wenn auch zurückgehaltene, doch bewusste Oppo-

sition gegen die gesetzliche Religion oder gegen die Fassung der
Religion als Gesetz zu Grunde, sondern vielmehr mischt sich in die
völlige Uebereinstimmung mit dem Nomismus ein theoretisches
Element, welches das Bedürfnis empfand, die absolute Wahrheit des
Gesetzes darzuthun und den Zusammenhang des transcendenten
Gottes mit dem Gesetz auf gelehrte Weise zu entwickeln.

§ 54.

Die Engel.

Verdankt die Hypostasierung der göttlichen Weisheit vornehmlich einem dogmatischen Interesse ihren Ursprung, so ist es ein viel
praktischeres Bedürfnis, dem die Ausbildung der Engellehre entspricht. Sie ist darum auch weit früher aufgetreten, als die Lehre
von der göttlichen Weisheit. Zudem ist die Vorstellung von über-
menschlichen, Gott näher stehenden Wesen uralt. Sie begegnet uns
schon in Gen. 6, 1 ff., einem Bruchstück, das von ausserisraelitischem
Boden herkommend in Israel Eingang gefunden hat, und hat sich
von alter Zeit her im Volksglauben immer erhalten vgl. Gen. 28, 12;
32, 2 u. s. f. Eine Wichtigkeit aber für die israelitische Religion
gewannen diese Gestalten erst seit Ezechiel, also seit der Zeit, da
durch die Fixierung des Gesetzes eine Kluft zwischen Jahwe und
seinem Volke geschaffen wurde. Man konnte doch nicht jeder lebendigen Vermittlung Gottes und der Menschen entraten; Jahwe muss
doch auch noch irgendwie in aussergewöhnlichen Fällen eingreifen
können in das Leben der Menschen. Auch die Propheten des Gesetzes empfanden ihre Erkenntnis des göttlichen Willens nicht als
eigene Weisheit, sondern als ein Geschenk Jahwes. So wird einmal
ihre Empfänglichkeit, Gottes Wort und Gesichte zu verstehen, als
eine besondere Botschaft Jahwes empfunden und als Werk eines
Boten Jahwes, eines Engels, aufgefasst. So erhält Ezechiel (c. 8;
c. 44 ff.) die Erklärung der Gesichte, die Gott ihm zuteil werden
lässt, durch einen Engel. Bei Sacharja ist dasselbe der Fall (1, 9.
13. 14; 2, 2; 4, 1; 5, 5; 6, 4). Wie nahe es lag, diese prophetische
Fähigkeit, weiter zu schauen, als gewöhnliche Menschen, zu personi-
ficieren, zeigt «der Späher» הַמְצַפֶּה (Jes. 21, 6), den sich der Prophet
als eine zweite Person gegenüberstellt; und wie leicht eine solche
Personificierung überhaupt sich ergeben konnte, lässt sich an den

Gestalten «des Jünglings» und «der Bosheit» bei Sacharja (2, 5 ff.
und Cap. 5) ersehen[1]. Die Engel sind aber nicht bloss Interpreten
der Offenbarung Gottes; denn wie diese Function auf einen Boten
Gottes zurückgeführt wurde, so musste es sich in anderen Fällen
verhalten, wo sichtlich Gottes Hand eingegriffen hatte. Darum sind
die «Göttlichen», die schon lange die Umgebung Jahwes bildeten
(vgl. 1 Kön. 22, 19 ff.), seine eigentlichen «Boten» (= מלאכים)
geworden, d. h. die Mittler Gottes in seinen Beziehungen zur geschaffenen Welt, besonders zur Menschheit und zu seinem auserwählten Volke, Werkzeuge Gottes zur Vollstreckung seines Willens
in Gnade und im Gericht, zu Schutz und Rettung der Seinen und
zur Bewältigung seiner Feinde.

Dass es Jahwe an solchen Dienern niemals gebrechen konnte
und ihm eine unbeschränkte Zahl derselben zur Verfügung stand,
hängt mit dem Glauben an seine Allmacht zusammen. Er ist darum
von ihnen immer umgeben (Sach. 3, 7), sie sind bereit seine Befehle
zu empfangen (Ps. 91, 11; 103, 20 u. 21). Im Buch Hiob (1, 6;
2, 1) heissen sie Benê Elohim, die «Göttlichen», und sind ein den
himmlischen König umgebender Hofstaat, der sich von Zeit zu Zeit
zur Beratung versammelt, um die Aufträge entgegenzunehmen und
Bericht zu erstatten über die bei den Menschen gemachten Wahr-
nehmungen. Absolut rein und vollkommen sind sie nicht gedacht:
«Siehe, seinen Knechten traut er nicht, und seinen Engeln legt er
Thorheit bei» (Hiob 4, 18). Später hat sich die Lehre über die
Engel immer weiter ausgebildet (vgl. § 66).

§ 55.

Der Satan.

Unter den Engeln tritt alsbald mit besonderem Charakter und
auch mit eigenem Namen der Satan hervor. Zuerst erscheint er bei
Sacharja (cap. 3), und hier können die Anfänge seiner Entstehung
noch durchschaut werden. Als Ankläger des Hohepriesters Josua,
der Vertreter Israels ist, tritt er vor Gott. Jahwe aber gebietet ihm
mit ernstlichem Drohen Schweigen, spricht den Hohepriester von
Sünden los und befiehlt, die schmutzigen Kleider, die der Hohe-

---

[1] **Vgl. Studien und Kritiken** 1892 S. 236 ff.

priester als Angeklagter zu tragen hatte, durch Feierkleider zum Zeichen der Freisprechung und des göttlichen Wohlgefallens zu ersetzen. Die Anklage ist demnach endgiltig abgewiesen. Der Satan ist aber in der himmlischen Versammlung nicht mehr als der Verkläger, der Vertreter des bösen Gewissens. Sacharja hat diese Stimme des bösen Gewissens, das in dem Menschen sich immer wieder mit der Anklage geltend machte, die Juden hätten nach Recht und Gerechtigkeit eine Wiederherstellung nicht verdient, gerade so in dem «Verkläger» (= Satan) personificiert, wie die Stimme, welche ihm die Offenbarungen Gottes vernehmbar und verständlich machte, in dem «Offenbarungsengel». Um so leichter war es für Sacharja, in der Umgebung Jahwes einen solchen «Verkläger» sich vorzustellen, als wohl an den Höfen der irdischen Könige ein מזכיר עון (Ez. 29, 16) nicht fehlte; aber selbst ohne diese Analogie konnte die psychologische Betrachtung des eigenen Inneren dazu führen, eine unter den Gestalten der himmlischen Versammlung als «den Verkläger» zu verstehen. Der Satan ist somit da, wo er zuerst auftritt, durchaus nicht der Widersacher Gottes oder das Gott gegenüberstehende Prinzip des Bösen. Mit Ahriman hat er nichts zu thun, und die Vorstellung vom Satan ist darum von den Israeliten nicht der Zendreligion entnommen.

Eine etwas festere Stellung in der himmlischen Ratsversammlung hat «der Satan» bei dem Dichter des Buches Hiob. Einmal ist er eine notwendige Erscheinung in derselben, er wird um sein Urteil befragt; dann aber hat er die feste Aufgabe, alle Gegeninstanzen ins Feld zu führen, das Schlimmste immer geltend zu machen und alles *in malam partem* zu deuten, also auch wenn er die entlegenste Möglichkeit geltend macht, so muss auf ihn gehört werden. Vertritt er bei Sacharja das empfindliche, wenn auch falsch angewandte Rechtsgefühl, bei Hiob hat er bereits am Bösen seine Lust, denn er wünscht die Anwendung der äussersten Versuchungen, um auch den trefflich bewährten Frommen von seiner Frömmigkeit doch noch abzubringen und die vermeintlich bei Hiob vorhandene Bosheit aufzudecken. Noch weiter ist die Lehre vom Satan zur Zeit der Entstehung der Chronik (3. Jahrh. v. Chr.) geführt. Der Satan lässt sich die Erlaubnis zur Versuchung von Jahwe nicht mehr erst geben; er schaltet ganz nach seinem eigenen Willen. Wo darum ein Frommer sich zur Sünde gewendet hat, so dachte man den Satan mit im Spiele. Er übt mit Behagen die Versuchung und Verführung

der Menschen, weil er ihr Widersacher überhaupt ist und es gerne
sieht, wenn durch die Sünde Unheil über sie kommt. Wie gewohnt
diese Gestalt für die Chronik schon war, zeigt auch der Umstand,
dass Satan als Eigenname gebraucht wird. Wurde früher die
Versuchung Davids zur Volkszählung ohne Bedenken auf Jahwe
selber zurückgeführt (2 Sam. 24, 1), so ist es in der Parallelstelle
der Chronik (I. 21, 1) Satan, welcher David zur Sünde reizt.

Ist aber 1 Chron. 21, 1 eine dem Volke Israel zum Verderben
ausschlagende Sünde Davids auf den Satan zurückgeführt, so ist es
nur eine folgenrichtige Weiterbildung dieser Anschauung, wenn
überhaupt das Böse in der Welt und namentlich auch die erste
Sünde auf den Satan als die Ursache derselben zurückgeführt wird.
Dieser Schritt ist zwar erst später vollzogen. Erst die Weisheit
Salomos (±100 v. Chr.) leitet ausdrücklich die Bethörung der
ersten Menschen von dem Neid des Teufels (φϑόνῳ διαβόλου) ab, der
den Menschen die Unvergänglichkeit nicht gönnte (2, 23 ff.); aber
der Anfang zu diesem Resultate, zu dem die theoretische
Zergliederung des Glaubens an Jahwe, den Gott der Gerechtigkeit
und Heiligkeit, kommen musste, liegt schon in der Chronik vor[1].

§ 56.

Die Vergeltung.

Die Propheten hatten dem Volke als die notwendige Folge
der Sünde Jahwes Strafe verkündigt. Ihr Wort hatte sich als die
Wahrheit erwiesen. Die Propheten hatten dabei das Volk im
Ganzen im Auge. Das einzelne Glied teilte notwendig das Schicksal
der Gesamtheit. Doch ist Jeremia die Bedeutung des Individuums in
seiner ganzen Grösse aufgegangen. Die Gesetzesreligion machte nun
aus dieser prophetischen Wahrheit einen theoretischen Satz und
wandte denselben nicht nur auf das ganze Volk, sondern eben so
sehr auf den Einzelnen an. Das letztere tritt schon deutlich bei
Ezechiel hervor, wenn er erklärt, dass, wie die eigene Gerechtigkeit nur die gerechte Person zu retten vermag (Ez. 14, 14. 20),
so auch niemand um fremder Schuld willen sterben soll; die

[1] Vgl. meine «Studien zu Sacharia» in Studien und Kritiken 1892
S. 207—245: «Der Ursprung des Satans».

eigene Schuld bringt dem Gottlosen die Strafe, wenn er sich nicht bekehrt, und dem Gerechten, wenn er in Sünde verfällt (Ez. 33, 12 ff.). Die Anwendung auf das ganze Volk hat diese Theorie zur Darstellung der Geschichte des Volkes und seiner Könige bei den Deuteronomisten und in erhöhtem Masse in der Chronik gefunden. Hier ist jedes Glück der Lohn für die bewiesene Frömmigkeit und jedes Unglück die Strafe für die begangene Sünde, ebenso sicher kann darum da, wo die alte Ueberlieferung nur von Frömmigkeit erzählte, geschlossen werden, dass der Lohn nicht ausblieb, wie da, wo sie nur die Sünde berichtet hat, gefolgert werden darf, dass die Strafe nicht fehlte (man vgl. nur 1 Kön. 22, 49 mit 2 Chr. 20, 35—37). Die Anwendung dieser Vergeltungslehre auf das Ergehen des Einzelnen geben die Proverbien und Jesus Sirach.

Zunächst wird die unumschränkte Macht Gottes in der Lenkung der menschlichen Schicksale festgehalten. Prov. 16, 1: «Des Menschen Sache sind die Entwürfe des Herzens, aber von Jahwe kommt die Antwort der Zunge»; 16, 9: «Des Menschen Herz denkt seinen Weg aus, aber Jahwe lenkt seine Schritte»; 19, 21: «Viele Pläne gehen dem Menschen durch den Sinn, aber der Ratschluss Jahwes allein besteht;» vgl. 20, 24; 21, 31. Der Mensch denkt's, Gott lenkt's, ist der Sinn dieser Sprüche. Die Pläne Gottes können durch kein menschliches Eingreifen durchkreuzt werden. Andrerseits verfährt aber die Allmacht Gottes in der Bestimmung der Schicksale des Menschen nicht nach Willkür, sondern nach Gerechtigkeit. Er vergilt dem Menschen nach seinem Thun (Prov. 3, 33; 5, 21 ff.; 10, 30; 11, 18—21; 12, 28; 15, 9; 16, 5; 19, 16; 24, 12). Beides steht fest, die Freiheit des Menschen, die ihn für seine Thaten verantwortlich macht, nach denen sein Schicksal von Gott bestimmt wird, und die absolute Freiheit Gottes. Ueber eine Ausgleichung der beiden Sätze reflectieren die Spruchdichter nicht.

Die Reflexion ist etwas entwickelter bei Jesus Sirach. Die sittliche Freiheit des Menschen wird hier ohne Einschränkung behauptet (15, 11 ff.): «Sprich nicht: Durch den Herrn bin ich abtrünnig geworden. Denn was er hasst, das sollst du nicht thun. Sprich nicht: Er hat selber mich irre geleitet. Denn er bedarf des sündigen Menschen nicht.... Er hat von Anfang an den Menschen geschaffen und ihn seinem eigenen Rate überlassen. Willst du, so kannst du die Gebote halten und ihm wohlgefällige Treue beweisen (vgl. 27, 8)... Der Mensch hat vor sich Leben und Tod zur Auswahl, und was er will, wird ihm gegeben werden». Keiner ist zum Bösen determiniert (10, 18); es widerstreitet der Heiligkeit Gottes, ihn zum Urheber der Sünde zu machen. Auf der andern Seite betont der Verfasser nachdrücklich die Absolutheit Gottes: Wie Thon in des Töpfers Hand ganz von dessen Willkür abhängig ist, so sind die Menschen in ihres Schöpfers Hand, er teilt ihnen zu nach seinem Ermessen (Cap. 36, 13 ff.)! Es soll zwar diese Stelle nur die Verschiedenheit der menschlichen Lagen und ihre plötzlichen Wandlungen erklären. Wenn der Schreiber aber fortfährt: «Dem Bösen gegenüber steht das Gute und dem Tode gegenüber das Leben: so dem Frommen gegenüber der Sünder. Und wenn du so alle Werke des Höchsten betrachtest, so findest du immer je zwei Dinge, eines dem andern gegenüber», so scheint es, Gott habe nicht allein das leibliche Uebel, sondern auch das sittlich Böse angeordnet, und die Sünde sei auf ihn zurück zu führen, während der Verfasser letzteren Gedanken als gotteslästerlich abgewiesen hat. Der scheinbare Widerspruch findet seine Lösung Cap. 39, 24 ff.; die Werke Gottes sind alle gut, schön und nützlich und müssen den göttlichen Zwecken dienstbar werden. «Seine Wege sind für die Frommen eben und werden für die Gottlosen zum Anstoss. Gutes ist für die Guten bereitet von Anfang an, dagegen für die Sünder Böses» (vgl. Ps. 18, 26 ff.). Auch die von Gott geschaffenen leiblichen Güter, wie Weizen, Wein und Oel, verwandeln sich für die Bösen in Uebel (v. 27), weil dieselben von ihnen gemissbraucht oder ungerechter Weise begehrt werden. Der Dualismus in der Schöpfung besteht demnach wegen Gottes Gerechtigkeit, er setzt die Freiheit voraus, hebt sie nicht auf. Die Freiheit ist in den Weltplan Gottes aufgenommen, wonach Alles im Dienste seiner Gerechtigkeit steht. Die Welt ist so eingerichtet, dass auf Tugend Lohn, auf Laster Strafe folgt (16, 12 ff.).

Der Lohn der Tugend besteht nach beiden Moralisten in langem friedlichem Leben, Reichtum, Ehre, Kindersegen; den Gottlosen erwartet Armut, Elend, Schande, Krankheit, jäher Tod (Prov. 1, 32. 33; 2, 22; 3, 8. 16. 22; 4, 10; 8, 21. 35; 9, 11; 10, 9. 16. 25; 12, 28; 13, 18. 21. 25; 15, 6; 19, 23; 21, 21; Sir. 1, 11 ff.; 3, 9. 14; 5, 6 ff.; 6, 28; 7, 8 ff.; 10, 3; 23, 24; 38, 15; 41, 11 ff. etc.). Diese Stellen beschränken insgesammt die Vergeltung auf dieses Leben. Von einem künftigen Vergeltungsleben wissen beide nichts,

sondern sie halten die alte Vorstellung vom Schattenleben in der
Unterwelt fest, aus welcher es keine Rückkehr giebt; οὐ γάρ ἐστιν
ἐπάνοδος (Sir. 38, 21; vgl. überhaupt Prov. 1, 12; 7, 27; 9, 18; Sir.
14, 16; 17, 27; 21, 10; 46, 19). Das Leben in Scheol kennt die
Unterschiede des früheren Lebens nicht. Scheol ist von Abaddon
(אבדון vgl. ᾽Αβαδδών Apok. Joa. 9, 11) «Untergang» nicht verschieden (Prov. 15, 11; Hiob 26, 6), ein Reich des Schweigens
(דומה Ps. 94, 17; 115, 17), ein Land der Finsternis (Hiob 10, 21;
Ps. 88, 7) und des Vergessens (ארץ נְשִׁיָּה λήθης Ps. 88, 13 vgl. Hiob 14,
22; Koh. 9, 5. 6. 10). Mit Riegeln sind ihre Thore verschlossen, sie
öffnen sich nimmer für den, dem sie Einlass gewährt haben (Jes.
38, 9 ff.; Hiob 7, 6 f.; 17, 11 ff.; 38, 17). Scheol ist des Menschen
«ewiges Haus» (Koh. 12, 5), das grosse «Stelldichein aller Lebenden» (Hiob 30, 23). Keiner kann dem Los in Scheol hinunterzusteigen
entgehen; die Unterwelt ist unersättlich, gerade wie Menschenaugen
nie sich satt sehen (Prov. 27, 20 vgl. 30, 15. 16 und Hoh. Lied 8, 6),
und drunten herrscht völlige Gleichheit; «Hoch oder niedrig, alles
ist dort gleich» (Hiob 3, 19), auch Jahwes Preis ist dort unten
verstummt (Jes. 38, 18; Ps. 115, 16 f.; vgl. Hiob 7, 7 ff. und Ps.
88, 11 ff.).

Die Theorie der gerechten Vergeltung hat sich in den Proverbien und in Jesus Sirach durch die ihr widersprechenden That-
sachen des Lebens nicht stören lassen. Zweifel an der Richtigkeit
der Theorie, wie sie den Dichter des Buches Hiob erfüllten, finden
sich bei ihnen nicht; seine Lösung brauchten sie darum auch nicht.
Die Proverbien achten nicht auf den Conflict der Wirklichkeit mit
ihrer Lehre; Sirach lässt sich durch das zeitweilige Glück der
Gottlosen und die Leiden, welche die Frommen bisweilen treffen,
in seinem Glauben an Gottes Gerechtigkeit nicht anfechten. Er
erwartet im Gegenteil zuversichtlich die Bestrafung der Sünder
(9, 11. 12; 11, 26; 26, 27) und für die Gerechten das Aufhören
ihrer Leiden (2, 4 ff.; 36, 1). Sterben die einen oder die andern,
bevor die Gerechtigkeit Gottes sich an ihnen bethätigt hat, so wird
der verdiente Lohn oder die verdiente Strafe ihrer Nachkommenschaft zufallen (4, 16; 11, 28; 23, 24 ff.; 40, 15 ff.; 41, 5 ff. vgl.
Joh. 9, 2). So mündete die Vergeltungslehre schliesslich in eine
Annahme aus, welche dieselbe im Grunde unwirksam machte und
gerade dem Ausgangspunkte derselben entgegen war. Es sollte ja
eben festgestellt werden, dass jeder nur um seiner Sünde willen

Strafe zu leiden habe und der Unschuldige nicht fremde Schuld tragen müsse (vgl. Deut. 24, 16; Jer. 31, 29 f.; Ez. 18, 2 ff.; 33, 12 ff.). Darin offenbart sich aber die Haltlosigkeit und das Ungenügende der ganzen Theorie. Der Wert des Individuums, von dem sie ausgegangen ist, wird doch nicht festgehalten, weil er doch nicht in seiner ganzen Tiefe erfasst ist. Wäre diese tiefe Fassung vorhanden gewesen, sie hätte die ganze Theorie wie bei Hiob gesprengt und zu einer anderen Lösung des Problems gedrängt, die aber einstweilen auf dieser Stufe des gesetzlichen Judentums nicht erreicht ist.

§ 57.

Die Eschatologie.

So sehr der Einzelne scheinbar im gesetzlichen Judentum an Bedeutung gewonnen hatte, er hatte als Einzelner doch nichts zu erwarten ausser dem Zusammenhang mit der neuen Gemeinde oder dem neuen Volke Israel. Trat die Trennung dieser Verbindung durch den Tod ein, so wartete seiner nichts als Scheol. Die Hoffnung des Einzelnen hieng also ganz mit der Hoffnung der Gemeinde zusammen; in ihrer Zukunft und ihrem Glücke konnte daher sein eigenes Heil nur liegen. Wenn einmal das von den Propheten verkündete Glück erscheint, dann kann auch in seinen privaten Lebensverhältnissen eine durchgreifendere Aenderung erfolgen, während er jetzt sich damit behelfen muss, dass er wenigstens nach der Theorie nicht um anderer willen zu leiden habe. Dann kann einst für die, welche das Heil erleben, ein so hohes Lebensalter bestimmt sein, dass ein Sterben im hundertsten Jahre nur vorkommt bei einem vom Fluche Getroffenen (Jes. 65, 20 ff. vgl. Sach. 8, 4 f.). Diese Umwandlung aller Verhältnisse war die Hoffnung und die Sehnsucht der zurückgekehrten Juden; dieselbe herbeizuführen, als sie mit der Rückkehr nicht eintrat, war nicht nur die Absicht derer, welche den Cultus und das Leben mit einem genauen Gesetze ordneten, sondern dann auch die gewisse Hoffnung derer, welche nach diesem neuen Gesetze Gott verehrten und ihren Wandel richteten.

Die ganze Hoffnung ist demnach Glauben an die Verwirklichung der prophetischen Verheissungen. An diese hielt man sich und auf Grund dieser gestaltete man sich das Gemälde der Zukunft. So ist es bei den beiden ersten Propheten der nachexilischen Gemeinde Haggai und Sacharja: Mit der von Deuterojesaja verheissenen Umgestaltung der Verhältnisse, welche zunächst als eine politische aufgefasst wird, verbindet sich die Erwartung Jeremias auf einen Spross aus Davids Geschlecht, unter dem die glückliche Zukunft anbrechen werde (Hag. 2, 20 ff.; Sach. 1—8, bes. 3, 8; 6, 12). Beide Propheten hoffen diesen « Spross » (צמח vgl. Jer. 23, 5; 33, 15) in dem Davididen Serubbabel begrüssen zu können (Hag. 2, 23; Sach. 6, 12). Ihre Hoffnung verwirklichte sich nicht, gleichwohl wurde sie nicht aufgegeben. Denn das durch die Propheten gegebene Wort Gottes musste sich erfüllen. Auch aus dem Stumpf und Wurzelstock Isajs, aus dem Geschlechte Davids, dem jetzt die königliche Macht geraubt ist und dessen Ursprünge in weiter Vergangenheit liegen, kann wieder ein herrliches Reis, ein Sprössling, hervorgehen, der das Heil bringt. Die Weissagungen auf diesen Retter sind jetzt dem Buche des Propheten Jesaja und dem Michas einverleibt, aber sie sind nachsacharjanisch (vgl. oben S. 190 f.) und vor der Zeit Esras und Nehemias entstanden, weil deren Zeitgenosse Tritojesaja jedenfalls Jes. 11, 7. 9. kennt (vgl. Jes. 65, 25; ferner vgl. Mich. 5, 2 mit Jes. 66, 6—9, Jes. 11, 6. 7 mit Gen. 1, 30 PC.) und weil nach der Ordnung der Gemeinde und des Cultus man bis auf die makkabäischen Zeiten nicht in erster Linie an eine durch einen König zu verwirklichende politische Unterwerfung der Völker, sondern an eine durch religiöse Anerkennung der Hoheit und Majestät Jahwes zu Stande kommende Theokratie dachte, also nicht eine politische, sondern eine hierokratische Herrscherstellung erwartete, in welcher kein König nötig war.

Vor der Durchführung der Theokratie in Jerusalem hoffte man das Heil von einem mächtigen Herrscher, der Ordnung schaffe im Innern durch gerechtes Gericht (Jes. 11, 3 ff.), der die Feinde besiege (Jes. 9, 1 ff.), Frieden herstelle auf Erden und die Umwandlung aller Verhältnisse bringe (Jes. 9, 5 f.; 11, 5 ff.; Mich. 5, 3). Dann wird der Rest der Volksgenossen zurückkehren (Mich. 5, 2 f.). Die Stelle in Jes. 9, 1—6 schildert zuerst die Freude über das aufgehende Glück, das mit dem Sturze des Bedrückers beginnt (1—4), zeigt dann den Grund der Freude in der Gewissheit, dass Jahwe einst dem Volke einen Retter senden werde, sodass man jubeln könne: Ein Kind ist uns geboren, ein Sohn ist uns gegeben, auf dessen Schulter die Herrschaft wirklich gelegt ist und den man heissen muss: Wunderrat (פלא יוֹעֵץ, d. h. von unvergleichlicher Weisheit

und herrlichen Plänen, die er verwirklicht), Gotteskraft (אל גבור,
wörtlich « ein Gott von einem Helden » oder weniger wahrscheinlich
« ein mächtiger El », d. h. aber wie ein übermenschliches Wesen
mächtig die Feinde besiegend), Beutevater (אבי־עד, d. h. sieg-
reicher Heerführer, der Beute verteilen kann), Friedefürst שר שלום,
d. h. durch seine alles überwindende Macht den Frieden herstellend),
weil er grosse Herrschaft ausüben und endlosen Frieden schaffen
wird (v. 5. 6). Auch in der andern Stelle (Jes. 11, 1—10) ist der
König der Zukunft ein Sprössling des davidischen Hauses, ausgerüstet mit allen Regententugenden, welche der Geist Gottes in ihm
schafft: v. 2: « Es ruht auf ihm der Geist Jahwes, der Geist der
Weisheit und der Einsicht, der Geist des Rates und der Kraft,
der Geist der Erkenntnis und der Furcht Jahwes ». Weisheit
und Einsicht überhaupt, Herrscherklugheit und Herrschertapferkeit,
religiöse Erkenntnis und Frömmigkeit sind also die Eigenschaften,
die ihn auszeichnen, und diese Eigenschaften bethätigen sich in
seinem Regiment (v. 3—5): « Nicht nach dem, was seine Augen
sehen, richtet er, und nicht nach dem, was seine Ohren hören,
entscheidet er (d. h. nicht nach dem Schein oder auf Gerüchte
hin); er richtet in Gerechtigkeit die Armen und erteilt geraden
Bescheid den Elenden des Landes; durch sein blosses Wort streckt
er die Schuldigen nieder. Gerechtigkeit ist der Gurt seiner Hüften
und Treue der Gurt seiner Lenden ». Darum (v. 6—10) wird aber
auch alles umgewandelt; Friede herrscht überall, in der Natur und
unter den Völkern, die bei dem Isaiden sich Rat und Entscheidung
holen. Aehnlich ist die Stelle in Micha 5, 1 ff., die besagt, dass aus
Bethlehem ein Herrscher Israels hervorgehen wird, sobald die Zeit,
da das Neue entstehen soll und die noch zerstreuten Israeliten heimkehren sollen, gekommen sein wird, ein Herrscher, der Frieden
schafft und bis ans Ende der Erde Autorität besitzt.

In diesen Stellen ist nicht davon die Rede, dass dieser Herrscher
aus Davids Geschlecht in Ewigkeit die Regierung inne habe; er ist
vielmehr als der Begründer einer Dynastie gedacht, die in seinem
Sinne die Herrschaft weiter führen werde, so dass es niemals an
Frieden auf Erden gebreche. Bald aber verschwindet diese mit dem
Geiste Gottes ausgerüstete königliche Gestalt für lange Zeit aus
dem Zukunftsbilde der jüdischen Gemeinde. Maleachi kennt nur
noch einen Boten, der Jahwe voranziehe und ihm den Weg bereite
(3, 1), und er fasst denselben als einen Mann in der Kraft Elias des

Propheten (3, 23 f.). Er kündigt vielmehr einen nahen Gerichtstag
an, der den Gottlosen und Ungerechten in der Gemeinde Untergang
und Verderben, den Getreuen Jahwes (יראי יהוה) aber Heil und Rettung bringt, den letztern verheissend, dass Jahwe sich ihre Namen
in einem Gedenkbuche verzeichnet habe, so dass sie sicher sein
könnten und schon noch den Unterschied zwischen den Gerechten
und den Gottlosen sehen werden, den sie jetzt nicht zu bemerken behaupten (2, 17—3, 21). Bei Tritojesaja (Cap. 56—66) ist nur von
Jahwe allein die Rede, der die Umgestaltung der gegenwärtigen
traurigen Lage vollzieht. Das Dunkel wird sich auf die Völkerwelt
herabsenken, über Jerusalem aber ein wunderbares Licht aufgehen,
zu dem alle Heiden wallen müssen, wenn sie Rettung finden wollen.
Jahwe ist die Sonne, die in Zion leuchtet und allem Unglück und
aller Trauer für immer ein Ende bereitet (c. 60). Die Juden werden
die Priester und Herren der ganzen Welt sein, in reichlichem Ueber-
fluss leben und Jerusalem wird in kostbarster Pracht prangen (61, 4.
5. 6; 65, 13 ff.; 66, 19 ff.). Jahwe allein wird das Gericht vollstrecken
und das Heil bewirken (59, 16; 63, 1 ff.). Eine neue Ordnung in der
Natur, einen neuen Himmel und eine neue Erde wird er schaffen,
und wie diese unvergänglich sind, wird das Geschlecht und der
Name der Juden nimmer vergehen, und sie werden Neumond um
Neumond, Sabbat um Sabbat vor Jahwes Angesicht erscheinen,
draussen vor der Stadt aber werden die Leichen der Abtrünnigen
von Würmern und Feuer verzehrt (66, 22—24).

War bei diesen Propheten noch die Unordnung in der Gemeinde
der Ausgangspunkt zur Erwartung des Gerichtstages Jahwes, so fiel
nach der Ordnung der Verhältnisse durch Nehemia und Esra auch
dieser Gesichtspunkt hinweg. Es blieb einerseits nur das Verlangen,
dass der Cultus doch auch bald das Heil herbeibringen möchte, und
andererseits das Interesse, aus den alten Weissagungen sich ein
Gesamtbild von dem Tage Jahwes zu gestalten. Joel hat eine Heu-
schreckenplage als den Vorboten dieses Tages geschildert und sieht
in eifrigem Cultus das Mittel, das Gericht von Jerusalem fernzuhal-
ten, welches über alle Heiden im Thal der Entscheidung, wo Jahwe
richtet (יהושפט Joel 4, 9 ff. v. 12. 14), ergehen wird und das ewige
Heil Jerusalems einleitet. Deutlich lehnt sich Joel an Ezechiel an,
welcher schilderte, wie der letzte Ansturm der Heiden mit der gänz-
lichen Vernichtung derselben vor den Thoren Jerusalems endigt.
Nachfolger, die uns bekannt sind, hat Joel erst in späterer Zeit in

Deuterosacharja und Jes. 24—27 gefunden, die beide erst dem zweiten
Jahrhundert angehören. Wie kräftig und mächtig aber die Hoffnung
auf den kommenden Tag Jahwes, da die Gottlosen wie Spreu ver-
wehen und die Gerechten das Heil erleben, in der Gemeinde des
zweiten Tempels immer war, beweisen uns die Psalmen; auch wenn
darin keine ausführliche Darstellung der letzten Dinge sich findet,
in vielen tönt kräftig immer wieder die Gewissheit durch, dass Gott
durch ein gewaltiges Gericht seinem Reiche zum bleibenden Siege
verhelfen werde, und spricht sich die Hoffnung der Frommen aus,
die Herrlichheit dieses Reiches Gottes noch zu erleben. Das Eigentümliche jener beiden Nachfolger Joels ist am besten hier noch zu nennen, da sie die gerade Fortsetzung der eschatologischen Hoffnungen
der früheren Zeiten bilden. Deuterosacharja zeichnet am Schluss
ein Gemälde von der Ueberwindung aller Jahwe feindlichen Völker
und der Erhöhung Jerusalems, sich anlehnend an seine Vorgänger
Ezechiel, Tritojesaja und Joel; aber bei ihm, der ein neues politi-
sches Leben und die makkabäische Erhebung erlebt hat, erscheint
auch wieder die Gestalt eines königlichen Helfers, der nicht, wie die
Könige, mit Krieg seine Herrschaft behauptet, sondern dem Kriege
ein Ende macht und Frieden herstellt bis zu den Enden der Erde
(9, 9—10). In Jes. 24—27 tritt dagegen noch einmal mit aller Macht
die deuterojesajanische Hoffnung auf eine Umgestaltung aller Verhältnisse hervor, die soweit geht, dass dann nicht bloss der Tod auf
immer entfernt ist aus dem neuen Gottesreiche (25, 8), zu dem auch
die toten Israeliten auferweckt werden (26, 19), sondern auch den
Völkern ein herrliches Mahl auf Zion bereitet, also die Teilnahme
am Heil gestattet wird (25, 6 ff.).

III. *Lehre und Leben.*

§ 58.

Die Frömmigkeit des Einzelnen.

Durch den Nomismus in Cultus und Moral liess sich so wenig
das ganze Denken und Sinnen des Einzelnen regeln, wie durch die
dogmatische Lehre. Gesetz und Theorie vermochten die Vielgestal-
tigkeit des Lebens nicht einzuengen und die Tiefe der Empfindung

nicht zu erreichen. Unter der Hülle von Gesetz und Dogmatik entfaltete sich darum ein mächtiges religiöses Leben. Davon sind die
Psalmen ein herrliches Zeugnis. Die Sammlung des Psalmbuches
ist zwar erst nach der Zeit der Makkabäer abgeschlossen; aber die
meisten Lieder darin sind älteren Datums und stammen aus den
Zeiten vor der makkabäischen Erhebung, und wenn auch spätere
darunter sich finden, in allen spricht sich der durch ausländische
Ideen unbeeinflusste Glauben aus, wie er in den Besten und
Frömmsten sich gestaltet hatte, sodass hier alle zusammen-
genommen werden dürfen. In den Psalmen lebt am meisten von
dem prophetischen Glauben fort und findet sich die Aussprache des
frommen Gefühls in den verschiedensten Lebenslagen, gleichsam
die Antwort, welche die göttliche Offenbarung im empfänglichen
Gemüte gefunden hat. Und weil wir eben in den Psalmen diesen
unmittelbaren Ausdruck der frommen Stimmung haben, werden sie
fort und fort ein religiöses Gemüt ansprechen und ein beliebtes und
gesegnetes Erbauungsbuch der Christen bleiben können, da es hier
am leichtesten ist, den vollen christlichen Gehalt in solche Aus-
sprachen zu legen.

Nun aber sind die Psalmen Lieder der Gemeinde und könnten
als solche für die Frömmigkeit des Einzelnen wenig beweisend erscheinen. Jedoch auch dann, wenn sie das ihrem Ursprung nach
wären, und wenn das «Ich» der Psalmen stets als Gemeinde zu
verstehen wäre, gäben sie uns einen sicheren Beweis, dass neben
Opferdienst und Gesetz eine tiefere Strömung einherging, die eben
erst in den Liedern ihren Ausdruck und ihre Befriedigung fand. Aber
die Psalmen sind nicht alle als Gemeindelieder gedichtet, sondern
verdanken individuellen Lagen des Dichters ihre Entstehung und
sind erst nachträglich in das Gemeindegesangbuch aufgenommen.
Wir haben somit in ihnen den Ausdruck der Frömmigkeit der
Einzelnen, der religiösen Gesinnung, wie sie auch unter der Herrschaft des Gesetzes lebendig war.

Ausdruck fand die Frömmigkeit des Einzelnen im Gebet. Im
alten Israel kam der Einzelne nur als Glied des gesamten Volkes
in Betracht; erst Jeremia hatte den Wert des Individuums erkannt.
Von da an war es dem Einzelnen möglich, für sich selber zu beten,
Jahwe anzuflehen, dass er sich dem Betenden als den Gott des Heils
erweise. Beten konnte man aber zu dem allgegenwärtigen Gott
nicht bloss im Tempel, sondern überall auch in weiter Ferne.

So betete der Fromme in seinem Hause und bald kam die Sitte auf, dass man regelmässig dreimal im Tage sein Gebet verrichtete (vgl. Ps. 42, 9; 55, 18; 63, 7 vgl. Dan. 6, 11). Ueber den Inhalt der Gebete und das ganze Gepräge der Frömmigkeit geben die Psalmen die beste Auskunft.

Der Gottesbegriff, der aus den Psalmen sich ergiebt, ist kein anderer, als ihn die officielle Lehre besass; aber Gott ist lebendiger gefasst und zu dem praktischen Leben in nähere Beziehung gesetzt. Wenn die Herrlichkeit der Schöpfung gepriesen wird (Ps. 8; 19; 104), so geschieht es, um die Würde des Menschen hervorzuheben, den Gott zum Herrscher über dieselbe gesetzt, oder um Gottes Güte zu danken, der den Menschen mit allem, was er bedarf, versorgt hat. Die Allmacht, die durch das Wort das All gebildet hat und nach ihrem Willen alle Geschicke der Völker lenkt (33, 6 ff.; 46, 9 ff.; 47, 3. 4; 89, 9 ff.; 95, 2 ff.; 113, 4 ff.), dient dazu, ans Licht zu setzen, dass bei Gott alle Kraft, jedweder Beistand zu suchen, auf ihn alles Vertrauen zu setzen sei. Seine Herrschaft über alle Götter, d. h. seine alleinige Macht, da die von den Heiden verehrten Götter als nichtig erkannt sind (95, 3; 96, 4 ff.; 97, 9 ff.; 115), lässt die Würde empfinden, die er seinem Volke durch besondere Auswahl verliehen hat, und weckt und kräftigt die Ueberzeugung, dass alle Weltläufte zu dessen Heile dienen müssen. Seine Allwissenheit, welche Herzen und Nieren prüft (7, 10), alle Menschenkinder erforscht (11, 5), vor welcher Sinn und Wandel jedes Einzelnen offen liegt (Ps. 139), seine Allgegenwart, der sich keiner entziehen kann (Ps. 139, 7 ff.), ist ein Motiv, alle Sünde zu meiden, die seiner strafenden Hand nicht entgehen kann, und giebt Zuversicht dem Frommen in allen Nöten. Er weiss, er steht in des Allmächtigen Schutz, ja kann sich des Kommens des Heiles getrösten, dessen Kehrseite das Gericht über die Gottlosen ist.

Dieses Heil hofften die Psalmdichter um so mehr, als Gott ein sittlicher Gott ist. Ps. 1 preist den glücklich, der nicht wandelt auf dem Wege der Sünder. Gott verabscheut alles Böse (5, 5 ff.), und er ist ein gerechter Richter (7, 12 f.; 10, 16 ff.), der jeglichem vergilt nach seinem Thun (11, 5 ff.; 34, 12 ff.; 62, 8). Die Vergeltung findet, auch bei den Psalmisten, allein in diesem Leben statt; denn im Tod gedenkt man Gottes nicht, und in der Unterwelt wird er nicht gepriesen (Ps. 6, 6; 30, 10; 88, 11; 115, 17); auch giebt es für den, der einmal nach Scheol hinabgestiegen ist, keine Rettung mehr;

Bewahrung vor Scheol bedeutet Rettung aus Todesgefahr und Verlängerung des Lebens (30, 4; 49, 16) und damit Hoffnung auf das Erleben des messianischen Heiles (16, 10 f.; 17, 15). Die Frommen dürfen keines Gutes mangeln (34, 11). Gott segnet das Werk ihrer Hände, giebt ihnen Gedeihen, Reichtum und Ehre, langes Leben und zahlreiche Nachkommenschaft (112; 128). Trifft sie auch viel Unglück, Jahwe rettet sie schliesslich aus aller Not (34, 20 ff.). Wie sehr auch die Erfahrung dem oft widersprach und die Psalmisten über diesen Widerspruch reflectieren (Ps. 37; 49; 73), sie ringen sich durch und lassen sich den Glauben an die Gerechtigkeit Gottes doch nicht nehmen. Ganz besonders ist aber derselbe auf das Verhältnis Israels zu den andern Völkern angewandt. In den Zeiten der Not und Bedrückung, der Verfolgung um des Glaubens willen, wie sie unter der syrischen Herrschaft anbrach, ist und bleibt Gott die Zuversicht und Kraft Israels, der Frommen und Gerechten, wider die Feinde seines Gesetzes, die Frevler innerhalb und ausserhalb des Gemeinwesens. Wie in manchen prophetischen Stücken sich ein tiefer Hass gegen die feindlichen Völker (z. B. Obadja, Jes. 34) ausgesprochen findet, so kommen ähnliche Stellen in den Psalmen vor, in denen Jahwe selbst um Rache an den Feinden angefleht wird (5, 9 ff.; 52; 54; 58; 69; 109; 137, 7—9).

Ganz besonders wird das enge Verhältnis Jahwes zu Israel hervorgehoben, wo seine Liebe und Treue (108, 5; 117, 2) gepriesen wird. Seine Güte waltet zwar über allen seinen Geschöpfen (Ps. 33, 13 ff.), aber überschüttet vornehmlich sein Bundesvolk mit Heil und Segen (12; 13). Er vergiebt ihm die Sünden (30; 32, 1. 2; 103) und hat ihm zu allen Zeiten Erbarmen bewiesen (44, 2. 4; 66; 67; 68; 94; 99; 107). Umsonst toben die Völker, er spottet ihrer und schafft seinem Volke sicher das verheissene messianische Heil (2; 110). Bei ihm ist Rettung, und noch so viele Bedränger werden es nicht überwinden (3, 2. 7 ff.). Israel hat vor niemand sich zu fürchten; Jahwe wird König der ganzen Welt werden (24; 46—48), und unter seinem Schirme kann Israel ruhig sein (3, 4. 6; 27, 1—6. 28, 8; 29, 11; 46, 2—8; 48, 9 ff.; 111; 124; 125). Wie die Väter vertrauten und nicht zu Schanden wurden (22, 5. 6), so erhört er allezeit seine Gebete von seinem heiligen Berge (3, 4—6). Auf die Treue des Bundesgottes, die Wahrheit seiner Verheissung (4; 6; 7; 9; 10; 33, 18 ff.; 56, 5 ff.), gründet sich das felsenfeste Vertrauen, das in so vielen Psalmen (18, 2. 3; 23; 27; 62; 91; 115, 9 ff.) einen

unübertrefflichen Ausdruck findet, welcher in unsern schönsten
Kirchenliedern wiederhallt. Wenn daneben der Fromme zugleich
seine Unschuld in die Wagschale legt (7, 4 ff.; 17, 3; 18, 21 ff.; 19,
14; 26, 1. 3 ff.; 44, 18 ff.; 86, 1 ff.), so erkennen wir auch daran, wie
die gesetzliche Betrachtungsweise sich mit dem prophetischen Glauben verbunden hat. Diese Mischung tritt überall zu Tage; der
Cultus und die Gottesdienste stehen hoch in Ehren, da werden die
Feiernden ihrer Gemeinschaft und Verwandtschaft sich bewusst
(26, 8; 27, 4; 84, 2 ff. 11; 133), und Zion ist die Metropole auch
der in weiter Ferne Verweilenden (87); aber ebenso wird dem Ce-
remonienwesen die Religion des Herzens entgegengestellt (40; 50).
Das Gesetz wird gerühmt; aber daneben bittet der Psalmist, dass
Jahwe ihm ein reines Herz schaffen und einen neuen Geist in sein
Inneres legen möge, nachdem er ihn entsündigt hat (51). Am höchsten aber erheben sich die Psalmisten, die in fast mystischer Weise
ihrer Gemeinschaft mit Gott sich freuen; da tritt die Kraft des prophetischen Glaubens hervor, dem die Gemeinschaft mit Gott, die
Gewissheit der Verbindung mit ihm mehr wert ist, als alles irdische
Glück und Gedeihen (4, 7. 8; 16, 5; 63, 2 ff.; 73, 25 ff.). « Wen hab'
ich im Himmel? und neben dir lieb' ich nichts auf Erden. Vergeht
mir mein Fleisch und mein Herz; mein Hort und mein Teil bleibt
Gott immerdar! Denn die sich von dir fern halten, kommen ja um,
du vertilgst alle, die von dir abfallen. Mir aber ist Gottes Nähe
Wonne; ich setze in Jahwe mein Vertrauen, um alle deine Thaten
zu rühmen ». Solche Innigkeit des Gefühls der Gottesnähe, welches
die Propheten so stark machte, ist möglich gewesen auch unter der
Decke des Gesetzes; aber nur wenige besassen eine solche Kraft,
um durch die Hülle bis zu Jahwe hindurch zu dringen, und unter
diesen wenigen vermochten nicht alle die Fessel des Gesetzes zu
ertragen.

§ 59.

Dogma und Glaube.

Zur Sprengung der nomistisch-dogmatischen Auffassung sah
sich der Dichter des Buches Hiob gezwungen. Den Ausgang bot
der Punkt, der schon die Spruchdichter dazu geführt hatte, eine
Lehre schliesslich zu vertreten, welche das ganze System in Frage
stellte. Es handelt sich um das Verhältnis der Religion zu dem

Ergehen, zu den Erlebnissen des Menschen, also auf einen besondern
Fall angewandt, um das Rätsel der Leiden des Gottesfürchtigen.
Das Dogma hatte diese Frage gelöst, es kannte dieses Rätsel nicht.
Denn nach demselben galt es als sicher, dass auf Frömmigkeit und
Tugend Glück und Heil folgen müssen, wie ebenso der Gottlosigkeit
das Unglück entspreche (vgl. § 56). Aber dem Dichter des Hiob
genügt es nicht, die Unrichtigkeit dieses dogmatischen Satzes an
fremder und eigener Erfahrung zu erweisen (vgl. **21, 28** ff.: ‹ Wenn
ihr sagt: Wo blieb das Haus des Tyrannen, und wo das Zelt, in
dem ein Gottloser wohnte? so fragt doch nur die des Wegs Vor-
überziehenden; ihre Beweise werdet ihr nicht verkennen, dass am
Unglückstage der Böse verschont wird, am Tage der Zornesfluten
in Sicherheit gebracht ist. Wer wagt es denn, ihm seinen Lebens-
wandel vorzuhalten? Was er auch thue, wer vergilt ihm denn?
Zur Grabesstätte wird ihm das Geleite gegeben und er hält noch
über dem Hügel Wacht »), er gelangt dazu, die ganze nomistische
Auffassung als unrichtig zu erkennen und ihr gegenüber die tiefste
prophetische Einsicht festzuhalten. Denn wenn die nomistische
Ansicht richtig wäre, dann könnte Hiob nur wünschen, dass er vor
Gottes Richterstuhl gelangen möchte, es würde dann sich ergeben,
dass ein Redlicher mit Gott rechtete und er für immer frei würde
von seinem Richter (**23, 1** ff.), auch wenn er andrerseits natürlich
zugeben muss, dass der Mensch nicht sündlos sein kann (**14, 4**).
Das Problem ist demnach im tiefsten Grunde die Frage, die im
Prolog uns schon entgegentritt, ob Jahwe oder der Satan die richtige
Auffassung der Religion habe, ob die Religion auf dem innigen
persönlichen Vertrauen des Menschen zu Gott beruhe (**1, 8; 2, 3**),
oder ob sie nur darauf sich gründe, dass man aus der Frömmigkeit
Nutzen ziehe (**1, 9** ff. ; **2, 4. 5**).

Mit dieser Formulierung ist schon am Anfang angedeutet, wie
der Dichter die gegnerische Religionsauffassung beurteilt. Er lässt
diese durch die drei Freunde Eliphaz, Bildad und Sophar vertreten
werden, wobei jeder eine kleine Variation darstellt oder doch von
einer besonderen Seite her die gewöhnliche Lehre zu stützen sucht.
Eliphaz führt zur Verteidigung Gesichte, die ihm zu teil geworden
sind, alte Ueberlieferung und Erzählungen, die er von den Vätern
vernommen hat, ins Feld (**4, 12** ff. ; **15, 17** ff. ; **22, 15** ff.), um zu erweisen, dass der staubgeborene und wie alle Wesen vor Gott un-
reine Mensch zu Gottesfurcht und bedingungsloser Unterwerfung

unter Gottes Willen verpflichtet sei, da der Mensch kein Recht an Gott habe und mit seiner Frömmigkeit nur sich selber nütze (22, 2. 3). Eliphaz fasst Gott etwa in der Weise eines orientalischen Despoten, der vollkommen frei in seinen Entscheidungen über das Schicksal seiner Unterthanen ist, und gegen dessen Verfügungen kein Murren und Widerspruch gestattet ist. Hatte Eliphaz noch etwas Unverständliches und Unberechenbares in Jahwes Walten anerkannt, so vertritt Bildad die genaue Gesetzmässigkeit, die sich bei genauer Beobachtung der menschlichen Erfahrung bestätige (8, 3: Beugt etwa Gott das Recht oder beugt der Allmächtige gerechte Sache?). Es giebt nichts Incommensurables in dem Verhalten Gottes zu den Menschen: Das stricte Recht regelt sein Thun; der Frömmigkeit folgt Glück und ohne Tugend giebt es kein Wohlergehen, so wenig Papyrus wächst, wo kein Sumpf sich findet, und ohne Wasser Riedgras aufschiesst (8, 11). Diese Rechtfertigung des göttlichen Verhaltens will Ṣophar noch überbieten, indem er behauptet, dass sich dem, welcher in die Tiefen der Weisheit eindringe, Gottes Gerechtigkeit wirklich auch bewähre, ja dass es sich für den Einsichtigen eigentlich ergebe, Gott hätte noch zu grösseren Strafen ein Recht und erlasse dem Sünder noch einen Teil der Schuld (11, 6 ; 20, 3).

Allen diesen Verteidigern Gottes hält Hiob einmal entgegen, dass sich diese dogmatischen Aufstellungen über Gottes Walten in der Wirklichkeit nicht bewähren, dann aber betont er im Einzelnen, dass er nicht, wie Eliphaz, die Wertlosigkeit und Rechtslosigkeit des Menschen vor Gott glauben, aber auch nicht, wie Bildad und Sophar ihm zumuten, seine Leiden und Qualen als die Strafen für kleine Verfehlungen, von denen niemand frei sei, verstehen könne. Er hält an dem Gott seines Glaubens fest und erkämpft sich denselben gegen alle sich dagegen erhebenden Instanzen. So unbegreiflich sein eigenes Geschick ihm ist, die Dogmatik seiner Gegner ist noch viel mehr in Widerspruch mit demselben, als dass er nicht doch daran festhalten müsste, trotz allem werde sich erweisen, dass Gott nicht ein willkürlicher Regent, sondern sein Freund sei. So appelliert Hiob von dem Gott der Dogmatik und der noch unverstandenen Wirklichkeit an den wahren Gott seines Glaubens. « Schon das gereicht mir zum Siege, sagt Hiob (13, 16), dass vor sein Angesicht kein Heuchler (חָנֵף d. h. einer, der um Religion und Moral sich nicht kümmert) tritt ». Ja, wenn er stirbt, so ist er gewiss, dass sein Bluträcher lebt

und ihm noch Recht wird, und es wird sich zeigen, dass Gott nicht
sein Gegner ist (19, 25)[1]. Was sich Jeremia aller Feindschaft und Verfolgung gegenüber nicht hat zweifelhaft machen lassen, das bleibt
dem Dichter sicher auch den Freunden, auch den freundlichen Dog-
matikern gegenüber, die mit ihren Beweisen für Gott streiten (13,8);
er verteidigt den Wert des sittlich-religiösen Individuums, der unbedingt ist und weder von der Dogmatik noch von den Schicksalen des
Lebens zerstört und vernichtet werden kann. Von Unsterblichkeit
oder Auferstehung ist in Hiob keine Rede, im Gegenteil sagt er,
wenn es ein Wiederaufleben gäbe, so wollte er gerne in Scheol auf
Ablösung warten, auf die Zeit, da Gottes Zorn sich gelegt hat (14,
13 ff.). Aber wenn der unbedingte Wert des sittlich-religiösen Individuums erkannt ist, wenn die Religion eben dieses innige persön-
liche Vertrauensverhältnis zu Gott bedeutet, dann sind nicht nur alle
Prämissen gegeben, um den logischen Schluss einer unvergäng-
lichen Bedeutung des sittlich-religiösen Individuums zu ziehen, sondern die Sache selber ist in ihrer Wurzel vorhanden, auch wenn
sich die Kraft derselben noch nicht entfaltet hat.

Es ist begreiflich, dass, so sicher der Dichter sich in der Wahrheit und Lebendigkeit seines Glaubens weiss, doch nach einem Verständnis der merkwürdigen Lebensschicksale gesucht wird, um die
Lösung des Rätsels, wie der Glaube sie giebt, auch den scheinbaren
äusseren Gegeninstanzen gegenüber zu rechtfertigen. Deuterojesaja
hatte die Leiden des unschuldigen Knechtes mit dem Hinweis auf
die göttlichen Zwecke gerechtfertigt, die an dem Leidenden sowohl,
wie an Anderen verwirklicht werden sollen. Der Dichter hat sich für
den Einzelnen diese Teleologie nicht aneignen können, weil einmal
sofort doch wieder das innige feste Vertrauen auf Gott allein getrübt
worden wäre durch den Ausblick auf Lohn, und weil dem leidenden
Hiob andrerseits nur der Tod in naher Aussicht stand. Er weist
darum hin auf die Unbegreiflichkeit des göttlichen Waltens in der
Natur, das eine Analogie bilde zu der Unbegreiflichkeit der menschlichen Schicksale und darum auch dazu geeignet sei, an Gottes Plan
und Weisheit nicht verzagen zu lassen, weil trotz allem die Natur
so herrlich und zweckentsprechend geleitet sei. Im Hinblick hierauf
will Hiob seine Klagen über sein eigenes Geschick widerrufen und

---

[1] Der Dichter lässt diese Hoffnung Hiobs sich noch während dessen
Leben erfüllen 42, 5.

vor Gottes Weisheit und Erhabenheit sich beugen (40, 4. 5; 42, 2—6).

Man kann einerseits wohl sagen, dass dem Dichter die ausdrückliche Teleologie Deuterojesajas mangle, aber andrerseits muss man gestehen, dass um so grossartiger und von jedem fremden und unächten Beweggrund unbeeinflusster sein Glaube hervorleuchtet, der eine Gewissheit kennt, welche der ganzen Welt gewachsen ist, und der mit völligem Vertrauen sein Ergehen in Gottes Willen legt. Sicher ist es des Dichters Ueberzeugung, dass gerade so dem Menschen es am allerbesten ergehen werde; darum lässt er nicht nur zum Schlusse Jahwe selber erklären, dass die Freunde nicht recht von ihm geredet haben, wie sein Knecht Hiob (42, 8), also die Auffassung der Religion, welche Hiob vertreten habe, allein die wahre sei, sondern er berichtet auch noch, wie Hiobs Geschick von Jahwe gewendet wurde.

Ein Späterer hat in die grossartige Dichtung die Reden *Elihus* (c. 32—37) eingefügt. Sie bieten eine andere Lösung, die aber die Frage lange nicht in der gleichen Tiefe, wie der frühere Dichter, fasst. Elihu erklärt die Leiden Hiobs als Züchtigungs- und Läuterungsleiden, damit Hiob in Zukunft keine so vermessenen Reden mehr führe, wie er es gegen die drei Freunde und ihre Vertretung Gottes gewagt habe.

<h2 style="text-align:center">§ 60.</h2>

<h3 style="text-align:center">Dogma und Wissen.</h3>

Nicht immer und nicht überall war eine solche Kraft des Glaubens vorhanden, um sich dem Dogma gegenüber zu behaupten, wie in den Psalmen, oder selbst zur Einsicht in die Unrichtigkeit und Unhaltbarkeit desselben zu führen, wie bei dem Dichter des Buches Hiob. Es war auch eine andere Möglichkeit vorhanden, das Dogma zu übernehmen ohne den darin sich Ausdruck verschaffenden Glauben und sich daneben seine eigene Lebensanschauung zu gestalten. Dieses merkwürdige Nebeneinander tritt uns in dem für die Religionsgeschichte überaus wichtigen Buche Kohelet entgegen. Es zeigt uns einerseits, welche Macht die traditionelle Frömmigkeit ausübte, dass auch ein so skeptisch gesinnter Mann, wie der Verfasser des Kohelet, von der äussersten Skepsis zurückgehalten wurde, und andrerseits, wie blosses Fürwahrhalten von dogmatischen Sätzen nur einen oberflächlichen Firniss bringt, aber nicht die rechte Frömmigkeit bewirken und ohne Einfluss auf das Leben bleiben kann. Der Verfasser schwankt darum auch unsicher hin und her sowohl zwischen der Lehre von der göttlichen Vorsehung und Vergeltung und dem Fatalismus, als auch zwischen Gesetzlichkeit und Eudämonismus, und findet keine Lösung des Widerspruchs zwischen dem hergebrachten Dogma und der skeptischen Reflexion. Den Grundzug in seiner Lebensanschauung bildet aber die aus reflektierender Betrachtung der Dinge (1, 13) hervorgegangene pessimistische Stimmung. Weil der rechte Glauben ihm fehlte, sollte das durch Induction zu gewinnende Wissen ihm helfen, aber das Ergebnis war Skepsis. Das Eingehen in das Einzelne wird dies herausstellen.

Er erkennt das Walten Gottes in der Natur und im Menschenleben an. Gott hat den Menschen erschaffen (12, 1) und alles Thun des Menschen angeordnet (3, 10). Er verleiht ihm Nahrung, Freude, Erkenntnis (2, 25. 26; 3, 13) und hat ihm besonders den Trieb eingepflanzt, nach Weisheit zu streben (1, 13). Aber alles von Gott gewollte und geordnete Streben, sei's nach Erwerb und Genuss, sei's nach Erkenntnis, ist doch am Ende fruchtlos. Das Ringen nach Erwerb bringt nichts als Mühe und Eifersucht (4, 4; 5, 9 ff.); Ueppigkeit und Sinnengenuss führen zu Sättigung und Ekel (2, 1 ff.); das Streben nach Weisheit endigt mit der Erkenntnis der Mängel der Welt und mit Unmut (1, 13. 18). Eitelkeit aller Eitelkeiten! Alles ist eitel! Dieser Satz, der im Anfang steht, ist der beständige Refrain aller Betrachtungen (1, 2; 2, 1; etc. 25 mal). Der unwandelbare Kreislauf alles Geschehens (1, 4; 3, 14), das Unvermögen des Menschen, etwas an der Ordnung Gottes zu ändern, und gerade zu machen, was Gott gekrümmt hat (7, 13), bewirkt nur das niederdrückende Gefühl, dass wir Gottes Walten nicht verstehen (3, 11; 8, 17) und mit dem Allmächtigen nicht hadern können (6, 10). Man fühlt es diesen pessimistischen Reden an, dass der Verfasser die Weisheit Gottes nicht leugnen will, aber die Ergebung, die er predigt, ist nicht die demütige gläubige Schickung in Gottes unbegreifliche Wege, sondern fatalistische Unterwerfung unter seinen unabänderlichen Ratschluss.

Ebenso will er den Glauben an Gottes Gerechtigkeit in der Leitung der Menschen nicht umstossen oder preisgeben. Er erkennt in Gott den Richter, der ein Auge hat für alles Unrecht der Menschen

(5, 7), der Rechenschaft fordert von ihrem Thun (11, 9), der den Guten es gut, den Bösen es übel ergehen lässt (8, 12. 13). Daneben aber gehen so viele Klagen einher über das Missverhältnis zwischen des Menschen Thun und seinem Schicksal (2, 14 ff.: 4, 1; 7, 15; 8, 10. 14: 9, 2. 3), dass man nur schliessen kann, der Glaube an die Gerechtigkeit Gottes sei nur ein Stück der übernommenen Dogmatik, das in der Seele des Verfassers keinen Wiederhall gefunden hat, und dass man sich kaum noch wundert (9, 11), die Klage zu vernehmen, dass nicht des Menschen Gaben, Tugenden und Mühen den Erfolg bestimmen, sondern Zeit und Zufall alle trifft. Die Antinomie zwischen dem traditionellen Glauben und der betrübenden Erfahrung ist nicht gelöst, aber der letztern der Haupteinfluss auf die moralische Gestaltungsweise des Lebens gewährt.

Eine Lösung der Antinomie von Dogma und Wissen wird auch nicht von der Zukunft erwartet. Der Glaube an die Unsterblichkeit der Seele fehlt noch gänzlich, und dieser Mangel aller Zukunftshoffnung findet sich gerade im Prediger am schärfsten ausgesprochen. Geschlechter und Individuen vergehen und werden vergessen (1, 4. 11), Weise und Thoren haben hierin ein gleiches Schicksal: sie sterben und man erinnert sich ihrer nicht (2, 14—16). Auch vor den Tieren haben beide im Tode nichts voraus. Das Schicksal der Menschen ist wie das Schicksal der Tiere. Ein Schicksal haben sie: Alles geht dahin an Einen Ort. Alles ist aus dem Staube geworden und alles wird wieder zu Staub. Es ist nicht einmal so sicher, ob der Lebenshauch der Menschen in die Höhe steigt. der Lebenshauch der Tiere aber zur Erde hinabfährt (3, 18—21[1]; 6, 6). Die Toten wissen nichts und haben keinen Lohn mehr; vergessen ist ihr Gedächtnis. Sowohl ihre Liebe als ihr Hass und ihr Eifer ist längst dahin, sie haben keinen Teil mehr in der Welt, an Allem, was geschieht unter der Sonne (9, 5. 6). Kein Thun, noch Klugheit, noch Weisheit, noch Einsicht ist in der Unterwelt (9, 10). Ein lebendiger Hund ist besser als ein toter Löwe (9, 4). Dies alles ist nicht Spott, sondern schmerzlicher Ernst.

Es ist nur eine Consequenz der theoretischen Anschauungen

---

[1] Diese Stelle zeigt, dass Kohelet auch an der traditionellen Annahme zweifelt, welche er selber 12, 7 ausspricht, dass der Lebensgeist zu Gott zurückkehrt, der ihn gegeben hat. Der Lebenshauch ist übrigens von נפש Seele ganz verschieden und darum von einer Fortexistenz der Seele bei Gott auch hier (12, 7) keine Rede.

des Verfassers, wenn er als Regel für das praktische Verhalten des
Menschen aufstellt, soviel wie möglich das Leben zu geniessen.
Verschmähe nicht die Freuden des Lebens, nimm das Gute aus
Gottes Hand an, dem Uebel kannst du ohnehin nicht entweichen;
iss, trinke, freue dich des Lebens und lege dir nicht zuviel Mühsal
in Arbeit auf, das ist die Philosophie, die der Verfasser empfiehlt
(2, 24 ff.; 3, 12. 22; 5, 17—19; 7, 14; 8, 15; 9, 7—10; 11, 9. 10).
Es ist zwar augenscheinlich hiebei nicht abgesehen auf Ausgelassen-
heit und Schwelgerei (7, 2); aber es ist auch nicht die Freude in
Gott und nichts anderes gemeint. Ein Moralist, welcher nur vor
allzugrosser Schlechtigkeit warnt, weil Gottes Strafen den Frevler
treffen (7, 17; 8, 13), welcher das Uebermass von Gerechtigkeit und
Weisheit missrät, weil man sich dadurch schaden kann (7, 16), und
die Wohlthätigkeit nur empfiehlt, weil man sich dadurch Freunde
und Helfer verschafft (11, 1), hat kein anderes Ideal, als dasjenige
eines ruhigen ungestörten Lebensgenusses, wie der ursprüngliche
Epikuräismus. Und wenn daneben Streben nach Weisheit (7, 11),
Schickung ins Unglück (7, 14) empfohlen wird, oder Langmut als
besser, denn Hochmut (7, 8), und Anhören von Rügen eines Weisen
als vernünftiger, denn Anhören eines Gesangs von Thoren, gepriesen
wird (7, 5), so sind auch das nur Regeln der Klugheit, die nicht
weiter reichen, als dem Menschen die höchst mögliche Annehm-
lichkeit zu verschaffen. Anzuerkennen ist zwar, dass Kohelet die
Gottesfurcht mehrfach empfiehlt (5, 6; 7, 18; 8, 12 ff.; 12, 1). Das
Dogma soll nicht angetastet werden; es soll seinen traditionellen
Wert behalten; aber es hat weder irgend welchen Halt an den
theoretischen Vorstellungen des Verfassers, noch eine wirkliche
Bedeutung für sein Leben. So zeigt sich auch von dieser Seite, wie
wenig die dogmatische Feststellung der Glaubenslehre für den Besitz
des wahren Glaubens bürgt.

Sechster Abschnitt.

Die Religion unter hellenistischen Einflüssen
(bis zur Zerstörung des zweiten Tempels).

§ 61.

Einleitung und Quellen.

Die letzte Phase, in welche die Religion nach dem Abschluss
des Gesetzes tritt, charakterisiert sich, soweit sie für unsere
Darstellung in Betracht kommt, besonders dadurch, dass die
israelitische Cultur nun mehr, als es früher der Fall war, in Berührung kam mit der ausländischen griechischen, nicht bloss bei dem
Teil der Nation, welcher sich immer zahlreicher in den griechischen
Handelsstädten ansiedelte, sondern auch in Palästina selbst, wo
durch die griechische Beamtenwelt die fremde Sitte mitten unter
den Juden, besonders in neugegründeten Colonien, eine Wohnstätte
fand. Das Verhalten der Juden ihr gegenüber war ein verschiedenes.
Im Auslande eigneten sich dieselben nicht allein die Sprache der
Griechen an, sondern zeigten sich auch ihrer Wissenschaft und Phi-
losophie zugänglich. In der Heimat neigten sich anfangs die höheren
Stände gleichfalls zu griechischer Sitte. Die Religion selbst wäre
vielleicht auf die Länge dadurch gefährdet worden, wenn nicht der
Versuch Antiochus' IV., dieselbe gewaltsam zu zerstören, in Allen,
die der vaterländischen Sitte und dem väterlichen Glauben von
Herzen zugethan waren, einen von den Machthabern unerwarteten
Widerstand hervorgerufen hätte, welcher schliesslich nicht allein
die nochmalige Unabhängigkeit des Volkes herbeiführte, sondern
auch die Folge hatte, dass man mit Abweisung alles heidnischen
Einflusses fester als je sich an den traditionellen Glauben und die
durch ihn geheiligte Sitte anklammerte.

Nicht zu vergessen ist es, wie dabei der Besitz einer heiligen
Schrift von hoher Bedeutung war. Sie war der feste Kern im Ausland und in der Heimat, an den die treuen Juden sich hielten. In

ihr war das Judentum verkörpert und in einer Weise gefestigt, dass es auch den Zusammenbruch des eigenen Gemeinwesens überdauerte, und dass den zerstreuten Juden das zusammenhaltende Band nicht fehlte. Als nämlich die durch Glaubenskraft und Heldenmut errungene Freiheit wieder in Gefahr geriet, und die Römer allmälig Herrscher im Lande wurden, stärkte sich die Hoffnung auf endlichen Sieg über die feindliche Weltmacht an den Verheissungen der Propheten und wurde so ungeduldig, dass ein neuer Aufstand ausbrach, welcher mit der Vernichtung des israelitischen Gemeinwesens endigte. Die Religion aber ging nicht unter, wenn sie auch von da an auf der damals erreichten Stufe geblieben ist.

Die Religionsideen und Religionsinteressen des Zeitalters sind mitbedingt durch die Lage des Volkes und seiner verschiedenen Elemente. Es geht ein doppelter Zug durch die Geschichte, die wir zu betrachten haben, ein für die Cultur des Auslandes offener, hauptsächlich bei den Juden in der Diaspora, vornehmlich in Aegypten, und ein gegen dieselbe sich versteifender in dem Vaterlande selbst, welcher zuletzt der allein herrschende blieb und das Judentum durch alle Jahrhunderte hindurch vor Auflösung bewahrt hat. Beide Richtungen werden besonders zu charakterisieren sein.

Die Quellen sind für die hellenistische Richtung einzelne Apokryphen (vgl. § 70), unter denen das Buch der Weisheit (σοφία Σαλωμών [1], entstanden zwischen Jesus Sirach und Philo, also ungefähr zwischen 150 und 50) besonders hervorragt, die Sibyllinen, soweit sie jüdisch sind (III, 97—817, um 140 entstanden), und der Alexandriner Philo (ungefähr vom Jahre 25 v. Chr. bis 40 n. Chr.). Für die palästinensische Richtung kommen unter den übrigen Apokryphen neben I Makkabäerbuch und Buch Baruch 1, 1—3, 8 in Betracht die Bücher Tobit (am Ende des zweiten oder im Verlaufe des ersten vorchristlichen Jahrhunderts entstanden) und Judith (aus der Zeit der Makkabäer), dann vornehmlich das Buch Daniel (165/4 v. Chr.) und eine Reihe von apokalyptischen Schriften, wie das Buch Henoch (Cap. 1—36 und 72—105 um 115 v. Chr.; Cap. 37—71 am Ende des ersten vorchristlichen Jahrh.), die Apokalypse Baruch (um 70 n. Chr.) und das 4. Buch Esra (aus der Zeit Domitians 81—96 n. Chr.), ferner die Psalmen Salomos

---

[1] Der Titel weist auch andre Formen wie σοφία Σαλωμῶνος, Σαλομῶντος u. Σολομῶντος auf.

(ψαλμοί Σολομῶντος, um die Mitte des ersten Jahrh. v. Chr. entstanden) und das Buch der Jubiläen (τὰ Ἰωβηλεῖα oder ἡ λεπτὴ
γένεσις aus dem ersten christlichen Jahrh.), endlich das Neue
Testament und die talmudischen Ueberlieferungen, besonders der
Traktat der Mischna: Pirkê ʾAbôt (enthaltend Sprüche von
jüdischen Autoritäten aus dem Zeitalter der Mischna, die c. 200
n. Chr. abgeschlossen ist).

Es sind in diesem Abschnitte nur die wichtigeren Veränderungen
in den Religionsideen ins Auge zu fassen. Des neu Hinzugekomme-
nen ist zwar mancherlei, aber es betrifft nicht den eigentlichen
Kern der Lehre, sondern mehr die Aussenwerke. Einerseits sind es
griechische Ideen, durch welche man den starren Buchstaben jetzt
wieder flüssig zu machen bestrebt ist, weil die lebendige innere
Kraft des prophetischen Glaubens völlig mangelt; andrerseits ist es
die Fortbildung der Eschatologie, welche nach der Feststellung des
Gesetzes noch am ehesten Freiheit gewährte. Es handelt sich darum,
von diesen beiden Richtungen einen Begriff zu geben, ohne in alles
Detail einzugehen. Zuerst sei aber wieder ein kurzer Ueberblick
über die israelitische Geschichte gegeben, soweit die politischen
Verhältnisse oder die Culturzustände für die Entwicklung der
Religion von Bedeutung waren.

Vgl. über diese Phase der religiösen Entwicklung jetzt bes.
auch Bertholet, die Stellung der Israeliten und der Juden zu den
Fremden (1896) S. 179—349.

<h2 style="text-align:center">§ 62.</h2>

<h2 style="text-align:center">Ueberblick über die Geschichte des jüdischen Volkes bis zur
Zerstörung des zweiten Tempels.</h2>

Schon unter den Ptolemäern hatte viel griechisches Wesen
unter den Juden Eingang gefunden, doch hauptsächlich in Aegypten. Die Freiheit der griechischen Sitte wäre an und für sich schon
reizend genug gewesen für ein in den Fesseln einer strengen Zucht
aufgewachsenes Geschlecht, wenn nicht äussere Vorteile, Gut und
Einfluss die Strebsamen zu ihrer Aneignung verlockt und die griechische Kunst und Wissenschaft auch die edlern Geister angezogen
hätten. Auch Judæa blieb von griechischem Einfluss nicht unberührt,
besonders seitdem es in den Besitz der Seleuciden gekommen

war, und namentlich die höheren Stände, die regierende Klasse, zeigte Neigung zu Moden und Lebensart der Herrscher. Das Hohepriesteramt geriet durch Kauf in unwürdige Hände. Jason (die Grächisierung des Namens, der eigentlich Jesus war, zeugt schon für seine griechenfreundliche Gesinnung) gelang es um eine Geldsumme sich an die Stelle seines Bruders Onias III. zu setzen (174 v. Chr.), und sofort begann er griechische Sitte einzuführen, unter Anderm ein Gymnasium zu errichten, an dessen Spielen Viele teilnahmen (II Makk. 4, 14 ff. vgl. Sach. 12, 3). Seine Nachfolger machten es nicht besser. Es entstand Bürgerkrieg unter den Competitoren des Hohepriestertums. Antiochus IV. (175—164 v. Chr.) mischte sich in den Streit, nahm Jerusalem ein und plünderte Stadt und Tempel (170 v. Chr.). Es sollte aber noch ärger kommen. Nach zwei Jahren erliess der König ein Edict des Inhalts, dass alle seine Unterthanen die gleiche Religion haben sollten; der Jahwecultus wurde untersagt, das tägliche Opfer eingestellt, auf dem Brandopferaltar der «Greuel der Verwüstung», ein kleiner Altar des Zeus, errichtet (im Kislev, also im Dezember 168 v. Chr., vgl. Dan. 11, 31; 12, 11); ähnliches geschah an andern Orten Judæas, und die Juden wurden unter Androhung der Todesstrafe gezwungen, den Götzen zu opfern (1 Makk. 1; Daniel 7, 25; 8, 11. 12; 9, 27). Viele liessen sich aus Furcht, Lohnsucht oder Hang zum Griechentum zum Abfall verleiten. Aber das Volk im Ganzen, namentlich die ländliche Bevölkerung (vgl. Sach. 12, 7), war so empört über diese Verfolgung, dass es zu einem Aufstand kam, unter Leitung des Priesters Mattathia aus Modein, nicht um der Freiheit, sondern um des Gesetzes willen, zu einem Aufstande, den die syrischen Feldherren nicht zu überwältigen vermochten. Nach Verlauf von drei Jahren gelang es Juda, dem Sohne Mattathias, Jerusalem wieder zu gewinnen und den Tempel zu reinigen. Antiochus starb im Jahre darauf. Seine Nachfolger setzten die Religionsverfolgung nicht fort. Die Religion, welche der syrische König zu vernichten gemeint hatte, vielleicht irre geleitet durch die Vorspiegelung der jerusalemischen Würdenträger und ihrer Partei, war gerettet; das Volk hatte die Anhänglichkeit an den Glauben der Väter im Märtyrertum und im verzweifelten Kampfe gegen die überlegene Macht gezeigt und bewährt. Es hielt nun fester als je an seinen Satzungen. Das Buch Daniel, mit seinen Beispielen und Verheissungen, hatte den Mut gestählt. Es stellte nicht allein Erneuerung des Jahwedienstes, sondern auch Freiheit

Israels und Herrschaft des Gottesvolks nach Vernichtung der Weltmacht in Aussicht. Viele Fromme liessen sich an ungehinderter
Religionsübung genügen. Andere setzten unter Judas Anführung den
Krieg als Kampf um die Freiheit fort. Sie waren dem Unterliegen
nahe, Juda war gefallen (161 v. Chr.), sein Bruder Jonathan,
der nach ihm an die Spitze der Patrioten trat, hielt sich nur in
den Schluchten des Gebirges, einzelnen Truppenabteilungen der
Syrer als Freischärler furchtbar, als die Wirren in Syrien, welche
bereits bald nach dem Tode Antiochus' IV. begonnen hatten, die
Lage der Dinge änderten. Jonathan nahm Partei für einen Gegen-
könig und erhielt zum Lohne dafür von ihm die Anerkennung als
Vasallenfürst und Hohepriester, welche Würde seit der Einsetzung
Jasons Anlass zu beständigen Streitigkeiten (ausser Jason sind
Menelaus und Alkimus zu nennen, vgl. auch Sach. 11, 4 ff. bes. v. 8)
gegeben hatte (153 v. Chr.). Von da an war Judäa in den Streit der
Gegenkönige in Syrien verwickelt. Tryphon, einer der Prätendenten,
nahm Jonathan gefangen und liess ihn töten (143/2). Simon, der
letzte der Söhne Mattathias, ergriff nun die Zügel der Regierung.
Demetrius II., um sich seines Gegners zu erwehren, schloss einen
Bund mit ihm und erkannte ihn als unabhängigen Fürsten an. Die
Syrer räumten die Burg von Jerusalem und das Volk proclamierte
Simon als Fürst und Hohepriester (140). Die Hoffnung der Patrioten
war in Erfüllung gegangen, die hellenistische Partei vernichtet, und
schon konnte man den Zeitpunkt nahe denken, wo Gott dem Priester-
fürsten alle seine Feinde unter die Füsse legen würde (Ps. 110). In
der That gelang es Simons Sohne, Johannes Hyrkan, 135—105,
Galiläa, Samarien, das Ostjordanland und Idumäa zu unterwerfen.
Sein Nachfolger, Aristobul I., nahm den Königstitel an (105—
104). Die Partei der Patrioten, welche eine theokratische Republik
im Sinne hatte, war damit nicht zufrieden. Wenn auch die Hasmonäer nicht in der Weise anderer orientalischer Despoten hätten
regieren wollen, das dynastische Interesse und das Wohl des Volks
allein hätte sie zwingen müssen, den politischen Verhältnissen Rechnung zu tragen, durch Kriege und Bündnisse sich zu befestigen,
mehr Könige, als Priester zu sein. Ihre Bundesgenossen konnten
nicht mehr die Patrioten sein, welche sie bisher getragen und erhoben hatten; sondern der alte Priesteradel, der längst gewohnt war,
sich in den weltlichen Verwicklungen zurechtzufinden, stand ihnen
jetzt zur Seite gegen das Volk selbst, welches durch seine Schrift-

gelehrten zu theokratischem Doctrinarismus geschult war. Dies erklärt die von nun an zu Tage tretende Spaltung zwischen Pharisäern und Sadducäern.

Die Einsicht in das eigentliche Wesen dieser Parteien ist durch den Geschichtsschreiber Josephus (lebte von 37/8 n. Chr. bis nach 100 n. Chr.) erschwert worden. Vielleicht um seinem Volke den Ruhm zu erwerben, wie die Griechen, auch Philosophenschulen in seiner Mitte besessen zu haben, spricht er von Lehrdifferenzen in einigen Schulfragen, den Sachverhalt entstellend, da er am besten wissen musste, dass zu seiner Zeit zwischen beiden Parteien nicht sowohl eine besondere Lehre, als die politische Stellung den Römern gegenüber der Hauptpunkt des Streites war. Die Pharisäer sind aus den « Frommen » 'Ασιδαῖοι (חסידים) hervorgegangen, welche zur Zeit, als so Viele, besonders aus den höheren Ständen, sich griechischem Wesen zuneigten, im Gegensatz zu diesen vornehmen Griechlingen am Gesetze treu festhielten und mit besonderer Strenge die Reinheit israelitischer Art nach Gesetz und väterlicher Tradition und nach der Lehre der Schriftgelehrten wahrnahmen. Diese Asidäer sind es, welche den Kampf mit den Syrern aufnahmen, als diese zuerst durch Lockungen, dann durch Verfolgung das Volk zu hellenisieren und seine Religion auszurotten strebten. Als Führer dieser Partei, und von ihr getragen, sind dann die Hasmonäer zum Hohepriestertum und Königsthron gelangt. Doch bald genug musste das emporgekommene Geschlecht Widerstand von dieser Seite erfahren. So sehr den Asidäern an der Freiheit der väterlichen Religion und des Cultus gelegen war, so wenig lag ihnen an den politischen Händeln; ihr Eifer erlahmte alsbald, wenn die Religion befreit war, ja er konnte sich selbst gegen die vorher von ihnen unterstützten Führer kehren, wenn sich diese gegen das Gesetz vergingen und zeigten, dass die Politik sie in religiösen Fragen gleichgiltig mache. Da wurden die Asidäer zu Pharisäern «Separatisten» (hebr. פרושים, aram. פרישין, davon Φαρισαῖοι, die Abgesonderten), welche Ernst machten mit der παράδοσις τῶν πρεσβυτέρων (Mark. 7, 3) und durch strenge Beobachtung des Gesetzes und im besondern der Reinigkeitsvorschriften sich von allem heidnischen Wesen, auch unter ihren Volksgenossen, absonderten. Durch die Schriftgelehrten war die pharisäische Gesinnung grossgezogen und unterhalten worden. Strenges Festhalten am Gesetz und an den erklärenden Erweiterungen desselben war der Grund, die Seele ihres Strebens.

Die hasmonäische Doppelherrschaft aber verstiess gegen das Herkommen und die Anschauung der Frommen. Das Geschlecht der Hasmonäer war wohl aaronitischer Abkunft, aber gehörte nicht zur sadokitischen Linie und schien deshalb die Hohepriesterwürde nicht besitzen zu dürfen. Die strenge Absonderung von allem hellenischen Wesen war nicht ausführbar, wenn die judäischen Fürsten ihren Rang unter ihres Gleichen wahren wollten. Die Politik erforderte, dass man den Verwicklungen in der grossen Welt Rechnung trug und es mit den Römern nicht verdarb, die eben damals schon als Herren über Syrien walteten, noch bevor sie dasselbe dem römischen Reiche einverleibten. Die Patrioten mochten das nicht ertragen und warteten, gestützt auf die messianische Weissagung, um so zuversichtlicher auf deren Erfüllung, je trüber die Verhältnisse sich gestalteten. Die lange zurückgehaltene Verstimmung der Patrioten trat zu Tage unter Alexander Jannäus (seit 104). Er hatte sich auf die Seite der Sadducäer, des alten Priesteradels, gestellt. Ihr Name geht auf das nach Ezechiels Bestimmung (Ez. 40, 46) im nachexilischen Tempel allein legitime Priestergeschlecht der Sadokiden (בני צדוק, LXX υἱοὶ Σαδδούκ) zurück (vgl. 1 Kön. 2, 35; 1 Chron. 5, 34—41; 6, 38; 24, 3. 6. 31; 2 Chron. 31, 10). Den demokratischen Patrioten waren die Sadducäer von Haus aus feind. Gingen sie auch nicht mehr, wie früher unter Antiochus, zu griechischem Wesen sich hinneigend, bis zur Verleugnung israelitischer Sitte und Religion, so waren sie doch der Meinung, dass das Hegen und Pflegen politischer messianischer Hoffnungen das Wohl des Staates nicht fördern, sondern nur mit den übermächtigen Römern zu neuen gefährlicheren Verwicklungen führen könne, und waren geneigt, sich, so gut es ging, in die Verhältnisse zu schicken. Die Sadducäer unterstützten daher die Hasmonäer in ihren dynastischen Interessen. Alexander Jannäus, der seine Griechenfreundlichkeit offen zur Schau trug, forderte dadurch den Hass der Patrioten noch mehr heraus. Während hohepriesterlicher Amtsverrichtung von ihnen beschimpft, nahm er blutige Rache; das Volk nahm Partei für die Gegner des Königs, und es entstand ein mehrjähriger Bürgerkrieg, in welchem die Patrioten sogar den syrischen König zu Hilfe riefen. Dieser hatte schon Alexander bei Sichem überwunden, als ein Teil der Aufständischen sich besann, dass es doch besser sei, einem einheimischen, als einem ausländischen König zu dienen, und sich unterwarf. Die übrigen wurden von Alexander besiegt und der Aufstand in Strömen von Blut erstickt. So tiefen Eindruck hatte er aber von der Macht der Pharisäer und ihrem Einfluss auf das ganze Volk empfangen, dass er sterbend seiner Gemahlin Salome Alexandra empfahl, sich mit ihnen auszusöhnen und gestützt auf sie zu regieren (78). Sie befolgte den gegebenen Rat. Die pharisäische Partei kam ans Ruder, aber einige Häupter der sadducäischen Opposition blieben als Festungscommandanten in einflussreicher Stellung. Noch vor ihrem Tode entwich ihr jüngerer Sohn Aristobulos II. aus Jerusalem, verband sich mit den Bundesgenossen seines Vaters und rückte mit einem Heere wider Jerusalem, eben als sie starb (69). Hyrkan, der ältere Bruder, war schon Hohepriester und König. Er wurde von Aristobul besiegt und trat letzterem seine geistliche und weltliche Würde ab; aber der Friede zwischen den Brüdern hatte keinen Bestand. Nach einiger Zeit entwich Hyrkan auf den Rat seines Ministers Antipater, eines Idumäers, schloss einen Bund mit einem Araberfürsten und belagerte Aristobulos in Jerusalem (65). Es war eben um die Zeit, zu der Pompeius dem syrischen Reiche ein Ende machte und es definitiv dem römischen einverleibte. Beide Brüder schickten Gesandte zu ihm nach Antiochien, um ihre Sache zu vertreten, und ebenso erschien eine Gesandtschaft des jüdischen Volkes, das Abschaffung des Königtums verlangte. Der römische Feldherr liess die letztere unbeachtet und beschied die beiden Competitoren zu sich. Da die Entscheidung sich in die Länge zog, kehrte Aristobul unmutig nach Jerusalem zurück; der Römer rückte ihm bald mit seinen Legionen nach, und da Aristobul sich wieder in Unterhandlungen einliess, nahm er ihn gefangen und belagerte die Stadt. Trotz der hartnäckigsten Verteidigung durch die Patrioten wurde Jerusalem von den römischen Legionen erstürmt (63).

Hyrkan wurde zinspflichtiger Vasall Roms, mit dem Titel Ethnarch; ein Stück Land wurde zu Syrien gezogen. Damit beginnt der letzte Teil dieser Geschichte, die noch über ein Jahrhundert dauerte unter fortwährenden Wirren und Revolutionen. Der Hasmonäer war nur noch ein Werkzeug der Römer. Sein schlauer Minister Antipater wusste den Bürgerkrieg zwischen Pompeius und Cäsar so zu benützen, dass er für die bei Alexandrien geleisteten Dienste von Cäsar den Titel eines Landpflegers (*procurator*) von Judäa erhielt und seine Söhne zu Unterstatthaltern ernannt wurden. Herodes, der begabteste und rührigste unter diesen, bemächtigte sich Jeru-

salems, nachdem Antipater vergiftet worden war, und heiratete
Mariamne, die Enkelin des alten Hyrkan, gewann nach der Schlacht
von Philippi die Gunst des Antonius und erhielt von ihm jüdisches
Gebiet und den Titel eines Tetrarchen. Als Jerusalem in die Hände
der Parther fiel (40), machten diese Antigonus, den Neffen Hyrkans,
zum Könige. Herodes ging nach Rom, wurde von den Triumvirn
zum König der Juden gekrönt und eroberte mit Hilfe der Legionen
sein Reich (40—37). Er behielt es auch nach der Schlacht von
Actium. Schon als Günstling der Römer und als Idumäer verhasst,
noch mehr durch die Ausrottung des letzten Sprösslings des hasmo-
näischen Hauses und die Erniedrigung des Synedriums und des
Hohepriestertums, konnte er selbst durch den prächtigen Tempelbau
die Gunst des Volkes nicht gewinnen. Nach seinem Tode (4 v. Chr.)
vermehrten die Teilung des Königreichs, die Einführung des Census,
die Einverleibung Judäas in das römische Reich die Erbitterung.
Die römischen Procuratoren thaten Alles, die Juden aufs äusserste
zu reizen. Umsonst suchten die Sadducäer Beschwichtigung. Das
Volk griff zu den Waffen, und nach langem verzweifeltem Kampfe
wurde (70 n. Chr.) Jerusalem von Titus erobert, der Tempel ein
Raub der Flammen, das Volk als solches vernichtet. An dieser
Sachlage konnte auch der Aufstand (132—135 n. Chr.) unter
Barkochba nichts mehr ändern. Die Religion aber überdauerte diese
Katastrophe, nur eben in der Gestalt, welche ihr die pharisäischen
Schriftgelehrten gegeben hatten.

I. *Die Versteifung der palästinensischen Kreise gegen die
griechische Bildung in schriftgelehrtem Formalismus.*

§ 63.

Der Charakter des palästinensischen Judentums.

Die palästinensische Richtung bildet die consequente Fortbildung des in der vorigen Periode durchgeführten Nomismus. Die
Thora, das Gesetz, war nach Inhalt und Form endgiltig festgestellt;
sie galt als der richtige Ausdruck des göttlichen Willens und demnach als die alleinige Quelle religiöser Erkenntnis und die sichere
Norm des religiösen Verhaltens. Die Prophetenschriften fieng man

jetzt erst an zu sammeln, nachdem jener feste Grundstock des Gesetzes gegeben war, und so wichtig sie erscheinen mussten, konnten sie doch nur da eine Geltung beanspruchen, wo sie sich nicht in Widerspruch mit der Thora befanden. Die Thora besass einen einzigartigen Wert, in ihr war die göttliche Weisheit niedergelegt; es ist nur die Spitze dieser Hochschätzung der Thora, wenn ihre Präexistenz behauptet wird und Rabbi Akiba (um 135 n. Chr.) ein Ausspruch zugeschrieben wird, in welchem die Thora « das Instrument » genannt wird, « mit dem die Welt erschaffen wurde » (Pirkê 'Abôt 3, 14). Auch ist es völlig begreiflich, dass das « Gesetz » selbst Gott verdrängte und die « Jüngerschaft Mosis » (Joh. 9, 28 ἡμεῖς δὲ τοῦ Μωυσέως ἐσμὲν μαθηταί) auch Jesus gegenüber ins Feld geführt wurde.

Das Mittel, den Willen Gottes kennen zu lernen, den man jetzt in der Schrift besass, war darum die Exegese, die Schriftkenntnis und Schrifterklärung. Das verhalf den Schriftgelehrten zu einem hohen Ansehen: Die Ehrfurcht vor deinem Lehrer soll so gross sein, wie die Ehrfurcht vor dem Himmel (Pirkê 'Abôt 4, 12). Erweiterungen des Lehrsystems waren dadurch, dass das Gesetz nun endgiltig gegeben war, nicht unmöglich gemacht; es war einmal notwendig, die Bestimmungen des Gesetzes auf alle möglichen Fälle des Lebens anzuwenden, also aus dem Gesetze die Regeln abzuleiten für die genaueste Erfüllung der cultischen Pflichten und für jede neue Lage, welche die Umstände des Lebens und die veränderten geschichtlichen Verhältnisse mit sich brachten. Auch in dieser mündlichen Anwendung des Gesetzes durch die Schriftgelehrten bildete sich eine Tradition aus, die einen Usus, die sog. Halacha, das Gewohnheitsrecht feststellte, und daneben auch für den weniger statutarisch zu bestimmenden Verkehr im gewöhnlichen Leben Sittenregeln gab, die zu der sog. Haggada, den Erweiterungen religiös-ethischen Gehaltes, gehören. Diese mündliche Tradition, παράδοσις τῶν πρεσβυτέρων (Mark. 7, 3), תּוֹרָה שֶׁבְּעַל פֶּה (= das mündlich gegebene Gesetz) wurde der Hauptsache nach schliesslich auch schriftlich fixiert in der Mischna (um 200 n. Chr.). Dann aber ist es begreiflich, dass neben dieser gesetzlichen Weiterbildung die Gelehrsamkeit sich dem Gebiete der Eschatologie zuwandte, da das Gesetz in diesen Stücken grössere Freiheit liess und der gesetzestreue Jude von der Zukunft die Vergeltung für seine Frömmigkeit erwartete. So lässt sich kurz der Charakter dieser Zeit dahin formu-

lieren: Das Ziel und damit auch das Motiv der Frömmigkeit war der
Lohn, welcher schon im gegenwärtigen Weltlauf sich zeigen, aber
sicher auch in der erwarteten Zukunft zu Tage treten musste, über
die man in ausführlicher Eschatologie an der Hand der älteren Prophetenschriften ein genaues Bild zu entwerfen wusste. Die Norm und
Richtschnur war das « Gesetz », d. h. die Thora und die daraus abge-
leiteten Satzungen der Schriftgelehrten, und die Form, in welcher die
Frömmigkeit sich darstellte, war die genaueste Erfüllung dieser atomistischen Vorschriften, die peinlichste Gesetzlichkeit.

Die äusseren Zeitverhältnisse empfahlen zudem diese besondere Pflege der Moral und der Eschatologie. Schon seit Esra war es
das Bestreben der Gesetzeslehrer gewesen, besonders auf die nationalen Besonderheiten, die Reinigkeitsgesetze, den Nachdruck zu
legen. Diese Tendenz konnte nur erstarken, als Viele zu griechischer
Sitte hinneigten. und musste eine noch grössere Macht gewinnen,
seitdem das Volk, um seine Religion zu bewahren, zu den Waffen
griff und endlich den Sieg davon trug. Die Zeit der Unabhängigkeit
war zu kurz. um jene Tendenz erschlaffen zu lassen. Im Gegensatz
zu den Römern und denjenigen, die es mit ihnen hielten, fand sie
immer neue Nahrung. Dabei ist nicht zu verkennen, dass die Regelung der Sitte gegenüber dem Cultus, der Gemeindeangelegenheit
blieb und nicht vernachlässigt wurde, für das private Leben in den
Vordergrund trat.

Ein Gleiches gilt von der Eschatologie. Die Propheten hatten
die Herrschaft Jahwes und seines Volkes über alle übrigen Völker
geweissagt. Die darauf gegründete Hoffnung war aber immer uner-
füllt geblieben. So lange es dem Volke leidlich gieng unter der persischen und unter der ptolemäischen Oberherrschaft, konnte sie
mehr oder minder in den Hintergrund treten. In der Not der syrischen Zeit aber erwachte sie von neuem. Religion und Volk können
nicht untergehen, das war die Ueberzeugung, welche die Gemüter
zum Märtyrertod und zum Kampfe stählte. Der schliessliche Sieg
erhöhte nur das Nationalgefühl, kräftigte die Hoffnung. Und als das
Volk immer tiefer durch die römische Weltmacht erniedrigt wurde,
klammerte es sich mit einer solchen Zähigkeit an diese Hoffnung,
dass es wieder in ihr die Kraft fand, den Kampf um die Existenz zu
übernehmen. Die Schriftgelehrten suchten nach den Vorzeichen des
Endes, der Zeit des Eintretens dieser herrlichen Zukunft. Daher die
weitere Ausbildung der messianischen Idee. Diejenigen aber, die

mitgerungen und im Dienste Gottes ihr Blut vergossen hatten, sollten die nur die Mühen des Kampfes gehabt haben, nicht auch an den Früchten des Sieges Teil nehmen dürfen? Sollten sie unbelohnt bleiben? Dieser Gedanke, sobald er einmal lebendig und klar geworden war, führte zu der Annahme der Auferstehung und diese Hoffnung nahm von da an in den Zukunftserwartungen eine wichtige Stelle ein.

Dies sind die Punkte, welche nun näher zu betrachten sind. Die Pharisäer allein beschäftigten sich mit denselben und bildeten sie aus. Die Sadducäer, die weder den Zweck hatten, das Volk in seiner Abschliessung zu bestärken, noch die Zukunftshoffnung zu nähren, welche in ihren Augen nur zum politischen Untergang führen konnte, verhielten sich negativ zu dieser eschatologischen Weiterbildung und nahmen es auch nicht einmal so genau mit dem Gesetze Moses, das ihnen allein Giltigkeit hatte.

<h2 style="text-align:center">§. 64.</h2>

<h3 style="text-align:center">Kanon und Exegese.</h3>

Die Pflege der Religion und die Fortbildung der Religionslehre lag in den Händen der Schriftgelehrten, welche in den Synagogen dem Volke die in der Schule (bêt-ham-midrasch) erworbene Erkenntnis vortrugen. Die Grundlage war gegeben in der schriftlich fixierten Thora Moses, an welche sich, wenn auch als Schriften geringeren Ansehens, zuerst die Propheten anreihten, zu denen dann noch andere Schriften (כתובים ἀγιόγραφα) hinzukamen. Die Sammlung der prophetischen Schriften kann um das Jahr 100 v. Chr. schon vorgelegen haben, die Entscheidung aber darüber, welche übrigen Schriften auch in den Kanon gehören, d. h. zur Vorlesung in der Synagoge geeignet seien, erfolgte erst im Jahre 90 n. Chr. auf der Synode von Jamnia.

Entscheidende Autorität besass aber nur die Thora, das Gesetz; den übrigen Schriften allen wurde nicht die gleiche hohe Würde eingeräumt. Das Mittel die Religion und ihre Lehre zu kennen, war die Auslegung; diese war aber nicht auf das historische Verständnis der Schrift gerichtet, sondern durchaus auf die praktischen Bedürfnisse der Zeit. Was das Gesetz nicht vorgesehen hatte, das wurde auf dem Wege der Consequenzmacherei daraus eruiert; die

ganz allgemein vorgeschriebene Regel wurde in die verschiedenen
Fälle, wo ihre Anwendung möglich oder erfordert war, zerlegt und das
für einen besonderen Fall ermittelte oder empfohlene Verfahren zur
allgemeinen Regel erhoben. Die Normen (מִדּוֹת) der Auslegung sind
später von Hillel (zur Zeit Herodes des Grossen) und anderen genau
fixiert worden; als Beispiel ist der Schluss *a minori ad majus*
(קַל וָחֹמֶר «leicht und schwer») zu erwähnen. weil er auch bei Paulus
sich mehrmals findet (Röm. 5, 15. 17 ; 2 Kor. 3, 9. 11. vgl. Pirkê
'Abot 1, 5). Das Augenmerk war dabei überwiegend auf juristische
Angelegenheiten, und wo es sich um Religion handelte, auf Culti-
sches und Asketisches gerichtet. Das eigentlich Sittliche trat mehr
zurück.

Die Exegese der Propheten, sowie der übrigen heiligen
Schriften, war ihrerseits beeinflusst und beherrscht von dem Interesse
der Zeit: Befreiung von fremder Herrschaft, Unabhängigkeit des
Volkes, Eintritt des messianischen Reichs. Von rationeller Schrift-
auslegung war nicht die Rede. Jede einzelne Stelle, ein Wort sogar,
konnte aus dem Zusammenhang gerissen, zu jeder beliebigen Auslegung benutzt werden. Die Worte der Propheten waren ja, wie
jetzt die Ueberschriften sagen, das Wort Jahwes, das den Empfän-
gern mitgeteilt wurde, und es konnten darum darin allerlei Ge-
heimnisse verborgen sein, welche man durch Beachtung von allerlei
Winken in denselben, z. B. auch durch Berechnung des Zahlen-
wertes der Buchstaben (Gematria גמטריא γεωμετρία Pirkê 'Abot 3, 18)
erschliessen konnte. Auf solcher Gematria beruht wohl schon die
Zahl der Knechte Abrahams Gen. 14, 14, da 318 dem Zahlenwert
von אליעזר (Eliezer) entspricht, wie auch die Zahl der 85 von Doeg
getöteten Priester von Nob aus כֹּהֲנֵי (= 85) geflossen zu sein scheint
1 Sam. 22, 17. 18. Ein Gegenstück bildet die Zahl 666 im N. T.
Apoc. Joh. 13, 18. Zu vergleichen sind ferner die nach Atbasch,
d. h. nach der Regel, dass statt des ersten Buchstabens des Alpha-
bets der letzte, statt des zweiten der zweitletzte u. s. f. gesetzt
wird, gebildeten Geheimnamen שֵׁשַׁךְ für בָּבֶל Jer. 25, 26; 51, 41 und
לֵב קָמַי für כַּשְׂדִּים Jer. 51, 1. Beispiele für die damals übliche
Auslegung liefert uns am leichtesten das N. T., dessen Schriftsteller
nach derselben Weise, wenn auch zu andern Zwecken, das
Schriftstudium betrieben (man vgl. z. B. Acta 1, 20 mit Ps. 109, 8
und den Hebräerbrief). Dabei ist nicht zu vergessen, dass der Ruf
der einzelnen Schriftgelehrten die Wissenschaft beherrschte, und

dass die Schultradition mit dem Buchstaben gleichsam um den Vorrang stritt.

§ 65.
Der gesetzliche Formalismus.

Unter den Händen der Schriftgelehrten erstarrte die Frömmigkeit immer mehr zu äusserlich mechanischem Formalismus. Die Liebe zur Thora wurde das Wesen jüdischer Religiosität (Ps. 1, 2) und die genaue Erfüllung aller einzelnen Satzungen das Zeichen des religiösen Juden. Die vom Gesetz geregelten Feste wurden genau gefeiert und die täglichen Opfer dargebracht; dafür sorgte die ganze Gemeinde. Aber der Schwerpunkt der Frömmigkeit verlegte sich jetzt mehr und mehr auf eine ächtjüdische Lebenshaltung, auf die Beobachtung der Vorschriften für das alltägliche Leben. Hatte schon das Gesetz in seinen jüngsten Teilen das ganze Leben des Israeliten mit einer erdrückenden Masse von Reinigkeits- und Reinigungs-massregeln umspannt, ohne welche keine Frömmigkeit denkbar war, so kam in diesem Zeitalter noch die Forderung einer der früheren Zeit unbekannten Askese hinzu, eine Uebertreibung der Reinigkeitsvorschriften, nicht eine Folge dualistischer Weltansicht. Schon das Buch Daniel (1, 8 ff.) rühmt es an seinem Helden und dessen Genossen, dass sie, um sich nicht zu verunreinigen, sich der Speisen und des Weines von des Königs Tische enthielten und von Gemüse lebten (vgl. Zusätze zu Esther zu Cap. 4 Z. 46 ff. in LXX ed. Tischendorf). Daniel fastet, um der göttlichen Offenbarung würdig zu werden (9, 3; 10, 3). [1] Judith versieht sich mit reinem Brote, um sich nicht durch die von Heiden bereitete unkoschere Speise zu beflecken (10, 5 vgl. 12, 2; Tob. 1, 10 f.), und fastet in ihrem Witwenstande alltäglich, Sabbat, Vorsabbat, Neumond, Vorneumond, Fest- und Freudentage ausgenommen (8, 6). Tobia empfiehlt das Fasten als Begleitung des Gebets, so gut wie Almosen und Gerechtigkeit (Tob. 12, 8). In der Apokalypse Baruchs ist Fasten nicht allein ein Zeichen der Trauer (5, 6. 9), sondern die würdige und unerlässliche Vorbereitung auf den Empfang der Offenbarung (20, 5; 21, 1; 43, 3; 47, 2). Ein Fasttag in der Woche

---

[1] «Fasten war ursprünglich nichts mehr als eine Vorbereitung auf den sacramentalen Genuss von heiligem Fleisch» W. Robertson Smith the Rel. of the Sem. I², p. 434 f.

wurde überhaupt zur Regel, und der Pharisäer, um des Guten mehr
zu thun, fastete zweimal (Luk. 18, 12). Am weitesten gingen in
dieser Hinsicht die Essäer, d. h. die Frommen, gleichbedeutend
mit *chasidim*; Reinigungsbäder, Enthaltung von Fleisch und Wein,
Ehelosigkeit, machten sie gewissermassen zu einem eigentlichen
Mönchsorden. Die Verwerfung des Opfers ist nicht als etwas Un-
jüdisches zu beurteilen, da dieselbe auch im Judentum selber
vorkam (vgl. ausser den Propheten Ps. 40, 7; 50, 7—15; 51, 18. 19
vgl. Prov. 15, 8; 20, 9 f.; 21, 3; Sir. 1, 25 ff. etc.). Uebrigens sind
fremde Einflüsse bei den Essäern nicht ganz in Abrede zu stellen.
Die Gebete an die Sonne erinnern zu deutlich an den Parsismus.
Trotzdem bleiben die Essäer ihrem Grundzuge nach eine aus dem
Judentum hervorgegangene Secte.[1]

Auch das Gebet wurde zu einer statutarischen Pflichterfüllung;
wie schon (S. 260) erwähnt wurde, betete man dreimal des Tags
(Dan. 6, 11); die Gebetsriemen (תפלין, φυλακτήρια Matth. 23, 5) kamen
auf und man sollte Acht haben, dass man das שְׁמַע, d. h. die drei
Gesetzesabschnitte Deut. 6, 4—9; 11, 13—21 und Num. 15, 37—41
richtig recitiere (Pirkê 'Abôt 2, 13), wenn schon zugleich vor dem
blossen Plappern (ib. 2, 13) gewarnt wird. Fern vom Tempel hielt
man die Richtung nach Jerusalem ein (Dan. 6, 11; Tob. 3, 11;
1 Esr. 4, 58), und zur Verrichtung des Gebetes hatten manche ein
eigenes Gemach im Hause (Judith 8, 5 vgl. Acta 10, 9).

Ueberhaupt ist zu sagen, dass die sittliche Aufgabe nicht im
Ganzen erfasst und nach allgemeinen Grundsätzen ins Leben eingeführt oder aus einer Grundgesinnung abgeleitet wurde. Auch hier
handelt es sich um eine lange Reihe einzelner Leistungen. Je mehr
geleistet wurde, desto grösser sollte der Lohn sein; «durch jede
Erfüllung eines Gebotes erwirbt man sich einen Fürsprecher
(פְּרַקְלִיט = Paraklet) und durch jede Uebertretung einen Ankläger»
(קַטֵּיגוֹר = κατήγορος) (Pirkê 'Abôt 4, 11). Zwar soll Antigonus von
Socho gesagt haben: «Seid nicht den Knechten gleich, die ihrem
Herrn um des Lohnes willen dienen, sondern seid den Knechten
gleich, die ihrem Herrn ohne Rücksicht auf Belohnung dienen»
(ib. 1, 3). Aber diese Mahnung ist so abnorm, dass spätere jüdische
Ausleger unter dem «Lohn» vielmehr das zum Lohn hinzukommende
«Trinkgeld» verstehen wollten. In der That ist nirgends, wie in

<hr>

[1] Vgl. J. **Wellhausen**, israelitische und jüdische Gesch. S. 260 f.

dieser schriftgelehrten Richtung, die Vergeltungslehre bis ins Einzelnste und Kleinste hinein durchgeführt worden. Als Hillel einen Menschenschädel auf dem Wasser schwimmen sah, that er den Ausspruch: «Weil du ertränkt hast, hat man dich ertränkt, und die dich ertränkt haben, werden einst auch ertränkt werden» (ib. 2, 6). Die Schriftgelehrten wissen darum auch, auf welche Sünden Hungersnot in drei verschiedenen Graden, dann Pest, Krieg, reissende Tiere und Verbannung in fremde Länder als Strafen gesetzt sind und zu welchen Zeiten die Pest überhand zu nehmen pflegt (ib. 5, 8 f.). Die Vergeltung ist schon eine gegenwärtige, aber auch eine zukünftige. Der Widerspruch des Lebens gegen eine solche äusserliche Vergeltungslehre sollte in der zukünftigen seine Lösung finden, für die Gegenwart begnügten sie sich zu erklären: «Nicht bei uns steht es, das Wohlergehen der Gottlosen und auch nicht die Leiden der Gerechten zu erklären» (ib. 4, 15).

Es ist nicht zu verwundern, dass die bare Werkgerechtigkeit bei Vielen die Moral vertrat und besonders das Almosengeben als ein Zeichen der Frömmigkeit angesehen wurde (Dan. 4, 24; Sir. 34, 11; Tob. 1, 3. 16 ff.; 4, 7 ff. und bes. 12, 9; 14, 11; 1 Esr. 9, 51. 54; vgl. Matth. 6, 1 ff.). Das Uebelste an dieser atomistischen Vergeltungslehre aber ist, dass sie die Hintansetzung der Sittenpflicht hinter die Cultpflicht zur Folge hatte. Es genügen zum Beweise hiefür die eine Stelle aus Pirkê 'Abôt (3, 18), welche zu den Hauptstücken die Bestimmungen über das Taubenopfer (Kinnim, Vogelnester vgl. Lev. 1, 14—17; 5, 1 ff.; 12, 8) und die Unreinigkeit des Weibes (Nidda Lev. 12 und 15, 19 ff.) rechnet, und die Erinnerung an die aus dem N. T. bekannten Beispiele: das vom Korban Gesagte (Mark. 7, 10 ff.; Matth. 15, 4 ff.); das Zehntengeben von Minze, Till, Kümmel, bei Vernachlässigung des Schwereren im Gesetz (Matth. 23, 23); die Spitzfindigkeiten beim Eide (ib. 16 ff.); ebenso die peinlichen Erschwerungen der gesetzlichen Vorschriften über die Sabbatheiligung, wie sie aus andern Quellen bekannt sind und noch jetzt gelten, den Sabbatweg (Acta 1, 12), das Aehrenraufen (Matth. 12, 2) und anderes Mückenseigen (Matth. 15, 1 ff.; 23, 24).

Unter einem solchen gesetzlichen Formalismus, den die Schriftgelehrten lehrten und die Pharisäer übten, musste die ächte Religiosität ersticken und unter solcher Decke der Ausblick auf Gott unmöglich werden. Um so mehr ist Jesu Wort verständlich, in dem er den

Vater im Himmel preist, dass er das Evangelium den Unmündigen geoffenbart hat, und in dem er die Mühseligen und Beladenen zu sich ruft, damit sie mit Uebernahme seines sanften Joches und seiner leichten Last Erquickung und Ruhe finden für ihre Seelen (Matth. 11, 25—30). Um so mehr aber ist auch zu bewundern, dass trotz dieser förmlichen Abrichtung und erdrückenden Last immer noch Beispiele von wirklicher Herzensfrömmigkeit unter den damaligen Juden sich fanden und trotz der Selbstgerechtigkeit das Gefühl der Sündhaftigkeit nicht bei allen erstickt wurde, das sich, wo man den Gedanken verfolgte, wie die Verfasser der Apok. Baruch und von IV. Esra, bei der unbedingten Giltigkeit des Gesetzes nicht beruhigen wollte, sondern dazu gedrängt wurde, gegen das Gesetz an die Barmherzigkeit Gottes zu appellieren.

<h2 style="text-align:center">§ 66.</h2>

Gott und die Engel.

Was die Gottesidee betrifft, so ist zu sagen, dass die Tendenz der Zeit und Schule dahin ging, die Person des Allerhöchsten (El eljon, ὕψιστος אֱלָהָא עֶלָּיָא Dan. 3, 32; 5, 18. 21; Tob. 1, 13: Apok. Bar. 17, 1; 25, 2 ff. etc.) in ihrer Erhabenheit gleichsam auf alle Weise der Welt zu entrücken, während sie andrerseits ihn doch zum blossen Richter erniedrigte, der nach den Normen des Gesetzes zu handeln hatte. Daher stammt die bereits (S. 243) erwähnte Vermeidung des Gebrauchs seines altehrwürdigen Namens Jahwe, den man durch Adonaj[1] oder Elohim ersetzte. Wie schon die griechische Bibel für Jahwe immer κύριος setzte, so verfuhren auch die jüngeren Bücher und Schriften oder gebrauchten andere Umschreibungen oder Substitutionen: z. B. Gott des Himmels (Dan. 2, 18. 37. 44; Tob. 10, 12; Judith 5, 8; 6, 19; 11, 17), König des Himmels (Tob. 13, 7. 11), Himmel (Dan. 4, 23; 1 Makk. 3, 60; 12, 15; Pirkê 'Abôt 4, 4. 11; Mark. 11, 30; Luk. 15, 18; Joh. 3, 27; vgl. auch den Ausdruck «Himmelreich»), Gott der Welt oder der Welten (Henoch, 1, 3; 81, 10).

---

[1] Ursprünglich ist wohl die Lesung des Singulars אֲדֹנִי *Adoni* und nicht des sog. Herrschaftsplurals *Adonaj* gemeint. Vgl. Ges.-Kautzsch, Hebr. Gr. [26] S. 435 Note 3.

Eben darum ist auch die Lehre von denjenigen Wesen mehr und mehr entwickelt worden, welche die Beziehungen Gottes zur Welt zu vermitteln hatten, damit dieser mit derselben nicht in unmittelbare, ihn gewissermassen erniedrigende Berührung käme. Die Engel heissen jetzt Wächter und Heilige (Dan. 4, 10 ff. ; Hen. 12 etc.); sie richten Gottes Befehle aus (Hen. 10, 1. 4 ff. ; Apok. Bar. 6, 6; 7; 8; 48, 10); sie erhalten besondere Namen, sie sind Regenten über einzelne Völker z. B. Michael über Israel (Dan. 10, 13. 21; 12, 1; Apok. Joh. 12, 7; Brief Judæ v. 9; vgl. ferner Sir. 17, 17; Dan. 10, 20; 11, 1 und LXX Deut. 32, 8) und Schutzengel einzelner Menschen z. B. Raphael (Tob. *passim*), oder haben sonst ein besonderes Amt z. B. Gabriel als Vermittler göttlicher Offenbarung (Dan. 8, 16; 9, 21; Luk. 1, 19. 26), so dass auch unter ihnen eine Rangordnung nicht fehlt (vgl. nur הַשָּׂרִים הָרִאשֹׁנִים [= ἀρχάγγελοι] Dan. 10, 13 und מִיכָאֵל הַשַּׂר הַגָּדֹול Dan. 12, 1). Ihrer sieben stehen Gott ganz besonders nahe (Tob. 12, 15 vgl. τὰ ἑπτὰ πνεύματα τοῦ θεοῦ resp. οἱ ἑπτὰ ἄγγελοι Apok. Joh. 4, 5; 8, 2, sowie die sieben Räte am Hofe des persischen Königs, Esra 7, 14). Sie tragen der Menschen Gebete Gott vor (Hen. 9, 3; 15, 2; Tob. 12, 15 vgl. Apok. Joh. 8, 1 ff.). Besonders das Buch Henoch ist freigebig mit Namen (vgl. Uriel, Raphael, Raguel, Michael, Sarakiel, Gabriel Hen. c. 20; in dem später in das Buch eingeschobenen Teil c. 37—71 werden die vier höchsten Engel Michael, Raphael, Gabriel und Phanuel genannt c. 39).

War schon früher das Streben vorhanden gewesen, unbeschadet der göttlichen Allmacht und Allwirksamkeit die Urheberschaft des Bösen von Gott fern zu halten (vgl. § 55), so konnte die theologische Reflexion noch weniger dieses Problem ausser Acht lassen. Eine wenigstens scheinbare Lösung gab auch hier die Theorie von den Mittelwesen, den Engeln. Auch sie dachte man sich als geistige Geschöpfe, mit Freiheit begabt, wie der Mensch, und setzte darum auch bei ihnen eine Möglichkeit voraus zum Ungehorsam gegen Gott, ihren Herrn und Schöpfer, also zur Sünde.

Anschliessend an den auf ausserisraelitischem Boden entstandenen Mythus Gen. 6, 1 ff. von der Vermischung der benê hā-'elôhîm mit den Menschentöchtern redet das Buch Henoch von dem Falle der Engel. Zweihundert unter Anführung Samjaza's seien vom Himmel herab auf die Erde gestiegen, hätten mit den Menschentöchtern Giganten erzeugt, welche Menschen und Tiere frassen und ihr Blut tranken (c. 6; 7; 9, 8 ff.). Gefallene Engel und die von ihnen abstammenden Riesen hatten die Menschen Krieg, Luxus, Zauberei, Astrologie, Thorheit aller Art und Götzendienst gelehrt (8, 1 ff.; 9, 6 f.; 15, 9 ff.; 16, 3). Sie wurden von den Menschen verehrt. Das sind die Dämonen (15, 8. 9).

Das Buch Henoch steht nicht allein mit dieser Ansicht. Das Buch Tobit weiss überhaupt von bösen Geistern, welche die Menschen belästigen und schädigen (3, 17; 6, 8. 16. 18), unter andern von einem Asmodi (Ἀσμοδαῖος, Asmedaj), welcher die sieben Bräutigame der Heldin des Romans tötet, weil er diese letztere liebt (3, 8. 9; 6, 15). Sie können nach der Ansicht der Zeit durch allerlei Zaubermittel unschädlich gemacht werden (8, 2. 3). Die von den Propheten als Nichtse angesehenen Götter der Heiden werden jetzt von den Spätern als Dämonen (שֵׁדִים) betrachtet (vgl. Ps. 106, 37; 1 Kor. 10, 20).

Wie tief der Glaube an die Dämonen im Volksbewusstsein haftete, davon giebt das N. T. hinlänglich Zeugnis. Das Problem des Bösen ist aber dadurch nur weiter in die Ferne gerückt und eine Lösung eigentlich nicht gegeben.

Eine andere Erklärung giebt zuerst das Buch der Weisheit und darnach die Apokalypsen Baruchs und Esras. Tod, Sünde und alles Uebel rühren von Adam her. Nach dem ersteren (1, 13. 14) ὁ θεὸς θάνατον οὐκ ἐποίησεν.... ἔκτισε γὰρ εἰς τὸ εἶναι τὰ πάντα. Den Adam insbesondere ἔκτισεν ἐπ᾽ ἀφθαρσία, καὶ εἰκόνα τῆς ἰδίας ἰδιότητος ἐποίησεν αὐτόν. Φθόνῳ δὲ διαβόλου θάνατος εἰσῆλθεν εἰς τὸν κόσμον· πειράζουσι δὲ αὐτὸν οἱ τῆς ἐκείνου μερίδος ὄντες (2, 23 ff.). Hier ist also die Schlange mit dem Teufel identifiziert. Vererbung der Sünde ist aber hier nicht ausgesagt. Die Apokalypse Baruchs führt zwar Tod und alles Uebel der Menschen auf Adams Fall zurück (23, 4; 54, 15; 56, 5); aber die Sünde vererbt sich nach dem Verfasser doch auch nicht mit Notwendigkeit (54, 15). Der Mensch hat freie Wahl zwischen ewigen Qualen und ewigem Ruhen; ein jeder ist hierin sein eigener Adam (*non est ergo Adam causa nisi animæ suæ tantum; nos vero unusquisque fuit animæ suæ Adam* 54, 19). Das vierte Esrabuch betont den vererbten Sündenhang stärker, ohne die Freiheit zu leugnen (7, 46 ff.). Beides ist also hier neben einander gestellt: Freiheit und Erbsünde; aber von dem schmerzlich empfundenen Verhängnis der Macht der Sünde erwächst Esra das religiöse Problem, ob denn das Gesetz wirklich die oberste Instanz beim göttlichen Urteil über die Menschen sein könne (vgl. S: 286), während die allgemeine Lehre der Pharisäer die göttliche Allmacht und Vorsehung (εἰμαρμένη Joseph. bell. jud. II, 8, 14) ebenso sehr betonte, wie die menschliche Freiheit und Verantwortlichkeit: הַכֹּל צָפוּי וְהָרְשׁוּת נְתוּנָה « Alles ist vorhergesehen, aber die Freiheit [dem Menschen] gegeben » (Pirkê 'Abôt 3, 15).

§ 67.
Die Messiashoffnung.

Cultus und Moral waren gesetzlich geordnet worden in der Hoffnung, dass dann bei solcher Gesetzestreue die messianische Zeit anbrechen werde. Die erwartete Herrlichkeit kam nicht. Unter den ruhigen und sicheren Verhältnissen während der persischen Oberherrschaft und des ptolemäischen Regiments spürte man diesen Mangel nicht so sehr, die Messiashoffnung trat in den Hintergrund; aber vergessen wurde sie nicht. Es bedurfte nur des Religionsdruckes und der Verfolgung seitens der Syrer, um sie wieder zu neuem Leben zu erwecken. Seitdem ist sie immer mehr erstarkt und auf Grund der Winke, die man in den prophetischen Schriften fand, ausführlicher dargestellt worden. Sie wurde nicht allein der Trost für die Stillen im Lande, sondern die Kraft zum Todeskampfe wider die Weltmacht. Es entstanden ganze Reihen von Schriften, welche, bei den steigenden Gefahren, den nahen Umschwung durch Gottes allmächtiges Einschreiten ankündigten und, gestützt auf die alten Weissagungen, den Termin des Eintreffens zu bestimmen suchten. Man nennt diese ganze Literaturgattung nach dem neutestamentlichen Buche desselben Inhalts a p o k a l y p t i s c h e S c h r i f t e n. Es sind prophetische Pseudepigraphen, in denen die Verfasser ihre Mahnungen und Hoffnungen den Zeitgenossen in der Einkleidung einer an eine bekannte Persönlichkeit früherer Jahrhunderte ergangenen Offenbarung kundgeben. Und zwar geschieht diese Enthüllung der Zukunft in einer geheimnisvollen und rätselvollen Form, so dass der Sinn oftmals nur schwer zu erraten ist. Die Zeit der Entstehung lässt sich aber leicht erkennen, sobald diese Rätsel durchschaut sind; denn sie fällt mit dem Zeitpunkt zusammen, bis zu welchem die wirkliche Geschichte in dieser gesuchten Einkleidung dargestellt wird. Der Zweck aber ist der, die Leser zu dem Glauben an die herrliche Zukunft des Volkes in der

schwierigen Gegenwart zu erwecken, der den Verfasser erfüllt (vgl.
Schürer, Gesch. des jüdischen Volkes im Zeitalter Jesu Christi,
II. 1886, p. 609—612).

Die erste Schrift in der Reihe der Apokalypsen ist das Buch
Daniel (unter Antiochus Epiphanes 165/4 v. Chr. geschrieben).
Sein Hauptinhalt, was den Ausblick in die Zukunft betrifft, ist dieser:
Auf die vier Weltreiche, das chaldäische, medische, persische,
griechische, folgt in kürzester Frist (in $3\frac{1}{2}$ Jahren nach der Ein-
stellung des Gottesdienstes) die Herrschaft der Heiligen über die
Welt, von Gott auf ewige Zeiten durch die Zertrümmerung des letz-
ten Reiches aufgerichtet (2, 44 ff.; 7, 9—27; 9, 27). Sehr stark tritt
das politische Element hervor. Von einer innern Umwandlung des
Volkes als Bedingung ist nicht die Rede. Der Verfasser denkt aber
nur daran, dass die Gott ergebenen und sein Gesetz befolgenden
Juden den Sieg davon tragen werden, während die Abtrünnigen und
Gottlosen zu Fall kommen sollen. Ob das Buch Daniel einen persönlichen Messias kenne, ist eine umstrittene Frage. Im siebenten
Capitel sieht Daniel vier Tiere aus dem Meere emporsteigen, Löwe,
Bär, Parder und das vierte mit zehn Hörnern, fürchterlicher als alle
andern, mit eisernen Zähnen alles zermalmend und das Uebrige mit
Füssen zertretend. Es sind dies die vier aufeinander folgenden Welt-
reiche. Darauf kommt vor den Hochbetagten (Gott), der über das
letzte Horn zu Gericht sitzt, mit den Wolken des Himmels einer,
der einem Menschen gleicht (כבר אנש v. 13), und dem wird nun
Macht, Ehre und Herrschaft verliehen, dass alle Völker ihm dienen.
Die exegetische Tradition sieht hier den persönlichen Messias. Jesus
soll es so gedeutet haben, wenn er sich Menschensohn (υἱὸς τοῦ
ἀνθρώπου) nennt. Aber einmal giebt Matth. 16, 13—16, wie aus
Mark. 8, 27 und Luk. 9, 18 zu ersehen ist, nicht den ursprünglichen
Wortlaut, und andrerseits ist der unzweifelhafte Gebrauch von υἱὸς
τοῦ ἀνθρώπου für Messias, der schon aus den Bilderreden (c. 37—71)
im Buche Henoch (z. B. 46, 2; 48, 2; etc.) bezeugt ist, kein Beweis
für den wirklichen Sinn der Stelle Dan. 7, 13. Nach dem Buche
Daniel selbst (vgl. 7, 18. 22. 27) ist das Volk der Heiligen unter
jenem Bilde gemeint. Es kommt als das auserwählte Volk, um das
von Gott längst gewollte wahre Reich auf Erden aufzurichten, vom
Himmel, wie die Weltreiche aus dem Abgrund, und ist als von
höherer Art, als diese, durch einen Menschen symbolisiert. Es muss
also hier von dem persönlichen Messias abgesehen werden.

In dem älteren Teile des Buches Henoch (Cap. 1—36 und 72—105, etwa unter Johannes Hyrkan um 115 v. Chr. geschrieben) tritt die Person des Messias wenig hervor, während in dem jüngeren eingeschobenen Teile (c. 37—71) das Gegenteil der Fall ist. Der Verfasser erwartet (90, 6—14) einen letzten und gewaltigen Andrang der Heiden und abtrünnigen Israeliten zur Vernichtung Israels. Gott aber schreitet ein, verleiht Israel den Sieg und hält Gericht über die gefallenen Engel, über die Hirten der Völker und über die Abtrünnigen und verstösst sie in den Feuerpfuhl. Hierauf lässt er an die Stelle des alten Jerusalem ein neues treten, versammelt dahin die frommen Israeliten, auch die aus der Diaspora, und die Heiden müssen ihnen dienen. Dann erst erscheint der Messias (105, 2 Gottessohn genannt); die Heiden flehen ihn an und bekehren sich. Das ist die achte Weltwoche, während welcher Israel die Herrschaft übt. In einer neunten erfolgt das Gericht über die ganze Welt, darauf in einer zehnten dasjenige über die Wächter, d. h. die Engel, und es erscheint ein neuer Himmel (92, 12—17).

Das Psalterium Salomos, aus der Zeit des Pompeius und der Oberherrschaft der Römer in Jerusalem um 50 v. Chr., erwartet (17, 23 ff.) der Verheissung gemäss die Wiederherstellung des davidischen Thrones (17, 5) auf ewige Zeiten. Der Sohn Davids soll herrschen über Israel, seine Unterdrücker zerschmettern und Jerusalem von Heiden und Sündern reinigen. Derselbe wird ein heiliges Volk versammeln, es verteilen nach seinen Stämmen im Lande und keinen Fremdling unter ihnen wohnen lassen. Auch die heidnischen Völker werden ihm dienen und nach Jerusalem kommen von den Enden der Erde, um seine Herrlichkeit zu sehen und als Gaben seine ermatteten Söhne zu bringen. Er ist ein gerechter, von Gott gelehrter König (17, 35 f.), ein Geweihter des Herrn seines Gottes (17, 28), der Gesalbte des Herrn (17, 36; 18, 8) χριστὸς κυρίου. Ungerechtigkeit wird nicht sein in jenen Tagen, denn alle sind heilig. Er selbst, rein von Sünde, von Gott ausgerüstet mit Weisheit und Gerechtigkeit und gesegnet mit Macht, wird dem Volke Segen bringen, indem er es in Treue und Gerechtigkeit weidet (17, 42 ff.). Es ist auch hier an die Aufrichtung einer davidischen Dynastie und nicht eines einzelnen ewig regierenden Königs gedacht. Der Einzelne ist ja notwendig nicht ewig dauernd.

Am ausführlichsten sind die bald nach der Zerstörung Jerusalems geschriebenen Apokalypsen Baruchs und Esras, die noch deut-

licher zeigen, wie die eschatologischen Erwartungen durch Schriftstudium in eine chronologische Reihenfolge gebracht worden sind.

Nach der Apokalypse Baruchs ist das Ende nahe (23, 7; 54,
17). Unmittelbar vorher geht eine Zeit der Verwirrung und Drangsal
(cap. 29; 48, 31 ff.), der Sünde und Schlechtigkeit. wo die Weisen
schweigen, die Thoren das grosse Wort führen, die Schlechten über
die Bessern herrschen (cap. 70). Aber Krieg, Erdbeben, Feuer,
Hunger werden über die Gottlosen kommen. Wer diesen Plagen
entrinnt, fällt in die Hände des Messias (70, 2—10). Dieser erscheint nach den Drangsalen (29, 3; 72, 2); er zerstört das letzte
Weltreich und nimmt dessen König gefangen, bringt ihn gefesselt
nach Jerusalem, überführt ihn seiner Gottlosigkeit und tötet ihn
(39, 7 ff.). Er versammelt die Völker, vertilgt die Feinde, welche
Israel bedrücken, und lässt die übrigen am Leben (72, 2 ff.), wenn sie
sich dem Volke Gottes unterwerfen. Darauf setzt er sich auf den
Thron seiner Herrlichkeit zu erblichem Königtum (73, 1). Dann
herrscht Friede, Ruhe, Freude und Fruchtbarkeit. Diese ist eine ganz
ungeheure: an einem Weinstock sind tausend Reben, an jeder Rebe
tausend Trauben, an jeder Traube tausend Beeren, jede Beere giebt
ein Kor Wein. Die Frommen werden gespeist mit Manna, mit dem
Behemot und dem Leviathan (29, 4 ff.). Die wilden Tiere dienen
dem Menschen (73, 6); die Weiber gebären ohne Schmerzen (73, 7);
kein Arbeiter wird müde (74, 1). Nach Ablauf jener Zeit erfolgt die
Auferstehung der Toten zum Gericht, die Verwandlung der Gerechten, und erscheint das Paradies und Himmelreich, in welches das
gottesfürchtige Israel aufgenommen wird (75, 6 ff.).

Im 4. Buche Esra finden sich dieselben Erwartungen ausgesprochen: die Zeit der Not und Bedrängnis (5, 1—13; 6, 18—28;
9, 1—12; 13, 29—31), darauf die Offenbarung des Messias, des
Sohnes Gottes; er überwindet die Völker, die wider ihn sich zum
Streite versammeln (11, 31 ff.), durch den Flammenhauch seines
Mundes (13, 3 ff. 29 ff.). Dann erscheint das neue Jerusalem, das
schon längst im Himmel aufbewahrt ist (7, 26). Die zur Zeit des
Königs Hosea weggeführten zehn Stämme kehren zurück (13. 39 ff.),
und es folgt ein 400jähriges Reich des Friedens und Heils (7, 27 ff.;
12, 34; 13, 48 ff.). Sodann sterben alle Menschen (7, 30); es
herrscht Todesstille sieben Tage lang; darnach entsteht eine neue
Welt (7, 31) und es erfolgt die allgemeine Auferstehung (7, 32), das
allgemeine Gericht (7, 33—35), durch welches das Los Aller

bestimmt wird, Freude und Wonne im Paradies für die Gerechten
(6, 61 ff.), Höllenpein für die Gottlosen (7, 36—45).

Dass nicht bloss die Apokalypsen diese Hoffnung hegten, geht
aus den Apokryphen des A. T. hervor. Dort ist die Rede von der
Rückkehr der Zerstreuten (Bar. 4, 36 ff.; 5, 5 ff.; 2 Makk. 2, 18),
von der Bekehrung der Heiden (Tob. 13, 11—18; 14, 6), von dem
dauernden Bestand Israels (Sir. 37, 25; 44, 13), von dem ewigen
Königtum Davids (Sir. 47, 11; 1 Makk. 2, 57). Aber zu bemerken
ist, dass die Person des Messias hier überall, wie auch im Buche
Daniel, nicht in den Vordergrund tritt. In neutestamentlicher Zeit ist
dies anders, wie schon in den Apokalypsen seit dem Ende des zweiten
vorchristlichen Jahrhunderts. Der Befreier wird erwartet; freilich ein
mehr politischer. Es stehen auch falsche Messiasse auf, wie Theudas
und der Aegypter (Acta 5, 36; 21, 38), und Josephus (bell. jud. VI,
5, 4) erzählt, dass bei der Belagerung Jerusalems durch Titus die
Juden besonders durch einen Orakelspruch zum Widerstande ange-
feuert wurden, ὡς κατὰ τὸν καιρὸν ἐκεῖνον ἀπὸ τῆς χώρας τις αὐτῶν ἄρξει
τῆς οἰκουμένης. Nirgends ist in diesen Apokalypsen und bei den Juden
überhaupt ein über die menschliche Sphäre hinausragender Messias
erwartet. Er ist ein menschlicher König, den Gott mit besondern
Kräften ausgerüstet und längst zu senden beschlossen hat, weshalb
er, wie andere Personen und Sachen, als präexistent gedacht werden
konnte. Der Jude Tryphon sagt bei Justin (Dial. 49) um 150 n. Chr.:
πάντες ἡμεῖς τὸν Χριστὸν ἄνθρωπον ἐξ ἀνθρώπων προσδοκῶμεν γενήσεσθαι.

§ 68.
Die Auferstehung.

Der Glaube an eine Auferstehung ist nicht auf fremde Einflüsse
zurückzuführen und erst im zweiten vorchristlichen Jahrhundert in
Israel aufgekommen. Hiob war allerdings bis hart an die Grenze gelangt, da es nur noch eines Wortes bedurfte, um aus der Erkenntnis des selbständigen Wertes des religiösen Individuums selbst Gott
gegenüber, die dem Dichter aufgegangen war, die Unvergänglichkeit
desselben abzuleiten. Aber nicht von da aus ist der Glaube an eine
Auferstehung wirklich erwachsen, obschon hier die sicherere Begründung der Hoffnung liegt. Zudem hat es immer noch bis zu Ende des
jüdischen Gemeinwesens Kreise gegeben, welche von einer Auferstehung nichts wissen wollten und, diese Weiterbildung ablehnend,

an der alten Ansicht von einem Bleiben in Scheol festhielten.
Diesen Kreisen entstammen: das 1. Makkabäerbuch, das vielmehr den bleibenden Nachruhm als Vergeltung und als Triebfeder
grosser Thaten nennt (1 Makk. 2, 51; 5, 57; 6, 44 etc. vgl. auch
Sir. 44, 8—15), das Buch Tobit, dem, wie Kohelet (12, 5), Scheol
als $\alpha\iota\acute{\omega}\nu\iota\sigma\varsigma$ $\tau\acute{o}\pi\sigma\varsigma$ gilt (3, 6), und das Buch Judith, das nur eine
solche Unterscheidung zwischen den Frommen und den Gottlosen
kennt, dass letztere einer ewigen Pein verfallen, in welcher sie von
Feuer und Würmern heimgesucht werden und vor Schmerzen
heulen müssen (16, 17 vgl. Jes. 66, 24; Sach. 14, 12; Sir. 7, 17 und
die parallelen Stellen im N. T.: Mark, 9, 44. 46. 48; Matth. 13, 42;
Luk. 16, 24). Vor allem gehörten diesen Kreisen die Sadducäer
an, wie aus dem N. T. bekannt ist (vgl. Mark. 12, 18; Luk. 20, 27;
Acta 23, 8 und bes. Matth. 22, 23 ff.).

Der Glaube an eine Auferstehung steht vielmehr in der engsten
Verbindung mit der messianischen Hoffnung. Maleachi hatte den
Jahwefürchtigen gesagt, dass eine Gedächtnisschrift für sie von
Jahwe angefertigt sei (3, 16); ebenso war es die Hoffnung und
Verheissung, dass mit dem messianischen Heile den Getreuen ein
langes Leben ($\mu\alpha\kappa\rho\sigma\beta\acute{\iota}\omega\sigma\iota\varsigma$) beschieden sei, ja dass dann selbst der
Tod aufgehoben werde. Wie sollte es aber denen ergehen, die um
ihrer Treue willen gerade vor dem Kommen des Heils den Tod
hatten erleiden müssen? Das Buch Daniel giebt die Antwort mit
der Verheissung der Auferstehung (12, 1 ff.): wenn das Reich der
Heiligen anhebt, « werden von deinem Volke alle die gerettet werden,
die sich im Buche aufgeschrieben finden, und viele von denen, die
im Erdenstaube schlafen, werden erwachen, die einen zum ewigen
Leben, die andern zur Schmach und zu ewigem Abscheu. Die
Weisen aber (das sind nach 11, 33 ff. die treuen Diener Jahwes,
welche auch andere auf dem rechten Wege zu erhalten strebten,
und von welchen viele Märtyrer wurden) werden leuchten, wie der
Glanz der Himmelsveste, und die, welche viele zur Gerechtigkeit
geführt haben, wie die Sterne auf immer und ewig ». Der Lohn der
Treue sollte nicht ausbleiben für diejenigen, welche es sich ange-
legen sein liessen, das Volk zu läutern und zu reinigen, und ihr
Festhalten am Gesetze durch Schwert und Feuer oder durch Gefangenschaft gebüsst hatten. Es giebt für diejenigen, die den Tod
erlitten, eine Auferstehung zur Teilnahme am messianischen Reiche.
Vgl. auch Jes. 26, 19.

Dieselbe Vorstellung, wie bei Daniel, findet sich im Buche Henoch. Dasselbe spricht von einem doppelten Gericht. Einmal ergeht dasselbe über die Lebendigen, wobei die Gottlosen vernichtet werden und die Frommen am Leben bleiben sollen (1, 4—9; 22, 11 ff.; 91, 5 ff.). Dann aber erfolgt auch das Gericht über die Toten, wobei die Gerechten zur Teilnahme am messianischen Reiche auferstehen werden (c. 90).

Auch das Psalterium Salomos spricht nur von einer Auferstehung der Frommen zu ewigem seligem Leben, während die Gottlosen die Beute der Unterwelt bleiben (3, 13 ff.; 9, 9; 13, 9. 10; 14, 6. 7; 15, 9 ff.).

Ganz ähnlich verhält es sich mit dem 2. Buche der Makkabäer. Die Märtyrer gehen in den Tod mit dem festen Glauben zu neuem Leben aufzuerstehen (7, 9. 11. 14. 23. 29. 36). Es ist gewiss eine Erneuerung des Leibes gemeint (v. 11). Die Auferstehung der Gottlosen wird aber geleugnet (v. 14).

Dass die Pharisäer an die Auferstehung glaubten, ist schon aus dem N. T. bekannt. Eine allgemeine Auferstehung zum Weltgerichte lehren die Apokalypsen Baruchs (50, 2; 51, 1 ff.) und Esras (7, 32 ff.), sowie diejenige Johannis (20, 12 ff.). Durch Combination der partiellen Auferstehung zur Teilnahme am messianischen Reiche und der allgemeinen Auferstehung zum Weltgerichte ergab sich in den ausgeführteren Darstellungen der Endzeit die doppelte Auferstehung als Element der Zukunftshoffnung.

§ 69.

Systematische Uebersicht der jüdischen Eschatologie.

Der ganze Weltlauf wird in zwei Perioden geteilt: 1. die vergangene und gegenwärtige Zeit der Not, Unvollkommenheit und Sünde העולם הזה (Pirkê 'Abôt 4, 16), ὁ αἰὼν οὗτος (Matth. 12, 32; Luk. 20, 34; 2 Kor. 4, 4), ὁ νῦν αἰὼν (Tit. 2, 12), ὁ ἐνεστὼς αἰών (Gal. 1, 4); 2. die zukünftige Welt העולם הבא (Pirkê 'Abôt 2, 7; 3, 11; 4, 16, ὁ αἰὼν ὁ μέλλων (Matth. 12, 32), ὁ αἰὼν ὁ ἐρχόμενος (Mark. 10, 30; Luk. 18, 30), ὁ αἰὼν ἐκεῖνος (Luk. 20, 35), eine Zeit des Glücks, der Vollkommenheit, Tugend und Seligkeit. Der letzte Abschnitt der ersten Periode heisst bei Daniel אחרית יומיא (2, 28), im N. T. ἔσχαται ἡμέραι (Jak. 5, 3; 2 Tim. 3, 1), ὕστεροι καιροί (1 Tim.

4, 1), τὰ τέλη τῶν αἰώνων (1 Kor. 10, 11), am häufigsten ἡ συντέλεια τοῦ αἰῶνος (Matth. 24, 3 etc.)[1]. Zwischen beide Perioden fällt das Weltgericht und bei den Meisten die Auferstehung der Toten und die Erneuerung von Himmel und Erde. Das messianische Reich fällt bald mit der zweiten Periode zusammen (Daniel, Psalt. Sal., Henoch 62, 14, siehe auch Ev. Joh. 12, 34), folgt somit nach dem Gericht; bald fällt es zwischen beide als Vorstufe der zweiten (Apok. Baruch und Esra vgl. auch Apok. Joh. 20, 4. 5).

Die Vorstufe, bezw. die Vollendung wird herbeigeführt durch das Auftreten einer Person, welche die Umwandlung aller, namentlich der politischen Verhältnisse herbeiführen soll. Diese Person führt die Namen משיח, der Gesalbte (Apok. Bar. 29, 3; 30, 1; 39, 7; 40, 1; 70, 9; 72, 2; 4 Esra 7, 28. 29; 12, 32; Ps. Sal. 17, 36; 18, 6. 8: χριστὸς κυρίου); ὁ χριστός (Matth. 2, 4; Luk. 2, 26; 9, 20 etc.), König Israels (Joh. 1, 50; Luk. 19, 38); Davidssohn d. h. Davidide (Ps. Sal. 17, 5. 23; Matth. 22, 42; Mark. 12, 35 etc.), gleichbedeutend mit König; Gottessohn (Hen. 105, 2; 4 Esra 13, 32), im N. T. gleichbedeutend mit χριστός (Matth. 26, 63; Luk. 22, 70; Joh. 1, 50).

Dieser Messias ist aber wesentlich ein Mensch, wie bereits erwähnt wurde (S. 293). Nach dem Psalter Salomos ist er ein menschlicher König (17, 23. 47), aber gerecht (v. 35), sündlos und heilig (v. 41. 46), durch den heiligen Geist ausgerüstet mit Macht, Weisheit und Gerechtigkeit (v. 42). Nach dem älteren Teile des Buches Henoch (90, 37. 38) geht er auf menschliche Weise aus der Gottesgemeinde hervor. Im 4. Buche Esra (12, 32; 13, 26) ist er ein Mensch, im Himmel aufbewahrt (vgl. auch Apok. Joh. 12, 5), bis zu seiner Erscheinung, aber sterblich (7, 29), von andern unterschieden durch Ausrüstung mit dem heiligen Geiste. Es blieb judenchristliche Meinung, dass er ein Mensch sei von Menschen geboren. Man erwartete seine Geburt in Bethlehem, nach Micha 5, 1. Gewöhnlicher aber stellte man sich vor, er werde plötzlich auftreten, ohne dass man wisse, von wannen er komme (Joh 7, 27; 4 Esra 13, 52). Solches bezeichnen die Ausdrücke ἀποκάλυψις, παρουσία und ἔλευσις (vgl. Acta 7, 52).

Die Zeit seines Auftretens ist von Gott voraus bestimmt. Sie

---

[1] העולם הזה דומה לפרוזדור לפני העולם הבא «die gegenwärtige Zeit gleicht dem Vorhof zur zukünftigen Welt» (Pirkê 'Abôt 4, 16).

heisst τὸ πλήρωμα τῶν καιρῶν (Tob. 14, 4 ff.; Mark. 1, 15; Gal. 4, 4) und ist ein für Menschen unergründliches Geheimnis (4 Esra 6, 10; 13, 52). Daher heisst es, er kommt wie ein Dieb in der Nacht oder wie der Blitz (Matth. 24, 27). Niemand weiss seine Stunde. Man will dennoch die Zeit seines Erscheinens berechnen (Dan., Hen., Esra), um so eifriger, je trüber die Gegenwart ist. Die göttliche Weisheit ist ja in der Schrift, in Thora und auch in den Worten der Propheten, niedergelegt.

Je weniger das Problem in sicherer Weise gelöst werden konnte, trotz der Ausdeutung der 70 Jahre Jeremias (25, 11) auf 70 Jahrwochen (Dan. 9) oder 70 Herrscher (Henoch), desto mehr war man bemüht, eine Reihe von Begebenheiten zu ermitteln, welche als Z e i c h e n der grossen Revolution vorausgehen sollten (σημεῖα τῶν καιρῶν Matth. 24, 3). Den Stoff zu dieser Perspective fand man in den alten Propheten. Solche Vor- und Anzeichen sind: eine immer zunehmende Not und Verderbnis auf Erden, eine Zeit der Bedrängnis עה צרה (Dan. 12, 1), καιροὶ χαλεποί (2 Tim. 3, 1), θλίψις (Matth. 24, 21), ἀνάγκη (Luk. 21, 23), dies pressurœ et angustiœ (4 Esra), mit einem Worte die sogenannten Geburtswehen der messianischen Zeit, חבלי המשיח, ὠδῖνες (Matth. 24, 8; Mark. 13, 9; vgl. Mich. 5, 2; Jes. 66, 6—9). Dahin gehören nun: Landplagen, Krieg, Hunger, Pest (Matth. 24, 6 ff.; Mark. 13, 8; Apok. Bar. 70, 2 ff.; 4 Esra 9, 1 ff.; 13, 31 ff.); Schrecken erregende Erscheinungen in der Natur, Sonnen- und Mondfinsternisse, das Fallen von Sternen, Erdbeben (Matth. 24, 29; Luk. 21, 11. 25); Schwerter am Himmel, Züge von Fussvolk und Reiterei in den Wolken (Sibyll. 3, 795 ff.; 2 Makk. 5, 2. 3); die Sonne scheint in der Nacht; der Mond am Tage; der Stein redet (4 Esra 5, 1—19; 6, 16 ff.). Ferner: immer wachsendes moralisches Verderben (Matth. 24, 12); Auflösung aller Bande der Pietät (4 Esra 5); Abfall vom väterlichen Glauben (Hen. 93, 8; 90, 7 ff.; Matth. 24, 5. 11. 24; 4 Esra 7, 23. 24); Verfolgung und Bedrückung der Frommen (Mal. 3, 14—21; Trito- jesaja 57, 1; 63, 18; 65, 13 ff.; Dan. 9, 26; Matth. 24, 9; 4 Esra 11, 40—44). Unmittelbar vorher erfolgt die Wiederbelebung eines der alten Propheten zur Verkündigung der Ankunft des Messias, Elias (vgl. Mal. 3, 1. 23; Sir. 48, 10 ff.), Moses (Matth. 17 und parall.), oder Jeremias (Matth. 16, 14). Endlich die Erscheinung des Antichrists, eines dämonischen Wesens, eines eingefleischten Teufels, in welchem sich alle Macht der Welt und Feindseligkeit

gegen Gott concentriert, und welcher sich gegen Gott und sein Volk
auflehnt und die Rache des Himmels herausfordert. Die Züge zu
diesem Bilde sind aus der Zeichnung des Syrerkönigs Antiochus
Epiphanes in Dan. 11 hergenommen.

Das Geschäft des Messias ist die Gründung des Gottesreiches.
Dahin gehört zuerst die Restauration Israels in politischer Hinsicht
(unmittelbar von Gott erwartet bei Judith 16, 17; Sir. 50, 24),
speciell die Befreiung vom fremden Joche (Henoch 90, 7—11;
4 Esra 12, 33), früher der Griechen, später der Römer (λύτρωσις);
ferner die Zurückführung aller gefangenen und zerstreuten Juden
(Tob. 13, 10; 14, 5; 2 Makk. 2, 18; Bar. 4, 36 ff.; 5, 5 ff.; Ps. Sal.
11; 17,34), die Wiederaufrichtung des Thrones Davids (ἀποκατάστασις)
(Acta 1, 6), endlich die Herrschaft Israels über die Völker (Dan.
2, 44; 7, 14. 27; 4 Esra 6, 19 etc.). Mit der politischen Restauration
Israels geht die moralische gleichzeitig vor sich. Hiebei ist die Rede
einerseits von der Versöhnung Gottes mit seinem Volke und der Vergebung der Sünden um seiner langen Leiden und der Hingebung
Einzelner willen (2 Makk. 7, 37. 38; 8, 2 ff.), andererseits von der
Heiligung des Volkes, so dass es ein Volk von Frommen und Gerechten wird (Ps. Sal. 17, 28 ff. 36. 48 ff.; 18, 9 ff.; Henoch 90,
13). Dazu kommt aber auch die Bekehrung der Heiden (Tob. 14,
4 ff.; 13, 11) und somit die Unterwerfung Aller unter das Gesetz
des Messias (Ps. Sal. 17, 32 ff.; Hen. 91, 3; Apok. Bar. 39, 7).

Nach den Aeltern dauert das Messiasreich ewig (Dan. 7, 27;
Ps. Sal. 17, 4), besonders bei denen, welche die Aufrichtung von
Gott selber ohne die Person eines Messias erwarten, wie z. B.
Daniel; nach Andern, besonders den Spätern, ist es nicht das letzte
Ende des Weltlaufes, sondern nur eine Periode desselben, und zwar
die letzte des αἰὼν οὗτος, deren Dauer bald kürzer, bald länger angenommen wird, 400 Jahre nach 4 Esra 7, 28, nach Henoch eine
Weltwoche, nach den Rabbinen bald 40, bald 400, bald 600, bald
1000 (auf Grund von Ps. 90, 15), wie in der Apokalypse Joh. 19, 11 —
20, 15 (vgl. bes. 20, 4 b), bald auch noch mehr Jahre. Während derselben ist der Satan gebunden in Scheol (Apok. Joh. 20, 3; vgl. auch
Jes. 24, 21. 22). Wo das messianische Reich als ein ewiges und
als die endgiltige Entscheidung betrachtet wird, da werden zur Teilnahme an demselben nicht allein die lebenden Frommen berufen,
sondern auch die in Treue gestorbenen Israeliten, besonders die
Märtyrer, dadurch dass sie auferweckt werden (Dan. 12, 2. 13;

2 Makk. 7, passim; Henoch 91, 3; 92, 12; 100, 6; Ps. Sal. 3, 16; 14, 2). Wo das messianische Reich aber bloss als die Vorstufe des αἰὼν μέλλων gilt, da ist diese Auferstehung der Getreuen gleichwohl festgehalten und heisst die erste Auferstehung (Apok. Joh. 20, 5). Dann bildet den Schluss dieser irdischen Glücksperiode ein neuer und letzter Kampf: der losgelassene Satan erregt einen gewaltigen Krieg gegen das restaurierte Israel; ein grosses Heer, von allen Enden der Erde gesammelt, wobei Gog und Magog (Ez. 38. 39) zum Vorbilde dienen, zieht gegen Jerusalem, wird aber von dem Messias (Ps. Sal. 17, 27. 39; Apok. Bar. 39, 7—40, 2; 70, 9; 72, 2 ff.; 4 Esra 12, 32 ff.; 13, 27 ff. 35 ff.) oder von Gott selbst überwunden und mit dem Satan in die Gehenna gestossen (Hen. 99, 7; vgl. auch Apok. Joh. 20, 7—10). Darauf folgt die allgemeine Auferstehung zum Gericht (Apok. Bar. 30, 1—5; 50—51; 4 Esra 7, 32; 6, 23; vgl. Apok. Joh. 20, 11—15). Der Gerichtstag bricht an (יום יהוה, ἡμέρα κρίσεως, ἡ ἐσχάτη ἡμέρα Judith 16, 17; Apok. Bar. 50, 1 ff.; 4 Esra 6, 1—17: 7, 33 ff.). Gott ist Richter (Hen. 90, 9; 4 Esra 5, 34 ff.). Die Gottlosen werden ins höllische Feuer verstossen und zwar für immerdar (Apok. Bar. 44, 15; 51, 1 ff.; 4 Esra 6, 1 ff.).

Das Gericht bezeichnet den Anfang des αἰὼν μέλλων, des ewigen Gottesreichs (βασιλεία θεοῦ oder τῶν οὐρανῶν Ps. Sal. 17, 4). Es wird ein neuer Himmel und eine neue Erde (nach Jes. 65, 17; 66, 22 vgl. Apok. Joh. 21, 1). Die Beschreibung, ein Werk der Phantasie, fällt verschiedentlich aus, überall aber ist der Glanzpunkt der Erde, das neue Jerusalem, von Gold und Edelsteinen strotzend (Hen. 89, 39; Apok. Bar. 32, 4; 4 Esra 7, 26; vgl. Apok. Joh. 21, 16 ff.). Alle zu Jahwe Bekehrten, deren Namen im Buche des Lebens geschrieben sind, nehmen Theil daran (vgl. Dan. 12, 1 und Apok. Joh. 21, 27). Die Seligkeit wird verschiedentlich beschrieben, je nach dem Bildungsgrad, dem Geschmack und der mehr oder weniger sinnlichen Richtung der Schriftsteller. Die prophetischen Bilder werden dabei von Vielen buchstäblich gefasst, und so ist von einem Gastmahl die Rede, wobei nicht bloss das Manna, sondern auch Behemot und Leviathan vorkommen. Anderswo sind die Schilderungen weniger materialistisch, und die Erwartung geht auf einen vollkommeneren Leib, auf die Anschauung Gottes und den Umgang mit demselben, auf das restituierte Paradies mit dem Lebensbaume u. s. w. (Apok. Bar. 51, 5 ff.; 4 Esra 6, 1 ff. 68 ff.; vgl. Apok. Joh. 22, 2 ff.).

Die Sadducäer verhielten sich natürlich, wie zu der Aufer-

stehung (vgl. S. 294), auch zu allen diesen Erwartungen in Betreff
der Zukunft negativ, und zwar weil die vornehmen Priestergeschlech-
ter in Jerusalem, welche die Sadducäer ausmachten, eine Neigung
zur hellenistischen Bildung besassen und durch die Politik, welche
sie zu leiten hatten, mit dem Ausland in Verbindung bleiben mussten.
Sie verblieben darum bei dem alten israelitischen Glauben, wie er
in der Thora niedergelegt war, und verwarfen die Auferstehung und
die Engel- und Dämonenlehre, welche sie in der Thora nicht fanden.
Ihr Glauben war kühl und ohne Enthusiasmus, sie wollten den
Gegensatz gegen alles Fremde nicht urgieren. Mit dem Untergang
des Staates mussten sie verschwinden. Die pharisäische Partei
konnte entweder sich dem Christentum zuwenden, wenn sie die
messianische Idee reiner, mit Abstreifen aller politischen Elemente,
erfasste und in Jesus den Messias gekommen erachtete, und viele
sind wirklich übergetreten; oder sie musste, mit Aufgabe aller politischen Aspirationen in der Gegenwart, die Erfüllung auf eine unbe-
stimmte Zukunft vertagen und nur an der Gestalt der Religion festhalten, die in ihren Schulen ausgebildet worden war. Nur die
Schriftgelehrten überdauerten so den Untergang des Staates, sie
lebten fort im talmudischen Judentum.

II. *Das hellenistische Judentum.*

§ 70.

Die jüdische Cultur im Ausland.

Einen andern Gang nahm die jüdische Cultur im Auslande. Die
Zerstreuung hatte längst vor unserer Periode ihren Anfang genommen.
Von einer allgemeinen Rückkehr aus dem Exil war so wenig die
Rede, als von einer frühern allgemeinen Deportation. Und seit der
macedonischen Eroberung nahm die freiwillige Auswanderung erst
recht grossartige Dimensionen an. Der Handel führte die Juden
nach Aegypten, Kleinasien, Kyrene und weiter in die neu auf-
blühenden griechischen Städte; ausserdem verpflanzten sowohl Ptolemäer als Seleuciden zahlreiche Colonien derselben in ihre Länder,
unter manchfachen Vergünstigungen. Zum Beispiel waren in Alexandrien zwei Quartiere von fünfen nur von Juden bewohnt. Nach
Philo lebte eine Million Juden in Aegypten. Sie bildeten besondere

Corporationen, genossen Bürgerrecht, nahmen griechische Sprache
und griechische Bildung an, blieben aber der Religion der Väter
treu und erkannten fort und fort Jerusalem als ihre Metropole an. Sie
lieferten die Tempelsteuer ab, und Festreisen unterhielten die Verbindung. Die Synagogen, welche überall entstanden, wo Juden sich
in hinreichender Zahl ansiedelten, erhielten und festigten den
Glauben, und der Monotheismus gewann auch manche Bekenner
unter den Heiden, die ihres Götzendienstes müde waren, besonders
unter dem weiblichen Geschlechte. Die Hoffnung, den Monotheismus
zur allgemeinen Religion zu machen, also die alte Aufgabe erfüllen
zu können, nach welcher man das Bewusstsein hatte, zum Lichte
der Völker berufen zu sein, konnte hier Wurzel fassen. Die älteren
sibyllinischen Dichtungen haben hauptsächlich diesen Zweck. Die
religiöse Literatur der Hellenisten ist überhaupt eine reiche gewesen. Mehrere Stücke derselben haben in die griechische Bibel Eingang gefunden, so das Buch der Weisheit, ein Teil des Buches
Baruch (3, 9 ff.—5,9), die Ἐπιστολὴ Ἱερεμίου, das sogenannte
3. Buch der Makkabäer, der griechische Esra (in LXX:
Ἔσδρας ά, in Vulgata: Esdras III), die Zusätze zu Daniel und zu
Esther. Hier, wo es sich um Religion und Theologie handelt, ist
besonders wichtig zu erkennen, wie weit sich der Einfluss griechischer
Philosophie auf die religiöse Anschauung erstreckte, und was
demgemäss vom väterlichen Glauben festgehalten, was modificiert
wurde.

§ 71.

Das Buch der Weisheit.

Am ergiebigsten ist in der eben genannten Hinsicht das Buch
der Weisheit Salomos. Dem Könige, der schon lange als der
Träger aller Weisheit galt, wird hier eine Empfehlung derselben als
der Quelle aller Tugend und alles Glückes in den Mund gelegt. Die
Ausführung ist rhetorisch gehalten, mit Verwendung der spiritualis-
tischen auf Plato und die Stoa zurückgeführten Populärphilosophie
des Zeitalters, zur Erläuterung, Begründung und Verbreitung des
jüdischen Glaubens. Die Grundlage aber ist alttestamentlich. Die
Lehrsätze laufen grossenteils parallel mit denjenigen, die wir bei
Sirach schon gefunden haben. Die Weisheit umfasst auch hier alles
dasjenige, was der Mensch wissen und üben muss, um glückselig zu

leben (6, 19; 7, 7 ff.; 8, 9 ff.): Kenntnis Gottes und der Welt
(7, 17 ff.; 8, 4. 8; 9, 6 ff. 17), Kenntnis und Erfüllung der Pflicht
(8, 7; 9, 6 ff.; 10, 8 ff.), vor Allem Frömmigkeit (1, 1 ff.). Von
Natur aber ist sie dem Menschen unzugänglich (13, 1). Ohne den
Beistand des göttlichen Geistes bleibt sie ein unerreichbares Gut
(9, 6. 13—17), ja sie wird mit dem πνεῦμα ἅγιον geradezu identificiert
(1, 4. 5; 9, 17). Wer sie erlangen will, muss daher die Belehrung
bei Gott suchen (7, 7. 15. 17; 8, 21; 9, 10). Gott aber hat alle
Weisheit dem Volke Israel im Gesetze mitgeteilt (18, 1). Die
Schrift ist die Quelle, wo sie zu finden ist; in der Thora hat die
Weisheit ihre Darstellung gefunden. Die Weisheit ist auch hier
zunächst ein göttliches Attribut, oder vielmehr die Zusammenfassung aller Attribute Gottes, welche sich in seiner Wirksamkeit
kund thun, in Schöpfung und Vorsehung, in der Offenbarung in der
Natur und durch die Menschen (1, 7; 7, 24; 8, 1; 12, 1), und
zugleich die Quelle aller Erkenntnis und Tugend der Menschen
(7, 22 ff.; 8, 7 ff.; 9, 10. 11). Sie wird aber noch bestimmter, als bei
Sirach, als Hypostase gefasst. Die Hauptstelle dafür ist 7, 25 ff. Sie
heisst da ein Ausfluss der göttlichen Herrlichkeit (ἀπόρροια), ein
Abglanz (ἀπαύγασμα) des ewigen Lichtes, ein fleckenloser Spiegel
von Gottes ἐνέργεια und das Abbild (εἰκών) seiner Güte. Sie war
schon dabei, als Gott die Welt bildete (9, 9), sie ist das Werkzeug
bei der Schöpfung, γενέτις, τεχνῖτις πάντων (7, 12. 21; 8, 6; 9, 2).
Dass sie hypostatisch gedacht wird, geht deutlich daraus hervor,
dass sie als Abbild der göttlichen Vollkommenheit bezeichnet wird,
denn das Attribut kann nicht sein eigenes Abbild sein. Ihr Ursprung
ist emanatistisch ausgedrückt, nicht creatianisch. Ihr Wirken ist
nach Art der Weltseele, alles Geschöpfliche durchdringend, die
materielle Schöpfung und die vernünftigen Geister, πάστς γὰρ
κινήσεως κινητικώτερον σοφία, διήκει δὲ καὶ χωρεῖ διὰ πάντων διὰ τὴν
καθαρότητα (7, 24). Sie ist auch die Mittlerin der Vorsehung; sie hat
ihren Wohnsitz in Israel, dessen Gottesverehrung sie leitet (9, 8),
in dessen Gesetz sie sich verkörpert hat (7, 27; 10, 16; 11, 1), und
dieses Gesetz wird ewig bestehen (12, 1; vgl. Baruch 3, 38; 4, 1).
Zwar werden keine rituellen Vorschriften erwähnt, aber die Polemik
des Verfassers gegen diejenigen Juden, welche ihre Lebensart den
fremden Gebräuchen anbequemt hatten und das treue Festhalten
an der väterlichen Sitte Unverstand nannten (c. 2), zeigt deutlich,
dass er davon nichts nachlassen wollte.

Auch die Vergeltungslehre weicht in ihren Grundlagen nicht von derjenigen ab, die sich schon bei Sirach findet. Die Freiheit des Menschen ist überall vorausgesetzt; daneben gilt Gott als der Spender der Weisheit, welche die Sittlichkeit in sich fasst. Dies scheint ein Widerspruch. Die Versöhnung wird in kosmologischen Ideen gesucht. Gott, der die Welt aus Liebe geschaffen, hat kein zerstörendes Prinzip in dieselbe gelegt (11, 24 f.); im Gegenteil sollten alle Geschöpfe der Erhaltung des Menschen dienen (1, 14). Wenn es nicht der Fall ist, so liegt die Schuld am Menschen selbst. Dieselben Bestandteile der Welt, welche für den Gerechten eine Quelle von Genüssen sind, werden zu Werkzeugen Gottes, die Bösen zu bestrafen. Die Schöpfung ist von Gott zum Dienste seiner Gerechtigkeit angelegt (11, 5. 14; 16, 24; 18, 8). Es soll damit nicht bloss gesagt sein, dass Feuer, Wasser u. s. w. bald Wohlthat, bald Plage sind. Wenn der Verfasser, von den ägyptischen Plagen redend, zeigt, wie das Feuer seine Kraft bald mildert, bald steigert, den Aegyptern zum Schaden, den Israeliten zum Heile (16, 17 ff.), wenn die Geschöpfe wohlthätig oder schädlich sind, nicht nach ihrer Natur, sondern je nach dem Willen Gottes bei der besonderen Gelegenheit (16, 5. 7. 12. 26), so will er von einem in die Welt gelegten Gesetze (λόγος oder ῥῆμα κυρίου) reden. Sobald der Mensch von dem ihm im Gesetze vorgeschriebenen Wege abweicht, erfährt die Natur eine entsprechende Aenderung (Deviation). Das unmittelbare Werkzeug ist der Teufel (2, 24). Das Uebel ist die Folge der Sünde.

Hier aber scheidet sich der Verfasser von seinen palästinensischen Vorgängern und wird der Einfluss griechischer Philosophie offenbar. Die Sünde selbst hat ihre Ursache in dem Leibe, in dem materiellen Stoffe (8, 20). Die Materie selbst ist nicht von Gott geschaffen, sondern bloss geordnet (11, 18: ὕλη ἄμορφος; 9, 15: γεῶδες σκῆνος, die irdische Hülle der Seele). Die Seele, ein geistiges Wesen, und Gott verwandt (7, 23), hat eine vorweltliche Existenz als Einzelwesen und wird nur für eine Zeit mit einem Leibe bekleidet, einem Gefängnisse, das die Seele beschwert (φθαρτὸν γὰρ σῶμα βαρύνει ψυχήν 9, 15), ihren freien Flug nach oben hemmt und sie zum Ungehorsam gegen das Gesetz führt (8, 19. 20; 9, 15). Das ist eine ganz andre Ansicht vom Leben, als die bei den Juden bisher gangbare, nach welcher die Seele jedenfalls vor der Entstehung des Leibes keine Einzelexistenz besitzt und als Lebensprinzip vielmehr

die *rūach* (רוּחַ) gilt (vgl. Ps. 104, 29—31). Als geistiges Wesen
ist die Seele auch unsterblich ὁ θεὸς θάνατον οὐκ ἐποίησεν (1, 13 ff.;
2, 23). Die Seelen der Gerechten sind in Gottes Hand und keine
Qual darf sie anrühren. Die Thoren meinen, jene seien tot; ihr
Austritt aus diesem Leben scheint ihnen ein Uebel und der Vernichtung gleich, aber sie sind in Frieden, ihre Hoffnung auf Unsterblichkeit ist erfüllt, Gott hat sie seiner würdig geachtet (3, 1 ff.).
Die Weisheit führt zum ewigen Leben bei Gott (1, 15 ff.; 4, 1.
2; 6, 18 ff.; 8, 13. 17; 15, 3), προσοχή δὲ νόμων βεβαίωσις
ἀφθαρσίας, ἀφθαρσία δὲ ἐγγὺς εἶναι ποιεῖ θεοῦ (6, 19 f.). Für die
Gerechten, die sich als «Kinder des Herrn» (παῖς κυρίου) fühlen
(2, 13), giebt es keinen Tod, der Tod ist nur Uebergang in die
Seligkeit bei Gott. Die Gottlosen hingegen fallen dem Tode anheim
(1, 11 ff.; 2, 15. 17. 20). Man könnte hier an Vernichtung denken,
wenn nicht andere Stellen (besonders c. 5) die Bösen schil-
derten, wie sie nach ihrem Tode Zeugen der Seligkeit der Gerechten sind und die Verblendung bedauern, durch welche sie selbst
derselben verlustig gegangen sind (vgl. Luk. 16, 19—31). Also
wird eine bewusste Fortdauer vorausgesetzt. Von Auferstehung
ist nicht die Rede und kann nicht die Rede sein; ihre Folge wäre
ja nur ein neuer Leib und somit ein neuer Kerker für die Seele.

Die Theodicee ist bei dieser Psychologie der Weisheit leichter
geworden. Dass die Tugend hienieden oft leidet und unterdrückt
wird, macht nun keine Schwierigkeit mehr; weiss der Verfasser
doch, dass alles Unglück auf Erden in der ewigen Seligkeit reichen
Ersatz findet (3, 5 ff.). Früher Tod des Frommen vermag seinen
Glauben an die Gerechtigkeit Gottes nicht zu erschüttern. Er weiss,
dass Gott die zu sich nimmt, die er lieb hat, um sie der Verführung
der Bösen zu entziehen (4, 10 ff.). Das Gericht scheint hiernach bei
dem Tode des Einzelnen statt zu finden. Nichts destoweniger ist
auch von einem allgemeinen Weltgericht die Rede (3, 7. 13. 18).
Es ist wohl der Gerichtstag gemeint, mit welchem das messianische
Reich sich eröffnen soll. Von den nationalen Hoffnungen hat sich
der Verfasser in der That nicht frei gemacht. Israel soll auch nach
ihm über die Völker herrschen, wenn Gott seine Feinde wird
vernichtet haben (3, 8 ff.; 5, 17 ff.; 6, 1 ff.). So versöhnt sich das
allgemeine Gericht mit dem individuellen. Die Farben sind übrigens
ganz allgemein gehalten, das rein politische Element ist zurückgetreten. In der Diaspora fühlte man den Druck der Heiden nicht,

wie im Vaterlande. Ein Hauptzug der Hoffnung in hellenistischen Kreisen blieb die Verbreitung der Wahrheit.

§ 72.

Die messianische Hoffnung.

Dass die messianische Hoffnung auch unter den alexandrinischen Juden lebendig war und blieb, bezeugen ebenfalls die sibyllinischen Orakel und Philo.

Das dritte Buch der Sibyllinen ist seinem Hauptteile nach (v. 97—817) unstreitig jüdischen Ursprungs (vgl. S. 262). Der messianische Inhalt ist hauptsächlich aus den Versen 652—794 zu erheben. Er ist folgender:

Vom Aufgang sendet Gott einen König, der allem Krieg ein Ende macht. Die Könige der Heiden sammeln sich noch einmal wider Jerusalem und den Tempel. Sie müssen aber mit ihren Völkern umkommen. Die Kinder Gottes werden dann in Ruhe und Frieden leben unter seinem Schirm. Die Heidenvölker werden sich selbst zu ihm bekehren, sein Gesetz annehmen und ihre Gaben nach dem Tempel senden. Dann richtet Gott sein ewiges Friedensreich auf über alle Menschen, dessen Mittelpunkt Jerusalem sein soll. Das Hauptgewicht fällt darauf, dass bei allen Völkern der Erde Gottes Gesetz zu Anerkennung und Geltung gebracht wird.

Auch Philo (*De execrationibus* § 8 und 9; *de præmiis et poenis* § 15—20) weiss von einem Reiche des Friedens, das nach bösen Zeiten anbrechen soll und zu dem alle Israeliten aus der Ferne herbeiströmen werden, um unter einem unbesiegbaren Fürsten die Herrschaft über die gesamte Menschheit zu führen. Glück und Reichtum, Kraft und Gesundheit, Fruchtbarkeit des Bodens, Friede mit Allen, werden die ihnen zugesicherten Segnungen sein. Auch die wilden Tiere werden ihre Natur ändern und sich wie Haustiere den Menschen zum Dienste untergeben. Wie man sieht, teilt auch Philo die Erwartungen der Juden.

Doch nicht Hoffnung allein, auch Arbeit zur Verbreitung der monotheistischen Religion, Polemik wider den Götzendienst, Verteidigung der jüdischen Religion, Empfehlung derselben als der schon den weisen Heiden bekannten religiösen Wahrheit: dies Alles findet sich in den genannten Schriften und mehreren kleineren

Apokryphen oder Zusätzen zu ältern Büchern. Wie gross der Erfolg war, zeigt sich an der Zahl der Proselyten.

§ 73.

Philo.

Der gewichtigste Repräsentant des hellenistischen Judentums und seiner Religionsphilosophie ist P h i l o von Alexandrien, ein älterer Zeitgenosse Jesu, von welchem wir noch zahlreiche Schriften besitzen.

Sein System ist eigentlich eine Combination von philosophischen Ideen, welche hauptsächlich Plato und den Stoikern entlehnt sind, mit dem Judentum. Die heilige Schrift, besonders der Pentateuch, ist die Quelle der Wahrheit; jedes Wort derselben ist vom heiligen Geist inspiriert. Teilweise findet sich aber die Wahrheit auch bei den Philosophen. Sie haben dieselbe aus Mose geschöpft. Die Erklärung dieser sonderbaren Annahme liegt darin, dass Philo die philosophischen Ideen jener Schulen sich angeeignet hatte, als Jude aber, der er doch bleiben wollte, dieselben im A. T. schon gelehrt finden musste. Er bringt sie also zum Studium des A. T. mit und sucht sie mit Hilfe der allegorischen Erklärung darin nachzuweisen; er entwickelt demnach seine philosophischen Gedanken als Exeget des A. T. Jedoch ist er sich dabei nicht bewusst, dass er fremde Gedanken in das A. T. hineinlege, sofern er eben wirklich meinte, Mose und die Propheten hätten ihr System in Bildern vorgetragen und die allegorische Exegese sei deshalb die allein richtige. Man kann also nicht sagen, dass er sie zu Philosophen mache; er bildet sich vielmehr ein, sie seien es wirklich gewesen und er selbst sei der rechte Interpret ihrer wahren Gedanken, obschon er doch seine Gedanken ganz anderswoher hat.

Sein Gottesbegriff ist ein rein philosophischer. An die Stelle der lebendigen, schaffenden concreten Persönlichkeit des A. T. ist eine abstracte Wesenheit getreten: das reine Sein (in dem Namen Jahwe angedeutet). Ihm eigen sind die metaphysischen Attribute: Ewigkeit, Unveränderlichkeit, Einfachheit, Freiheit, Allgenügsamkeit, Alles, was dem Geschöpf abgeht. Die Bestimmtheiten hingegen, welche dem endlichen Wesen zukommen, sind bei ihm zu negieren, und zwar nicht allein die Fehler, sondern auch die Tugenden des

Menschen. Gott ist erhaben auch über das Gute und Schöne, qualitätslos, und darum undefinierbar und unerkennbar, trotzdem er als das eigentlichste Object des Wissens gilt. Zugleich aber ist er die Quelle aller Vollkommenheit; darum muss er sie besitzen und so kann allerdings von Gottes Allmacht und Güte die Rede sein. Der Widerspruch ist nicht allein durch den israelitischen Glauben hervorgerufen, sondern dem philosophischen System schon inhärierend.

Gott ist nämlich der Schöpfer der Welt, nicht nach ihrem Stoffe ($\ddot{\upsilon}\lambda\eta$), sondern nach ihrer Ordnung. Die Materie ist in unendlichem Abstand von ihm, aber an sich nicht feindselig seinem Wirken widerstrebend, sondern im Gegenteil dazu geeignet, durch ihn gestaltet zu werden. In dieser Gestaltung besteht die Schöpfung des $\varkappa\acute{o}\sigma\mu o\varsigma$. Gott kann aber nicht selbst mit der Materie in Verbindung treten, wodurch er sich beflecken würde; daher tritt zur Erklärung der Schöpfung sowohl, als zur Befriedigung des religiösen Bedürfnisses, die Kluft zwischen dem Ewigen und dem Endlichen zu überbrücken, die Idee von Mittelwesen auf. Im A. T. fand Philo als solche die Engel, die Weisheit, bei Plato die Ideen, bei den Stoikern die wirkenden Ursachen. Aus diesen Elementen construiert er seine Theorie der Mittelwesen. Es wird dabei ausgegangen von den platonischen Ideen, den Urbildern der Dinge, welche in Gott immanent sind, aber zugleich als wirkende Ursachen die Ordnung der Welt begründen. Es könnten göttliche Eigenschaften, seinem geistigen Wesen inhärierende Urbilder der Geschöpfe sein (und manchmal überwiegt diese Vorstellung), wenn nicht zugleich die absolute Trennung Gottes von der Materie die Mittelwesen erforderte. Darum lässt sie Philo vor der Schöpfung aus Gott als selbständige Wesen hervorgehen, oder von ihm geschaffen werden als seine Diener, Statthalter und Werkzeuge in und bei der Schöpfung, in der Weise der Engel oder der Dämonen (Untergötter). An der Spitze dieser Kräfte oder sie zusammenfassend steht der $\lambda\acute{o}\gamma o\varsigma$, Vernunft und Wort zugleich. Als Vernunft, Gott immanent, ist er der Inbegriff der göttlichen Ideen, welche in der Welt zur Offenbarung kommen. Als Wort, als ausgesprochenes Denken, ist er das Ebenbild Gottes, das Werkzeug, durch welches Gott die Welt geschaffen hat und erhält und sich den Menschen offenbart. Er heisst darum Stellvertreter und Gesandter Gottes, Engel oder Erzengel. Die Doppelseitigkeit der Logosidee, nach welcher sie bald unpersönlich, bald persönlich gefasst wird, ist dem System unentbehrlich. Der scharfe Begriff der persönlichen Subsistenz fehlt eben dem Altertum überhaupt. Die Welt ist der göttlichen Ideen voll und doch nicht von Gott selbst berührt. Damit ist ein Mittler der Schöpfung gesetzt, aber ein Mittler, in welchem der Inhalt des göttlichen Bewusstseins in seiner Fülle lebendig vorhanden ist. Dass der Abstand des ἀγέννητον vom γεννητόν hier nicht eine Differenz einschliesst, ist eine Inconsequenz des Systems. Der Logos ist Ordner und Lenker der Welt. Das Böse in ihr ist Wirkung der Materie, welche zwar bildsam, aber doch nicht in die göttliche Sphäre zu erheben ist. Sie bleibt eine Schranke. Dies führt uns zur Anthropologie und Ethik des Systems.

Die Seelen oder vielmehr die Geister sind Ausflüsse Gottes, geistige Substanzen, welche den gesamten Luftraum erfüllen. Näher bei Gott stehen die Engel oder Dämonen. Diejenigen, welche der Erde näher stehen, steigen herab in sterbliche Leiber und gestalten sich so zu Menschen. Ist der Geist das Ebenbild des Logos, der ideale Mensch, so prägt sich dieses Ebenbild in der Wirklichkeit, eben wegen der Teilnahme an der Materie, nur unvollkommen aus. Der Leib ist eben der Kerker der Seele, die Quelle alles Uebels und die unvermeidliche Ursache der Sünde. Daher der Logos auch nicht Mensch werden kann. Wegen dieser Zwiespältigkeit im Menschen ist Streit zwischen Geist und Materie. Der erstere muss siegen und zur Herrschaft gelangen, wenn der Mensch seine Bestimmung erfüllen soll. Es ist solche Herrschaft aber auch möglich, denn der Geist, nach des Logos Ebenbild geschaffen, steht fortwährend unter seinem erziehenden Einfluss. Der Menschen Ziel ist Lossagung von aller Sinnlichkeit, Freiheit von allen Affecten, wie bei den Stoikern, von denen Philo auch die vier Cardinaltugenden (wie schon das Buch der Weisheit) entlehnt. Er unterscheidet sich aber von ihnen dadurch, dass er die Frömmigkeit als Quelle aller Tugenden fasst und sie nicht aus eigener Kraft, sondern aus der Einwirkung des Logos gewinnen lässt. Neigung zum Asketismus ist nur Consequenz des Systems. Daneben verleugnet er das praktische Bestreben der alttestamentlichen Sittenlehre nicht. Vorteilhaft unterscheidet er sich von den Weisheitslehrern und Schriftgelehrten durch Vermeidung des Atomismus, durch Zurückführung aller Tugenden auf ein Grundprinzip, Liebe oder Glauben, Betonung der Sittlichkeit statt der Gesetzlichkeit. Als die höchste Stufe, die auf Erden zu erreichen ist, gilt ihm die Anschauung Gottes, das Erfülltsein von seinem Geiste, die unmittelbare, auch nicht durch den Logos vermittelte Erkenntnis Gottes. Vollendet wird sie, wenn der Geist durch den Tod von den Banden des Leibes befreit ist und die Seele in ihren ursprünglichen Stand zurückkehrt. Diese selige Unsterblichkeit wird denen zu teil, welche von der Anhänglichkeit an den sinnlichen Leib sich frei erhalten haben.

Dies sind die Hauptgedanken der Lehre Philos. Es ist merkwürdig genug, dass in Philos Gestalt die beiden Linien der griechischen Philosophie und des hellenistischen Judentums sich treffen. Die Philosophie ist zur Theologie und die Religion zur philosophischen Weisheit geworden; aber das war eben nur möglich, weil Philo den Inhalt seines Systems der Philosophie entnahm und auch die hellenistischen Juden gelernt hatten, nach Weisheit zu fragen. Auf die Entwicklung der christlichen Theologie sind Philos Gedanken von grossem Einfluss gewesen. Das Judentum aber sagte sich, wo es sie etwa angenommen hatte, mehr und mehr davon los. Der Hellenismus ging ins Christentum über; die Juden folgten der pharisäischen Richtung.

Philo von Alexandrien und die palästinensische Schriftgelehrsamkeit bilden die äussersten Spitzen, in welche die gesetzliche Religionsauffassung auslief. Das lebendige Wort Gottes, welches von dem Gesetz auf endgiltige feste Form gebracht werden sollte, damit die gottesfürchtigen Juden in allen Stücken den Willen Gottes erfüllen könnten, wurde auf der einen Seite in eine philosophische Lehre aufgelöst, die unfähig war, den Verkehr Gottes mit den Menschen von dem allgemeinen Wirken des einen Logos in der Welt zu unterscheiden und so ihn sicher zu stellen, und auf der andern Seite in eine Unmasse atomistischer Regeln und Satzungen zerlegt und verdichtet, die wie ein undurchdringlicher Zaun den Ausblick auf Gott unmöglich machten. Von einer Unmittelbarkeit der Religion, wie sie die Propheten als die wahre innige Verbindung der einzelnen Menschenseele mit Gott erlebten und für alle von der Zukunft erhofften, und wie sie noch der Dichter Hiobs in heissem Ringen gegenüber der nomistischen Fassung siegreich behauptet hatte, war keine Rede mehr. Das lebendige Wort Gottes war erstarrt, ein Prophet stand nicht mehr auf; seine Stimme wäre auch nur wirkungslos an dem gelehrten System und dem starren Gesetz

abgeprallt. Da hat Gott die Rettung gebracht, nicht mit einer anderen
Lehre oder einem andern Gesetz, sondern durch die Sendung seines
Wortes in lebendiger Kraft, das zu den Herzen der Menschen
hindurchdringt und ihnen eine selbständige und unmittelbare
Erkenntnis des Willens Gottes verleiht. Weder in den cultischen
Riten oder den Satzungen der Schriftgelehrten, noch in der philosophischen Weisheit ist für jeden die Brücke zwischen Gott und den
Menschen zu finden; sondern, wie die Propheten erhofften, nur das
lebendige Wort Gottes bildet die wahre Verbindung. In Jesus ist
dieses Wort in lebendiger Kraft erschienen: ὁ λόγος σάρξ ἐγένετο καὶ
ἐσκήνωσεν ἐν ἡμῖν (Ev. Joh. 1, 14).

Stellenregister.

I. Altes Testament.

Gen. 1 30 255.
2 130. 143. 178. 1—3 232. 4ᵇff.
143. 17 193.
3 178. 180. 5f. 179. 8 130. 16ff.
193. 17 179. 21 32. 22 180.
4 47. 7 178. 10 48. 14 87.
6 1ff. 247. 287.
7 16 130.
8 21 105. 160. 22 144.
9 6 48.
10 19 181.
11 1—9 180. 6 180.
12 6 23. 45.
13 1ff. 112.
14 2 182. 7 23. 45. 47. 136. 14
282.
15 2 60. 9ff. 36.
16 7ff. 24. 13 88
17 43. 221. 5 157. 14 221.
18 8 130.
19 3 130. 17 33.
20 9 11 112.
21 17 89. 19 24. 28—31 23 33 88.
99.
22 38. 9 35. 11 89. 12 112.
24 62 24.
25 22 47.
26 33 24.
27 116. 27f. 39 91. 45 48.
28 10ff. 23. 89. 12 247. 17 89. 18
27. 22 23.
31 11ff. 67. 13 34. 19 30—35 28. 42
53 25. 53f. 71.
32 2 89. 247. 14ff. 107. 113. 21
107. 113. 25ff. 88. 31 33. 31f. 66.
34 7 112. 25ff. 96.
35 2 20. 31. 2ff. 33. 4 28. 8 24.
30. 19 20 30. 20 24.
37 35 117.
38 49. 21f. 102. 26 48.

Gen. 40 19 116.
48 5 220. 15 16 67.
49 5 72. 5—7 96. 25 91. 26 93. 29
33 116.
50 1 41. 15ff. 112. 19f. 114.

Ex. 2 55. 1 72. 96. 10 55.
3 1ff. 33. 65. 66. 5 30. 31. 6 33.
11ff. 51. 61. 66. 13ff. 17. 14 56. 61.
4 14 96. 16 124. 24—26 43. 88. 112.
5 1ff. 65.
6 2ff. 17.
7 1 124. 4 139. 25—27 66.
8 16ff. 66.
9 1ff. 17f. 66.
10 1ff. 66.
11 2f. 32. 4ff. 66.
12 1—10 232. 12 56. 16 232. 18ff.
221. 21—23 27 40. 41. 35 32. 41
139. 42 88. 44 48 221.
13 1—16 232.
14 19 67. 21 27 66.
15 2 61. 3 92. 11 63. 145. 17 87.
25 23. 66.
17 5 6 66. 15 16 62. 88.
18 59. 11 56. 19 59. 96.
19 31. 62. 65. 4 5 242. 5f. 136.
10 31. 11 89. 12ff. 31. 15 33. 20
89. 21 33.
20 59. 68. 111. 123. 164. 174. 4
132. 7 60. 11 232. 19 33. 23 101.
24 87. 98. 99. 100. 25 27. 100.
26 44.
21—23 51. 97.
21 2—6 29. 48. 12 13 97. 30 113.
22 7 8 47. 96. 20—26 97. 27 47. 93.
23 6—9 97. 11 13 97. 12 108. 14
108. 14ff. 72. 14—17 108. 15 103.
232. 16 109. 233. 18 111. 19 91.
232. 20 21 67.

Ex. 2 1 71. 4 27. 5 44. 107. 6 ff. 35. 36.
25 ff. 211.
25 10—22 68.
28 1 224. 30 45. 41 224.
29 1 224. 13 ff. 38 ff. 227. 44 221.
30 33—38 221.
31 12—17 231.
32 96. 101. 15—19 68. 13 120. 34 67.
33 1 ff. 66. 2 66 67. 6 32. 7 ff. 69. 220. 11 69. 95. 102. 220. 12—15 66. 14 66. 67. 18—23 131. 20 83.
34 2 33. 6 f. 136. 11 ff. 63. 14 110. 112. 14—23 110 f. 17 30. 101. 18 109. 18—20 232. 19 109. 20 103. 21 108. 22 233. 23 108. 25 91. 27 ff. 68. 28 111.
35—40 211.
35 1—3 231.

Lev. 1—7 211. 226.
1 227. 4 229. 14—17 285.
2 1 104. 227. 11 104. 13 87. 104. 14 227.
3 227. 1 228. 2 229. 6 228. 11 105.
4 228. 229. 3 5 224.
5 228. 1 ff. 229. 230. 285. 7 ff. 227. 11 ff. 228. 21 ff. 230.
6 1 ff. 229.
7 227. 12 ff. 14 16 ff. 227. 20 21 23 27 221. 29 ff. 228.
8—10 211.
8 12 224. 14 ff. 227.
9 4 228. 22 227. 24 105.
11—15 211. 221.
11 104. 44 f. 137. 138.
12 230. 285. 3 220. 6 8 227. 228. 8 285.
14 19 ff. 227. 53 235.
15 230. 14 15 227. 228. 19 ff. 285. 29 30 228.
16 211. 234. 8 10 21 236.
17—26 52. 206. 211.
17 4 221. 7 236. 243. 9 f. 221. 11 229.
18 5—9 237. 21 38.
19 2 206. 4 147. 11 207. 237. 18 174. 237. 26 40. 27 f. 36. 37. 41. 193. 31 193. 31 237.
20 2 38. 23 138.
21 1 ff. 222. 5 36. 37. 41. 7 222. 10 223. 10 ff. 207. 222. 224. 16 ff. 222.
22 222. 17 ff. 226. 18 ff. 227.
23 3 231. 5—8 232. 13 13 f. 20 233. 23—38 207. 29 221. 31 35 f. 234. 40 233. 42 43 234.

Lev. 24 11—13 93. 16—18 221. 18 60.
25 8 207. 17 207. 237. 35 207. 237.
26. 130. 1 147. 30 100. 147. 41 164.

Num. 1—4 212.
1 50 ff. 224. 52 ff. 220. 53 220. 224.
2 1 ff. 220.
3 6 ff. 7 10 224.
4 224. 15 20 224.
5 212. 1 ff. 221.
6 212.
8 16 ff. 224.
9 13 221.
10 11 ff. 220. 31 ff. 67. 69.
11 12 59. 21 ff. 69. 24 25 220. 28 69.
12 4 220.
15 5 104. 22—31 229. 32 ff. 221. 232. 37—41 284.
16 224. 30 143.
17 23.
18 212. 2 3 3 ff. 6 224. 7 222.
19 212. 13 20 221.
20 22 ff. 30.
21 101. 14 92. 130. 29 60.
22 41 88.
23 3 ff. 227. 13 14 88. 19 135. 21 93. 27 ff. 88.
28 212. 11 ff. 227. 16—25 252. 26 ff. 233.
29 212. 227. 12 13 ff. 33 234.
30 212.
31 19 ff. 72.

Deut. 1 31 67. 33 179.
3 21 143.
4 12 ff. 132. 19 139. 156. 211. 20 156. 28 146. 31 135. 136. 33 148. 37 66. 39 148.
5—26 52.
5 59. 68. 123. 164. 174. 8 132. 9 192. 15 232.
6 4 148. 200. 4—9 284. 5 174.
7 6 136. 137. 9 135. 136. 148.
10 1—3 68. 8 223. 17 135.
11 11 ff. 90. 13—21 284. 29 83. 30 23. 45.
12—26 52.
12 2 102. 3 28. 15 22 104. 31 38.
14 104. 1 f. 36. 37. 41. 137. 193. 200. 201. 4 5 104. 200. 22 ff. 110.
15 17 29.
16 72. 108. 110. 200. 1—8 232 9 109 10 13 13—15 233. 15 234. 18 103. 21 28. 21 f. 102.
17 9 223. 14—20 202.
18 1 6—8 223. 10 39. 11 193. 15 154. 16—22 202. 18 59. 124.
19 1 ff. 200.

Deut. 20 1 ff. 72.
21 1—9 234. 5 223.
23 10—15 32. 222. 15 92. 18 f. 102.
24 16 192. 254.
25 5—10 48.
26 1—11 91. 14 42. 112. 193. 15 130.
19 137.
27 12 f. 88.
28 52. 190. 36 61 146.
29 16 146. 147.
31 9 10 ff. 223.
32 4 135. 8—10 136. 8 (LXX) 287.
17 21 147. 22 194.
33 1 124. 1 ff. 69. 2 65. 3 136. 4 5
92. 7 114. 8 45. 96. 9 10 96. 13 ff.
91. 16 65.
34 10 ff. 59.

Jos. 3 3 f. 69.
4 20 27. 28.
5 2 43. 13—15 91. 14 139. 15 31.
7 13 ff. 47.
8 33 88.
9 27 223.
10 10 f. 12 f. 91.
18 6 45.
19 37 136.
22 10 f. 28.
24 14 ff. 16. 26 ff. 23.

Jud. 2 10 116. 11 ff. 77.
3 7 77. 17 f. 103.
4 93. 4 5 6 ff. 81. 15 91.
5 54. 62. 65 f. 75. 80. 87. 7 95.
97. 8 78. 20 81. 91. 139. 23 31 81.
6 1 77. 11 ff. 81. 18 ff. 105. 19 106.
19—21 34. 20 ff. 23. 100. 21 103.
24 88. 32 80.
7 1 45.
8 18 ff. 47. 26 f. 29. 27 101.
9 13 104. 27 103. 37 23. 45.
10 6 77.
11 11 90. 24 63. 30 ff. 38. 39 f. 109.
13 3 ff. 81. 22 33.
17—19 75.
17 29. 4 f. 101. 5 29. 7 96. 10 45.
97.
18 14 ff. 101. 17 ff. 29. 18 ff. 29. 19
46. 97. 29 ff. 99. 30 96.
19 ff. 168.
19 29 71.
20 1 99. 26 71. 99. 27 90. 33 26.
21 2 99. 19 100. 10 ff. 103.

1 Sam. 1 3 ff. 109. 139. 9 99. 11 81.
14 105. 28 81.
2 11 95. 12 ff. 106. 18 29. 95. 25 47.
96. 27 69. 124. 27 f. 95. 28 30.

1 Sam. 3 3 60. 102. 15 90. 18 115. 20
95.
4 3 ff. 67. 4 60. 139. 13—18 67. 18
90. 22 67.
5 67.
6 67. 3 ff. 113. 14 23. 19 33. 20 137.
7 6 90. 107. 9 71. 106. 11 17 99.
8 7 92. 167.
9 47. 95. 6 ff. 81. 9 81. 95. 122. 11
95. 11 ff. 100. 12 ff. 99. 22 102.
21 f. 106. 27 93.
10 1 93. 3 99. 104. 5 82. 8 90. 11
82. 17 99. 27 103.
11 7 71. 15 90.
12 21 147.
13 8 ff. 90. 10 71. 12 34.
14 3 30. 18 f. 30. 45. 21—35 39.
32—35 35. 100. 41 45.
15 21 90. 29 133. 33 30.
16 2 ff. 106.
17 45 139.
18 10 124. 17 92.
19 84. 13 ff. 29. 84. 101. 19 ff. 82.
24 32.
20 5 ff. 44. 5 f. 107. 108. 6 90. 18
19 27 108. 29 25. 99.
21 2 99. 5 f. 33. 105. 106. 6 92.
10 29. 37. 102.
22 5 ff. 84. 17 18 282. 18 30.
23 6 ff. 29.
24 7 11 93.
25 109. 1 116. 28 92.
26 19 79. 84. 86 f. 113. 160.
28 4 ff. 116. 13 24.

2 Sam. 1 17—27 84.
2 8 ff. 80.
3 27 47. 33 f. 84.
4 4 80.
5 1 ff. 99. 16 80. 21 45. 66. 92.
6 1 ff. 68. 83. 84. 2 67. 6 67. 12 ff.
68. 14 29.
7 83. 2 102.
8 17 84.
11 11 33. 21 80.
12 1 ff. 84.
13 12 ff. 112. 19 42. 23 ff. 109.
14 94. 4 ff. 43. 17 20 93.
15 94. 7 99. 8 79. 87. 88. 21 ff.
84. 25 67. 25 f. 115. 30 41.
16 9 93. 11 115.
17 15 ff. 84.
19 22 93. 35 f. 170.
20 25 84.
21 1 ff. 39. 47. 90. 113. 10 11 116.
24 1 98. 250. 13 ff. 89. 17 f. 113.

1 Könige 1 9 24. 102. 22 ff. 84. 39 102.

1 Könige. 2 5ff. 117. 8f. 93. 10 31
116. 35 276.
3 4ff. 83. 99.
5 83. 1 103.
7 21 28.
8 83. 130. 12f. 130. 23 145. 27
29 f. 131.
11 5 147. 7 83. 147. 29 ff. 95. 33
60.
12 28 101. 32 109.
14 47. 95. 23 100. 24 102.
15 12 102. 147.
16 13 26 147. 32 85.
17 1 90. 9 85.
18 1 90. 16 f. 19 85. 28 36. 29 106.
38 105. 40 85.
19 85. 8ff. 65. 87. 11f. 131. 13 33.
18 34.
21 10 93. 17 ff. 134. 20 f. 85.
22 85. 19 139. 19 ff. 248. 47 102.
49 251.

2 Könige 2 82. 8—14 32.
3 15 27. 39. 63. 82.
4 95. 23 108.
5 17 87.
6 95. 26 27 90.
8 90.
9 82. 85. 95. 11 124.
10 18 85. 22 32.
11 4 ff. 17 ff. 85. 86.
12 17 113.
13 6 28.
16 3 38. 15 105. 106.
17 15 147. 17 38.
18 4 28. 101.
19 18 146. 147
21 6 38. 116. 7 28.
22 17 146.
23 6 28. 7 103. 9 223. 10 38. 13 99.
25 6 106. 18 224.

Jes. 1 2 136. 4 137. 171. 178. 10
171. 10 ff. 154. 11 ff. 161. 13
164. 13 f. 108. 16 17 165. 171.
21 ff. 182. 23 175. 24 139. 24 ff.
187. 27 135.
2—12 120.
2 1—4 191. 2—4 120. 159. 6 175.
8 132. 11 ff. 182. 18 132.
3 1—4 1 182.
3 8 f. 182. 16 ff. 175. 23 ff. 26 42.
5 165. 1—24 182. 5 f. 182. 8 175.
11 ff. 175. 14 194. 16 135. 137.
21 23 175. 24 137. 139. 26—30 182.
6 125. 130. 131. 137. 182. 3 139.
141. 5 130. 175. 178. 7 f. 126.
8 ff. 177.

Jes. 7 2 175. 9 171. 11 117. 141.
194. 16 179. 18 ff. 141. 18—23
182.
8 2 123. 9 f. 141. 11 125. 12 175.
15—18 153. 183. 187. 18 130.
9 1—6 120. 190. 191. 255 f. 2 109.
5 191.
10 1 ff. 175. 5 149. 5 ff. 141. 181.
186. 15 149. 22 135.
11 f. 120. 1 191. 1—9 120. 190.
191. 1—10 225 f.
13—23 120.
13 21 236.
14 9 11 15 194.
15 f. 120.
17 1—11 182. 8 100.
19 120.
21 120. 1 125. 6 126. 247.
22 1 125. 5 183. 8 ff. 175. 11 156.
183. 187.
23 120.
24—27 120. 198. 258.
24 21 22 298.
25 6 ff. 8 258.
26 19 258. 294.
27 9 100.
28—33 120.
28 8 105. 14 ff. 182. 16 153. 171.
23—29 183. 29 172.
29 1 ff. 183. 6 140. 13 154. 161.
166. 175. 14 154. 23 137.
30 8 ff. 187. 15 172. 176. 177. 187.
22 29. 29 83. 135. 139.
31 1 ff. 175. 3 131. 149. 176 182.
4 139.
32 1—8 120. 11 32. 15 ff. 120.
33 120.
34 120. 261. 4 139.
35 120.
36—39 120.
37 16 143.
38 9 ff. 18 253.
40—66 74
40—55 121. 135. 156.
40 1 2 189. 2 136. 158. 159. 173.
3—5 157. 189. 5 190. 6—9 188.
193. 7 142. 8 135. 157. 9—11
189. 12 143. 12 ff. 244. 16 38.
162. 19 f. 30. 147. 26 139. 144.
28 143. 28 29 157. 173. 30 31 157.
41 7 22 f. 146. 22—26 157. 23 147.
42 1 125. 1—4 121. 1—6 157. 158.
4 157. 5 142. 143. 157. 6 135.
136. 158. 9 157. 10 ff. 157. 190.
16 ff. 189. 19—25 158. 159. 21 135.
157.
43 2 189. 9—12 157. 13 141. 22—28
159. 23 ff. 162.

Jes. 44 6 7 157. 8 135. 9 ff. 146. 147.
21 ff. 159. 22 136. 189. 24 142.
45 4 136. 8 135. 12 139. 142. 143.
13 135. 11—17 158. 18 142. 143.
21 135. 147. 22 ff. 191. 24 135.
46 189. 1 2 147. 5 ff. 146. 5—7
147. 10 157. 188. 12 177.
47 189. 1 42. 4 139.
48 1 175. 2 139. 9—11 158. 10 158.
159. 11 136. 12 157. 13 143. 16
157. 20 f. 189.
49 1—6 121. 5 ff. 189. 6 157. 7
135. 8 157. 8 ff. 189. 14 ff. 159.
15 133. 136. 16 189. 17 f. 133.
18—23 189. 24—26 133. 189. 25
136. 26 139.
50 1 159. 2 142. 3 42. 4—9 116. 189.
51 3 189. 6 ff. 142. 8 135.
52 1 f. 5 189 5 158. 7 ff. 189. 9 10 158.
10 157. 177. 190. 11 12 158. 13 ff.
121. 158. 190. 14 ff. 177. 15 159.
53 1 159. 1 ff. 177. 190. 4—6 173.
5 f. 159. 9 173. 10 157.
54 1 ff. 8 ff. 189. 10 159. 173.
11 ff. 13 14—17 189.
55 3 135. 7 189. 8 f. 157. 173.
188. 10 11 157. 188. 12 13 189.
56—66 121. 198. 209. 257.
56 231. 1 ff. 210. 2 4 6 164. 210.
10 ff. 210.
57 1 210. 297. 5 ff. 210. 8 29.
9 34.
58 209. 217. 240. 6 ff. 210. 237.
13 f. 164.
59 2 ff. 209. 14 244. 14 f. 209. 16
257.
60 257. 6 ff. 242. 8 ff. 133. 12 242.
16 139.
61 4 5 6 257. 5—7 242.
63 1—6 242. 257. 9 66. 18 297.
65 3 f 40. 3—5 243. 4 f. 24. 210.
5 32. 8 231. 11 243. 13 ff. 257.
297. 16 178. 17 299. 20 ff. 254.
25 255.
66 3 24. 40. 147. 210. 243. 6—9
255. 17 24. 40. 210. 243. 19 ff.
257. 22 299. 22—24 257. 24 294.

Jer. 1 125. 4 124. 10 184. 11 124.
11—16 185.
2 1 ff. 175. 3 136. 5 8 147. 11 146.
147. 13 148. 18 175. 19 139. 27
27. 28 203. 30 175. 35 36 175.
37 42.
3 3 143. 177. 12 136. 15 188. 16
69. 205. 17 177. 24 147.
4 1 147. 3 173. 3 4 155. 221. 4
43. 164.

Jer. 5 1 ff. 192. 7 147. 175. 22 142.
144. 27 175.
6 4 92. 6 9 139. 13 175. 14 166.
20 105. 26 42. 116.
7 142. 163. 164. 4 162. 175. 4 ff.
154. 5 f. 172. 9 10 ff. 175. 16
153. 21 71. 163. 21 22 162. 24 177.
26 177. 192. 29 41. 30 147. 31 38.
8 1 2 116. 2 139. 7 8 166. 7 ff.
172. 8 f. 154. 175. 19 147.
9 2 ff. 175. 13 177. 22 f. 172. 25 37.
164.
10 1—16 3 147. 6 146. 9 29. 10
142. 14 146. 15 147. 16 143.
11 8 177. 10 192. 13 99. 147. 203.
14 153. 20 135. 154. 155. 173.
12 2 173. 7 87. 17 242.
13 10 177. 23 155.
14 3 41. 11 f. 153. 22 141. 143.
147.
15 1 153. 4 192. 16 125. 19 124.
126.
16 6 41. 12 177. 18 147. 159. 19 146.
147. 20 147.
17 5 ff. 173. 10 154. 19—27 164.
23 177. 26 105.
18 1 ff. 155. 12 177. 15 147.
19 5 38. 13 139.
20 7 ff. 124. 12 135. 154. 173.
22 7 92. 16 172. 19 116.
23 4 188. 5 255. 5—8 188. 16 ff.
126. 17 177. 18 125. 21 ff. 173.
22 125. 23 ff. 141. 25 ff. 126.
24 6 187. 7 120. 155. 173. 187.
25 8—11 186. 11 188. 297. 15 ff.
184. 23 37. 26 282. 30 150.
26 18 184.
28 8 ff. 152. 16 126. 177.
29 115. 188. 11 154. 155. 187.
21 ff. 126. 32 177.
30 f. 120.
31 2—6 188. 3 136. 15 116. 117.
193. 19 42. 29 f. 29—34 120. 192.
254. 31 ff. 155. 33 169. 177. 33 f.
173. 187. 35 f. 144.
32 8 125. 140. 188. 15 188. 35 38.
41 136. 42 ff. 188.
33 15 255. 17 ff. 163. 20 144. 22
139. 25 144.
34 5 42. 18 36.
37 6—10 185.
38 20 125.
41 5 41. 105. 208.
44 148.
46 ff. 120.
47 5 41.
48 37 42.
49 32 37.

Jer. 50 2 147.
51 1 282. 18 147. 27 f. 92. 41 282.

Ezech. 1—3 131. 1 130.
3 12 124.
4 14 204.
5 11 204.
6 4 6 100. 9 175.
7 20 147. 23 175.
8 247. 12 70.
9 9 70.
11 17 ff. 205.
14 14 20 250.
16 175. 204. 1 ff. 136. 3 16. 20 f. 38.
18 2 ff. 254. 6 15 40. 204.
20 175. 5 ff. 16. 7 f. 147. 12 204. 23 ff. 16. 25 f. 38.
22 2 f. 175. 8 204. 11 175. 12 f. 175. 26 204.
23 175. 8 16. 36 ff. 38. 37 175. 38 204.
24 7 8 48. 17 22 42.
25—32 159.
28 18 204.
29. 16 249.
30 13 147.
32 17—42 23 194.
33 12 ff. 251. 254. 23 ff. 115. 25 40. 204.
36 24 ff. 205. 30 90.
37 1 125. 28 156.
38 f. 156. 299.
40 ff. 204. 205. 43 223. 276.
43 7 116. 19 223.
44 205. 6 ff. 106. 223. 8 15 ff. 223. 19 32. 20 37. 23 31 204.
45 18 f. 206. 234.
46 206.
47 9 24. 13 48. 23 206.
48 11 223.

Hosea 1—3 151. 175.
1 125. 1 119. 2 142. 4 134. 7 119.
2 90. 1—3 119. 10 171. 11 143. 13 108. 164. 15 32. 33. 18 80. 23 ff. 143.
3 125. 3 f. 182 4 28. 29. 93. 101. 142. 152. 163. 167. 5 119.
4 1 170. 2 129. 171. 175. 6 129. 170. 8 114. 12 23. 175. 13 100. 105. 14 102. 15 88. 119.
5 3 ff. 175. 4 170. 5 119. 6 176. 178. 7 178. 10 119 10 11 165. 12 ff. 119. 13 151. 170. 175. 14 161. 170.
5 13—6 3 119. 170.

6 3 170. 4 119. 170. 4—6 161. 5 170. 6 154. 170. 7 ff. 171. 2 48. 8 f. 175. 11 119.
7 3—16 167. 11 151. 171. 175 16 134. 147.
8 1 87. 4 167. 168. 4 ff. 132. 5 175. 5 f. 101. 6 1.2. 9 175. 9 10 151. 12 129. 154. 164. 166. 13 161 14 119.
9 1 175. 231. 1 ff. 105. 175. 3—6 87. 152. 4 ff. 163. 7 124. 9 168. 15 87.
10 1 f. 27. 99. 100. 3 168. 5 101. 152. 8 9 168. 11 119. 13 f. 168. 14 f. 152.
11 1 62. 136. 151. 1 ff. 171. 2 3 151. 7 147. 7—9 137. 8 f. 133. 181. 9 114. 152. 171. 10 f. 119. 113.
12 1 119. 2 151. 171. 175. 176. 3 4 119. 6 129. 7 170. 176. 8 f. 165. 10 62. 11 151. 153. 169. 12 99. 14 54. 59. 151. 153. 169.
13 1 151. 2 34. 39. 101. 132. 4 62. 119. 176. 4 5 151. 6—11 168. 10 175. 14 117. 194.
13 12—14 1 133. 151. 152. 171. 182.
14 2—10 119. 182. 191.

Joel 4 9 ff. 12 14 257.

Amos 1 1—2 3 142. 151.
1 2 130. 3 170. 4 141. 6 170. 7 141. 9 170. 10 141. 11 170. 12 141. 13 170.
2 1 116. 170. 6 165. 170. 6 ff. 7 175. 8 105. 114. 10 11 153. 169. 11 f. 129. 12 81.
3 1 f. 151. 2 114. 149. 6 141. 7 125. 8 124. 125. 10 175. 11 ff. 181. 13 139. 140. 14 35. 101.
4 1 ff. 175. 3 181. 4 88. 106. 161. 5 104. 105. 107. 13 119.
5 23 180. 4 166. 4 ff. 154. 5 88. 181. 6 170. 7 165. 8 f. 119. 10—12 165. 14 114. 139. 165. 170. 175. 15 165. 170. 16 181. 18 180. 181. 18 f. 114. 21—23 160. 175. 22 107. 23 231. 24 165. 170. 25 71. 26 27 16. 27 139. 151. 181.
6 1 151. 3 180. 4 ff. 175. 5 84. 7 181. 10 113. 13 115.
7 122. 1—6 153. 4 141. 113. 7 110. 8 181. 9 99. 11 181. 14 94. 17 151.
8 2 181. 4 ff. 175. 5 108. 164. 10 116. 11 ff. 153. 169. 14 24. 88. 102.

Amos 9 1 ff. 151. 181. 1—1 140. 2
117. 194. 2 ff. 141. 4 181. 5 119. 7
149. 151. 181. 8—15 119. 181. 191.

Jona 4 11 179.

Micha 1—3 120.
1 3 130. 5 99. 8 32. 10 42.
3 5 92. 5 f. 126. 7 42. 8 125. 11
175. 12 184.
4 1—5 191. 4 139.
5 1 190. 191. 296. 1 ff. 255 ff. 2
297. 2 f. 3 255.
6 1—8 4 54. 6 ff. 161. 6 7 38. 8
174.
7 6 175. 18 146.

Nahum 1 3 135. 136. 7 135.
2 8 42.

Habakkuk 1 120. 6 121. 12 ff. 137.
2 120. 4 186. 5 194. 18 45. 18 f.
146. 147.
3 120. 3 69.

Zephanja 1 7 14 15 f. 18 184.
2 2 184. 4—15 120. 184. 185. 9
139.
3 120. 1—8 120. 3 175. 4 129. 5
135. 11—13 120.

Haggai 1 2 ff. 203.
2 6 ff. 208. 7 242. 12 ff. 234. 14 ff.
208. 20 ff. 208. 255. 23 191. 255.

Sach. 1—8 74. 190 193. 255.
1 9 247. 13 126. 247. 14 247.
2 2 5 ff. 247. 248.
3 248. 7 248. 8 191. 225 255.
4 1 247.
5 209. 248. 5 247. 9 ff. 235.
6 4 247. 9 ff. 208. 12 191. 255.
7 191. 217. 9 10 237.
8 191. 4 f. 254. 20 ff. 191.
9 ff. 75. 198. 9 7 40. 9—10 258.
11 4 ff. 8 274.
12 3 7 273. 10 116.
13 4—6 36.
14 12 291. 12 ff. 242.

Mal. 1 2 ff. 242. 8 227. 10 203. 11
242.
2 5 ff. 225. 6 7 96. 17 ff. 257.
3 1 209. 256. 297. 14 42. 16—21
297. 16 209. 294. 23 297. 23 f.
209. 257.

Ps. 1 260. 2 283.

Ps. 2 261.
3 2 4 6 7 ff. 261.
4 261. 7 f. 262.
5 5 ff. 260. 9 ff. 261.
6 261. 6 260.
7 261. 4 ff. 262. 10 12 f. 260.
8 260.
9 261.
10 261. 16 ff. 260.
11 5 ff. 260.
12 f. 261.
16 4 40. 5 262. 15 261.
17 3 262. 15 261.
18 2 3 261. 21 ff. 262. 26 ff. 252.
19 260. 8 ff. 240. 13 230. 14 262.
22 1 231. 5 6 261.
23 f. 261.
26 1 3 ff. 8 262.
27 261. 1—16 261. 4 26 2.
28 8 261.
29 11 261.
30 261. 4 261. 10 230.
32 1 2 261.
33 6 ff. 260. 9 143. 13 ff. 18 ff. 261.
34 11 12 ff. 20 ff. 260. 261.
37 216. 261.
38 7 42.
40 262. 7 284.
42 2 ff. 231. 9 260.
43 3 185.
44 2 4 261. 18 ff. 262.
46 2—8 261. 9 ff. 260.
47 3 4 260.
48 9 ff. 261.
49 216. 261. 16 261.
50 262. 7—15 284.
51 260. 262. 18 19 284.
52 261.
54 261. 7 135.
55 18 260.
56 1 231. 5 ff. 261.
57 1 231. 4 135.
58 261. 1 231.
59 1 231.
62 261. 8 260.
63 2 ff. 262. 7 260.
66 261.
67 261.
68 261. 8 69.
69 261. 6 230.
73 216. 261. 25 ff. 262.
74 8 215.
75 1 231.
84 2 ff. 231. 262. 11 262.
86 1 ff. 262.
87 219. 262.
88 7 253. 11 260. 11 ff. 13 253.
89 9 ff. 260.

Ps. 90 13 208.
91 261. 11 248.
94 261. 17 253.
95 2 ff. 260. 3 146. 260.
96 4 146. 4 ff. 260. 5 146.
97 7 9 146. 9 ff. 260.
99 261.
103 261. 20 21 248.
104 260. 24 ff. 244. 29—31 304.
106 37 288.
107 261.
108 5 261.
109 261. 8 282.
110 261.
111 261.
112 261.
113 4 ff. 260.
115 260. 9 ff. 261. 16 253. 17 253. 260.
117 2 261.
119 241.
124 261.
125 261.
128 261.
132 2 ff. 231.
133 262.
137 242. 7—9 261.
139 260. 7 ff. 260.
147 19 20 241.

Prov. 1 7 238. 12 194. 253. 32 f. 252.
2 22 252.
3 5 7 238 8 16 252. 19 f. 245. 22 252. 33 251.
4 10 252.
5 7 ff. 239. 21 ff. 251.
6 34 239.
7 27 253.
8 1 ff. 245. 12 ff. 238. 21 252. 22 ff. 245. 23 252.
9 10 238. 11 18 252.
10 9 16 25 252. 30 251.
11 18—21 251.
12 28 251. 252.
13 18 21 23 252.
15 6 252. 8 239. 284. 9 251. 11 253.
16 1 5 9 251.
19 16 251. 17 239 21 251. 23 252.
20 9 f. 239. 284. 24 251. 23 239.
21 3 239. 284 24 252. 31 251.
24 12 251.
27 20 194. 253.
28 27 239.
30 13 253. 16 194. 253.

Hiob 1 6 248. 8 9 ff. 263.
2 1 248. 3 4 5 263.

Hiob 3 19 253.
4 12—16 61. 263. 18 248.
7 6 f. 7 ff. 253.
8 3 11 264.
10 21 253.
11 6 264.
13 8 265. 16 264.
14 4 263. 13 ff. 265. 22 253.
15 17 ff. 263.
16 18 48.
17 11 ff. 253.
19 25 265.
20 3 264.
21 28 ff. 263.
22 2 3 264. 13 ff. 263.
23 1 ff. 263.
26 6 253.
28 14 ff. 244.
30 23 253. 28 43.
32—37 266.
38 244. 7 139. 17 253.
39 244.
40 4 5 266.
42 2—6 8 265. 266.

Cant. 8 6 253.

Ruth 4 49.

Koh. 1 2 267. 4 267. 268. 11 268. 13 18 267.
2 1 ff. 267. 14 ff. 268. 24 ff. 269. 25 26 267.
3 10 11 267. 12 269. 13 14 267. 18—21 268. 22 269.
4 1 268. 4 267.
5 6 269. 7 268. 9 ff. 267. 17—19 269.
6 6 268. 10 267.
7 2 3 8 11 269. 12 13 267. 14 269. 15 268. 16 17 18 269.
8 10 268. 12 ff. 269. 12 13 268. 13 269. 14 268. 13 269. 17 267.
9 2 3 4 268. 5 6 253. 268. 7—10 269. 10 253. 268. 11 268.
11 1 269. 9 268. 269. 10 269.
12 1 267. 269. 5 253. 294. 7 268.

Esth. 6 12 41.

Dan. 1 8 ff. 283.
2 18 286. 28 295. 37 44 286. 44 298. 44 ff. 290.
3 32 286.
4 10 ff. 287. 23 286. 24 285.
5 18 21 286.
6 11 260. 284.
7 9—27 13 290. 14 298. 18 22 290. 23 273. 27 290. 298.

Dan. 8 11 12 273. 16 287.
9 297. 3 283. 21 287. 26 297. 27 273.
10 3 283. 13 20 21 287.
11 298. 1 287. 31 273. 33 ff. 204.
12 1 287. 297. 298 f. 1 ff. 294. 11 273. 13 298.

Esra 2 36—39 40 207. 43—53 223. 63 45. 64 207.
4 8—23 212.
6 15 208.
7 1 f. 212. 5 224. 6 11 f. 212. 14 287.
8 212.
9 212. 4 227. 6 ff. 168. 11 212.
10 212. 44 212.

Neh. 1 3 213.
2 3 213. 13 102.
3 f. 213.
5 213. 19 218.
7 213. 39—42 43 207. 46—56 223. 66 207.

Neh. 8 213. 1 9 213. 15 ff. 233.
10 213. 1 30 31 ff. 33 213. 34 227.
12 231.
13 214. 14 218. 15 ff. 232. 22 31 218.

1 Chron. 5 31—41 276.
6 17 224. 38 276.
8 33 34 80.
9 39 40 80.
14 7 80.
16 4 224.
21 1 98. 250.
22 ff. 83.
24 3 6 31 276.

2 Chron. 8 14 224.
14 4 100.
16 11 42.
20 35—37 251.
31 2 224. 10 276.
34 4 7 100.

II. Apokryphen.

1 Esra (Esdras græcus).
4 58 281.
9 51 54 285.

Tob. 1 3 285. 10 f. 283. 13 286. 16 ff. 285.
3 6 294. 8 9 288. 11 284. 17 288.
4 7 ff. 285. 18 42.
6 8 15 16 18 288.
8 2 3 288.
10 12 286.
12 8 283. 9 285. 13 287.
13 7 286. 10 298. 11 286. 208. 11—18 293.
14 4 ff. 297. 208. 5 208. 6 293. 11 285.

Judith 5 8 286,
6 19 286.
8 5 284. 6 103. 283.
10 5 283.
11 17 286.
12 2 283.
16 17 204. 298. 299.

Zusätze zu Esther 4 Z. 46 ff. 283.

Weisheit Salomos 1 1 ff. 4 5 7 302. 11 ff. 304. 13 14 288. 13 ff. 304. 14 303. 15 ff. 304.
2 302. 13 15 17 20 23 304. 23 ff. 250. 288. 24 303.

Weisheit Salomos 3 1 ff. 5 ff. 7 8 ff. 13 18 304.
4 1 2 10 ff. 304.
5 304. 17 ff. 304.
6 1 ff. 18 ff. 304. 19 302. 19 f. 304.
7 7 302. 7 ff. 12 15 17 17 ff. 21 22 ff 302. 23 303. 24 25 ff. 27 302.
8 1 4 6 7 7 ff. 8 9 ff. 302. 13 17 304. 19 20 303. 21 302.
9 2 6 6 ff. 8 9 10 11 13—17 302. 15 303. 17 302.
10 8 ff. 16 302.
11 1 302. 5 11 18 24 f. 303.
12 1 302.
13 1 302.
15 3 304.
16 5 7 12 17 ff. 24 26 303.
18 4 302. 8 303.

Sir. Prol. 240.
1 1 240. 4 9 245. 10 240. 11 ff. 252. 14 ff. 233. 23 240. 25 ff. 230. 284.
2 4 ff. 253. 12 ff. 239. 16 f. 238.
3 9 14 252. 21—24 208. 20 240.
4 16 253.
5 6 ff. 252.
6 27 240. 23 252. 34 240.
7 8 ff. 252. 9 239. 17 294. 21 245.
8 8 ff. 240.
9 6 239. 11 f. 253.
10 3 252. 18 252.

Sir. 11 26 28 253.
12 1 ff. 239.
14 16 253.
15 1 238. 11 ff. 251.
16 12 ff. 252. 27 245.
17 17 287. 27 253.
18 22 239.
21 10 253.
23 21 252. 21 ff. 253. 27 238.
24 3 9 245 f. 23 ff. 240.
26 27 253.
27 8 252.
29 3 11 13 239.
30 18 ff. 42.
32 9 13 11 239.
34 11 285.
36 1 253. 13 ff. 252.
37 23 293. 30 31 239.
38 13 252. 21 253.
39 1 ff. 6 240. 21 ff. 252.
40 13 ff. 253.
41 3 ff. 253. 11 ff. 252.
42 15 246. 15 21 245.
43 31 245. 33 240.
44 8—13 294. 13 293.

Sir. 46 19 253.
47 11 293.
48 10 ff. 297.
50 21 298.

Baruch 1 1—3 8 271.
3 9—5 9 301.
3 38 302.
4 1 302. 33 ff. 293. 298.
5 3 ff. 293. 298.

1 Makk. 1 273.
2 51 294. 57 293.
3 60 286.
5 37 294.
6 44 294.
12 13 286.

2 Makk. 2 18 293. 299.
4 14 ff. 273.
5 2 3 297.
7 299. 9 11 14 23 29 33 295. 37 38 298.
8 2 ff. 298.

III. Andere jüdische Schriften.

Sibyll. 3 632—791 305. 713 ff. 297.

Henoch 1—36 271. 291.
1 3 286. 4—9 295.
6 288.
8 1 ff. 288.
9 3 287. 6 ff. 288. 8 ff. 283.
10 1 4 ff. 287.
12 287.
15 2 287. 8 9 288.
16 3 288.
20 287.
22 11 ff. 295.
37—71 271. 287. 290. 291.
39 287.
46 2 290.
48 2 290.
62 14 296.
72—105 271. 291.
81 10 286.
89 39 299.
90 295. 6—14 291. 7—11 298. 7 ff. 297 9 299. 13 298. 37 38 296.
91 3 298 f. 5 ff. 295.
92 12 299. 12—17 291.
93 8 297.
99 7 299.
100 6 299.
105 2 291. 296.

Ps. Salomos 3 13 ff. 295. 16 299.
9 9 295.
11 298.
13 9 10 295.
14 2 299. 6 7 295.
15 9 ff. 295.
17 4 298 f. 5 291. 296. 23 296. 23 ff. 291. 27 299. 28 291. 28 ff. 32 ff. 34 298. 35 296. 35 f. 291. 36 291. 296. 298. 39 299. 41 42 296. 42 ff. 291. 46 47 296. 48 ff. 298.
18 6 296. 8 291. 296. 9 ff. 298.

Apok. Baruch 5 6 9 283.
6 6 287.
7 f. 287.
17 1 286.
20 5 283.
21 1 283.
23 4 288. 7 292.
25 2 ff. 286.
29 292. 3 292. 296. 4 ff. 292.
30 1 296. 1—5 299.
32 4 299.
39 7 296. 298. 7 ff. 292. 299.
40 1 296.
43 3 283.
44 15 299.
47 2 283.

Apok. Baruch. 48 10 287. 31 ff. 292.
50 1 ff. 299. 2 295.
51 1 ff. 295. 299. 5 ff. 299.
54 15 288. 17 292. 19 288.
56 5 288.
70 2—10 292. 297. 9 296. 299.
72 2 292. 296. 2 ff. 292.
73 1 6 7 292.
74 1 292.
75 6 ff. 292.

4 Esra 5 297. 1—13 292. 1—19 297. 34 ff. 299.
6 1—17 299. 10 297. 16 ff. 297. 18—28 292. 19 298. 23 299. 61 ff. 293. 69 ff. 299.

4 Esra 7 23 24 297. 26 292. 296. 299. 27 28 296. 27 ff. 292. 28 298. 29 30 292. 31 292. 32 33 ff. 292. 295. 299. 33—35 36—45 293. 46 ff. 288.
9 1—12 292. 297.
11 31 ff. 292. 40—44 297.
12 32 296. 32 ff. 299. 33 298. 34 292.
13 3 ff. 292. 26 296. 27 ff. 299. 29 ff. 292. 31 ff. 297. 32 296. 35 ff. 299. 39 ff. 48 ff. 292. 52 296. 297.

Pirkê 'Abôt 1 3 284. 5 282.
2 6 285. 7 295. 13 284.
3 11 295. 14 279. 15 289. 18. 282. 285.
4 4 286. 11 284. 286. 12 279. 15 285. 16 295. 296.
5 8 f. 285.

IV. Neues Testament.

Matth. 2 4 296.
5 48 138.
6 1 ff. 285.
7 6 32.
11 25—30 286.
12 2 285. 32 295.
13 42 294.
15 1 ff. 4 ff. 285.
16 13—16 290. 14 297.
17 297.
22 23 ff. 294. 42 296.
23 5 284. 16 ff. 23 24 285.
24 3 296. 297. 5 6 ff. 8 9 11 12 21 24 297. 27 297. 29 297.
26 12 41. 63 296.

Mark. 1 15 297.
5 28—30 32.
7 3 275. 279. 10 ff. 285.
8 27 290.
9 44 46 48 291.
10 30 295.
11 30 286.
12 18 294. 30 31 174. 35 296.
13 8 9 297.
14 12 ff. 232.
16 1 41.

Luk. 1 19 26 287.
2 26 296.
6 36 138.
9 18 290. 20 296.
15 18 286.
16 19—31 301. 24 294.
18 12 285. 13 42. 30 295.
19 38 296.

Luk. 20 27 294. 34 35 295.
21 11 23 25 297.
22 70 296.

Joh. 1 14 310. 50 296.
3 27 286.
5 4 24.
7 27 296.
9 2 253. 28 279.
12 34 296.

Acta 1 6 298. 12 285. 20 282.
2 2—4 61.
5 36 293.
7 22 55. 52 296.
10 9 284.
15 20 40.
21 38 293.
23 8 294.
27 9 234.

Röm. 5 15 17 282.
11 4 80.

1 Kor. 10 11 296. 20 288.
11 10 33.

2 Kor. 3 9 11 282.
4 4 295.

Gal. 1 4 295.
4 4 297.

Kol. 1 15 216.

1 Tim. 4 1 295 f.

2 *Tim.* 3 $_1$ 295. 297.

Tit. 2 $_{12}$ 295.

Jak. 5 $_3$ 295.

1 Petr. 1 $_{13-16}$ 138.

Judasbr. $_9$ 287.

Apok. Joh. 4 $_5$ 287.
  8 $_1$ ff. $_2$ 287.
  9 $_{11}$ 253.
  12 $_5$ 296. $_7$ 287.
  13 $_{18}$ 282.
  19 $_{11}$—20 $_{15}$ 298.
  20 $_{3\,4}$ 298. $_{4\,5}$ 296. $_5$ 299. $_{7-10}$
    $_{11-15}$ 299. $_{12}$ ff. 295.
  21 $_{1\,16}$ ff. $_{27}$ 299.
  22 $_2$ ff. 299.

Sach- und Namenregister.

Aaroniden 223 f.
Abaddon 253.
Aberglaube 243.
Abîr Jisrael 139.
Abraham 21. 23. 26. 112. 211.
Abstammung, reine 211.
Adam 288.
Adon 25.
Adonaj 60. 286.
Adoption eines Sclaven 29. 48.
Aegypten: Denkmäler 53.
   Einfluss auf Jahwismus 55 f.
   Juden in Aegypten 300.
Aeon, der gegenwärtige 295 ff.
   der zukünftige 295 ff.
Ahab 85. 122.
Ahnencult 22. 24. 30. 48 f.
Akiba (Rabbi) 279.
ALBERS 91.
Alexander Jannäus 276.
Alkimus 274.
Allgegenwart Gottes 141. 260.
Allmacht 128. 139 f. 251. 260.
Allwissenheit 157. 260.
Almosen 285.
Altar = Schlachtstätte 35. 106.
   die Hörner desselben 35. 101.
Amazja 122.
Ammon 9.
Amos 76. 119. 121 f. 151. 160. 169 f.
   176. 180 f.
Amulett 32. 136.
Angesicht Gottes 66 f.
Antichrist 297.
Antigonus 278.
Antiochus III. 219.
Antiochus IV. Epiphanes 215. 219.
   270. 273.
Antipater 277.
Anthropomorphismen 63. 129. 243.
Anthropopathien 64. 132. f.
Apokalypsen 289.
Apokalypsis 296.
Apokatastasis 298.

Apokryphen 5. 271.
Araber, altarabische Religion 18. 28.
   30. 31. 32. 33. 34. 35. 37. 41. 43.
   116.
archaggeloi 287.
Aristobul I. 274.
Aristobul II. 277.
Artaxerxes Longimanus 212.
Aschere 28. 100.
Asidäer 275 ff.
Asketismus 308.
Asmodi (Asmodaeus, Asmedaj) 288.
Asylstätte 200.
Athalja 85.
Auferstehung 258. 265. 268. 281. 292.
   293—295. 304.
Auferstehung, die erste 299.
Auferstehung, die zweite allgemeine
   299.
Azazel 235 f.

Baal 26. 79 f. 82 f. 147.
Baal Hammon 100.
Bama pl. Bamôt (s. auch Höhen) 99.
Bann (*cherem*) 31. 39. 47. 48.
Barkochba 278.
Baruch, das Buch 271. 301.
Baruch, die Apokalypse, 271. 288.
   291. 295.
BAUER, GEORG LORENZ, 9.
BAUMGARTEN-CRUSIUS 10.
Bäume, heilige (s. auch Aschere
   23. 100.
Beduinen s. Araber.
Behemot 292. 299.
Benê êlôhim 248.
BENZINGER 30. 46. 49. 69.
Berge, heilige 30 f.
BERTHOLET 272.
Berufung der Propheten 125.
Beschneidung 43. 50. 163 f. 211.
   220 f.
Bêtyl 22 ff. 68.
Bildad 264.

Bilderdienst (s. auch Ephod und Teraphim) 28. 29 f. 101. 131 f. 163.
Bilderverbot 101. 131 f.
Bileam 88.
BLEEK 130.
Blut 35 ff. 39 ff. 204. 210. 221. 229. 235.
Blutrache 47. 48.
Blutsprengung 35. 36. 41.
Boschet 147.
Brandopfer s. *'ôla.*
Brot 104.
Buch des Gedächtnisses 209. 294. des Lebens 299.
BUDDE 19. 120. 185.
Bundesschluss 36. 158.
Bundesbuch 51. 76. 97. 216.
Bundeslade s. Jahwelade.

CALVIN 8.
Cardinaltugenden 308.
Centralisation des Cultus 200. 201. 220.
Chammanim 100.
Cheblê ham-maschiach (s. Messias) 297.
Cherub s. Kerub.
CHEYNE 130. 183.
chillā eth-pënê Jahwe 34.
Chokma 237 ff.
Christos 291. 296.
Chronik 198. 249.
CLEMENS ALEXANDRINUS 60.
COLENSO 12.
CORNILL 91.
CÖLLN, D. VON, 10.
Cultstätte s. Stätten, heilige. Anlage und Apparat derselben 98 ff.
Cultur der Kanaaniter 77.
Cultus, Stellung der Propheten zum Cultus 160 ff.
Cultus, Centralisation des Cultus 200 (vgl. sonst die Ueberschriften der Paragraphen).
Cyrus 189. 207.

Daniel, (das Buch) 271. 290. 294.
Dankopfer 107. 227.
David 83 f. 190. 204. 255.
Dämonen 22 ff. 243. 288. 307.
Deboralied 80.
Degradation der Landpriester zu Leviten 223 f.
Deisten 8.
Dekalog 68. 111. 164. 174.
Deuterojesaja 121. 156 ff. 162. 173. 177. 188.

Deuteronomium 52. 76. 156. 198. 199 ff. 216. 222 f.
Deviation der Natur 303.
Diaspora 218 f. 270. 300.
Dicta probantia 2. 8.
DILLMANN 14. 61.
DOUGHTY 34. 41.
Doxologie 119.
Dravida 41.
Dualismus 143 f. 252.
DUHM, B., 13. 23. 61. 66. 149. 158.

Ebal 88.
Ebed Jahwe (Knecht Gottes) 158 f. 188 ff.
Ebed-Jahwe-Lieder 121.
Ehjè 61.
Eifer Gottes 138.
Eigenschaften Gottes 63 ff. 86 ff. 128 ff. 241 ff. 260 f. 286. 301 ff. 306 ff.
Einzigkeit Gottes (s. Monotheismus) 145 ff. Ursprung d. Glaubens 148 ff.
El (Elohim) 25. 26. 211. 241. 243. 286.
El Eljon 243. 286.
El Schaddaj 211.
Elohe Sebaôt s. *Jahwe sebaôt.*
Eleusis 296.
Eli 69.
Elia 85. 87. 256.
Elihu 266.
Elilim 132. 146. 163.
Eliphaz 263 f.
Elisa 85. 134.
Elohim s. *El.*
Elohist (E) 17. 20. 51 f. 76 ff.
Endzeit 295 ff.
Engel (s. auch Mal'ak) 126. 139. 247 f. 286 ff.; Fall der Engel 287. 307; ihre Aufgabe, ihr Rang, ihre Zahl 287; Gericht über die Engel 291.
Engelnamen 287.
Entsündigung des Heiligtums 234 f.; eines mit Aussatz behafteten Hauses 235.
Ephod 29. 50. 101.
Epikuräismus 269.
Erbsünde 288.
Erhaltung der Welt 144.
Erkenntnis von Gut und Bös 179 f.
Erntefest 109. 233.
Erstgeburt 38. 50. 109. 110. 232.
Erstlinge 109. 233.
Eschatologie 254 ff. 280. 281. 295 ff.
Eschbaal 80.
Esra 53. 210 ff.

Esra, der griechische (1 Esra) 301.
  das 4. Buch oder die Apokalypse
  271. 288. 292. 295.
Essäer 284.
Eudämonismus 265. 267.
Ewald 12. 25.
Ewigkeit Gottes 157.
Excommunication 221.
Exegese 281 f.
Exil 203 f.
Ezechiel 52. 121. 156. 198. 204. 223.

Familie, Aufnahme eines Sclaven
  48; ausgeprägter Familiensinn
  49; Familiengrab 116.
Fasten 234. 283 f.
Fatalismus 115. 267. 268.
Feste 72. 107 ff. 232 ff.
Fleisch 104. 200.
Fleischer 25.
Fluch 116.
Formalismus (gesetzlicher) 283.
Freiheit 128. 177 f. 251. 289.
Freistädte 200.
Fremdlinge 210. 221.
Friedopfer 107.

Gabler 9.
Gabriel 287.
Galatinus, Petrus 60.
Ganzopfer s. 'ôla.
Garizim (Gerizzim) 83. 214.
Gebet, Gestus beim Gebet 34. 259. 284.
Gebetsriemen 284.
Gebetszeiten 260. 284.
Gebräuche, heilige: vgl. 105.
  Ausziehen der Sandalen 31. 42.
  Wechseln oder Reinigen der
    Kleider 31. 222.
  Enthaltung von Weibern 33. 221.
  Verhüllung des Hauptes 35. 41.
  Streicheln und Küssen des Gottes-
    bildes 33 f. 41.
  Scheeren einer Glatze 41.
  Zerreissen der Kleider 42.
  Bestreuen des Hauptes mit Staub
    und Asche 42.
  Schlagen der Brust 42.
  Umgürtung des Lendentuchs (sak)
    41.
Gehenna 293. 294. 299.
Geist 124. 130. 268. 302. 308.
Geistigkeit Gottes 130 f.
Gelübde 87. 107.
Gematria (Berechnung des Zahlen-
  wertes der Buchstaben) 282.
Gemeinde, jüdische 208.
Genesis 17.

gêr 49.
Gerechtigkeit Gottes 134 ff.
Gerechtigkeit der Menschen 170.
Gericht Gottes, über Israel 150 f.;
  üb. die Völker 150. 159. 180 ff. 184.
  242. 258; über die Gottlosen 261.
Gesalbte, der 93. vgl. auch christos.
Geschichtsbetrachtung, prophe-
  tische 142. 150.; deuteronomische
  203; priestergesetzliche 217 f.
Gesenius 25.
Gesetz (s. auch Thora) 196 ff.; Ur-
  sprung und Tendenz 196 f. 240.
Gesetzestafeln 68.
Gesetzgebung 58. 199 ff. 210 ff.
Gesinnung 173.
Gilgal 28. 30.
Glaube 171 f. 173. 263 ff.
Goldziher 34.
Gottesberg 31.
Gottesbilder s. Ephod u. Teraphim.
Gotteserkenntnis bei Propheten
  170. 172; im Nomismus 241 ff.
  285; in der Weisheit Salomos
  302; bei Philo 306 f.
Gottesfurcht 112. 207. 209. 237.
Gotteshäuser 99. 102. (s. ferner
  Tempel).
Gotteskindschaft 304.
Gottesnamen 26. 60. 243. 286.
Gottesreich 290. 291. 292. 299.
Goethe 111.
Götter der Heiden 145 f.
Grab (s. auch Ahnencult) 24. 30
  116.
Graf, K. H. 12.
Gramberg 10.
Gunkel 77. 245.
Gussopfer 106.
Gute, das 169 f.
Güte Gottes 135 f.

Haaropfer 37. 42.
Habakkuk 76. 120. 186.
Hackmann 88. 120. 183. 191.
Haggada 279.
Haggai 198. 208.
Hagiographa 281.
Halacha 279.
Handauflegung 229.
Hartherzigkeit 177.
Hautritzungen 36.
Haymann, K., 8.
Hävernick 10.
Heerscharen Gottes 139 f.
Heiden 156. 206.
Heil, das 186 ff. 257.
Heilige, der (Israels) 137.

Heiligkeit 27. 92. 136—138. 201. 220. 221. (s. auch heilige Bäume, Berge, Quellen, Stätten, Steine, Tiere).
Heiligkeitsgesetz 52. 198. 206 f. 216.
Heilsplan 187. 188.
Helden, die 81. 93.
Hellenismus 218 f. 270. 300 ff.
HENGSTENBERG 10.
Henoch, das Buch 271. 291. 295.
Herodes 278.
Herrlichkeit Gottes 131.
Hierarchie 216. 225.
Hierodulen s. Kedeschen.
Hillel 282. 285.
Himmel 130 f. 243.
Himmelreich 296.
Himmelsheer 139.
Hiob 75. 199. 216. 249. 262 ff.
Hiskia 101.
Hoffnung auf Gott 170.
HOFFMANN, J. CHR. K., 10.
Hohepriestertum 207. 217. 222. 224 f. 234 f. 273. 275. 278.
HOLZINGER 62.
Honig 101.
Hosea 76. 90. 119. 151. 161. 168. 170 f. 172. 176. 181 f.
Höhen 98 f. 102. 200.
Hörner des Altars 35. 230.
HUFNAGEL 9.
Hypostasierung (der göttlichen Weisheit) 245. 246. 302.
Hyrkan 277.

Jahwe 59 ff. Aussprache des Namens 60 f.; Bedeutung 61 f.; ursprünglicher Wohnsitz 65; Vertretung bei dem Volk 66 ff.; Herrschaft über Palästina 86 ff.; Verschiedenheit seiner Offenbarungsweise 87 f.; Beinamen 88; seine Gaben 90; Beistand im Krieg 91; bei den Propheten 128 ff. (siehe Inhaltsverzeichnis); Gebrauch in späterer Zeit 241 f. 243; bei Philo 305.
Jahwe seba'ôt 139 f.
Jahwelade 67 ff. 84.
Jahwismus 51 ff.; seine Entstehung 54 ff. sein ethischer Zug 64 f.
Jahwist (J) 17. 20. 51. 76.
Jakob 21. 23. 26.
Jason 273.
Idealismus 157. 173.
Jehova 60.
Jehovist (JE) 17. 51.
Jehu 85. 122.

Jephtha's Tochter 38.
Jeremia 76. 120. 153—156. 161 f. 172 f. 177. 184 f. 187 f.
Jerobeam II. 118. 122.
Jerubbaal 80.
Jerusalem 200. 213. 217; das himmlische 201; das neue 299.
Jesaja 76. 119 f. 153. 161. 171 f. 176. 182 f. 255 ff.
Individualismus 153—156. 250 f. 253 f. 265.
Jobeljahr 207.
Joel 75. 198. 216. 257.
Johannes Hyrkan 274.
jôm bikkurim 233.
jôm Jahwe s. Tag Jahwes.
jôm kippurim s. Versöhnungstag.
Jona 75. 198. 216.
Jonathan (Makkabäer) 274.
JOSEPHUS 53. 275.
Josia 52. 115. 199. 203.
Josua, das Buch 51.
Josua, der Hüter im heiligen Zelt 69.
Isaide 255 f.
Isebel 85.
Israel = Y-si-r-'l 53.
Jubiläen (das Buch) 272.
Juda (der Makkabäer) 273.
Judith 271. 294.
JUSTIN (der Märtyrer) 293.
Jüngerkreis Jesajas 153. 154. 174.

Kadôsch 27. 32. 136.
Kalíl 106. 107.
KAMPHAUSEN 89.
Kanaaniter 77.
Kanon 4. 281.
Kapper 113. 228 f.
KAUTZSCH 25. 135. 140. 286.
Kedeschen 44. 102.
Kemosch 21. 60. 63. 83.
Kerub 83. 131.
Kinderopfer 38.
Kipper s. kapper.
KITTEL, R. 14.
Kleidung 29. 31. 32. 34. 42. 222.
Knecht Gottes s. Ebed Jahwe.
Kohelet 198. 219. 266 ff.
Kôhen 45. 46. 47. 50.
Könige, die Bücher der, 75.
Könige die 81.
Königtum 92 f. 167 f. 201 f. 206.
KRAETZSCHMAR 152.
Krieg, heiliger 33. 71. 91 f. 113. 139 f.
KUENEN 12. 19.
Kuss s. Gebräuche, heilige.
Kyrios 60. 243. 286.

Lade Jahwes s. Jahwelade.
DE LAGARDE 25. 61.
Lagerordnung 220.
Laien 201. 220. 222.
Laubhüttenfest 72. 109. 233 f.
LAUTERBURG 121.
Lebensdauer 254.
Lebensgenuss 269.
Leiden der Gerechten 261. 263. 268. 285.
LE PAGE RENOUF 56.
Levi, der Stamm 72. 95 f.
Leviathan 292. 299.
Leviratsehe 48 f.
Leviten 72. 95 f. 200 f. 205. 223 f.
Liebe Gottes 151.
Liebe des Nächsten (religiöse Pflicht) 170. 173.
Lischka (= Halle) 102.
Logos 303. 307 f. 310.
Los, das heilige 45. 47.
LŒB, ISIDORE 217.
LUTHER 8.

Majestät Gottes 133.
Makkabäer 219. 273 ff.
  1 Buch der Makkabäer 294.
  2 Buch der Makkabäer 295.
  3 Buch der Makkabäer 301.
Makrobiosis 254. 294.
Mal'ak, Pluralität 89; Mittler zwischen Gott u. Welt 248.
Mal'ak Jahwe 67. 87. 88.
Maleachi 198. 209. 256.
Manasse, Priester 214.
MANETHO 53. 55.
Manna 292. 299.
Massebe 23. 27. 28. 34. 100.
Massotfest 72. 109. 110. 232.
Materie, die 307.
Mattathia 273.
Mazzen 34.
MEISNER OSKAR 111.
Melek 25. 38. 80. 83.
Menelaus 274.
Menschenopfer 37—39. 107.
Menschensohn 290.
Meribaal 80.
Mêscha 60 ff. 99.
Messianische Hoffnung 186 ff. 208. 255 f. 258. 305.
Messias 93. 190 f. 255 f. 258. 289 ff.
  sein Geschäft 298.
  sein Reich 291. 296; Dauer desselben 292. 298.
  seine Präexistenz 293. 296.
  seine Namen 291. 296.
  seine Herkunft 296.

Zeit seines Auftretens 296 ff.
die Wehen der messianischen Zeit 297.
falsche Messiasse 293.
MEYER, ED., 212.
Micha 76. 120. 161. 183 f. 256.
Michael 287.
Midian 56.
Milch 104.
Mincha 103. 106.
Mischna 279.
Mittelwesen (s. auch göttliche Weisheit, Engel u. Satan) 243. 248. 302. 307.
Molek (Moloch) 80.
Monotheismus, den Semiten nicht angeboren 18 f.; nicht ursprünglich 20 f.; 50. 59. 65. 83. 85; bei den Propheten 145—150; im Nomismus 241.
Moral 169 ff. 175 ff. 237—241.
Mose 20. 53 ff. 72 f. 211. 213.
Muhammed 68.
Mysten (mystische Culte) 24. 40. 243.
Mysticismus 262.
Mythen, altbabylonische 77.

Nabî, Nebiim 81. 121. 123 ff.
Nahum 76. 120. 186.
Nasiräer 81. 122. 212.
Naturbetrachtung 119. 142—145.
Nehemia 198. 213. 218. 232.
NESTLE 25. 138.
Netinim 223.
Neumond 44. 72. 108. 231.
Noah (noachische Gebote) 211.
Nomismus 196 ff.
NÖLDEKE 25.

OEHLER, G. FR., 4. 10. 11; TH. 11.
Oel 104.
Offenbarung Johannis 295.
Offenbarungsengel 247. 249.
'ôla 106 f. 227.
Onias III. 273.
OORT 66.
Opfer, Verwendung des Blutes 35 f.; ursprüngliche Bedeutung 36. 71; spätere Bedeutung 103 f.; im PC 225 ff.; Beurteilung durch die Propheten 160 ff., in den Proverbien 238 f., in den Psalmen 262; bei den Essäern 284.
Opfermahl 226. 228.
Opfermaterial 104. 226 f.
Opferpersonal 105 f. 222 ff.
Opferriten 104 f.

Orakelgeber (*môrè*) 45. 47.
Osarsiph 53.

Palästina, Jahwes Land 86 ff. 206.
211.
P'anîm Gottes 66.
Pantheismus 143.
Paradies 292. 299.
parusia 296.
Particularismus 210 f. 216. 242.
Patriarchen 19 ff.
Pentateuch 51. 216.
Personification der Abstracta u.
Functionen 244 f. 247.
Pesach (Passa) 40 f. 46. 50. 72.
109 f. 211. 232.
Pesel 30.
Pessimismus 266 ff.
Pfingsten 72. 233.
Pharisäer 275 ff. 281. 289. 295.
Pharisäismus 218.
PHILO 55. 271. 305. 306 ff.
Phönizier 66. 100. 101. 107. 116.
phylakteria 284.
Pietismus 8.
PIETSCHMANN 66. 100. 101.
Pirkê Abôt 272.
Plan Gottes 152. 153. 156. 157.
PLATO 307.
plérôma tôn kairôn 297.
Polydämonismus 22 ff. 50.
Polytheismus 19 f. 50.
Präexistenz der Thora 279.
des Messias 293. 296.
der Seelen 303. 308.
Priester 44 ff. 50. 72. 93 ff. 123.
201 f. 205. 222 ff.
Priesteradel 217. vgl. Sadducäer.
Priestercodex (PC) 17. 18. 20. 52.
198. 210—215.
Propaganda (jüdische) 301. 305.
Prophetæ priores 198.
Propheten 58. 72. 81. 94. 118 ff.
121 ff. 160 ff. 201 f. 215. (s. In-
haltsverzeichnis).
Prophetenscharen 81 f. 121 f.
Prophetenschriften 118 f.
Prophetenzünfte 82. 122.
falsche Propheten 126. 152.
Proselyten 219.
Proverbien 197. 216. 237—241.
Psalmen 74. 199. 216. 231. 258—262.
Psalmen Salomos (das Buch) 271.
291. 295.
Ptolemäer 218. 272.

Quellen für die altsemitische Stufe
der Religion 16—18; für den ursprünglichen Jahwismus 51—53;
für die Religion des Volkes in
Kanaan 74—76; für die Religion
der Propheten 118—121; für die
Religion des Nomismus 196—199;
für die Religion in den letzten
zwei vorchristlichen Jahrhunderten
270—272.
Quellen, heilige 23. 24. 102.

Rachepsalmen 261.
Raphael 287.
Rationalismus 9 f.
Recht, das 164—168.
Reform, deuteronomische 199—202.
Reformatoren 1. 7 f.
Reich, tausendjähriges 208.
Reinheit und Unreinheit 21. 104.
221 f.
Rekabiten 85. 122. 134.
Religion, altsemitische, 16 ff.
Religionsmengerei 77—79.
RENAN 19.
Rephaim 134.
REUSS 11. 12.
Rhabdomantie 23.
Richter, die 81. 93.
Richterbuch 75.
Richterzeit 77.
Riten (s. auch heilige Gebräuche)
39 f.
Ritualgesetz 221.
ROTHSTEIN 13. 120.
rûach 304.
Ruth 216.
RÜCKERT 116.

Sabbat 43. 72. 107. 161. 174. 204.
210. 211. 213. 214 f. 221. 231. 285.
Sacharja 198. 208. 247 f. 249.
Deutero-sacharja 75. 198. 258.
Sadducäer 275. 276 f. 231. 294.
299 f.
Sadokiden 205. 223.
Salben der Massebe 34, der Toten 41.
Salome Alexandra 277.
Salomo 83 f.
Salz 37. 104.
Samaritaner 214.
Samuel, die Bücher 74.
Sanballat 214.
Sarisim (Eunuchen) 210.
Satan 248—250. 263. 298.
Satisfactio 229.
Schaubrot 105.
Schear-jaschub 153. 187.
Schedim (Dämonen) 288.
Schelem pl. *schelamim* 107.

Scheôl 117. 194 f. 253. 260. 268.
294. 208.
Schlachtopfer 107.
Schlange, die eherne 101. 132.
Schöpfung 143. 260.
Schrift, heilige 197. 215. 279 f.
Schriftgelehrte 4. 197. 212. 215. 217.
280. 281.
Schuldopfer 113. 228.
SCHULTZ, H., 4. 10. 13. 61.
SCHULZ, DAVID, 10.
SCHÜRER 290.
Schwagerehe s. Leviratsehe.
SCHWALLY 25. 42. 49.
Sebaot s. Jahwe sebaot.
Sedaka 134 f.
Seelen, die 308.
Segen, 91. 116.
Seher 46. 94. 122.
Seirim 236. 243.
Seleuciden 272.
Seligkeit 304.
SELLIN 130.
Semach («Spross») 191. 208. 255.
Septuaginta, die (LXX) 219.
Seraphim 131.
Serubbabel 203. 255.
Sibyllinen 271. 305.
Simon (der Makkabäer) 274.
Sinai 31. 54. 65.
Sinnesänderung 173. 177. 187 f. 205.
Sirach 199. 216. 219. 237—241
Sittlichkeit 133. 201.
Skepsis 209. 266.
SMEND, R., 4. 13. 30. 40. 61. 90.
120. 140. 168.
SMITH, W. ROBERTSON, 13. 16. 23.
30. 32. 34. 35. 36. 37. 39. 40. 42.
50. 61. 69. 71. 88. 104. 233.
SOCIN, ALB., 32. 99.
Sophar 264.
Speculation 127. 143. 233.
Speise 34. 284.
Speisopfer 106. 226.
SPENER 8.
Spitzsäulen 100.
STADE, B., 5. 13. 23. 61.
STÆRK 52.
Stätten, heilige 30. 31. 87. 98 ff.
Steine, heilige 23. 27. 63.
Steinkreis s. Gilgal.
STEUDEL 10.
STEUERNAGEL 52. 111.
Stierbilder 101.
Stiftshütte 98. 211. 220.
Stoiker 307.
Supranaturalismus 243.
Sühnopfer 228. 236.

Sünde 112. 126. 151 f. 175—179. 230.
283.
Sündenfall 178 f. 288.
Sündhaftigkeit der Menschen 151 f.
178. 230.
Sündopfer 113. 226. 228.
Synagoge 215. 217. 218. 281. 301.
Synagoge, die sog. grosse 217.
Synedrium, das grosse 217. 278.

Tag Jahwes 114 f. 140. 180—186.
257.
Talmud 5.
Tamid-Opfer 227.
Teleologie 266.
Tempel 83. 84. 99 f. 130. 200. 205.
207 f. 233. 278.
Tempelmusik 218. 224. 231.
tephillin 284.
Teraphim 28. 101.
Theodicee (vgl. Deuterojesaja u.
Hiob) 304.
THEODORET 60.
Theokratie 201. 216.
Theologie des A. T. 1 f.; biblische
1, Verhältnis zur Kirchenlehre
2, Methode 2 f.; Beziehung zu
den übrigen alttestamentlichen
Disciplinen 5 f.; Geschichte 7—11.
Theologie 127. 309.
Theophanie 65. 243.
Theudas 293.
Thora 45. 59. 72. 95. 164 ff. 201 f.
213. 278 ff.
Tiere, heilige 24.
Titus 273.
Tobit 271. 294.
Tod 193. 304. (s. auch Zustand nach
dem Tode).
Todesstrafe 221.
tôra s. Thora.
Totemismus 24.
Totenbeschwörung 113. 116. 193.
Totencult (s. auch Ahnencult) 24.
25. 30. 42. 193.
Totengeister 116. 194.
Trankopfer 226.
Transcendenz Gottes 243. 244. 286.
306 f.
Trauergebräuche 37. 40. 41 f. 116.
Treue Gottes 135.
Treue der Menschen 170.
Tritojesaja 198. 209 f. 257.
Tugend s. Cardinaltugenden.

Umwandlung des Menschenherzens
(s. auch Sinnesänderung) 155.
Unglaube 176.

Unglück 90. 97 f.
Universalismus 150. 153 ff. 210 f.
  242.
Unsterblichkeit 265. 268. 303. 300.
Urim und Tummim 45. 56.
Utilitarismus 230 f. 263.

VATKE 11 f.
Vergebung der Sünden 150. 261.
Vergeltung 192. 203. 218. 250—254.
  260. 285. 303. 304.
Versöhnungstag 206. 207. 234 ff.
Vertrauen 171.
Verwerfung Israels 151.
Vision 125 f.

Wahrhaftigkeit Gottes 135.
Wahrsager 45.
Wallfahrt u. Wallfahrtsorte 83. 102.
  113.
Wasserausgiessen 107.
Weihen, heilige 33.
Weihgeschenk 102.
Weihrauch 105. 227.
Wein, Enthaltung von Wein 81;
  als Opfer dargebracht 104.
Weinlesefest 109.
Weisheit (*chokma*) 237 ff. 301 ff. die
  göttliche 243 ff. 302.
Weisheit Salomos (das Buch der)
  250. 271. 288. 301.
Weissagungen, messianische 190 f.
  (s. Messianische Hoffnung).

WELLHAUSEN, J., 13. 16. 18. 28. 34.
  35. 40. 46. 49. 61. 120. 125. 284.
Weltgericht 292. 294. 300. 304.
Welterneuerung 257.
Weltreiche, die 290. 292.
Werkgerechtigkeit 285.
Werktag 108.
WESTPHAL. 11.
DE WETTE, W. M. L., 10.
Wiedergeburt 155.
WILDEBOER 130.
Wildpret 104.
Wochenfest 203.
Wort Gottes 113. 124 f. 143. 153 f.
  157. 169. 201. 215. 246. 309 f.
Wunder 144 f.

Y-si-r-'l (= Israel) 53.

ZACHARIÆ 9.
Zehnte 234.
Zeichen der messianischen Zeit 207.
Zelt, das heilige 60. 102. 220.
Zephanja 76. 120. 184.
Zion 153. 159. 189. 204 f. 262.
Zorn Jahwes 113. 114.
Zugehörigkeit zur Gemeinde 220 f.
Zukunftshoffnung 114—117. 196 ff.
  254 ff.
Zustand nach dem Tode 115 ff.
  192 ff. 253. 268. 294 f. 303 f.
  303 f.